Anonymus

Zuchtspiegel für Fürsten und Hofleuten

für Theologen und Kirchenlehrer

Anonymus

Zuchtspiegel für Fürsten und Hofleuten
für Theologen und Kirchenlehrer

ISBN/EAN: 9783742891754

Hergestellt in Europa, USA, Kanada, Australien, Japan

Cover: Foto ©Lupo / pixelio.de

Manufactured and distributed by brebook publishing software
(www.brebook.com)

Anonymus

Zuchtspiegel für Fürsten und Hofleuten

Zuchtspiegel

für

Fürsten und Hofleute.

„Wenn mitten im Frieden und im Ueberflusse ein Volk das Elend des Krieges und des Mangels tragen; wenn es sich von demjenigen, der es gegen fremden Raub zu schützen verbunden wäre, selbst soll berauben lassen, und zwar zu Absichten, die auf öffentliches, allgemeines Wohl keine Beziehung haben; wenn es nicht allein jede Freude, sondern selbst die Nothdurft des Lebens, wie in einer belagerten Festung, entbehren soll, damit der Fürst seine sinnlosen Verschwendungen, vielleicht außerhalb Landes, bestreiten, eine Schaar verächtlicher Ausschweiflinge und Schmeichler besolden, oder in den Schooß lasterhafter Wohllust ganze Haufen des so schwer gewonnenen und noch schwerer entbehrten Goldes hinschütten könne: da muß nach und nach Kälte, Unzufriedenheit, Erbitterung, Lust zur Empörung alle Gemüther erfüllen, und Vaterland und Fürst, zu welchen die Liebe sonst so natürlich ist, müssen es endlich kaum mehr werth scheinen, daß man sich ihrer annehme und sie beschütze."

Fürstenspiegel von Engel. S. 9. 10.

Paris 1799.

Vorrede.

„Es ist doch — sagt Heinze in der Fiormona, S. 227 — eine himmlische Sache um die Dichtkunst! — Aber weinen mögt' ich, bittere Thränen weinen, daß das Vortrefliche so verkannt wird, und jezt so wenig der Geweihten sind, die den elysischen Tönen horchen. Es ist doch eine allerliebste Zeit die Unsrige! Wahrhaftig, diese grose Lehrerin der Menschen (die Dichtkunst), diese Pflegerin alles Grosen und Schönen so überhin anzusehen, wie einen eiteln Zeitvertreib, und mit ihr zu tändeln, wie mit einer Kokette! O die Sklaven, die Verworfenen, die in ihrem verschrumpften Sinn keine Faser mehr haben, die für Gröse und Freyheit erbeben kann! Aber so wills unsere Politik, und anders ist's nicht möglich!" —

Was hier Heinze in seiner Manier sagt, bestätiget die Erfahrung. Soviel Gutes, Wahres und Empfehlendes auch ein Kant, ein Herder und ein Wieland, von der Dichtkunst gesagt haben, und so ganz eigen die Sammlung erbaulicher Gedichte — auch die vorzügliche Tendenz hätte, nach Wielands Rath, die Humanität befördern zu helfen, so wenig hat die genannte Sammlung den Beyfall des Publikums finden können. An der Sammlung selbst, als welche das Eingreifendste aus unsern besten und bessern Dichtern enthält, um den politischen Vampyrs handgreiflich zu zeigen, was sie sind, aber nicht seyn sollen, liegt die Schuld davon wohl schwerlich. Der Rezensent derselben im I. Th. des Kosmopoliten nennt sie S. 569. „einen merkwürdigen Beytrag zur Beförderung der Humanität, „der zur Erreichung jenes edeln Zweckes sehr geschickt sey und deswegen eine rühmliche Auszeichnung verdiene." — Die erwähnte Schuld also, wie sich dieß auch bey unsern theuren und finanziösen Zeiten vermuthen läßt, liegt sehr wahrscheinlich wohl

Es ist freilich ein gewöhnlicher Kunstgriff, daß man nicht recht gängigen Büchern, aus welcher Ursache sie dieß immer seyn mögen, einen neuen Titel vordrucken läßt und ihnen eine zweyte Auflage anlügt: allein ich finde dieß unredlich, und will lieber geradezu eingestehen: daß die Sammlung erbaulicher Gedichte, oder der Zuchtspiegel für die politischen Vampyrs, dessen Fünf Ausstellungen entweder nicht alle einem jeden behagten, weil für einen jeden nicht alle paßten, oder weil sie zusammen den Meisten zu theuer waren, hier nur vereinzelt geheftet ist, und dieß, um auf diese Art jetzt die Wahl und den Ankauf der einzelnen Ausstellungen des sonst ganzen Zuchtspiegels jedem Menschen- und Dichterfreund nach Wunsch desto eher zu erleichtern.

Dieß aber mag es nun auch entschuldigen, daß die Seitenzahlen nicht nach ihrem Gehalt jetzt in den vereinzelten Stücken fortlaufen, und daß der Nachtrag, nebst den Zusätzen, auch noch der sonst fünften Ausstellung des unvereinzelten Zuchtspiegels, anhängt. Die jetzige größere Bequemlichkeit für Wahl und Kauf, denk' ich, wird diese Kleinigkeit leicht übersehen machen.

Auch muß ich noch erinnern, daß die Hauptvorrede, die, als ein Prologus galeatus, der Sammlung sonst vorherging, jetzt — der Proportion wegen — dem Zuchtspiegel für die Adlichen beygefügt ist. Sie enthält wirklich manches Wort, das zur rechten Zeit gesagt ist, und — wie der angeführte Rezensent weiter sagt — „auch mannichfaltiges Gute und die glücklichsten Ideen, „die da zeigen, wie gut der Herausgeber es mit der Menschheit „meyne." „Wir wünschen, setzt er S. 570 hinzu, daß Niemand, der die Sammlung in die Hand nimmt, die Vorrede ungelesen und unbeherzigt lassen möge."

Jetzt weiß Leser und Käufer, woran er ist: und dieß ist der Wunsch jedes ehrlichen Kaufmanns.

Uebrigens wird der Sachkundige bald merken, daß der ganze Zuchtspiegel eben dahin poetisch ziele, wohin Engels Fürstenspiegel prosaisch zielt.

Der Verleger.

Vorerinnerung.

Das Elend der Menschen vermindern helfen, ist Pflicht für einen jeden, welcher, wie Cicero, weiß, daß Menschen um Menschen willen gebohren sind, damit einer dem andern nütze. *) Die Menschen, an sich und ohne theologische Brille betrachtet, sind auch wirklich gar gutmüthige Geschöpfe: und so leitete schon das sympathetische Gefühl sie, wie jede gleichartigen Geschöpfe, zur Minderung des Elends an Andern ihres Gleichen. Erst die verwickelten Bedürfnisse der vermehrten und ungleichartigern Gesellschaft verminderten und verdrehten diese gutartige Richtung der menschlichen Natur, und machten — aus Bienen Spinnen. **) Nun gab es übertriebne, widerrechtliche Excentrirungen und Concentrirungen, und dabey Stiche und Vergiftung, ***) aber

*) Homines Hominum caussa nati sunt, ut alii aliis prosint.

**) Die gröbern Epikurer verglich man vor Zeiten mit Spinnen, und mit Bienen die Stoiker. Spinnen sind noch immer alle eximirte Egoisten. In Frankreich hat man ihr Gewebe exemplarisch zerrissen — weil sie den Bienenstöcken gar zu nahe kamen.

***) Diesen Standpunkt der Menschheit hatte jener Dichter wahrscheinlich vor Augen, welcher die Thiere auf folgende Art handeln und sprechen ließ:

In einem Park einst eine Schaar
Von Thieren eingeschlossen war,
Sie wurden toll, und Klein und Groß
Sprang grimmig auf einander loß.
Sie belferten gar jämmerlich,
Und zaußten bey den Haaren sich;
Und kaum war es ein wenig still,
Begann von neuem ein Gebrüll,
Daß, wer's gesehn, bey meiner Ehr,
Vor Lachen schier zerborsten wär.
Was macht ihr? sprach ein alter Luchs.
Wir spielen Menschen! sprach der Fuchs.

nach und nach auch ein Nachsinnen, dieser wie jenen vorzubeugen, oder, wenn sie einmal da waren, sie zu heilen. Dadurch entstanden Apotheken von allerhand Art. Für die Gebrechen des Körpers sorgten nach und nach die Wundärzte und Aerzte, und für die Gebrechen der Seele — erhöhete Sänger, Dichter, begeisterte Seher, Propheten, Weise, Eingeweihte, Sittenrichter, Philosophen, Theologen, Gesetzgeber, Herrscher und deren Anhang — vom ersten Minister bis zum untersten Stockknecht.

Der Anblick blutiger Köpfe oder wüthender Unmenschen erschreckte, war unangenehm und erregte den Wunsch, ohne Collision und Contusion mit heiler Haut überall durchzukommen, oder, wo dies unvermeidlich gewesen war, der Beschädigung abzuhelfen. Macht und List half in dieser Rücksicht nicht überall durch, und so war es natürlich, daß man das Feuer in der Asche suchte, sobald man es bedurfte. Man vertraute sich auf gut Glück oder Glauben irgend einem Arzte an, befolgte dessen Vorschriften oder Rath, und befand sich nicht selten wohl. Einer rühmte dies dem andern, und man betrachtete die Retter oder Rathgeber, die mehr wußten denn sie, als Wesen höherer Art, bezeugte sich gegen sie ergeben, räumte ihnen gewisse innere und äußere Vorzüge ein und folgte ihnen, sie mogten auf den Körper oder auf die Seele wirken wollen, größtentheils mit blinder Ehrfurcht.

Die Herren Aerzte — von jeder Art — ragten also überall an Ansehn und Macht hervor; und so ist es begreiflich, daß jeder rangsüchtige Kopf, — die von jeher nicht die besten waren, — alles aufboth, um diesen Posten miteinzunehmen, und wenns auch um weiter nichts war, als um nur auf Kosten Anderer das zu seyn oder zu haben, was sie auf eigne Kosten schwerlich je hätten seyn oder haben können. Man benuzte, wie heutzutage, den Nepotismus und alle die kleinlichen Mittel und Nebenwege — natürliche und künstliche, auch übernatürliche — um auch ohne Einsicht, Kraft, Kunst und Verdienst, wenigstens den Lohn davon wegzuhaschen. Dadurch entstanden freilich Aerzte, die nichts weniger waren als das: Aerzte, die nur — jeder in seinem Fache — größtentheils pfuscherten, auf Kosten Anderer ihren systematischgewordenen Rang benuzten und die blinde Anhänglichkeit der Kurzsichtigern für sich in Contribution setzten. *) Man stützte sich auf die moralischen Privilegien des Standes, und hatte, wie man glaubte, durch sie einen Freybrief, die persönlichen entbehren zu können, wie heutzutage die meisten vorzüglich Privilegiirten.

Es entstanden demnach Pfuscher und Pfuscherbuden, Salbader und Salbadereyen, Lügner und Betrüger, Bartkratzer und Scharfrichter — unter den Aerzten für Leib und Seele. Die Schlauern unter den einsichtigern Nichtärzten, denen das Benehmen der Herren Aerzte das Fieber des Neides und des Hasses, oft auch der ehrlichen und wohlwollenden Menschlichkeit zuzog, bemerkten diesen Unfug, murrten darüber, rügten ihn laut oder leise, im Geheimen oder öffentlich, mündlich oder schriftlich, mit Pantomime oder mit der Faust, mit Prügeln oder mit Säbeln; und daher denn Verachtung, Schimpfwörter, Fabeln, Denksprüche, Satyren, Strafreden und Strafpredigten, Pasquille, und endlich Unruhen aller Art, Kriege, Entthronungen, Königsmorde, Revolutionen und wie die Mittel der natürlichen Ausgleichung der gewaltsam Gegängelten gegen die gar zu künstlichen Maschinerieen der unglimpflichen Gängler weiter heißen.

Dieß nur so ohngefähr wie vom Ovo, um einzusehen, daß die Menschen von jeher, wie Luchse, auf alle die lauerten, welchen es einfiel, sich an ihnen oder ihren Rechten, einzeln oder verbunden, systematisch-autorisirt oder straßenräuberisch-gewaltsam, politisch oder religiös ein wenig zu weit zu wagen. Der Selbsterhaltungstrieb, nebst der endlich selbst durch die Usurpation geschärften Einsicht auf Menschen-Würde, Rechte und Pflichten, war der General-

*) „Die Geschichte alter Zeiten und Völker in allen Erdtheilen ist großentheils eine — Leidensgeschichte der von den verworfensten, oft zugleich stupidesten Bösewichtern (oft Eroberer und Helden genannt) und deren Abkömmlingen, am Narrenseil herumgeführten Nationen. — Der Forscher dieser Gräuelthaten läuft Gefahr, daß ihm darüber die ganze Menschheit verächtlich werde. Wer begreift dann, daß sich Millionen Menschen, Mitglieder der mächtigsten Nationen, Jahrtausende hindurch, von Einzelnen Wutrichen haben schlachten, von Einzelnen Räubern haben plündern lassen? Die Feigheit dieser Elenden ist noch räthselhafter, als die Unmenschlichkeit ihrer Tyrannen.“ So Schlozer in seinem allgemeinen Staatsrecht, S. 123.

fiskal, der es in der Menschen=Neckerey selten recht arg und lange werden ließ, ohne die Fäuste gegen die anzuregen, deren Hab= und Herrschsucht zu weit um sich griff — und dieß troz aller Soldaterey, Pfafferey, Hochgerichten, Bastillen, Zuchthäusern und Citadellen.

So gieng es von jeher unter allen Völkern, ihr anfänglicher Zucht= und Lehrmeister mochte die Noth, die Erfahrung, Furcht, List, Götter, Göttinnen, Gott, oder dessen heilige und unheilige Stellvertreter seyn, wie wir dies finden in der Geschichte der Aegypter, Griechen, Römer, Hebräer, Gallier — Schweizer, Niederländer, Engländer, Nordamerikaner, und vorzüglich in den Neufranken handgreiflich. Ueberall suchte man der physischen und politischen Macht und Gewalt anfänglich eine moralische entgegenzusetzen; und da, wo diese stark und lebhaft genug wurde, die Machthaber und andere Schlauköpfe zu witzigen, da hielt man sich gegenseitig fein hübsch in Schranken; und die Machtverwalter blieben am Leben und bey Ehren, wie deren Volk und Staat in Wohlstand und Ruhe. *) Wo aber die moralische Gegenmacht, oder die allgemein begründete und laut geäußerte Meynung über das Zuviele und Despotische in dem Benehmen der politischen Pfuscher und deren Pfuscherey mit tollkühner Kurzsichtigkeit verachtet wurde, da trat an die Stelle der gelindern moralischen Gegenmacht endlich irgend eine weit ärgere physische, deren Aufbrausen den tauben Menschenquälern meistentheils eben so gefährlich ward, als nicht selten nachtheilig den Gequälten.

Die Belege für die Wahrheit dieser Bemerkung finden wir, — ich wiederhole es, — auf diese oder jene Art in der Geschichte; und an Winken darüber habe ich es in den Briefen über den Feldzug — gegen die Neufranken nicht ermangeln lassen. Die Fortsetzung

*) Die Macht und der Nachdruck einer jeden Regierung, die das Glück der Nation machen, und sichern soll, hängt großentheils von der allgemeinen Meynung ab, die man von der Güte dieser Regierungsform sowohl, als von den Einsichten und der Rechtschaffenheit ihrer Regenten hat. So Franklin. Man sehe dessen Leben, zu Tübingen 1795 herausgegeben, S. 237. Thomas Payne spricht noch bedeutender: doch davon zu einer andern Zeit.

dieser Briefe von mir, *) noch mehr aber die endliche Uebersicht der dort erzählten Begebenheiten, und die Vergleichung der während dieser Begebenheiten angewandten Mittel mit dem Zweck, den man dadurch erreichen wollte, soll bald mehrere und wichtigere liefern.

Genug, eine gewiße moralische Gegenmacht war von jeher das zuträglichste Mittel, die politische Uebermacht zu bändigen, und dadurch das Aufbrausen irgend einer Alles umkehrenden physischen zu verhüten.

Ist aber diese moralische Gegenmacht von so großer Wichtigkeit für das Glück und die Ruhe der Regenten wie der Regierten: so muß an deren Einführung oder Aufrechthaltung beyden gleich stark gelegen seyn. Und so ist es! Denn welcher von den politischen Aerzten und Handlangern, er heiße Fürst, Hofmann, Edelmann, Priester, Soldat, Advokat u. s. w. wird so unklug seyn, der rechtmäßigen öffentlichen Meynung über ihn und sein Ammt, und dessen legale oder illegale Führung ungescheut entgegen zu handeln, sobald er aus eigner oder fremder Erfahrung, durch Hülfe der Geschichte, weiß, was für nachtheilige Folgen dieß, bald für ihn, bald für Andere oder für beyde zugleich nach sich zieht? Gegen den Strohm schwimmt doch kein Kluger! Auch wird gewiß der große Haufen sich bedächtlich hüten, Anordnungen zu widerstreben, für deren Rechtmäßigkeit die öffentliche Meynung entschieden hat; oder die Gegenmacht der Klügern, die für eine dauerhafte Ruhe weit glimpflicher und bürgerlicher, als Soldaten, wirkt, würde ihn bald lehren, sich ergebenst zu fügen.

Daß selbst Fürsten, durch fürchterliche neue Vorfälle gewitzigt, diese Wahrheit gefühlt haben, lehren die Bege-

*) Die schon gelieferte des fünften Packts ist nicht von mir: es hat sie ein Anderer fortgesetzt, aber so plagiarisch, daß sie beynahe weiter nichts enthält, als was längst in dem zusammengestoppelten Magazin der neuesten Kriegsbegebenheiten, in den ärmlichen politischen Annalen von Girtanner, und in andern zerstückelten Histörchen dieses Feldzugs enthalten war: — und doch will der Verfasser derselben ein Preußischer Augenzeuge gewesen seyn! — Daß er hierin irre, und obendrein das Unglück gehabt habe, verblendeten Führern auf guten Glauben zu folgen, soll wenigstens das Publikum bald einsehen. Einem jeden das Seine!

benheiten des Tages. So verlangte die Kurmaynzische Akademie, nach der ausdrücklichen Vorschrift ihres Landesfürsten, zu wissen: Auf wie vielerley Arten man die Unterthanen überzeugen könne, daß sie unter einer weisen, gerechten und milden Regierung leben? *) Eben so trug der Fürstbischof von Würzburg und Bamberg den Herren Berg und Zirkel auf, in ihren Predigten bey Hofe in der Charwoche, die wichtige Frage abzuhandeln: Was fodern Religion und Klugheit von den höhern und aufgekärtern Ständen bey den jetzigen kritischen Zeitläuften? **) Das erste

*) Die allersimpelste Art — ist, wie mich dünkt, eine weise, gerechte und milde Regierung selbst. — Die übrigen damit zusammenhängenden Fragen, nebst den Resultaten aus der verschiedenen Auflösung derselben, findet man in der für Regenten und Regierte gleich merkwürdigen Schrift, unter dem Titel: Ueber Erhaltung öffentlicher Ruhe. — Erfurt bey Keiser, 1794. — Daß diese Aufgabe sehr sonderbar klinge, und beynahe eine Satyre für die Obrigkeit oder die Unterthanen eines Landes enthalte, wo man sie nöthig finden möchte, liegt wohl am Tage. Im Herzogthum Gotha z. B. wäre sie schon überflüssig. Wer frägt denn nach der Art, jemanden zu überzeugen, daß es Tag sey, wenn und wo es wirklich Tag ist! Die Blinden sind freylich davon nirgend zu überzeugen, ich meyne, durch den Augenschein; aber ein Land der Stockblinden suche ich in unsrer vaterländischen Geographie vergebens. Kurz, eine Frage von der Art zeigt Blößen, und enthält vielleicht mehr als man denkt. — Doch ich kann irren! Das sonderbarste dabey ist die Inkonsequenz: an eben die zu appelliren, welche man hier und da sogar neumodisch herabzusetzen sucht — an die Gelehrten. Wer greift aber nicht gern zum Lichte, wenn er im Finstern vergebens herumtappt! — Indeß war es immer gut, daß eben diese Frage einsichtigen Männern Gelegenheit gab, ihre Gedanken über Regenten und Regierungen — ungehindert vorzutragen. Dank dafür dem hellen Biedermann — Dahlberg! — Daß man im Oestreichischen gerade auch die Resultate aus der Beantwortung derselben verboth, ist eine von den vielen Finsterniß-Sünden, deren Folgen man dereinst noch ärger, als jezt, empfinden wird.

**) Man sehe die Vorrede zu den Predigten über die Pflichten der höhern und aufgeklärtern Stände bey den bürgerlichen Unruhen unserer Zeit. — Würzburg, bey Stahl, 1793. — Gründlichere und zweckmäßigere Predigten hat gewiß noch kein Hof gehört. „Wenn Casual Reden, heißt es in der Vorrede S. V., mehr Gewalt über die Gemüther haben, als die allgemeinern, so dürften

zielt offenbar auf eine beruhigende Modificirung der öffentlichen Meynung; das zweite auf die Verbindlichkeit der höhern Modificirer, in Beziehung auf die kritischen Zeitläufte, wenn nicht caussativ, doch mediativ oder objectiv. —

Liest und prüft man nun jene Resultate und diese Predigten, nebst der zahlreichen Menge ähnlicher neuer Schriften: so laufen alle angegebnen Mittel und Winke auf Staatskrankheiten hinaus, über die die öffentliche Meynung, hier mehr, dort weniger, längst laut entschieden hat. Ueberall Zurechtweisung für die politischen Aerzte, das zu unterlassen, was bisher allgemein misfiel oder aufbrachte, und das werkstellig zu machen, was den Grund dieses Misfallens oder Aufbringens zweckmäßig heben kann.

Was und wie vielerley dieß wie jenes sey, theils an sich, theils in Beziehung auf die Verschiedenheit der Regenten und der Regierten, nach der verschiedenen Cultur, Constitution und Administration derselben, — dieß lehrt die öffentliche Stimme, und deren Copieen — die Bücher. Großentheils hallt in diesen nur das permanent wieder, was die öffentliche Stimme transitorisch darüber ausdrückt; und welche Bücher, von der Art, das nicht thun, sind auch nicht der Dollmetscher der öffentlichen Meynung und Stimme, und wandern bald den Weg alles Makulaturs.

Wie aber die öffentliche Stimme, durch die öffentliche Meynung geleitet, bald etwas Einzelnes an einzelnen Personen und Ständen, bald etwas Allgemeines — entweder für eine gewisse Zeit, oder für immer und Alle lobt, rügt

diese Predigten, welche — gleichsam an der Brandstätte eines berühmten Königreichs gehalten wurden, nicht ganz ihres Zweckes verfehlen, und die Aufmerksamkeit auf Wahrheiten lenken, welche man lange überhörte, und welche hier so mächtig rufen.“ — Beydes gleich wahr, und würklich ein Wort zur rechten Zeit! Wenn doch nur das fatale Ueberhören endlich einmal aufhören wollte, um statt des mächtigen Rufens hier und da über kurz oder lang nicht ein noch mächtigeres Dreinschlagen gleichsam herbeyzuzwingen! Eine friedliche Ruhestätte ist doch in jeder Rucksicht einer erschlagenden Brandstätte vorzuziehen! Aber um jene von Seiten der Unterthanen zu haben, muß man den Zunder zu dieser von Seiten der Obrigkeit nicht liefern, noch weniger überhäufen, oder anfachen: denn wie man in den Wald hineinruft, so schallt es zurück — sagt ein bedeutungsvolles Sprüchwort.

oder fodert, so auch die Bücher. Diese sind also, in dieser Rücksicht, entweder historisch oder philosophisch, oder beydes zugleich; und dieß prosaisch oder poetisch.

Um die öffentliche Meynung in der mehrmals erwähnten Rücksicht, als eine moralische Gegenmacht, aufzufinden, habe ich schon mehrere Jahre hindurch alles besonders bemerkt, was mir in den Büchern — ältern und neuern von jeder Gattung — als dazu dienlich aufstieß. Wozu ich dieses sammle, soll die Zeit schon lehren. Für jetzt hebe ich bloß das davon aus, was ich in unsern Dichtern als angemessen darüber vorfand.

Der Zweck dieser Mittheilung erhellet hinlänglich aus dem Titel. Daß dieser Zweck zu dieser unsrer Zeit, wenn gleich auch zu jeder andern, der vorzüglichste Gegenstand einer allgemeinen Beachtung, — besonders von Seiten der Menschen-Beherrscher, Ausbilder und Zurechtweiser, — zu seyn verdiene, ist wohl gewiß; ungewisser aber, ob meine Auswahl und die Art der Aufstellung so beschaffen sey, daß sie zu Erreichung dieses Zweckes das Ihre beytrage. Dieß zu entscheiden, muß ich Andern überlassen, und thue es um so lieber, da hier alles auf die Sache und nichts auf die Person ankömmt: der beste Arzt kann auch in der Bestimmung und Auswahl der Arzneyen irren.

Irren aber thue ich hier vielleicht nicht sehr. Denn von wem rühren die Unruhen der Unterthanen mehr her, als von dem willkührlichen Benehmen der politischen Ober- oder Unter-Aerzte? Wollen diese also Ruhe: so müssen sie ihr Benehmen fein hübsch vernünftig und gerecht einrichten, müssen weiter nichts wollen, als was der Zweck des Staates und der ihnen zu dessen Beförderung anvertrauten Macht, nach vernünftigen und zweckmäßigen Gesetzen, erheischt; kurz — alles das müssen sie meiden und alles das thun, was der Titel dieses Werkchens summarisch angiebt.

Und wer das beobachtet, der hat wahrlich nichts zu fürchten, und dem wird mein Zuchtspiegel — schon wegen seiner politischen Handlanger, die oft auch dem geschicktesten Baumeister die Ausführung des regelmäßigsten Plans verderben — willkommen seyn. So konnte, unter Friedrich dem Großen, Herr von Kleist das Gemälde eines Königs, das in dieser Sammlung (S. 21.), das achte Gedicht ist, öffentlich aufstellen, und unter Friedrich Wilhelm dem Zweiten, durfte es von neuem gedruckt werden. Wen desgleichen nicht trift, der ließt es und läßt es ungestöhrt weiter lesen, und bleibt, wie seine Leser, ruhig. Daher hatte der Dichter Recht, der da bemerkte:

Den Staat und seine Großen schmähen
Das kostet in London dem Autor seine Guineen,
Und in Venedig sein Blut.
Da hatt' ers in Berlin doch gut:
Man las ihn laut, und ließ ihn gehen.

Und gerade dieß war der augenscheinlichste Beweis für die Größe Friedrichs des Großen. Eben darum sang auch Isaac Maus, ein Bauer zu Baadenheim in der Pfalz:

Ich kannt' ihn zwar, den großen Friedrich, wenig;
Doch wie man aus den Bolzen schloß,
Die auch nach ihm ein Satyr schoß,
So war er wahrlich mehr als König!

Wer nun weniger ist, als dieser Große, wer gern den Schach Lolo spielt, wer seine Unterthanen als das Lastvieh seiner Launen ansieht und behandelt, wer sie von seinen Handlangern nach Belieben aussaugen läßt, wer mehr nach Herkommen und Willkühr, als nach angemeßnen Gesetzen und Vernunft regiert, wer gern das Licht der Aufklärung zurückdrängen mögte, um die Werke der Finsterniß unbeleuchtet weiter und ärger treiben zu können, wer Esel von sechszehn Ahnen-Ställen dem gescheutesten und bravsten Manne vorzieht; — oder wer seinen Fürsten hintergeht, irre leitet, dessen Unterthanen schindet, und dadurch den Fürsten verhaßt und das Volk mürrisch und widerspenstig macht rc. rc. — daß alle diese Zeter-Mordio über meinen Zuchtspiegel und mich schreien werden, liegt in der Natur der Dinge.

Mögen sie aber schreien, mögen sie den Zuchtspiegel confisciren, behandeln, wie sie wollen — sie werden dadurch das Uebel ärger machen, werden dem Sachkundigen beweisen, daß eben sie dieser Arzney bedürfen; aber auch jenem delirirenden Patienten gleichen, welcher vor lauter Krankheitswuth seinem wohlmeynenden Arzte alle Gläser mit den heilsamsten Elixieren ins Gesicht warf, und endlich, von aller Hülfe verlassen, als ein Opfer seiner Wuth von hinnen schied. Diese bloß sind es, welche Herr Haschka zu Wien — wie ich mir's denke — im Sinne hatte, als er in seinem Zuruf an Deutschlands Dichter rief:

— Diese — verschmähen Gesänge! —
Pfeifen-Gequick, Pauken- und Trommel-Geroll,
Der Ketten und Peitschen Getös
Und das Brüllen der Gepeitschten
Ist diesen Landesvätern allein Musik. *)

Indeß sollte ich vielleicht irgend einer Excellenz, oder jemanden von den Hoch- und Hochwohlgebohrnen Unterärzten zu nahe getreten seyn: so bitte ich um Verzeihung, wie der Bauer im folgenden:

Ein Hochgebohrner Herr, dumm, wie sehr Viele sind,
Und aufgeblasen stolz, den Kopf voll Spreu und Wind,
Der, weil ein Federhut ihn schmücket,
Sich nie vor einem Bürger bücket,
Der Herr von Veit, so hieß der Mann,
Stieß jüngst an einem Bauer an.
„Ha, Flegel, siehst du nicht vor dir!" —
Was seyd ihr, sprach der Knoll, denn für ein großes Thier?
Ich? Schlingel, ich? — Ein Kavalier!
„Verzeihn Sie, gnäd'ger Herr, da war es freylich dumm:
Man geht ja sonst auch wohl der Esel wegen um! **)

Freylich hätte ich — um auf jeden Fall besser durchzukommen — den Rath befolgen sollen, welchen der Verfasser der Episteln im ersten Stück des ersten Bandes der Horen auf der dritten Seite giebt, und welcher lautet wie folget:

Sollen wir freudig horchen und willig gehorchen, so mußt du
Schmeicheln: sprichst du zum Adel, zu Fürsten, zu Königen: allen

*) Im Musenalmanach für 1787. herausgegeben von Voß und Göcking.

**) Magazin des Witzes und Scharfsinns, Brandenburg 1795. S. 152.

Magst du Geschichten erzählen, worin als wirklich erscheinet,
Was sie wünschen, was sie selber zu leben begehrten —

Aber wie hätte ich das gekonnt, da gewiß jeder ehrliche Deutsche, dem das Wohl seines Vaterlandes, seines Fürsten und seiner Mitbürger heilig ist, meinem Zuchtspiegel hätte fluchen müssen, sobald er von der Art gewesen wäre, daß er eben die Innschrift verdient hätte, welche in J. V. Andreä Dichtungen auf der sechsten Seite bedenklich erschreckend vorkömmt! Man lese und überdenke sie!

Hier liegt
die Wahrheit,
eine Tochter Gottes;
durch Tücke des Aberglaubens,
Gift der Verführung und Entkräftung der Sinnlichkeit,
Despotismus der Fürsten,
Trägheit der Priester, und Verschmiztheit der Staatsmänner,
Leichtsinn der Geschichtschreiber,
Pedanterie der Litteratoren und Dummheit des Volks
ermordet,
und hier im Unrathe der Lügen
begraben.

Lieber will ich mit Brömsen ausrufen:

O du Allerdurchlauchtigste!
O du Allermächtigste!
O Lüge, du die Wichtigste
Auf Erden, du die Listigste!
Voll Angst, ach! fall ich vor dir nieder:
Ich fleh' zu dir recht deutsch und bieder,
O täusch' o täusch' uns ferner nicht,
Gönn uns doch reiner Wahrheit Licht!
Dein stäts getreuer Helfershelfer,
Der pensionirten Schmierer Eifer
Preißt Grausamkeit als Heldenthat,
Schilt hohen Muth für Hochverrath,
Erhebt den Blutdurst der Tyrannen,

Treibt deutschen Wahrheitssinn von dannen,
Begünstigt Speichelleckerschwall,
Kurz, zeugt Verwirrung überall. *)

Allein umsonst! Denn

Ach, schon wird es so schwer, der Könige Schande verbergen!
Weder die Krone bedeckt, weder ein phrygischer Bund
Midas verlängertes Ohr: der nächste Diener entdeckt es,
Und ihm ängstet und drückt gleich das Geheimniß die Brust.
In die Erde mögt' ers vergraben, um sich zu erleichtern;
Doch die Erde verwahrt solche Geheimnisse nicht:
Rohre sprießen hervor und rauschen und lispeln im Winde:
Midas, Midas der Fürst, trägt ein verlängertes Ohr! **)

Gilt dieß vom Fürsten Midas, wieviel mehr von dessen descendirendem Anhang, oder von den übrigen politischen Vampyrs — nach seiner Art. Der Titel dieser Chrestomathie erwähnt dieser Wesen: und so denn auch Einiges von ihnen.

Was ein physischer Vampyr ist, lehrt Büffons Naturgeschichte; und daß eine Art derselben — Fledermäuse — den Menschen — wenn sie schlafen — das Blut aussaugen, lehrt Adrian van Berkels in seiner Reise nach Rio de Berbice und Surinam. Was für Aufsehn eben diese Thiere dereinst in Frankreich und Ungarn gemacht haben, weiß, wer Anspruch auf Terenzens Homo macht.

Was die physischen Vampyrs thun, thun die politischen nicht minder: auch sie schweifen im Dunkeln herum und saugen aus, wo und wie es geht; und wie der Stich von jenen schmerzt, schmerzt auch der von diesen. Den Stich der erstern heilen Aerzte oder Mutter Natur; den der leztern heilt am glimpflichsten — moralische Gegenmacht, nach Vernunft und Humanität, durch Philosophen, Moralisten und Satyriker, und vorzüglich durch Dichter. Ich sage: vorzüglich durch Dichter: denn

Die

*) Versuche prosaischer und poetischer Aufsätze, 1795. S. 33.

**) Die Horen, 1795. 6tes St. S. 42.

Die Geißel in der Dichter Händen
Kann Narren in die Schule senden;
Denn Leute giebts in großer Zahl,
Die durch Philosophie nicht klüger werden wollen:
Die geißeln sie denn allzumal
Mit bitterm Spott, damit sie fühlen sollen,
Was weder trocken hingesagt,
Noch weinerlich geklagt,
Sie je begreifen. —

Also durch Dichter vorzüglich. Und dieß mit Recht! Denn mit Recht, sagt Herder, *) ist Orpheus Leyer unter die Sterne versezt: sie hat mehr gethan, als Herkules Käule: sie machte den Unmenschen menschlich. Oft — fährt Herder fort — sagt uns eine Strophe von ihr mehr, als große Scenen der Anschauung: — Sie ergreift das Herz. In verwickelten Situationen, in Dämmerungen unserer Seele kömmt ihre Stimme uns, wie aus einer andern Welt, weckend, aufmunternd, belehrend. Und warum sollte unsere Zeit der — Poesie entwachsen seyn? Bedürfen wir keiner Empfindungen mehr, keiner Gesinnungen im edelsten Ausdruck? Geschehen keine Merkwürdigkeiten um uns her, die in Haß und Liebe unsrer Theilnehmung werth sind? —

Was Herder, als Natur- und Kunstkenner, bemerkt, bestätigt die Geschichte. Je tumultuarischer und aufwiegelnder die Zeiten waren, desto mehrere und stärkere Dichter hörte man, entweder auf der Stelle, oder nachher. **) Das Objective reizte das Subjective; und dieß — nach dem Gesetze von Wirkung und Gegenwirkung — emphatisch ausgedrückt, war der Gehalt und der Ton in der Sprache des Dichters. Der so modificierte Ausdruck der Empfindungen oder der Gedanken des elastisch-gedrängten und dadurch exaltierten oder begeisterten Dichters bezog sich auf öffentliche oder Privatangelegenheiten, die im hohen Grade absolut oder

*) Terpsichore II. Th. S. 436.

**) Wer mit der neuern Französischen Litteratur bekannt ist, wird dieses bestätigt finden. Proben davon sollen in den Briefen über den Feldzug — geliefert werden.

B 2

relativ angenehm oder unangenehm u. s. w. waren: und daher die verschiedenen Arten von Dichtern und Gedichten. — Daher drückten auch, von jeher alle energischen Köpfe — durch Elend concentrirt — ihre Empfindungen und Gedanken poetisch aus. Daher die Libri tristium des Ovidius; die Schriften des Boethius de consolatione Philosophiae; der Antilucretius von Polignac; Voltaire's erste Gesänge der Henriade; Trenks Fabeln und Satyren; Schubarts sämtliche Gedichte; Bispinks Fragmenta psychologico-moralia u. d. gl. Daher ferner für öffentliche Angelegenheiten vorzüglich Hutten, Logau, Andreä, Balde, Sarbiewsky, Kleist, Klopstock, Denis, Fischer, Blumauer, Ramler, Jenisch und solche mehr. *)

Ließt man den Hutten, den Logau, den Andreä, den Sarbiewsky, den Balde, den Blumauer, den Pfeffel, den Wieland, und die andern ihres Gleichen: so kann man von jedem derselben sagen, was Eulogius Schneider **) von sich sagt:

Dem Fanatismus Hohn zu sprechen,
Der Dummheit Zepter zu zerbrechen,
Zu kämpfen für der Menschheit Recht,
Ha das vermag kein Fürstenknecht!
Dazu gehören freye Seelen,
Die lieber Tod, als Heucheley
Und Armuth vor der Knechtschaft wählen.

Den Grund von dieser Aeußerung giebt Logau ***) in folgenden Versen:

*) Gleim sang als angezogner Preuße, nicht als erhöheter Mensch. Hätte er je einer Schlacht zugesehn, er würde es entsetzlich gefunden haben, seinen Grenadier, auf Leichen stehend, vorzuführen. — Mordkünste und Mordkünstler bis in den Himmel erheben, ist in meinen Augen ein zweckwidriges Mittel, friedfertige und schonende Humanität einzuflößen. Der Boden für die Palmen der Helden sind Menschen, und der Dünger derselben ist deren Leben, Gut und Blut. Was aber Blut kostet, ist Menschenblut nicht werth — meynt Lessing.

**) In der zweyten Auflage seiner Gedichte, S. 137.

***) Friedrichs von Logau Sinngedichte, aufs neue überarbeitet — von K. W. Ramler. Leipzig, 1791. S. 130. N. 63.

Ein tapferer Heldenmuth ist nicht zu kennen,
Als wenn man sich nicht scheut, schwarz schwarz, weiß
weiß zu nennen,
Und keinen Umschweif braucht und keinen Mantel nimmt,
Entgegen Allem geht, was nicht mit Wahrheit stimmt.
Und warum auch nicht! Denn
— — — Mische der Lüge Trank
Mit Honig, und mit Ambra=Düften:
Um so verderblicher wird ihr Gift uns.
Und glaubst du, Frevler, der mit Betruges Dunst
Statt heller Wahrheit, Blätter und Bücher füllt,
Und glaubst, die Nachwelt Du zu täuschen?
Sie, die wie Aeakus über Todte
Gericht hält? — Wenn sie Thaten der Ahnen wägt,
Sie streift der Vorwelt Bilde den Firniß ab,
Und haßt den Lügner, der für Wahrheit
Fabel ihr gab, und ein Spiel der Farben.
Hinweg dann Larven! *)

Eben hierauf zielt auch Herder an einigen Stellen in seinen Briefen zur Beförderung der Humanität. Ein Werk von Herder liеßt gewiß jeder, zumal dieses, welches eben dahin prosaisch zielt, wohin ich poetisch ziele. Ich hebe hier also nichts davon aus, wenn ich gleich einsehe, daß es für mich, in Rücksicht auf gewiße Leute, gut wäre, meinen Zuchtspiegel durch einen prologum galeatum, ich meyne, durch gleichlautende Stellen aus den Werken eines Friedrichs des Großen, zu decken, wie Herder. Aber was hilft Autorität, wenn Gefühl und Einsicht der Wahrheit nach Sachgründen entscheiden kann, muß und wird!

Ich will mich vor der Hand begnügen, wenn man nur zugiebt, daß Dichter, welche mit Wahrheit und Freymüthigkeit die Narren in die Schule senden, am geschicktesten sind, eine moralische Gegenmacht, oder die öffentliche Meynung, daß ein Narr oder ein Bösewicht von der oder jener Art, auf dieser oder jener Stufe nicht nur ein verächtlicher Narr, sondern auch ein sehr gefährlicher und schädlicher Mensch sey für das Wohl und die Ruhe der Untergebnen oder Mitmenschen, und daß folglich ein solcher Narr oder

*) Terpsichore II. Th. S. 292.

Bösewicht sich weit eher zum Candidaten irgend eines Siech- oder Tollhauses, als zu dessen Aufseher qualificiere — durch getreue und bis zum Sprechen getroffene Darstellungen auszuwirken; und dann, daß eben diese Gegenmacht, eben diese Meynung, sobald sie herrschend wird, das glimpflichste Mittel sey, den Stich der politischen Vampyrs, ohne weiteres Schneiden oder Wegzuätzen, eben sowohl zu heilen als zu verhüten.

Herr Hofrath und Professor Häberlin zu Helmstedt, sagt in der Vorrede zu seinem Handbuch des teutschen Staatsrechts: *) „Unter mehreren guten Folgen, welche die Französische Revolution, mit so vielen unseligen vermischt, für Deutschland schon unstreitig gehabt hat, und hoffentlich künftig noch mehr haben wird, bemerke ich der Schwachen wegen, die so gern einen jeden für einen Jakobiner halten, der nicht die Französische Revolution in den tiefsten Abgrund verdammt, oder wohl gar etwas Gutes in ihr findet: wie es unstreitig Folge dieser Revolution ist,

1) Daß mehrere Fürsten und Obrigkeiten jezt eine sparsamere oder auch zweckmäßigere Oekonomie einzuführen und das Beyspiel nachzuahmen suchen, das ihnen schon lange ein König von Preussen, und so mancher Deutsche Fürst, vorzüglich der Herzog von Braunschweig, der Fürstbischof von Würzburg und Bamberg, der Markgraf von Baden, die Herzoge von Sachsen-Weimar, Coburg und Gotha, die Stadt Frankfurt u. s. w. gegeben hatten;

2) Daß sie überhaupt jezt den Werth ihrer Unterthanen mehr schätzen lernen und aufmerksamer auf deren Bedrückungen geworden sind;

*) Nach dem System des Hn. Geh. Justizrath Pütter, zum gemeinnützigen Gebrauch der gebildetern Stände in Deutschland, mit Rücksicht auf die neuesten merkwürdigsten Ereignisse bearbeitet. Mit dem Motto: Suum cuique. Berlin, 1794. bey Fr. Vieweg dem Aeltern. Dieses vortreffliche Werk empfiehlt sich jedem Deutschen von selbst, und wer es gelesen hat, wird die Preßfreyheit in Berlin, vor der in Wien, Leipzig, Hannover u. s. w. liebgewinnen und loben.

3) Daß besonders jezt in manchen Ländern, in welchen es sonst wohl noch lange nicht geschehen seyn würde, Verfügungen wegen des Wildschadens ergangen sind;

4) Daß in andern die Landstände, welche es zu vergessen anfingen, was sie seyn sollten, und auf eine höchst schändliche Art nur für sich, aber nicht für das Land sorgten, ihrer Pflichten wieder eingedenk wurden;

5) Daß hie und da die Abgaben verhältnißmäßiger vertheilt, und besonders bey den jetzigen Kriegskosten die Last dem Bürger und Bauer nicht allein aufgebürdet wird. —

Dieß von Seiten der Obrigkeit: von Seiten der Unterthanen hat die Französische Revolution — wie Hr. Häberlin ebenfalls bemerkt — auch die gute Folge gehabt, daß der Deutsche angefangen hat, sich mehr, als sonst, um seine vaterländische Verfassung zu bekümmern. Ja er ist durch sie und vorzüglich durch den Krieg wider sie auf die Rechte des Menschen und des Bürgers aufmerksamer geworden, nicht minder auf die Pflichten der Regenten, und der übrigen politischen Aufseher und Aerzte. Seine Ansprüche auf eine Menschenwürdige, oder weise, gerechte und milde Regierung haben sich gemehrt durch seine vermehrte politische Einsicht und sein geschärfteres Gefühl der Würde und der Rechte des Menschen. Er hat einsehen lernen, und saget es schon laut, daß gegen die ersten Rechte der Menschen keine Privilegia, auch keine Reichsschlüsse statt haben können; *) daß die Fürsten nur der erste Diener des Staates sind, daß die Unterthanen nicht ihr Lastvieh, und deren Vermögen nicht ihr Eigenthum ist; daß die Machtvollkommenheit der Häupter nicht weiter geht, als die allgemeine Wohlfahrt es erfordert; **) daß eben sie, als die Directoren der National-

*) Eben dieß erklärte der Preußische Hof selbst dem Oestreichischen 1756. Man findet es in Häberlins angeführtem Handbuche S. 93. I. B. Friedrich der Große dachte und schrieb, in dieser Rücksicht, eben so strenggerecht und helle, als der Hauptpatriach der Neufranken — Rousseau.

**) Wo nicht — schreibt Hr. Häberlin im genannten Bande seines Handbuchs S. 382. — das Wohl des Staates eintritt, da ist auch der Regent nicht berechtigt, etwas zu befehlen. Thut er es dennoch, so artet seine Regierung in Tyranney und Despotismus aus. Der Regent hört alsdann auf, Regent zu seyn und wird unerträglicher Tyrann und Despot. Er

Macht, und als die Verwalter der Staatseinkünfte, beyde zum Besten der Nation verwenden müssen, und dieser dafür responsabel sind; daß ihre ganze politische Macht sich nur auf das Aeußere bezieht, nicht auf das Innere, wie da ist Glaube, Religions-Meynungen u. d. gl.; daß die Heere der Nation nur zu deren Vertheidigung, im Fall eines Angriffs, von der Nation erhalten werden, nicht zur zuchtmeisterlichen Beschränkung und Herabwürdigung des Bürgers und des Landmanns, auch nicht zur Fröhnung für die Heldenschaft des Regenten, noch weniger zu ungerechten Eroberungen auf Kosten eines sichern und dauerhaftern Friedens mit Nationen in der Nähe oder Ferne; daß die erwerbende Classe die Grundstütze des Staates sey, und darum mehr Achtung und Schonung verdiene, als das Hochgebohrenste Mitglied von der blos verzehrenden; daß die Entzweyungen und Streitigkeiten nicht nach Ansehn, Bestechungen oder Chikanen, sondern nach dem Buchstaben des Gesetzes beygelegt oder entschieden werden müssen; daß die Gesetze deutlich, vernünftig, den Bedürfnissen und der Einsicht der Nation angemessen, sparsam, wohlwollend, belehrend, kurz, so abgefaßt seyn müssen, daß der darüber in Schulen und Kirchen belehrte Unterthan, auch ohne allen äußern Zwang, durch ihre gegründete gemeinnützige Zweckmäßigkeit bestimmt werde, sich immer und überall nach ihnen zu richten; daß eben diese Gesetze die bürgerliche Freyheit so gründen und einrichten

vergißt, unter welchen Bedingungen seine Unterthanen sich seiner Regierung unterworfen haben, und macht sich unwürdig, sie ferner zu führen.

Dank sey es — fährt Hr. Häberlin daselbst fort — der Aufklärung, welche freylich denen, die das Licht zu scheuen Ursache haben, eben so verhaßt ist, als weiland der Geistlichkeit das Licht war, welches Luther anzündete, daß der Name Despot immer gehässiger wird, und daß sie sich immer mehr davon überzeugen — Allgemeine Wohlfahrt müsse der Zweck aller ihrer Regenten-Handlungen seyn. Fürsten und Obrigkeiten, die diese Ueberzeugung haben und darnach handeln, haben auch nicht Ursache, sich vor Emissairs irgend eines Klubs, oder vor sogenannte gefährliche Schriften zu fürchten; Despoten hingegen, oder schwache Fürsten, die sich von habsüchtigen Ministern, Maitressen, Hofleuten oder Pfaffen beherrschen lassen und durch diese eine Geißel ihres Landes werden, veranlassen dadurch selbst am Ende Aufruhr und Empörung, ohne daß es irgend eines Emissairs, oder irgend einer verführerischen Schrift bedarf.

müssen, daß es durch sie leicht werde, die moralische ungehindert auszubilden; *) daß die Anstalten zur Vervollkomm-

*) Jede Gesetzgebung ist Kunst, ist veredelndes Supplement der Natur nach den Anlagen und Winken der Natur. Wie also die Natur erst auf die Ausbildung des Aeußern, des Gröbern wirkt, dann auf die Ausbildung des Feinern, des Edlern und Innern, so auch jede Kunst, wenn sie nicht in quälende, eckelhafte Pfuscherey ausarten soll. Ehe die Nelke durch den Geruch und die Farbe ihrer Blüthe Nase und Auge ergötzen kann, muß ihr Stengel ausgebildet, ihre Wurzel gesund und bey losem oder lockerm Anbinden, weder an freyer Luft, noch an guter Erde und gesunden Nahrungssaft Mangel leiden. Mit dem Vergnügen an dem Kosten und dem Anblick eines Apfels, einer Birne, Nuß oder Ananas hat es gleiche Bewandniß. Sollte es mit der progressiven Veredlung des Menschen anders seyn? Sollte seine physische Ausbildung nicht der Grund seiner bürgerlichen, in Rücksicht auf die Befestigung und Veredlung seines Aeußern, und sollten nicht beyde der Grund seiner moralischen Ausbildung, in Rücksicht auf die Berichtigung und Veredlung seines Innern seyn? Ich hoffe, alle einsichtigen Aerzte, Gesetzkundige, Erzieher, Philosophen, Prediger und Fürsten werden mir hier beystimmen und dann einsehen: daß Burke, Pitt, Rehberg, Schirach, Genz, und wie die politischen Altflicker weiter heißen, sehr irrig behaupten: Keine Regierung könne die Völker bürgerlich frey machen, bevor diese sich nicht selbst moralisch frey gemacht hätten. Dieß ist wahrlich eben so viel, als wenn man behaupten wollte, man müsse keinem erlauben, eher gehen zu lernen, bis er tanzen gelernt hätte, oder sich nicht eher ins Wasser zu wagen, bis er schwimmen könnte; oder einen Fieberkranken kuriren zu wollen, ohne für die Wegschaffung der pestilenzialischen Luft und erhitzender Nahrungsmittel gesorgt zu haben; oder einer Taube die Flügel festzuhalten und doch zu fodern, sie solle fliegen! Diese Foderung bringt sogar den Reinen die Krätze bey, um sie, wie Lessing sagt, fein hübsch schaben zu können. Herren von der Art machen es in der Politik, wie, nach Wielands Bemerkung, es sonst ihre Handlanger in der Theologie machten — sie würdigten die Natur herab, um ihren Kram mit der Gnade aufzubringen. Um viel und einträglich taufen, absolviren, schimpfen und züchtigen zu können, erhoben sie alles, was Antipode der Natur ist, zu Tugend, und bildeten Halbmenschen und Castraten an Herz und Kopf, und hatten am Ende ein Siechenhaus von Krüppeln jeder Art, zur Prostitution aller Profose von Rom bis Mekka. Seht, auch das ohngefehr sind die Früchte von Englands kaufmännischem Machiavellismus; doch mehr fürs Ausland, als für sich! —

Auf eben diesem verkehrten und der Natur widersprechenden Wege finden wir auch den Herausgeber und die Verfasser

nung der Nation, und folglich zur Hebung der physischen, politischen und moralischen Hindernisse, der Bestimmung des

der Horen. Beyde sprechen, laut der Ankündigung, von dem allverfolgenden Dämon der Staatskritik — von einem Lieblingsthema des Tages, und von den Horen, als von einer Schrift, die sich ein strenges Stillschweigen darüber auferlegen und ihren Ruhm darin suchen wird, durch etwas anderes zu gefallen, als wodurch jetzt alles gefalle. Jemehr das beschränkte Interesse der Gegenwart die Gemüther in Spannung setze, einenge und unterjoche, desto dringender werde das Bedürfniß, durch ein allgemeineres und höheres Interesse an dem, was rein menschlich und über allen Einfluß der Zeiten erhaben sey, sie wieder in Freyheit zu setzen, und die politischgetheilte Welt unter der Fahne der Wahrheit und Schönheit wieder zu vereinigen. — Mitten in unserem politischen Tumult sollen die Horen für Musen und Charitinnen einen engen vertraulichen Zirkel schließen, aus welchem alles verbannt seyn wird, was mit einem unreinen Partheygeist gestempelt ist. Aber indem man sich alle Beziehungen auf den jetzigen Weltlauf und auf die nächsten Erwartungen der Menschheit verbietet, wird man über die vergangene Welt die Geschichte, und über die kommende die Philosophie befragen. — Man wird streben, die Schönheit zur Vermittlerinn der Wahrheit zu machen, und durch die Wahrheit der Schönheit ein dauerndes Fundament und eine höhere Würde zu geben." —

Alles recht gut und löblich! Aber wie dieß zu Stande bringen? Wie irgend Leute zum Tanze oder Ball bestimmen, in deren Nachbarschaft es brennt? oder denen es an dem Nöthigen fehlt, um an dem Angenehmen Theil nehmen zu können? Wie ein Hauß oder Garten verschönern, wenn man weder Hauß noch Garten eigenthümlich besitzt, oder wenigstens nichts dazu übrig hat? Necessaria utilibus, utilia jucundis praeferenda sunt (Man muß das Nothwendige dem Nützlichen, und das Nützliche dem Angenehmen vorziehn) sagt Cicero. Und eben die Vindicirung des Nothwendigen und Nützlichen ist das Lieblingsthema des Tages, und der Gegenstand für den allverfolgenden Dämon der Staatskritik. Dieß ignoriren und die Menschen durch ein höheres Interesse in Freyheit setzen wollen, ist, wie vorzeiten das Lieblingsthema aller Kreuzfahrer und Ordensstifter war. Da mußte das gegenwärtige Irrdische verachtet und bloß das zukünftige Höhere gesucht und geachtet werden. Man folgte haufenweise, aber was erwarb man? Hirngespinste, ascetische Faseley und Kätzermorde. —

Unser Magen ist nicht rein menschlich, noch weniger über allen Einfluß der Zeiten erhaben: er fodert reelle Befriedigung für den Darmsinn; und hat er die zur Genüge und sicher, dann erst hat unser Kopf und Herz Zeit und Geschmack

Menschen und des Bürgers, nach der progressiven Lage des edlern Theils derselben mehr, als nach der stillstehenden oder regressiven Lage des unedlern Theils entsprechen

für Ideenspeise. Sonst hat der hungrige Bauch keine Ohren weder für Logik, noch für Aesthetik, noch für Moral; wohl aber Fäuste zum Zugreifen; Frankreich lehrt dieß von der einen Seite praktisch, und Eberhards Theorie des Denkens und Empfindens von der andern theoretisch.

Erst also für die Befriedigung des Magens gesorgt, folglich auch für die Leichtigkeit, die Mittel dazu stäts in Vorrath zu haben. Wie dieß zu bewirken sey, lehren die oben erwähnten Resultate. Aber was helfen Resultate von der Art, wenn die Feder der Gelehrten die Stimme der Nothleidenden und wohlmeynenden Rathgeber nicht unterstützt: Alsdann kann die öffentliche Meynung nicht entschieden wirksam werden für die Hebung dessen, wodurch die Gemüther in Spannung gesetzt und eingeengt sind. Daß aber dieser Zustand nur bis auf einen gewissen Grad daure, lehrt eben sowohl die Geschichte als die Philosophie.

Patriotische Gelehrte sollten also als Vermittler zwischen dem Volk und dem Fürsten auftreten, die Sache beyder unpartheyisch untersuchen, und dadurch glimpflich das bewirken helfen, was zur allgemeinen Abspannung der Gemüther, durch gegenseitige Befriedigung nach Recht und Pflicht dienet.

Hört erst alle Usurpation, aller Despotismus auf, eröffnet oder erweitert man die Brodquellen durch verbesserten Ackerbau, Manufakturen, Fabriken, Commerz, Preßfreyheit u. d. gl. werden die Rechte auch des Geringsten erst allgemein beachtet, erhält jeder Würdige ohne Unterschied der Geburt, freyen Zutritt zu Dienststellen und Pachtungen, hebt man die Frohnen, übertriebene Steuern, Wildhegungen, kurz alles das auf, was die Menschen zur Sclaven-Arbeit zwingt, ohne die Früchte ihrer Arbeit je in Ruhe zu genießen — dann bedarf es nur eines Winkes durch Beyspiel, um sie dahin zu bringen, wohin die Horen es sollen. Geschieht das nicht, wie werden die Horen es erreichen, die politisch-getheilte Welt unter der Fahne der Wahrheit und Schönheit wieder zu vereinigen? Wie gesagt, der hungrige Bauch hat keine Ohren, keine Augen! Daher bey uns der Mangel an Kunstgefühl, Kunstachtung, Schändung der öffentlichen Denkmähler, Baumgänge, u. s. w. Daher hält es bey uns so schwer, freywillige Beyträge zur Errichtung der Ehrenmäler für große Männer beyzutreiben u. s. w. Deutschland zählt dreymal soviel Menschen als England; aber wo sollten wir 600, 000 Rthlr. Subscriptionsgelder erwarten dürfen, um unserm Wieland und Klopstock die Ehre zu erweisen, welche die Engländer erst neuerlich, trotz dem schrecklichen Aufwande für Menschen-Mäkeley, ihrem Shakespeare und Milton durch eine National-Ausgabe ihrer Werke erwiesen! — Zu einer andern Zeit mehr davon. Man lese

müssen; *) daß folglich die Aufsicht über Ackerbau, Holzung, Flüsse, Medicinalwesen, Gesetzgebung, Rechtshändel, Soldaterey, Erziehungs- und Bildungsfach in Schulen und Kirchen nur den einsichtigsten, rechtschaffensten und patriotischsten Männern zukomme, und das von Rechtswegen. . .

Dieß also ist Erfolg von der Französischen Revolution, oder vielmehr von der Theilnahme unserer Fürsten an dem Kriege wider dieselbe. Aber wie theuer ist uns allen dieser Erfolg zu stehen kommen! Sind wir nicht, wie man sagt, gleich den Kindern, recht mit Schaden klug geworden? Haben viele von unseren Fürsten, weil sie sonst nicht hören wollten, jezt nicht müssen fühlen? Und werden sie dereinst vielleicht nicht noch weit ärger dieß müssen, wenn es ihrer Präpotenz behagen mögte, zur rechten Zeit nicht noch leiser zu hören? Wäre es darum für sie, wie für uns, nicht besser, forthin lieber durch Lehre, als weiterhin durch Schaden klug zu werden?

Ohne Zweifel lieber durch Lehre! Und gerade dazu ist meine Sammlung von Gedichten eingerichtet. Sie zeigt überall, wie im Spiegel, was wahr, was falsch, was gut, was böse, was recht was unrecht, was schön was häßlich, was rühmlich was schändlich, was befriedigend was empörend — kurz, was für jeden Handhaber der bürgerlichen Gesellschaft, er heiße Fürst, Hofmann, Edelmann, Priester u. s. w. schicklich ist und was es nicht ist, und folglich was jeder von diesen, sobald es ihm Ernst ist, das zu meiden, und jenes zu vollbringen, was der Titel dieser Sammlung wohlbedächtig angiebt, zu thun und zu lassen hat.

Erbaulich nannte ich sie also gewiß mit Recht, und dieß sowohl wegen ihres Zwecks, als ihres Inhalts. Die Benutzung derselben nach dem angegebenen Gesichtspunkte kann und wird es bestätigen.

Haben einige dieser Gedichte auch nicht überall gleich großes poetisches Verdienst, so haben sie praktisches gewiß

noch die Anmerkung S. 64. hinzu. Ich springe freylich sehr oft und weit von meinem Gegenstande ab; allein der Zeitton scheint mir dies zu fodern. Ist das nicht — je nun, so ist es Stoff zum — Rezensiten!

*) Non humana ad Divos, sed divina ad homines transferenda sunt — sagt Cicero.

immer. *) Eschenburgs Beyspiel-Sammlung dient größtentheils nur zur ästhetischen Erbauung: meine zu dieser auch, aber zur politischen und moralischen noch mehr. Ich kann also ohne Stolz meynen, daß sie einen dreyfachen Zweck erreichen helfe, und folglich eben sowohl zum Bildungsmittel für Jünglinge auf hohen Schulen, als zur Richtschnur und Stärkung für Männer in Geschäften, zumal öffentlichen, brauchbar sey. Besser ists doch immer, daß der Jüngling auf seiner Phantasie-Wanderung durch die ästhetischen Gefilde zugleich Saamen von Blüthen einsammle, deren stärkender Wohlgeruch ihn überall erfrische und Ideen in ihm rege halte, die ihm dereinst als Mann, wegen ihrer ästhetischen Verbindung mit höhern moralischen Zwecken, diese interessanter und dadurch leichter erreichbar vorführe. Es heißt doch auch hier:

Omne tulit punctum, qui miscuit utile dulci.

Die Art, das erbauliche aus diesen Gedichten aufzufinden, ist mit der Art des Tobias Witt, sich Klugheit zu sammeln, eine und dieselbe. Dieser erzählte gern allerhand kleine Geschichtchen, die er sich hie und da aus eigner Erfahrung gesammelt hatte. Das besonderste an ihnen war, daß ihrer je zwey und zwey zusammengehörten. Einmal lobte ihn ein junger Bekannter, Herr Till, seiner Klugheit wegen. Ey, fing der alte Witt an und schmunzelte: wär ich denn wirklich so klug?

Die ganze Welt sagts, Herr Witt; und weil ich es auch gern würde —

Je nun, wenn er das werden will, das ist leicht: Er muß nur fleißig Acht haben, Herr Till, wie es die Narren machen:

Was? wie es die Narren machen?

*) Auf diesen Unterschied sah Lessing, in seinem Sinngedichte an die Leser:

Wer wird nicht einen Klopstock loben?
Doch wird ihn jeder lesen? — Nein.
Wir wollen weniger erhoben,
Und fleißiger gelesen seyn.

Lessings verm. Schriften 1. B. S. 3.

Ja, Herr Till, und muß es denn anders machen, wie die. — So Tobias Witt im Philosophen für die Welt. *)

Eben dieß rathe ich dem Leser dieser Gedichte, vorzüglich in Rücksicht auf die Fabeln. Diese, wie die meisten übrigen Gedichte, haben ihre doppelte Seite: — für die Spinnen hier und da Gift; für Bienen, nach Witts Art, überall Honig. **) Wer das Gute, Wahre und Schöne liebt, und die Kunst inne hat, es wie Tobias Witt aufzufinden: wird dieß Buch als einen offnen Freund und Rathgeber lieb gewinnen. Es bleibt sich immer und überall gleich, sagt die Wahrheit ungeheuchelt und schmeichelt keinem: eine Eigenschaft, welche so mancher brave Fürst von seinen Hofleuten, Ministern und Räthen vergebens wünscht. Selbst ein Ludwig der Vierzehnte soll diesen Mangel dereinst öffentlich beklagt haben. Nach einer Anekdote von ihm, sagte er nämlich zu seinem Staatsrathe: Wie man mir sagt, so soll ich an Nichts Mangel haben; wie ich aber merke, so habe ich ihn an Männern, welche mir die Wahrheit sagen.

So ein dringendes Bedürfniß ist Wahrheit für jeden Fürsten, selbst für einen Ludwig den Vierzehnten! Hätte Necker und Calonne dieß zur rechten Zeit eingesehn: wer weiß, ob Ludwig der Sechszehnte nicht noch lebte! Wer weiß, ob der jetzige schreckliche Krieg je ausgebrochen, je die besten Provinzen Deutschlands, je die gerühmtesten Heere, je ganz Frankreich so unerhört verwüstet hätte, wenn Mainz, Coblenz, Trier, Speyer, Wien und Paris ***)

*) Herausgegeben von J. J. Engel, 1787. S. 71.

**) Jakob Bruck schrieb unter einer gemahlten Rose, worauf eine Biene und Spinne saß:

Usu diverso diversa insecta probantur:
Colligit haec virus, colligit illa favum.
Ut cuique est animus, quoque sic operatur; et una
Usus diversos res habet atque capit.

***) Berlin handelte als politisches Corollar nach Folgerungen aus hypothetischen Prämissen auf politische Folgen für die Zukunft und die Ferne. Berlin also kann, in dieser Rücksicht, seine Hände in Unschuld waschen. Warum verfuhren die Hauptprämissen nicht konsequenter, nicht klüger! Was ich hiemit sagen wolle, wird man in der Fortsetzung der Briefe über den Feldzug gegen die Neufranken finden, und dann einsehen, daß meine Aeußerungen meistentheils tiefer lagen, als die Oberfläche sie zu enthalten schien.

Männer gehabt hätte, welche die Kunst verstanden hätten, die Zukunft nach der Vergangenheit und Gegenwart richtig abzumessen, ohne Stolz, Hof- und Pfaffendünkel Alles reiflich zu überlegen, und dann die Wahrheit rein, ehrlich und gewissenhaft so lange zu predigen, bis sie offne Ohren und Eingang gefunden hätte. Dann hätte Mancher nicht nöthig gehabt, der Verwüstung selbst als Flüchtling aus banger Ferne zuzusehen, seine unschuldigen Unterthanen der Rachgier der Wuth des verächtlichgereizten Feindes zu seiner ewigen Beschimpfung preis zu geben, den Saamen der Uneinigkeit, des Hasses und Verdachtes selbst unter Verwandten auszustreuen, sich und alle Obergewalt der Einzelnen zu kompromittiren, das Herrscher-Handwerk zum Nachtheil der Regierer und der Regierten durch erregtes gegenseitiges Mißtrauen und Auflauern zu erschweren, alle Sittlichkeit wie allen Wohlstand auf viele Geschlechter zu untergraben. rc. rc. —

Wer bebt hier nicht zurück, wenn er die schrecklichen Folgen aus dem Mangel an einsichtigen, getreuen und furchtlosen Rathgebern überdenkt! Wer muß nicht für das Aufstellen der todten Stellvertreter stimmen, wenn er sieht, daß die Lebendigen oft schielen, blind sind, träumen, schwindeln, vom Hofwirbel hingerissen werden, verstummen und vielleicht aus geheimer bezahlter Absicht ihren Fürsten auf Abwege gleiten lassen, auf welchen unabsehliches Elend ihn und seine Unterthanen verfolgt!

In welchem Werthe die todten Rathgeber bey dem hellen und edlen Logau gestanden sind, und in welchem Werthe überhaupt zu stehen, sie verdienen, zeigt der Biedere, wenn er von den Büchern in seiner Bibliothek sagt:

Es ist mir eine Lust, mit Todten umzugehen,
Von denen, die nicht sind, mich rund umringt zu sehen,
Zu fragen, die ganz taub, zu hören, die nichts sagen;
Und die nichts haben, doch viel pflegen aufzutragen,
Vor Andern vorzuziehn. Ich bin auf die beflissen,
Die mir viel Gutes thun, und doch von mir nichts wissen.
Ich halte diese hoch! Die nie mich angesehen
Die manchmal mich im Ernst verhöhnen, schelten, schmähen,
Sind meine besten Freund': anstatt sie hinzugeben;
Gäb ich die ganze Welt dahin, und auch das Leben. *)

*) Logau's Sinngedichte — S. 251. N. 84.

So dachte Herr von Logau: aber Logau war mehr als Hofmann, war ein einsichtiger, ehrlicher Mann. Und wer könnte läugnen, daß wir, zumal im Nördlichen Deutschland, wo der Katholicismus die Köpfe nicht zu hoch über das Irrdische in den Sphären-Himmel hinüber hebt, unter den politischen Aerzten, vom obersten bis zum untersten, viele seines Gleichen finden sollten! Ja, wir finden sie, auch ohne die Laterne des Diogenes: und wer könnte diesen eine andere Gesinnung zutrauen? Sie haben zuviel Einsicht, sollten sie haben, um ihren eignen Vortheil von dieser Seite nicht einzusehen.

Und hierin haben sie recht. Denn die lebendigen Rathgeber sind Menschen, oft Menschen ohne edle Erziehung, Bildung und Menschenkenntniß, nicht selten ohne Menschengefühl und Menschenverstand; zuweilen bloß Kinder der Geburt, der Etikette, der Hofrutine, auch nicht selten der Kabale und Liebe; haben also kein Verdienst, keine Haltbarkeit an sich, müssen sich zu halten suchen durch Intrigue und Nachgiebigkeit; sind daher immer der Wiederhall von den Winken dessen, in dessen Hand ihr Schicksal wanket oder steht.

Andere sind gemeine, aber übertünchte, glänzende Köpfe, mehr zum Zeitvertreibe und Tändeleyen als zu ernsthaften Geschäften zugestuzt: sagen, um des reifen Ueberlegens bald los zu werden, Ja oder Nein, oft, ehe sie einmal recht wissen, wovon die Rede war. Der Gegentheil von diesen, hell und schlau wie ein Argus, richtet sich nach seinem Interesse, selten nach Pflicht, und immer nach dem wahrscheinlichen Zuwehen der Gunstluft, und tritt Ehre und Pflicht, — und wäre er ein Geweihter des Herrn! — ja Fürst und Volk in Staub, sobald er größern Gewinn davon ohne Nachtheil erwartet. Und diejenigen, die einsichtig und rechtschaffen genug sind, das angemessenste zu rathen, werden aus Mangel an Hofpolitur meist hintangesezt, oder überstimmt, oder wenn sie auf die Befolgung des Besten Dringen, ganz und gar zurück und zur Ruhe gewiesen. ꝛc. ꝛc. Welcher Lebendige soll denn in dieser Wüste die Wahrheit predigen? Wer für den Fall der Noth oder für immer das Zuträglichste rathen?

Die todten Rathgeber sind von diesen Fällen und Fehlern gröstentheils entfernt. Sie sind und bleiben sich gleich, berechnen keine Verhältnisse der Zeit und der Person mehr, um nach Befinden der Umstände weiß schwarz und schwarz weiß zu nennen: und so bedarf es nur einer angemeßnen literärischen Physiognomik, um den bald herauszufinden, von welchem man lernen und sich mit Zutrauen leiten lassen kann. Das Forum dieser Rathgeber ist offner, systematischer, überlegter, jedem zugänglich und ohne Sporteln. Sie haben weder etwas zu hoffen noch zu fürchten; sind darum unpartheyischer. Sind ihre Urtheile Resultate der öffentlichen Meynung, so sind sie untrüglich nach dem Sprüchelchen: vox Populi vox Dei. Ihr Maaßstab ist also in sofern zuverlässig, zuverlässiger als der Maaßstab der Lebendigen. — Genug, um sie den schwankenden und unsichern mündlichen Rathgebern vorzuziehen.

Gilt dieß von den todten Rathgebern im Durchschnitt, wie viel mehr von denen unter ihnen, welche ihren Gegenstand emphatisch, numerös, lebhaft colorirt, treffend, eingreifend, mit theilnehmender hoher Gesinnung — kurz, mächtig anziehend oder zurückschreckend bis zur Anschaulichkeit hinstellen! Dieß aber ist Sache und Zweck der Dichter. Gedichte also, zumal von der edlern Art, und absichtlich zur Berathung und Zurechtweisung Anderer ausgesucht und geordnet, verdienen, wenn mich nicht alles trügt, den Vorzug vor jedem andern mündlichen und schriftlichen Berather. Und gerade dieß war es, was mich antrieb, einen Zuchtspiegel von der Art aufzustellen.

Er steht nun da: schaue hinein, wer es bedarf! Wer reines Herzens und Wandels ist, sieht gewiß gern hinein; wer das nicht ist, flieht ihn, flucht, rast, und mögt' ihn zertrümmern, weil er ihn so garstig darstellt. Aber was kann der Spiegel dafür, daß Er, der Hineinschauer, selbst so garstig ist? Jeder Spiegel ist passiv, und spielt weiß weiß, und schwarz schwarz zurück. Wem das nicht behagt, der richte sein Actives ein, wie er es im Passiven zu erblicken wünscht. Hübsche Mädchen lieben das Offne, und scheuen keine Beleuchtung: Nicht hübschen ist beydes Lästig. So auch Männer von Pflicht und Ehre! So auch der Pflichtvergeßne, der Niederträchtige unter dem Stern, oder der Decke von Kalbshaut, Chrisam und Diplom!

Wer von allen diesen klug ist, und gern mit allgemeinem Beyfall das seyn mögte, was er absolut und relativ seyn soll, benuzt diesen Spiegel gern und öfters. Er sieht hier deutlich, was man an seines Gleichen allgemein tadelt, allgemein lobet, und nun kann er leicht voraussehen, worauf auch Er, nach diesem Maaßstabe, im besondern zu rechnen hat. Dieser Spiegel hier bleibt aber bey alle dem kalt; nicht so der Spiegel im Menschen. Dieser referirt größtentheils mit warmer Theilnahme, vorzüglich in Rücksicht auf die Großen: und wehe dem, der anders erscheint, als er nach der allgemeinen Erwartung sollte, oder wer ihr gar geringschätzig, oder trotzend begegnet. Woher sonst die Bestandtheile dieses Zuchtspiegels selbst? Er ist ja bloß Resultat von dem Zurückwirken aus dem Innern der scharfsichtigern und elastischern Zuschauer, als der Vormünder der Uebrigen, nach dem Einwirken der großen Akteurs von Außen. Er reverberirt den empfangenen Eindruck blos nach der Eigenschaft und dem Grade des Lichtes, worin diese Akteurs vor ihm erscheinen und auf ihn einwirken. Geschieht dieß disproportionirt, zu stark, ja, unausstehlich, so entzündet sich endlich ein Brennpunkt, und es entsteht das tödtende Ersticken an den Reverbers zu Paris u. d. gl. —

Wie wahr es sey, daß dieser Zuchtspiegel bloß Resultat nach der angegebnen Art ist, geschliffen durch die allgemeine öffentliche Meynung, zeigt der Zuchtspiegel selbst und die Bemerkung: Daß gerade diejenigen, für welche er aufgestellt ist, ihn müssen verschuldet und das Original zu den Copieen, wie die Farben zum Ausmalen geliefert haben, wenn man bedenkt, daß von Volk zu Volk, von Zeit zu Zeit die Spott- und Strafgedichte keine Klasse von Menschen schärfer und treffender zurechtwiesen, als eben die, auf welche die meisten und vorzüglichsten dieser Gedichte zielen.

Die Posten dieser Männer sind für das Wohl der Menschheit auch wirklich zu wichtig: Jedem mußte an der würdigen Bekleidung derselben gelegen seyn, jeder — sorgen, daß sie durch unwürdige Bekleidung zum Nachtheil des Ganzen weder an Ansehn, noch an gemeinnütziger Wirksamkeit verlören: Die Augen Aller waren daher von jeher von jeder Seite auf sie gerichtet: es konnte ihnen also nichts entgehen, was an ihnen als Pflichtwidrig der allgemeinen Erwartung nicht entsprach. Was **Claudius** von den Königen fodert, foderte die ganze

Menschheit von diesen und ihren nächsten Gehülfen, und dieß trotz allem vernebelnden orientalischen Nimbus:

> Der König sey der beßre Mann,
> Sonst sey der Beßre König! *)

Die Menschen foderten Beydes mit Recht: denn eben sie waren und sind es, welche durch Sich und das Ihrige das Begründen, wodurch jene vorzüglich gelten, wirken und ihrem Stande nach über sie excelliren. Wenn demnach die so Excellirenden der allgemeinen, gerechten Erwartung nicht gerecht, nicht mit dankbarer Anerkennung entsprachen, wenn sie sogar, als gesetzlose Herren, derselben trozten, das Volk wie ihre Sklaven behandelten, ihre Usurpationen mit Gewalt behaupteten, den Geist der Nationen zu unterdrücken oder zurückzuhalten suchten, um im Finstern desto bequemer und despotischer

*) Hominem esse, schreibt Heyne in seiner Rede auf Georg II, prius est, quam Regem esse; nec ab regia dignitate ad humanitatem pervenitur, sed ab hac ad illam progrediendum est: neque boni regis officio defungi potest, qui hominis partes male tueatur, humanitatisque officiis, quibus antiquiore fide ac religione adstrictus est, satis non faciat. Hominis autem nomine nemo dignus est aut haberi debet, nisi qui cultum naturae suae praestantia dignum acceperit, earumque rerum scientia imbutus fuerit, quarum cognitione carere non potest, ad ea munia rite obeunda, quae ipsa natura ei loco ac stationi, in qua quisque locatus est, assignavit. (Mensch zu seyn ist früher, als König zu seyn; und von der königlichen Würde gelangt man nicht zur menschlichen, sondern man muß von dieser zu jener heraufsteigen. Auch kann keiner dem Berufe eines guten Königs entsprechen, der dem Berufe des Menschen schlecht entspricht, und den Pflichten der Menschlichkeit, zu denen er weit eher und heiliger verbunden ist, nicht Genüge leistet. Mensch aber genannt zu werden verdient keiner, oder man sollte keinen dessen werth halten, welcher nicht eine Bildung erhalten hat, die der Vortreflichkeit seiner Natur angemessen ist, und der nicht über alles das unterrichtet ist, worüber er unterrichtet seyn muß, um jene Verbindlichkeiten gehörig auszuführen, welche die Natur selbst für die Stelle und den Posten anwies, worinn jeder versetzt ist.) Dieß sagte Heyne schon 1763, zum Beweise, daß politische Anfoderungen in Deutschland kein Produkt des Jakobinismus sind; oder dieser müßte vor den Jakobinern da gewesen seyn. Auf diese Art könnte der gesunde Menschenverstand noch zuletzt selbst zum Jakobiner gestempelt werden.

über sie zu schalten; wenn sie als Stellvertreter des Vaters aller Menschen bloß durch eine tyrannische Allgewalt gelten wollten, aber als Teufel durch ihre Regierung herumgingen, brüllten und verschlangen *) — wer konnte es der bedrängten Menschheit verargen, wenn sie der politischen Quacksalberey eine heilsame, aus Erfahrung abgezogene Sitten = Apotheke, für eben die aufstellte, deren Krankheit man zu heilen wünschte, ohne jedoch zum Schneiden oder Brennen gleich schreiten zu wollen!

Wirklich, die Menschen sind gutmüthige Geschöpfe, versuchen so gern das Gelinde, und greifen zum Aeußersten nicht eher, als bis man sie selbst dazu aufbringt. Also sollte diese Sitten = Apotheke, dieser Zuchtspiegel als Copie von dem Leben und Weben der meisten Großen zu deren Besinnung, Beschämung und Besserung dienen; oder wenn dieß bey Einigen fehlschlüge, dann sollte er allen denen, die von ihnen widerrechtlich litten, zu einer Art Schadloshaltung, zur glimpflichen Besänftigung, oder zur erleichternden Explosion durch Lachen u. d. gl. nützlich werden. **) Nun wenigstens sah man in diesem Spiegel, wie in der Erfahrung, welch elende Pygmäen sich oft dehnten und raugen, um über Riesen hinauszuragen; dachte dabey an den possierlichen Don Quixote, und sagte mit

*) Daß diese Voraussetzung, der Geschichte nicht entgegen sey, bezeugt auch Luther, indem er sagt: „Von Anbeginn der Welt ist es gar ein seltsam Vogel um einen klugen Fürsten, noch viel seltsamer um einen frommen Fürsten. Sie sind gemeiniglich die größten Narren, oder die ärgsten Buben auf Erden: darum man sich allzeit bey ihnen des Aergsten versehen, und wenig Gutes von ihnen gewarten muß. . . Ihr größter Fleiß und fürnehmstes Studium und Uebung ist, große Hengste reiten, pankettiren, spielen, jagen und die Unterthanen mit unnöthigen Schatzungen beschweren, schinden und schaben.“ So Luther zu seiner Zeit! Wohl uns, daß das Licht seiner Reformation es dahin gebracht hat, daß Fürsten von der Art zu unsrer Zeit wohl nirgend mehr zu finden sind. Sie selbst haben wohl alle zuviel Einsicht, um nicht bald einzusehen daß So = Fürst = zu = seyn heutzutage ihrem eigenen Interesse schnurstracks widerstritte. Man lese Luthers Urtheil darüber im 1 B. der Annalen der leidenden Menschheit S. 86. ff.

**) Duplex libelli dos est, quod risum movet, et quod prudenti vitam consilio monet, sagte auch Phädrus von seinen Fabeln.

höhnischlächelnder oder erbarmender Miene: Siehe Israel, das sind deine Götter! oder: Lieber Herr Arzt, heilen sie sich erst selbst! ꝛc. ꝛc. Dieser Ton hallte dann bald überall herum, und nöthigte die Verwöhnten und Verirrten, wenigstens die mit noch etwas Menschensinn, oder Pflicht- und Ehrgefühl, sich nach dem öffentlichen Ton zu richten, und so wenigstens der Schande halben oder aus Noth gut zu handeln, wenn sie gleich sonst der Ehre wegen oder nach Grundsätzen eben keine große Lust dazu hatten.

Und so erleichterte die Regierung der Sitten durch den Ton der öffentlichen Meynung errichtet, die Regierung der Gesetze; folglich auch die Förderung und Handhabung des gemeinen Wohls, wie fern dieß aus der adäquaten Pflichterfüllung nicht nur der Gehorchenden allein, sondern auch der Gebietenden, und dieser vorzüglich, entspringt und entspringen muß. Denn die Sitten, sagt Bergasse *) sind der Mörtel des politischen Gebäudes. Mit den Gesetzen bauet man es auf; mit den Sitten verbindet man alle Baustücke. Ist der Mörtel schlecht, so hat das Gebäude wenig Festigkeit. **) — Herr de Polier von St. Germain, zeigt eben dieß ganz systematisch in seinem vortrefflichen Werke von der Re-

*) Betrachtungen über den thierischen Magnetismus. A. d. Französ. durch Grafen von Brühl. Dresden, 1790, S. 61 und S. 143.

**) „Das Schicksal der Staaten hängt von der Bildung der „Jugend ab. Erziehung, Gesetze und Sitten dürfen nie mit„einander im Widerspruch stehen. Aber die Sitten des Volks „bilden sich nach den Sitten der Oberhäupter.“ — So Mangelsdorf im 2. Th. seines Hausbedarfs aus der allgemeinen Geschichte für seine Kinder — S. 151. Nicht anders äußerte sich neulich der National-Convent in der Erklärung der wesentlichen Grundsätze der gesellschaftlichen Ordnung. „Die einzigen Grundstützen der gesellschaftlichen Ordnung und des öffentlichen Wohls — erklärte er — sind Sitten, Grundsätze und Gesetze. Die Sitten sind die Frucht der Erziehung, des Unterrichts, der öffentlichen Anstalten der Gewohnheit und der Zeit. Weise Gesetze sind das Resultat tiefes Nachdenkens; und die Gewißheit ihrer Ausführung hängt blos von den Sitten ab. Unwandelbar festgestellte Grundsätze ersetzen, wenigstens auf eine Zeitlang, die Herstellung der Sitten und die Vollkommenheit der Gesetze.“

gierung der Sitten. *) Wer die hier vorkommenden wichtigen Lehren genau erwägt, und zugleich nicht übersieht, daß die Sitten der Kleinen sich nach den Sitten der Großen modeln, der wird auch einsehen, wie wichtig, ja, wie nöthig es ist, — nach Friedrichs des Grossen Art — die Reformation von Oben herab anzufangen, um der gewaltsamen Reformation von unten herauf vorzubeugen, und den Egoismus und Luxus der Mit-Grossen, als die Grundquelle alles politischen Vampyrisirens und Unglücks, so einzuschränken, daß er sie nicht selbst erschöpfe, oder sie nöthige, die Niedern bis zum Zurückschnellen an- und auszusaugen. Wird dieß nicht bewirkt, so ist an Wohlstand, Ruhe und gegenseitiges festes Zutrauen im ganzen Staatskörper nicht zu denken, und Bergasse hat recht, wenn er in der angeführten Schrift hinzufügt: „Wir sehen alsdann, wie der Egoismus (der Großen,) gezeugt vom Misbrauch des Genusses, und von dem unmäßigen Verlangen nach ihm, uns auf den Wegen des Geizes und Ehrgeizes zertritt, uns gegen einander reibt, alle unsere Bande zerreißt, und uns mit unsern Banden würgt."

„Neben einer geringen Anzahl Menschen — fährt er fort — welche leben, das heißt, welche Bedürfnisse haben und sie befriedigen, sehen wir Millionen Menschen, welche sich quälen, um zu leben, das heißt welche Bedürfnisse haben, um deren Befriedigung sie sich umsonst bemühen. Und in so einer verzückten Reihe der Dinge suchen wir vergebens einigen Platz für das Zutrauen, für Freundschaft, für anziehendes Andenken, für zärtliche und tiefe Gesinnungen, für dauerhafte Neigungen, für alle die Meynungen, die aus dem Herzen hervorgehen und welche machen, daß der Mensch beym Menschen in Frieden lebt, und die Bestrebungen Mehrerer sich sanft in eine Einzige vereinigen."

Hat der Egoismus und der Luxus der Großen so nachtheilige Folgen, daß er die Bande der Gesellschaft nach und nach auflößt, und — wie im jetzigen Neufranken- und ehemaligen Bauernkriege — die erwerbende Classe gegen die verzehrende endlich aufbringt: wer selbst von den

*) Aus dem Französ. übersetzt von Götz. Frankf. bey Brönner, 1785.

Großen — ich wiederhole es — wird einen Zuchtspiegel nicht gern zu Rathe ziehen, dessen Hauptabsicht es ist, die verhaßten Auswüchse seines Standes wie im warnenden Bilde ihm vorzumalen, um ihn dadurch zur Menschlichkeit aufzufodern, und durch die nun erlangte bessere Kenntniß der allgemeinen öffentlichen Meynung mitzubestimmen, für sein Theil alles das zu meiden und alles das zu thun, was auf der einen Seite die Bande der Gesellschaft lockert, ja, endlich zerreißt, und auf der andern sie zu seinem und seiner Mitmenschen Wohlergehn in der schönsten Harmonie befestiget!

Sollte aber, dem allen ohngeachtet, irgend einer von den Großen oder deren nahen und fernen Gehülfen soviel blinden Standes-Egoismus, und so wenig humanes Gefühl und Einsicht haben, daß er, selbst auf Kosten seiner, wie der gemeinen Wohlfahrt und Ruhe, die Winke der öffentlichen Meynung verachten, und wohl gar über eine Copie zürnen wollen, wozu er vielleicht selbst auf diese oder jene Art als Original genau passen mögte, dem kann und mag ich weiter nichts antworten, als was Voltaire in der Vorrede zur Geschichte Carls des Zwölften sagte — dieß: „Wenn etwan ein Fürst, Minister u. s. w. in diesem Werke „unangenehme Wahrheiten finden sollte, der erinnere sich, „daß sie als öffentliche Oberhäupter dem Publikum Rechenschaft auch für öffentliche Handlungen schuldig sind: denn „unter dieser alleinigen Bedingung erkaufen sie ihre Größe. „Und das einzige Mittel, die Menschen zu zwingen, daß „sie Gutes von uns denken und sprechen, ist — selbst wirklich Gutes zu thun." —

Jezt hoffe ich, wird man nicht mehr fragen: was mich authorisirt habe, diesen Zuchtspiegel aufzustellen? — Nur meine innige Achtung gegen Menschenwohl, und die Einsicht, daß dieses nie bestehen könne, wo die correlativen Rechte und Pflichten der Obern und Unterthanen nicht vernünftig und nach ausdrücklicher oder stillschweigender, ungezwungener Genehmigung der Gehorchenden bestimmt sind, und dann mit gegenseitiger heiliger Schonung und Beachtung zur Ausübung gebracht werden. Und hiezu, hoffe ich, kann mein Zuchtspiegel nicht wenig beytragen. Wer von meiner Authorisirung jezt noch mehr wissen will, der vernehme noch dieses!

Als unsre Königlichen Prinzen, Heinrich und Wilhelm, den 21sten Jul. 1791. die Hofbuchdruckerey in

Berlin besuchten, um sich einen anschaulichen Begriff von der Arbeit und Einrichtung einer Druckerey bilden zu können, legten die Kunstgenossen dieser Offizin folgendes unter die Presse, und die hohen Wißbegierigen druckten es eigenhändig ab:

Von allen Künsten, die der forschende Verstand
Des Sterblichen durch Mühe je ergründet,
Bleibt doch die Kunst, die deutscher Fleiß erfand,
Und die Ihr izt in dieser Werkstatt findet,
Die nützlichste: — ein bloßer Druck der Hand
Kann schnell durch sie auf wenig leichten Blättern
Den Helden und den Menschenfreund vergöttern; —
„Ja, edle Prinzen, wo sie blüht,
„Wird auch das wahre Glück der Staaten glänzen;
„Doch wo man sie verfolgen will, da flieht
„Des Landes Wohl zu weit entlegnen Gränzen
„Und sucht sich Fluren auf, wo Freyheit ihren Huth
„Auch über sie und ihre Pressen schwenket,
„Und keines mächt'gen Thoren Uebermuth
„Sie unterdrückt und ihre Rechte kränket.
„Sie stellt Euch der Regenten Lebenslauf,
„Zum Muster bald und bald zur Warnung auf;
„Sie streut schon früh in Eure Brust den Saamen
„Der Tugenden, die sie Euch lehrt und preißt;
„Sie spornt Euch an, sie willig nachzuahmen —

Also die Buchdruckerkunst — stellt der Regenten Lebenslauf
Zum Muster bald, und bald zur Warnung auf —

Und dieß meine Authorisirung von Außen, nebst jener von Innen!

Daß kein politischer Vampyr, er gehöre zu welcher Classe er wolle, kein mächtiger oder scheinheiliger Thor, kein Hermes und Hilmer, kein Schirach und Zimmermann, kein De Marees und Aloysius Hofmann, kein Gruner, kein Göchhausen, kein Jung, kein Reichard in Gotha, kein — kein — kein — diese meine Authorisirung gut heißen, oder das gelten lassen werde, was unsre Prinzen durch eignen Handabdruck allgemein lesbar gemacht haben, ist wohl gewiß; aber was bekümmern sich die Abkömmlinge des scharfsichtigen Preussischen Adlers um Fledermäuse, Maulwürfe und Schnecken! Und was meine Wenigkeit betrift, so sagt sie mit Ulrich von Hutten, jedoch ohne alle Beziehung auf die vorhin genannten Männer: „Wenn mir nur kein Biedermann feind ist, dann mögen mich die Schurken wohl hassen!“ Und warum auch nicht! Ich singe längst mit Reinhard:

Wahrheit, Wahrheit, wo höhnt Dummheit und Schellenprunk
Deiner Priester dich nicht! — — —

Wahrheit, wie bist du schön, wie ist dein Kleid so hell,
Wie dein Lächeln so süß, wie ist dein Ernst so hehr!
Deine Töchter wie sittig,
Deine Söhne so frey und groß!

Kann ich sterben für Dich? — Kann ich es nicht: so laß,
Laß mich leben für Dich! Göttin, ich hulde Dir —
Und der Hohn der Zeloten
Und des Gassenvolks sey mein Lohn! *)

Wahrheit ist es nun, was unsere Prinzen in der Hofbuchdruckerey abdruckten, und Grundsatz des Preussischen Hauses. Schon der erste König aus demselben, der, wie Friedrich der Grosse, sich wohl als König durch seines Volkes Gnade, und nicht von Gottes Gnaden betrachtete, nahm um der Wahrheit willen seinen Hallischen Professor Thomasius förmlich in Schutz. Der Dänische Hof hatte nämlich dessen Journalheft, worin er die Ableitung der Majestät der Fürsten von Gott freymüthig bestritt, auf Betrieb des verschmitzten Dänischen Hofpredigers Masius, in Kopenhagen durch Henkers Hand verbrennen lassen: und dieß war es, was den König aufbrachte, und eine derbe Correspondenz zwischen dem Preussischen und Dänischen Hofe nach sich zog. **)

Was Friedrich der Große und unser jetziges Kammergericht bey verschiedenen Vorfällen in Rücksicht der Preßfreyheit zur Handhabung der Wahrheit und Gerechtigkeit erklärt und gehalten haben, ist bekannt. Daß in dieser Rücksicht nicht immer alles blieb und ging, wie der einsichtige Patriot

*) Gedichte von Reinhard. 1. B. S. 95.

**) Allgemeines Staatsrecht — von Schlözer, S. 89.

es wünschte, lag gewiß nicht an dem Willen unsers gutmüthigen Königs. Was dieser in der erwähnten Rücksicht eigentlich wolle, hat er gezeigt, als er durch den Minister von Hardenberg der Regierung zu Bayreuth die Vorschrift geben ließ: bey freymüthigen Schriften und Schriftstellern gelinde Nachsicht der Strenge vorzuziehen, und durch zeitige Warnung, mehr auszurichten zu suchen, als durch Strafen und Verbote. Genug, daß Preussen noch immer das Land ist, wo der Patriot und Menschenfreund das erklärte Recht hat, freymüthige Gedanken zur öffentlichen Prüfung vorzulegen, sobald er jener Bescheidenheit nicht entgegen handelt, welche der Wahrheit und dem Publikum gebührt. Preussen sieht es längst ein, daß die Staatskraft des Bodens, der Beutel und der Fäuste vorzüglich von der gehörig benuzten Kraft der Köpfe abhängt, und durch sie erst recht belebt wird.

Aber die Kraft der Köpfe, die den Mechanismus, die Producte und die Benutzung der sonst todten oder schlummernden Kräfte erfinden, anbauen, vermehren, richten und deren in einander greifende Wirksamkeit auf die einträglichste aber einfachste Art zum Besten des Ganzen und der Einzelnen bestimmen soll, schlummert endlich selbst ein, und welkt dahin, oder treibt wilde Ausschüsse, sobald man sie ängstlich beschränken, oder Treib- und Zuchthausmäßig bilden und bewachen will. Jede Kraft welche den Keim und Trieb zu ihrer Entwickelung in ihrem Wesen enthält, wirkt widernatürlich, sobald man sie nicht natürlich wirken lassen will. Woher sonst das viele Elend, und dessen Gemälde in Salzmanns Carl von Carlsberg! Diese Wahrheit erfuhr auch Rom zu Luthers und Josephs Zeiten, und Frankreich jezt noch immer. Hätte man in diesem Lande den lebhaften Köpfen über Gott, Engel, Himmel, Hölle, Teufel und was des Uebersinnlichen und zukünftigen Wesens weiter ist, freyen Spielraum gestattet, wie Friedrich der Große: so würden sie auf Politik, Regierung, Fürsten, Adel, Priesterschaft, und was vom Sinnlichen und Gegenwärtigen weiter damit verknüpft ist, nicht so mächtig und eindringend verfallen seyn; und Frankreich wäre nicht so lange das Opfer einer wild ausschweifenden und schwankenden Politik geworden. Wer Wallfische zu seinem Willen haben will, giebt ihnen leere Tonnen zum Spiel. Kurz, Kopfkraft läßt sich wider ihre Natur nicht beschränken, und wo es mit Gewalt geschieht, da geht es über kurz oder lang, wie jezt in Frankreich. *)

Dieß weiß Preussen, ja, Preussen denkt, wie vor mehr als hundert Jahren schon Fräulein von Schurman

*) Wer nach dieser unumstößlichen Behauptung das neue Oestreichische Censuredict vom 6ten Jun. 1795, wie man es im Junstück des Neuen Archivs für Gelehrte, Buchhändler und Antiquare S. 413 antrift, würdiget, wird finden, daß nur ein geschworner Feind des Hauses Oestreich und der Menschheit dasselbe entwerfen und zur Bestätigung fördern konnte. Denn wenn es immer und überall mit Strenge befolgt wird, so ist es unmöglich, daß Oestreich die Producte der Köpfe zu seiner Ausbildung benutze und dadurch gleichen Schritt mit andern Nationen halte. Es muß also durchaus zurückbleiben und wird an hellen Staats- und Geschäftsmännern dereinst Mangel leiden. Dadurch wird es der Fang- und Neckeball für die einsichtigere Politik Anderer werden, und sehr wahrscheinlich seine Unterlassungssünde dereinst noch hart genug büßen. — Und welcher sonst helle Kopf kann eine Regierung liebgewinnen, die ihm das höchste Gut und Recht der Menschheit streitig machen will? Muß er nicht wünschen, daß ein Schlauerer oder Mächtigerer über sie herfalle und ihre unausstehlichen, widerrechtlichen Fesseln zerbreche? Und geschieht das erste, wird er nicht willig alle seine Kräfte zum leztern mit aufbieten? Befördert man also durch solche, den edlern Theil der Nation am tiefsten kränkende, Beschränkungen nicht die geheime Gährung zu eben dem, dessen Ausbruch man dadurch verhindern will? — Möchten doch alle falschen Rathgeber von der Art, die oft blos aus Mangel an Einsicht in einer vernünftigen Behandlung und Bildung der Menschen, oder aus bestochnem Eigennutz und geheimen Einverständniß mit Nebenbuhlern in der Ferne, oder noch öfterer um ihrer eignen Schandflecken willen die Finsterniß wünschen, dieß bedenken und dann reiflich überlegen, was D. Erhard Ueber das Recht eines Volks zu einer Revolution (bey Gabler in Jena und Leipzig 1795.) geliefert hat! Möchten sie hier die Rechte nicht übersehen, die einem Volke zugeschrieben werden welchen man seine Ausbildung unmöglich machen will! — O, wen grauset nicht, sich einen neuen Aufstand einer mächtigen Nation zu denken, da ganz Deutschland, vorzüglich das Südliche, noch lange an den Folgen des warnenden in Frankreich zu kranken haben wird! O es ist schreklich, wenn Roms Hildebrandismus selbst Throne dahin bringt, das gegenwärtige Gewisse dem Nebel der Zukunft aufzuopfern, und dadurch die Kopfkraft des edlern Theils der Nation wider sich aufzubringen! Wahrlich, die Kunst, vernünftige Menschen Menschwürdig zu regieren, versteht man noch immer gar zu wenig! —

dachte. Diese Edle schrieb nämlich D. Rivet: „Der „Ruhm des Gelehrten-Standes schadet dem Glanze der „Herrschenden nichts: vielmehr sind alle (Einsichtigen) der „Meynung, jener Staat werde erst der blühendste seyn, „welcher die meisten Unterthanen haben wird, die nicht so „sehr den Gesetzen, als der Weisheit gehorchen." *)

Weisheit also und deren überall ungehinderte Pflege ist, wie wir in Preussen noch immer recht gut wissen, das wirksamste Mittel, einen Staat erst zum Blühen einzurichten und in der Blüthe zu erhalten. Wie könnte also irgend einem meiner Mitpatrioten ein Mittel unwillkommen seyn, welches zur Lebensweisheit im besondern weit mehr dient, als alle geheimen Offenbarungen und Geistergeschichten von Johannes bis auf Spieß, Oswald und Consorten! Mit Mährchen unterhält und schweiget man Kinder; aber Männer unterhält der Mann mit etwas Männlicherm.

Und männlich ist gewiß ein Zuchtspiegel, welcher alle die Flecken anzeigt, durch welche gewisse Classen von Menschen garstig und verhaßt werden, und antreibt, diese Flecken wegzuschaffen, damit nicht irgend ein Reisender sie in einer Histoire secrete, oder in geheimen Briefen schimpflich aufmutze, derbe Wahrheiten dabey auskrame und den Credit bey Auswärtigen herabsetze. Wie sehr würde Mancher Manchem danken, wenn er ihn zum voraus gewarnt hätte, dieß oder jenes einzustellen, um nicht am Pranger vor dem Publikum zu stehen in der allgemeinen Deutschen Bibliothek, in der allgemeinen Literatur-Zeitung von Jena und Salzburg in Schlözers Briefwechsel oder Staatsanzeigen, in Weckhrlins Chronologen oder grauem Ungeheuer, in Winkopps deutschem Zuschauer oder Weltbürger, in Nico-

*) Im Original heißt es: Literarii ordinis gloria nihil officit Dominantium luminibus: imo contra, omnes ad unum consentiunt, eum tandem statum fore florentissimum, qui plures subditos, non tam legibus, quam sapientiae parentes, habiturus sit. Man sehe Nobilis Virginis Annae Mariae a Schurman opuscula. — Edit. III. Trajecti ad Rhenum, ex officina I. a Waesberge, 1652, pag. 60. Es ist bekannt, daß Fr. von Schurman ausser ihrer Muttersprache, noch lateinisch, hebräisch, griechisch und französisch schrieb. Wer mehr von ihr wissen will, findet es im 2ten Th. der neuen Ausgabe von Schröckhs Lebensbeschreibungen berühmter Gelehrten, von S. 146-182.

lai's Reise durch Deutschland und die Schweiz, im Kirchen- und Kätzeralmanach von Bahrdt, in Mosers patriotischem Archiv, in den Briefen eines reisenden Franzosen, in den dreyerley Wirkungen, in den Annalen der leidenden Menschheit, in dem neuen grauen Ungeheuer, in Alinora, in den abentheuerlichen Wanderungen durch die preussischen Staaten, in den Wanderungen und Kreuzzügen von Anselmus Rabiosus dem Jüngern, und in so manchem andern Sünden-Register im Kleinen wie im Großen!

Freilich, hätte man den in Rom zugeschnitten und garstig vernähten Mantel der christlichen Liebe nicht zu lange zum Deckmantel unchristlicher Buben und Bubereyen benutzt: dann bedürfte es der vielen Warnungen von sehr braven Männern für unsere Zeiten noch immer weniger, wenigstens in Rücksicht auf guten Ruf, Anhänglichkeit und Ruhe durch Zutrauen im In- und Auslande: allein der arme Mantel ist längst abgenuzt und durchlöchert, und selbst Friedrich der Große hat ihn mächtig mit aufgedeckt und zerrissen, weil er Seiner nicht bedurfte, und durch That und Rath die Großen lehrte, stäts so zu handeln, daß sie der despotischen Bettel-Hülle aus Rom und Constantinopel füglich entbehren könnten. Diesem Beyspiele folgte Joseph und Leopold: und seit der Zeit sind die Augen des großen deutschen Publikums, auch ohne Montesquieu, Raynal, Voltaire, Rousseau, Sieyes und Payne, schon durch den Gang des jetzigen Krieges und die Debatten darüber, gar scharf geworden, so scharf, daß jezt mancher Landmann und Musketier weiter und richtiger sieht, als vorzeiten sein Amtsrath und Hauptmann. Die durch eine eigne Art von Interesse an der großen Fehde über Menschen-Rechte und Pflichten vermehrte Deutlichkeit und Menge der politischen Begriffe hat die Reizbarkeit und Feinheit auch der kleinen Zuschauer sehr vermehrt. Dieß wie jenes macht jede Ungöttlichkeit der Ober- und Untergötter bald bemerken, und hilft den Glauben an ihre Heiligkeit, Abkunft und Nimbus vertreiben. *) Ueberhaupt ist die Mode

*) Dem Lord Bolingbroke gieng es vorzeiten nicht besser. „Als ich noch jung war, schreibt er, stellte ich mir die Nationen-Beherrscher als höhere Wesen vor: aber die Erfahrung benahm mir bald meinen Irrthum. Ich prüfte die, welche in England das Ruder der Geschäfte führten, und ich

merklich eingerissen, den Mann nach dem Mann und nicht nach der Maske oder durch Brillen zu visieren und zu messen. Hiebey aber Amnt von Person zu unterscheiden, ist nicht die Sache eines jeden. Was ist also, um jenes selbst durch diese zu heiligen, und nicht herabzuwürdigen, jezt dienlicher, als ein Spiegel und Vormaaß, um bey der Besichtigung und dem kritischen Nachmaaß überall und immer mit Ehre und Beyfall durchzukommen!

Der Lohn für das gutmüthige Vorhalten eines solchen Spiegels und Vormaaßes ist heutzutage freilich nicht sehr lockend. Jeder, wer sich hiezu versteht, heißt, wie vorzeiten der unschuldige und menschenfreundliche Christus, ein Verführer des Volks, ein Jakobiner, Propagandist, Demokrat, und wer weiß, was noch mehr! Aber dann erst mag man das alles seyn, wenn auch Luthers Schriften über Fürsten, Adel und Priester, wenn Huttens Nemo prior, Nemo posterior, nebst seinem Werkgen de vita aulica, wenn die Argenide von Barklay, und Sterne's Reden an Esel, nebst dem Hudibras von Swift; wenn der Telemach von Fenelon, und Crebillons Buch unter dem Titel: Ha, welch ein Mährchen! oder Boileau's Chorpult; wenn Schach Lolo, oder die Geschichte der Könige von Scheschian, oder die neuen Göttergespräche von Wieland; wenn Hallo's glücklicher Abend, wenn Doctor Luthers Fürsten-Spiegel von Moser, wenn Dya-Na-Sore, wenn die politischen Streifereyen von Hoff, wenn Blumauers travestirte Aeneis, wenn der Fürstbürger Phosphorus oder die Allerweltspfaffenharlekinade, wenn Doctor Martin Luther, oder Deutsche gesunde Vernunft, wenn die Resultate aus den Auflösungen der oben angeführten Aufgaben der Kurmainzischen Akademie, wenn die ebenfalls oben gerühmten Predigten von Berg und Zirkel, wenn die Reden des Justiz-Amtmanns Pfeil von der Erfüllung der Pflichten der höhern Stände eines Volks, als dem besten Mittel, Ruhe und Ordnung in einem Lande zu erhal-

erkannte, daß sie jenen Göttern der Phönizier ähnlich waren, auf deren Schultern man zum Zeichen der höchsten Gewalt einen Ochsenkopf gestellt hat." — Heldengeist und Despotismus der ältern u. neuern Zeit. — S. 127.

ten, Producte von Volksverführern, Jakobinern, Propagandisten und Demokraten sind: dann, sage ich, mag man das alles mit seyn; sonst nicht.

Fürwahr, ich finde nichts erbärmlicher, als das modisch gewordene Herumwerfen mit Jakobiner und andern gehässigen Benennungen für Deutsche, im Tone der Denunciation. Ich für mein Theil bin, nach eigner wiederholter Erfahrung, ganz der Meinung, womit Mangelsdorf die Vorrede zu dem zwölften Hefte seiner allgemeinen Geschichte der Europäischen Staaten endet. „Die Schlimmsten von allen Jakobinern des Tages — bemerkt dieser scharfsichtige Mann — sind nicht allein die Prediger des Königsmords und des Sankülottismus, in welchem, Hans Hagel abgerechnet, Niemand Heil finden kann, außer wer im buchstäblichen Sinne seinen Verstand verloren hat; sondern auch jene Menschen, welche, der Eine als Dummkopf, der Andere als Parasit, der Dritte als Intriguant, ihre arglosen Mitbürger, (soviel geraden Sinn und unerschütterliche, wenn gleich nicht stockblinde, Anhänglichkeit sie auch an Fürsten und Vaterland haben,) in den Verdacht treuloser Gesinnung zu bringen suchen, und dadurch Unzufriedenheit erwecken. Wäre es möglich, wozu, Gott sey Dank! auch nicht der kleinste Anschein da ist, aber wäre es möglich, daß in irgend einem aufgeklärten deutschen Staate eine große Insurrection gegen die angebohrne Landesherrschaft erfolgte: so sind, Tausend gegen Eins gewettet, neun Zehntel von jenen Verdächtigmachern die — ersten Ueberläufer."

Ja, so ist es! Ich selbst habe während dem Feldzuge Einige von den Jakobinerbrütern etwas genauer aufgelaurt und gefunden, daß einer derselben, ein höchst unvorsichtiger Zeitungsschreiber, der immer von Königsmördern, französischen Lumpengesindel u. d. gl. die Backen vollnahm, und dadurch endlich seinem Wohnorte die schrecklichste Rache zuzog, selbst so niederträchtig gewesen ist, seine Frau um hohe Preise an Emigrirte so lange zu verkuppeln, bis sie nebst den Andern ihres Gelichters ganz durch französirt war. Und doch hatte dieser schändliche, unmoralische Mensch die Frechheit, unschuldigen Menschen, nach wahrer Jakobiner Art, Verdacht und Verfolgung zuzuziehen. In Neuwied wußte man von diesem verächtlichen Geldschlund nicht Arges genug zu erzählen. Wem aber schon seine Frau um Geld feil ist, wie kann dem Wahrheit, Rechtschaffenheit und Unschuld heilig seyn!

Ein Anderer, der noch unter Friedrich dem Großen nach der Magdeburger Revue die Erlaubniß erhalten hatte, sich nie wieder dahin zu bemühen, schreyet und schimpft über Aufklärung, deutet den Ursprung der unruhigen und verschlimmerten Zeit in Deutschland ganz natürlich auf den unschuldigen Friedrich, und möchte gern ein Inquisitionsgericht bey uns einführen wider alle Aufklärer, die er kurzweg für Volksverführer, Jakobiner u. s. w. ausgiebt. Ich werde zu seiner Zeit es nicht vergessen, diesem litterärischen Smelfungus ein Wörtchen näher zu sagen, wenn ich einer gewissen Charteke von Wandrung durch die Rhein- und Mayn-Gegenden und die preußischen Cantonirungsquartiere im Februar, 1794, erwähnen werde. Genug, auch dieser herrschsüchtige und vor gekränktem Stolz rotomontadirende Schwindelkopf schimpft und schreyet über Aufklärer und Jakobiner, wie der Advocatus diaboli in Rom auf alle Kandidaten für die Innung der Heiligen. Selbst ein Sultan Peter, der Unaussprechliche, könnte einen Martin Sachs von der Art, troz der Hauschronika seines Vaters, nicht einmal wieder brauchen, der Frau Kriegsräthin Cranz mit philosophischen Träumereien auf dem Sopha aufzuwarten. — Doch was kümmert uns ein Mensch, dem die wirkliche Welt lange nicht weit genug ist, und der eben darum in der Phantasieenwelt für die Langeweile sich selbst im verdunkelten Zimmer tyrannisirt; indem er es an andern in der Sinnenwelt nicht recht kann!

Und von diesem Schlage sind alle die Kurzsichtigen, welche ich auf ihrer Aufklärer- und Jakobiner-Jagd absichtlich belaurt habe, ohne Ausnahme — halbgebildete, Characterlose, schwärmerische und herrschsüchtige Träumer, Heuchler oder Kalenderer in Wielands Sinn, und oft krank vor lauter Heimweh nach dem Tempel des Idoles ihrer Phantasie.

Für wie kurzsichtig müssen aber diese Männlein unsere Regenten und Regierungen halten, wenn sie im Ernste wähnen, daß man auf ihre abgeschmakten und faden Insinuationen etwas unternehmen werde, was das Band der Gesellschaft erst recht lockern und dann freylich Jakobiner erwecken könnte, zumal am Rhein und in mancher Gegend des südlichen Deutschlands! Möchten diese Elends-Propheten und Ritter vielmehr bedenken und einsehen, daß eben die freymüthigern Schriftsteller, welche als Aufklärer in ihren Augen jakobinern sollen, gerade diejenigen sind, welche den Regenten eben so sehr nützen, als den Regierten. Den Regenten, welche gewöhnlich die mindeste Schuld an der Bedrückung und der Unzufriedenheit ihrer Unterthanen haben, geben sie durch die Publikation der öffentlichen oder Privatmeynung Gelegenheit, auf die Fehler und Schröpfereyen ihrer zu egoistischen Unterbeammten zu wachen, und dadurch das wegzuräumen, was den Vätern des Volks die Zufriedenheit, Liebe und Ruhe ihrer Kinder entzieht. Den Regierten, deren Wünsche man doch unmöglich immer gleich befriedigen kann, so gerecht sie oft auch seyn mögen, dienen sie vor der Hand als politische Ableiter, und verhindern als solche das Anhäufen, Gähren und Entzünden des politisch-elektrischen Brennstoffes. Welche kluge Regierung wollte also nicht selbst zu ihrem eignen Besten weit mehr auf sie, als auf die alles einengenden und die Gährung und Entzündung vermehrenden Antipoden halten! Ohne die freymüthigen Aeußerungen der Volksgesinnungen und Urtheile durch Fox und Sheridan, die den unruhigen Köpfen in England zum systematischen Vor-Ableiter dienen, würde es in England, troz allen Bestechungen und Gegenmienen, gewiß längst gebrannt haben. Man weiß ja, daß der im Innern kochende Aetna endlich um so gefährlicher und stürmischer tobet, je länger er seine Gluthen zurückhält, und um so gelinder, je ungehinderter er sie auswirft. —

Wer den Menschen nur etwas kennt, und die Geschichte zu Rathe zieht, selbst nur die Regierungsgeschichte Friederichs des Großen, wird dieser Behauptung beytreten und nicht ohne Grund vermuthen, daß wohl Mancher von denen, welche zu Inquisitionen und gewaltsamen Hinderungen freymüthiger Aeußerungen rathen, die arge Absicht haben könnten, den gesellschaftlichen Umgang durch gehemmte offne Mittheilung aufzulösen, den besseren und einsichtigern Mitbürgern Cabalen und Verdacht zuzuziehen, Mistrauen und Händel überall anzuzetteln, den Regenten und die Regierung eben wegen der Befolgung der von ihnen angerathenen Maasregeln verhaßt zu machen, und, was das Gefährlichste ist, durch die erzwungene Zurückhaltung des innern Unmuths und Druckes deren Energie und Schnellkraft bis auf den Grad zusammenzupressen, daß, die dem Ersticken nahe Natur wie unwillkührlich losbreche und endlich sich dadurch mit Gewalt lüfte!

Wollen die guten Herren das nicht: nun so erinnern sie sich des Sprüchworts: daß zu sehr gespannte Bogen brechen, und daß strenge Herren selten lange regieren, zumal zu einer Zeit, wo man nicht mehr stumpfsinnig genug ist, in willkührliche Bedrückungen als banger Sklave von Rechtswegen sich zu fügen. Alsdann werden auch selbst sie, wenn sie sonst reines Herzens und gutes Willens sind, ihre Saiten gelinder spannen und mehr sich bemühen, die Unterthanen untereinander und mit ihrer Regierung auszusöhnen, als die Einen gegen die Andere, und umgekehrt, aufzuhetzen und zu entzweyen.

Haben sie für diese edle Bemühung keinen Sinn, mehr Sinn für politische Auto da Fee's, dann mögen sie zurückschrecken, wenn sie Zaupsers Gemälde von den geistlichen Bütteln in Spanien, in seiner bald folgenden Ode auf die Inquisition, erwägen, und nur nach veränderten Namen das Wesen und die Folgen ihres Bluthandwerks erblicken. Es ist entsetzlich, Menschen von Menschenwohl und Religion viel sprechen zu lesen und doch zu finden, daß ihnen zu der schwarzen Seele eines Herzogs von Alba nur ein Philipp der Zweite abgeht!

Ich hätte diesen Tummelplatz wegen elender oder verirrter Menschen vielleicht gar nicht betreten sollen nach dem Spruch Salomons (Sprüche, 27. 22.): Wenn du den Narren im Mörser zerstießest — wie Grütze, so ließe doch seine Narrheit nicht von ihm: will ihn daher auch gleich verlassen mit der leider merkwürdigen Stelle, worinn Leibnitz bemerkt: C'est un malheur des hommes, de se degouter enfin de la raison même et de s'ennuyer de la lumiere. Les chimeres commencent à révenir et plaisent, parcequ'elles ont quelque chose de merveilleux. *)

Soviel für diese! Für Andere, die es überhaupt für ein Frevelstück halten, über Regierungs-Kunst etwas zu berüh-

*) Es ist ein Unglück der Menschen, daß sie endlich den Geschmack sogar an der Vernunft verlieren und das Licht lästig finden. Die Hirngespinste fangen alsdann an zurückzukommen, und gefallen, weil sie etwas Wunderbares an sich haben.

berühren, ohne in deren Geheimnisse als geübter Höfling oder als Staatsmann eingeweiht zu seyn, sage ich mit dem Verfasser der Vorrede zu der Schrift: La Politique naturelle, ou discours sur les vrai principes du Gouvernement: (Londres, 1773) „Die Politik oder die Kunst Menschen zu „regieren, wenn sie gesund, rein und wahr ist, das heißt, „wenn sie sich auf die Natur des Menschen und „den Zweck der Gesellschaft gründet, enthält gar nichts „Uebernatürliches. Sie geht, wie jede andere Wissen„schaft, von Grundprinzipien aus, und leitet davon alle ihre „Maximen her, die sie zu einem festen, vollständigen „und zusammenhängenden Systeme verbindet.“ „ „Nur „ „ein falsches Interesse der Fürsten, nur die verborgenen „ „Schleichwege der Höfe, nur die Vorurtheile und Lei„ „denschaften der Höflinge konnten aus der so einfachen „ „Regierungskunst ein undurchdringliches Chaos entstehen „ „machen.“ “

„Diese Menschen, welche in dem Alleinbesitze aller politi„schen Kenntnisse zu seyn wähnen, suchen uns zu bereden, daß „die Abschaffung der Mißbräuche einer Regierung eine ganz „unmögliche Sache sey, wobey sie sich freylich sehr wohl befin„den mögen. Dadurch geschieht es nun, daß sich wenige „Staatsbürger und noch wenigere Souveraine mit jenen Uebeln „beschäftigen, von welchen sie zwar auf gleiche Weise gedrückt „werden, die sie aber für unvermeidlich halten. Der aufgeklärte „und biedergesinnte Mann überläßt sich jedoch solchen nieder„schlagenden und falschen Ideen nicht: er denkt über das Un„glück seines Vaterlandes nach, nicht, um es durch Un„ruhen zu vermehren, sondern, um die Ursachen davon auf„zusuchen, und die vernünftigen, das ist, die mit dem Wohl „der Gesellschaft verträglichen Mittel dagegen anzugeben.“

„Die Leidenschaft darf hier gar nicht mit ins Spiel „kommen, denn sie handelt nicht nach den Gesetzen der Klug„heit: sie reißt nieder, ohne etwas Besseres aufzuführen. „Um die Mißbräuche in einem Staate zu heben, dazu wird „kalte Vernunft, tiefe Einsicht und Zeit erfordert. Die „Nationen müssen mit Langmuth das Ungemach ertragen, „welches sie nicht beseitigen können, ohne sich elender zu „machen. Die Vervollkommnung der Politik kann nur die „langsame Frucht der Erfahrung von Jahrhunderten seyn: „nach und nach wird sie die Staatsverfassungen zur Reife „bringen: sie wird die Menschen weiser und dann sogar auch

„glücklicher machen. *) Der gute Bürger theile also seine „Ideen dem Vaterlande mit, und tröste es bey den gegen„wärtigen Uebeln mit der Hoffnung einer bessern Zukunft. „Mit einem Worte: er hoffe, daß einst Große und Kleine „aufhören werden, sich vom Ohngefähr leiten zu lassen, „daß sie zur Vernunft und Billigkeit zurückkehren werden, „wodurch sie allein den Drangsalen ein Ende machen kön„nen, unter denen sie auf gleiche Weise seufzen."

Kein Volk kann glücklich seyn, wenn es nicht nach den Gesetzen der Natur regiert wird.

Kein Fürst kann groß, mächtig und glücklich seyn, wenn er nicht vernünftige Völker gerecht regiert.

„Dies sind die einzigen und wahren Grundsätze der ge„sellschaftlichen Harmonie, welche die Regierung herstellen „muß. Unglücklich sind die Völker, deren Häupter diese „Maximen als aufrührerisch, oder als eine boshafte Sa„tyre auf ihre Regierungsart ansehen. Unglücklich sind die „Häupter selbst, die dann noch ihre Augen vor ihrem größ„ten Interesse zuschließen!" —

Wieland's Agathon sah allenthalben, daß die Menschen nicht so gut waren, als sie seyn könnten, wenn sie weiser wären; aber er sah, daß sie nicht besser seyn könnten, bis sie weiser würden; und daß sie nicht weiser werden könnten, bis ihre Väter und Mütter, Ammen, Schulmeister, Priester und übrige Vorgesezte durch alle Stufen — vom Gassenvogte bis zum Könige — so weise wären, als jedes nach dem Maaße seiner Beziehung und seines Einflusses seyn müßte, um der Gesellschaft wirklich nützlich zu seyn. **)

Wer mit den Bürgern bloß von ihren Rechten redet, ohne sie zugleich an ihre Pflichten zu erinnern, ist entwe-

*) Aus der Stellung dieses lezten Satzes sieht man, daß unser Verfasser schon 1773. ganz auf der Spur von dem war, was jezt, nach Kant, Fichte, Schmalz und andere ausführlich gelehrt haben.

**) Agathon IV. Th. S. 276.

der ein Schmeichler, der sie betrügt, oder ein Schurke, der sie plündert, oder ein Ehrsüchtiger, der sie zu unterjochen sucht. Der wahre Freund des Volks ist derjenige, welcher ihm kühn harte Wahrheiten sagt; und das Volk ist wirklich so beschaffen, daß es ihn am Ende darum ehrt und liebt. So der National-Convent in der schon erwähnten Erklärung der wesentlichen Grundsätze der gesellschaftlichen Ordnung. Oben winkte ich an, daß das gemeine Wohl aus der adäquaten Pflichterfüllung nicht der Gehorchenden allein, sondern auch der Gebietenden, und dieser vorzüglich entspringe und entspringen müsse. Ich sagte hier: und dieser vorzüglich: und eben dieß bewog mich, den Zuchtspiegel für diese Classe zuerst aufzustellen. Denn so lange diese Classe nicht mit dem guten Beyspiele einer genauen Pflichterfüllung vorausgeht, ist es vergeblich, sie von dem Volke zu erwarten, oder sie mit Gewalt erzwingen zu wollen. Aber auch umgekehrt, hilft es für das Wohl des Ganzen wenig, wenn die Gebietenden oder Herrschenden alles leisten, was ihre Pflicht erfodert, und die Gehorchenden nicht das Reciproke thun. Will ich also nicht jakobinern, nicht als Schmeichler, als Schurke oder Ehrsüchtiger mich selbst brandmarken; will ich als ehrlicher Mann zur Förderung des Wohls des Ganzen mein Scherflein ehrlich beytragen: so liegt mir es ob, auch für die Gehorchenden einen Zuchtspiegel anzubringen.

Und dieß zu thun, gehörte gleich anfangs in den Plan meiner poetisch-moralischen Chrestomathie. Den ersten Theil dieser Auswahl hat man jezt vor sich; den zweyten erhält man mit der Zeit. Dieser muß zuerst das aufstellen, was die Empfänglichkeit und Verbindlichkeit zur politischen Cultur; dann das, was eben jene zur moralischen einschärft. Also Achtung gegen die Gesetze des Staates, und gegen die Regierung nach denselben — Einsicht ihrer Nothwendigkeit und Verbindlichkeit — vernünftiges Berechnen seiner wahren Vortheile, und Unterordnung der Begierden unter der Vernunft nach den Gesetzen — Herzählung der Folgen daraus für die Einzelnen und das Ganze — dann reges Gefühl des Patriotismus und Kosmopolitismus. —

Sachkundige werden einsehen, daß dieses Gebiet das Gebiet der sogenannten vollkommnen Pflichten ausmache — vorzüglich Regulativ des Aeußern, Gröbern sey, Zwangs-Pädagogik zur allmäligen Ausbildung der innern, feinern und moralischen oder liberalen — erst Regierung der Gesetze, dann die der Weisheit, nach der obigen Bemerkung des Fräuleins von Schurmann: erst Befolgung der Gesetze von Außen durch Andere; dann die von Innen durch sich selbst — erst politisch-frey; dann moralisch-frey, wie ebenfalls oben erwähnt ist.

Und nur nach dieser Rangordnung der Ausbildung kann man mit Karl Müchlern ausrufen:

Ja, frey zu seyn — der Menschheit erstes Recht —
Dieß sey das edle Ziel, nach dem wir ringen:
Wer Ketten trägt, wird durch die Ketten schlecht:
Die Sklaverey lähmt unsers Geistes Schwingen. *)

Eben dahin sah auch Mylius, als er von dem Zurufe der Freyheit sang:

Sohn, laß die Welt zerstieben:
Ich bleibe denen, die mich lieben,
Ein ewig sichrer Aufenthalt.
Laß alle Wetter auf dich stürmen:
Ich will dich mächtiger beschirmen,
Als Roms bewaffnete Gewalt.
Auf, rüste dich mit meinen Waffen,
Und spotte kühn der Sklaverey!
So wird dein Muth dir Kronen schaffen,
So bist du selbst in Ketten frey!

In mir, in mir wohnt das Vergnügen,
Das Schicksal, Zeit und Furcht besiegen
Und einem Nero trotzen kann.
Wer meiner Gottheit Thron verehret,
Bleibt, wenn ein Sturm die Welt zerstöhret,
Ein durch sie selbst beglückter Mann.
Steh auf und folge meinem Fluge,
Erheb dich bis zu meinem Thron!
Erhabner Geister edlem Zuge
Folgt stäts ein mir geweihter Sohn.

O Freyheit, kann bey deinem Glücke
Ein Sterblicher noch sterblich seyn!

*) S. 15 im 4ten Heft von Schillers neuen Thalia.

Was schmeckt ich für ein himmlisch Leben!
Mit Göttern bin ich hier umgeben,
Mit Göttern, die die Freyheit schüzt.
Ich seh, fern von der Thorheit Knechten,
Wie ihr die Weisheit zu der Rechten,
Zur Linken das Vergnügen sizt; *)
Vor ihrem Throne prangt die Tugend,
Und freyer Geister edle Ruh;
Hier lacht der Lust vergnügte Jugend,
Dort eilt der Künste Gott herzu.

Die Freyheit tritt mit ihren Füßen
Die Feindinn von Vernunft und Wissen,
Des Glückes Pest, die Sklaverey.
Die Menschenfurcht liegt hier in Ketten:
Hier fliehn, ihr Leben zu erretten,
Stolz, Einfalt, Wuth und Tyranney.
Die Freyheit schwebt auf ihrem Sitze,
Den heller Strahlen Glanz bedeckt.
Ihr muntrer Blick gleicht fernem Blitze,
Der Weise reizt, und Blöde schreckt.

O könnten dich die Menschen finden,
Und deiner Gottheit Werth ergründen,
Und dich, wie ich, o Freyheit, sehn:
So würde sie kein Blitz zerschmettern,
So würde sie ihr Glück vergöttern,
Und sie zu deinem Thron erhöhn.
Jedoch die Herrschsucht ihrer Herzen
Stößt sie in Plutons Finsterniß;
Und solche Fesseln zu verschmerzen,
Sind Sklaven selbst die Fesseln süß.

Hier, wo die Freyheit thronet,
Hier, wo das Glück der Menschen wohnet,
Wie? hier ist es von Menschen leer?
Und wo mit tief gekrümmten Rücken
Sich stolzer Sklaven Sklaven bücken,
Da drängt sich aller Völker Heer? —
Zerreißt der innern Herrschsucht Bande,

*) Also erst Weisheit und durch Weisheit Würde; dann deren Lohn — Vergnügungen — Glückseligkeit.

Ihr, die ihr noch die Menschheit fühlt,
Eh, der Vernunft zur ew'gen Schande,
Sie euch das Glück der Menschheit stiehlt!

In Welten, wo die Freyheit flüchtet,
Wird auch der Weisheit Reich zernichtet,
Das blos der Freiheit Schutz erhält.
„Die Freyheit hilft Verstand und Willen,
„Der Fürsicht großen Zweck erfüllen,
„Den sie dem Menschen vorgestellt.
„Bey denen, die dem Zwange dienen,
„Wohnt Wissenschaft und Wahrheit nicht;
Und ohne weisliches Erkühnen
Ist der Gehorsam keine Pflicht.

Beglükteſter der Unbeglückten,
Die keine Lasten sklavisch drückten
Wär ihr Gemüth nicht ihre Last!
Geh, sage den gebundnen Thoren,
Wenn sie der Freyheit Schutz verschworen,
Sey mir die ganze Welt verhaßt.
Die Sklaven will ich ewig meiden,
Die nie der Weisheit Strahl gesehn.
Laß die der Blindheit Elend leiden,
Die sich in eignen Fesseln blähn.

Von nun an will ich mich erheben,
Beglückter als Monarchen leben,
Und ohne Zwang mein König seyn. *)

*) Rex eris, sagten die Alten, si recte feceris; ferner sagte Boëthius:

Regem non faciunt opes,
Non vestis Tyriae color,
Non frontis nota Regiae.
Rex est, qui posuit metus,
Et diri mala pectoris,
Quem non ambitio impotens
Vulgi praecipitis movet,
Qui tuto positus loco
Infra se videt omnia.
Rex est, qui metuit nihil,
Rex est, quique cupit nihil:

Der niedern Thorheit will ich spotten,
Wenn ihrer Sklaven freche Rotten
Verzweifelnd Gift und Feuer speyn.
Frey will ich reden, thun und denken:
Die Freyheit lohnt mit Glück und Ruh.
Laßt einen Sturz die Welt versenken:
Wer frey ist, siehts und lacht dazu. *)

Daß bey der allmäligen Ausbildung der moralischen Freyheit nirgend Zwang durch Kunst von Aussen, gegen die Kraft, den Ruf und die Bestimmung durch die Natur von Innen, herrschen dürfe; daß Druck- und Preßfreyheit, auf gut Sokratisch zu sprechen, der höhern innern Cultur Hebammendienste leisten müsse; daß die Sorge für Männer zur Ausbildung und Sicherung des Innern, oder für vernünftige Lehrer in Schulen und Kirchen der Sorge für Männer zur Ausbildung und Sicherung der Aeußern, oder für Aufseher und Ausführer der Gesetze, und für Aerzte und Soldaten nicht nachstehen dürfe, giebt die Natur und der Gang der Dinge. Griechenland und Rom sah mehr auf das Eine, als das Andere, bildete den Bürger zu sehr auf Kosten des Menschen, entfernte und empörte diese durch ausschließliche Begünstigung jener, und daher endlich ihr Untergang. Neufrankreich unterordnet den Bürger dem Menschen, den Gang der Kunst dem Gang der einfachen edeln Natur durch Einsicht, Ueberzeugung und Weisheit: und nur so können Menschen-Rechte und eine der Natur entsprechende Menschenbildung und Veredelung erreicht und gesichert werden. **) Alles Andere wankt, Pu-

Mens Regnum bona possidet,
Hoc Regnum sibi quisque dat.
Horatius schrieb: — — Qui cupiet, metuet quoque: porro
Qui metuens vivit, liber mihi non erit unquam.

*) Vermischte Schriften des Hrn. Christlob Mylius, gesammelt von G. E. Lessing. Berlin bey Haude u. Spener, 1754, S. 456. ff.

**) Was Immanuel Kant in dieser Rücksicht a priori deducirte, folgerte Immanuel Sieyes a posteriori: aber Kant und Payne haben gezeigt, daß und wie man auch in Monarchieen dahin gelangen könne, wohin die vernünftige Natur uns will. — Daß man indeß von dem Verfall der

schert, zuchthäusert und weicht endlich den Resultaten des bildenden Genius der Zeit, oder der Zurückwirkung der Gewalt.

Die Bildung und Behandlung der erwachsenen Bürger durch Gesetze und Predigten hängt von dem Unterrichte und der Bildung derselben in der Jugend ab. Je sorgfältiger hier auf die Stärkung des Körpers, die Ausbildung der Sinne und Phantasie, auf die Entwickelung und Anwendung des Verstandes und Gedächtnißes, auf die Bildung allgemeiner Begriffe und deren Verbindung, Festigkeit und Wirksamkeit, auf angemessene Gewöhnung, vernünftige Vorschriften pünctlich zu befolgen, auf die Richtung und Stärkung des moralischen Gefühls durch rege edle Gesinnungen, und auf die Motivierung des Willens durch haltbare Grundsätze u. d. gl. gearbeitet ist, desto leichter wird es der Regierung, die so Erzogenen und Gebildeten durch Gesetze; und den Kirchenlehrern, sie durch höhere Motive — *sobald beyde auf die vorhergegangne vernünftige Bildung weiter vernünftig eingreifen* — der Erreichung ihrer natürlichen Bestimmung durch die erreichte bürgerliche zu nähern. Ein Zuchtspiegel für die Jugend und deren Lehrer ist demnach der Theil, der meine Chrestomathie beschließen wird.

Ob ich noch eine eigene Sammlung von Gedichten hinzufügen werde, welche für edle Gottesverehrer blos das enthalte, was jeder Vernünftige, ohne Rücksicht auf irgend eine äußere Religions=Norm, als haltbares Tugend=Motiv, nach der Offenbarung durch die Sinne, die Vernunft und den geläuterten Glauben an die überlieferten Denkmäler der Vorwelt, anerkennen kann und wird, soll von der Aufnahme meiner ersten Auswahl, und von den Winken der Sachkundigen abhängen. Daß *Basedow* in dieser Rücksicht auf der einen Seite zuviel, und auf der andern zu wenig geleistet habe, zeigt sein *Gesangbuch für Chri=*

Griechischen und Römischen Republik auf den Verfall der Neufränkischen, wie überhaupt auf die Unmöglichkeit, eine grosse Nation republikanisch zu organisieren und zu behandeln, schließen will, ist, wie mich dünkt, nach der eben erwähnten Verschiedenheit in der Organisirung von Griechenland, Rom und Neufrankreich, a priori zuviel, und a posteriori noch zu voreilig. Doch davon zu seiner Zeit in den Briefen über unsern unseligen, aber endlich ökonomisch abgebrochenen Feldzug.

ken und für philosophische Christgenossen, wenn ich nicht sehr irre, augenscheinlich.

Daß eine Sammlung Gedichte dieser Art, der ächten Gottesverehrung und Tugend großen Vorschub thun werde, kann man nicht bezweifeln, wenn man bedenkt: daß endlich alle Religion und das von ihr abhängende Tugendmotiv, bey sehr Vielen, schwinden oder erschlaffen muß, sobald man sieht, daß verächtliche Schwärmer oder Heuchler sich des Willens schwacher oder schüchterner, wenn gleich sonst gutmüthiger, Machthaber bemächtigen, und durch erschlichene Vorschriften von positiven widersinnigen Lehrformen die edlern Köpfe zwingen wollen, auf ihre sauer erworbene bessere Einsicht Verzicht zu thun und empörende, lächerliche Fratzen für sich und Andere an deren Stelle anzunehmen. Der dadurch erregte, gerechte Unwillen, und der männliche Entschluß, Gott und der Vernunft mehr zu gehorchen, als Menschen und verunedelnden Grillen, nöthiget sonst edle, rechtschaffne Religionslehrer, entweder ihr Amt niederzulegen, oder es, wenn der Brodtberuf mächtiger wirkt, nach erzwungener Heuchler Art, ohne warme Theilnahme, kalt, ja, verächtlich zu führen und bloß Schulworte ohne Kraft und Sinn, folglich ohne alle Einwirkung auf die veredelnde Bildung durch Religion — maschinenmäßig vorzutragen. Daß dieses die Kanzel zu einer Bude von theologisch-religiöser Charlatanerie herabwürdige, und nun jeden denkenden und an gesunder Nahrung gewöhnten Kopf von der öffentlichen, gegenseitigen Erbauung durch vernünftige Gottesverehrung, abschrecke und zurückhalte, lehret die Erfahrung, nebst den Abhandlungen über die Frage: Woher der Verfall der Religion in unsern Tagen entstehe?

Wenn es billig ist, sagt Eberhard *), daß sich der aufgeklärtere Theil der Menschen zu dem unwissendern herablasse und dessen Vorurtheile schone: so erfordert die allgemeinste Gleichheit der Rechte, daß auch die Unwissenden nicht die vernünftigen gemäßigten und schonenden Vorschläge der Aufgeklärtern mit Ungestüm von der Hand weisen. Auch sie haben ein Recht auf ihre Ueberzeugungen, auch sie fühlen die Verpflichtungen ihres Gewissens, auch sie bedürfen

*) Auf der 4ten Seite der Vorrede zu den Vorlesungen über die allgemeinen Grundsätze und Pflichten der Religion und Sittenlehre von D. Williams.

einer Gottesverehrung, die ihrer Erkenntniß nicht widerspricht, ihre Empfindungen nicht beleidiget, ihre Andacht nicht stöhrt und ihre Erbauung befördert. Ihre Foderungen einer stets fortgesetzten Verbesserung der Religionserkenntniß sind den vernünftigen Grundsätzen einer wahrhaftig edeln, wohlthätigen, den Geist vervollkommnenden Religion gemäß; sie stimmen mit dem wahren Geiste des Protestantismus überein, und der eigene Vortheil des gemeinen Christen erfodert es, sie mit Friedfertigkeit, Sanftmuth und Unpartheilichkeit zu hören.

Von wem können sie heilsame, richtige und nützliche Belehrung erwarten, wenn sie sie nicht von denen annehmen wollen, die die göttliche Vorsehung durch die Gaben, die sie ihnen verliehen, und die Umstände, worein sie sie versetzt hat, und worin sie diese höhern Gaben noch weiter ausbilden können, in den Stand gesetzt hat, sich reinere und vollkommnere Erkenntniß zu erwerben? Ich finde noch immer den meisten Stolz und die meiste Unbiegsamkeit auf der Seite der Unwissenheit, und die meiste Demuth, Mäßigung und Schonung auf der Seite der wahren Aufklärung.

Das Verdienst der Aufgeklärtern in den christlichen Gemeinen erscheint in einem noch schönern Lichte, wenn man überlegt, daß sie mit einer vollkommnern Erkenntniß auch eine aufrichtige, ungeheuchelte und ganz unverdächtige Frömmigkeit und Menschenliebe vereinigen. In der That, was könnte sie bewegen, für die Reinigung und Veredlung der öffentlichen Religion zu arbeiten, diesem wohlthätigen Geschäfte ihre Nachtwachen zu weihen und sich jeder Verunglimpfung auszusetzen, wenn die Religion in ihren Augen nicht einen so hohen Werth hätte, wenn sie nicht gern ihrer Freuden und Seligkeiten genießen, und auch Andere dieser Freuden und Seligkeiten, soviel es möglich ist, empfänglich machen wollten?

So weit Eberhard. Wenn aber die Bemühungen und Wünsche dieser edlen Männer, das Wohl ihrer Mitmenschen durch geläuterte Einsicht und Religion zu fördern, gesetzlich gehemmt, ja, schimpflich bestraft werden; wenn jene gehässigen Religionsvorschriften alle guten Köpfe von dem Studium der Theologie entfernen und nur noch die dabey vegetieren laßen, denen es dereinst an allem Eifer und Geschicke mangeln wird, die Einsicht und Moralität ihrer

Gemeinen durch vernünftige Lehrweisheit zu fördern; wenn einsichtige Layen die gegebnen Blößen und Alfanzereyen in dem Kanzelvortrage oder bey dem Catechisieren bespötteln, und dadurch ihren Kirchenlehrer lächerlich oder als einen verächtlichen Dummkopf oder Heuchler darstellen: was kann, was muß aus der Religion und der Moralität des großen Haufens werden?

Oeffentliche und Privattugend hängt von der Aufklärung ab — sagt William in seinen Vorlesungen S. 128 — und diese von der Freyheit im Denken. Die Seele ist zur Erwerbung von Kenntnissen eben so von der Natur eingerichtet, als die Theile unsers Körpers zu ihren Verrichtungen; und es wird noch größere und abscheulichere Grausamkeit erfordert, sie unthätig zu machen, als die Glieder des Körpers zu verstümmeln. Das Herz eines jeden Menschen würde sich empören, wenn irgend eine mißverstandne Politik den Ausspruch thun würde, daß viele Menschen ihrer Glieder beraubt, oder sie wenigstens gefesselt und unbrauchbar gemacht werden sollten. Die Einrichtungen der Gottheit, uns Kenntnisse durch unsere Organisation zu verschaffen, gehören zu den größten Wundern in der Natur. — Und kann ein Laster abscheulicher seyn, als alle diese Absichten der Natur vereiteln zu wollen?

Wenn es schon Verbrechen ist, einem Menschen etwas zu rauben, das mir vortheilhaft ist, dafür ich ihn aber durch Ersatz schadlos halten kann: wie soll ich das nennen, Menschen den Gebrauch ihres Verstandes zu rauben und die größte und edelste Wohlthat des Himmels unnütz zu machen? Und doch haben ohne Schaam und ohne Gewissensbisse alle die so gehandelt, die durch barbarische und gothische Gesetze die Thätigkeit und Freyheit des Geistes fesseln wollten! Die bewunderungswürdigen Anstalten, die wir in der Einrichtung der menschlichen Natur sehen, uns die Elemente der Erkenntniß zu verschaffen, daraus brauchbare Grundsätze zu bilden und Andern mitzutheilen, sind durch jene unwissende Barbarey beleidigt: schwerlich kann ein Mensch eine größere Gottlosigkeit oder ein größeres Verbrechen begehen!

Fast jedes Laster des Menschen hängt hievon ab. Wenn wir an den Gebrauch unserer Geisteskräfte gewöhnt wären, wenn wir alles selbst zu untersuchen gelernt hätten, und nichts annähmen, was uns nicht eigene Untersuchung lehrte: so wäre diese Erkenntniß die sicherste Quelle von Tugend; und wenig Leiden würden unser Leben elend machen. Aber statt dessen hat man uns gewöhnt, Alles von Andern anzunehmen und unsere Kräfte ungenutzt liegen zu lassen. Die meisten Vergehungen in der Welt kommen davon her, daß man nicht untersucht, sondern glaubt. Derjenige, welcher untersucht, bleibt in einer gewissen Thätigkeit, die ihn zur Tugend vorbereitet. Wer aber diese Thätigkeit versäumt, der wird weit schwerer tugendhaft, und weit leichter eine Beute des Lasters. Er scheint Kenntnisse zu erwerben, und erwirbt keine, denn falsche Gelehrsamkeit ist schlimmer als gar keine. Die Ueberredung von der Wahrheit einer Lehre oder eines Grundsatzes, den man uns zu glauben befiehlt, und von dem wir doch keine feste Ueberzeugung haben, ist ein schleichendes Gift für die Seele, das desto gewisser wirkt, je weniger wir es fürchten. Wir sehen Leute, die ganz vollgepropft von systematischer Gelehrsamkeit in Religion und Moral, und doch überflüssig in der Welt sind, ja, keine einzige fromme oder moralisch-gute Handlung verrichten. Das könnte nicht seyn, wenn man die Menschen gewöhnt hätte, selbst zu untersuchen, selbst zu denken, und nichts als Grundsatz anzunehmen, von dem sie nicht lebendig überzeugt wären. — Alle Meynungen, die wir ohne Untersuchung annehmen, sind schädlich. Sie gleichen dem bloß eingebildeten Wohlstande eines Landes, der nicht die Wirkung der Volksthätigkeit ist, und zugleich anscheinenden Vorzug giebt, indeß er das Verderben des Landes befördert. „Eingebildete Religion und eingebildete Kenntnisse haben einerley „Folgen: sie hindern alle Untersuchung, machen uns stolz „auf Vorzüge, die wir nicht besitzen, hindern wahre Religion und Aufklärung, und dienen dem Laster unter der „Larve der Tugend nur desto sicherer."

Wer kann hier dem einsichtigen und ehrlichen William widersprechen? Doch, wir hören ihn erst weiter! Die Religion, fährt er S. 228. fort, dieß höchste und seeligste Glück unsers Lebens, hat durch Mißverstand unbeschreiblich verschiedene falsche Grundsätze des Verhaltens hervorgebracht. Ihre Absicht ist, uns zur Tugend und Glückseeligkeit hinzuführen. Es giebt aber wahrlich kein Laster, das Menschen nicht zur Befolgung jener nichtigen Systeme, die man Religionen nennt, verübt hätten. Der Grund hievon ist einleuchtend. Man gewöhnt einen an seine Religion, wie man einen zur Kaufmannschaft gewöhnt. Man lehrt ihn, aus was für Artikeln seine Glaubens-Niederlage bestehen müsse, und versichert ihn, daß er sich des Zuspruchs und der guten Meynung aller Anhänger eben dieser Religions-Innung verlustig mache, wenn er sich nicht zwinge, deren Glaubenswaare aufzunehmen. — Und so gewöhnt man an Irrlichter; trennt dadurch Menschen von Menschen, streuet den Saamen zu Haß und Verfolgung unter ihnen aus, und macht sie jeder Niederträchtigkeit und Grausamkeit fähig, indem man ihnen eine unversöhnliche Feindschaft gegen andere Glaubens-Innungen einflößt. Ganze Bücher ließen sich mit Schilderungen von den Verläumdungen, Treulosigkeiten, Betrügereyen, geheimen Freveln, den Kriegen, Verwüstungen und Grausamkeiten anfüllen, die man der Religion wegen ausgeübt hat, selbst nicht nur mit der größten Gewissensruhe, sondern sogar im Triumph schwärmerischer Frömmigkeit. Jede unwissende und boshafte Rotte mißbrauchte den Namen des heiligen Wesens, (das dem Weltall bloß das Daseyn gab, um es glücklich zu machen,) damit sie ihre Mitmenschen ungestraft plündern und morden konnte. Jeder Eiferer, von dem elenden Gefolge eines Methodistenpredigers an, bis hinauf zum heiligen Inquisitor auf seinem Richterstuhle, sündiget noch jezt jeden Augenblick gegen Gott und die Natur: — und doch glaubt er, je ähnlicher er dem Teufel wird, desto mehr sey er ein Mann nach dem Herzen Gottes!

Was hier William bemerkt, lehrt die Geschichte unwidersprechlich, und leider um so trauriger, da seine Schilderung von den Eiferern auch noch heutzutage zutrifft. Aber was richten sie mit ihren teuflischen Maschinerien aus? Nichts als Hochverrath und Verwüstung! Sie kompromittiren die Würde der Gesetzgebung, machen deren Handhaber bey dem edlern Theil der Nation verhaßt, und mindern dadurch die patriotische Anhänglichkeit an dem Vaterlande und dessen Beherrscher: sie modeln die Religion zu einem systematischübertünchten Chaos von kaltem Unsinn um, stempeln sie zu einem sklavisch-hohepriesterlichen Gottesdienste, woran kein heller, edler Freund Gottes und der Tugend Theil nehmen mag, suchen abgeschmackte Lehren des Alterthums, ganz wider den Geist des Zeitalters, wieder in Gang zu bringen, wenn gleich ein großer Theil des großen Haufens längst über diesen Unsinn und Mährchen lacht, und nun ihrentregen selbst die übrigen heilsamen Lehren mitverwirft; sie stöhren die Wirksamkeit der haltbaren Tugendmotive aus der wahren Religion, indem sie unhaltbare, schwärmerische aus ihrer phantastischen mit Gewalt aufdringen; sie entfernen die bessern Köpfe, die durch einen vernünftigen Religionsunterricht, folgsame, ruhige und zufriedene Unterthanen bilden könnten, von den Lehrstühlen der Moral und der Religion, und besetzen sie mit Menschen, die um desto weniger wahre Religion und Moral haben, je fähiger sie sich zum Herplärren von Schiboleths finden lassen, die alle Religion und Moral untergraben, und sie, wie ihre Zuhörer, endlich jenen Gräbern ähnlich machen, deren inneres Scheusal uns Christus so bedeutend geschildert hat; sie verleiten oft den besten Fürsten, über unbescholtene Männer, die zu ehrlich sind, um wider ihre bessere Einsicht, selbst zum größten Nachtheil der Regenten und Regierten, ihr Amt nach der herabwürdigenden Vorschrift jener herrschsüchtigen Schwindelköpfe zu verwalten, Inquisitionen zu verhängen, die den Credit und das Ansehn der Nation und deren Oberhaupts im Auslande eben so sehr schänden, als sie im Innlande Stutzen, Murren, Heucheln, Irreligion und Unmoralität hervorbringen. — Kurz, gienge es nach ihnen, und dem düstern Lichte ihres verqualmten Innern, dann hätten wir im protestantischen Deutschland, was man im katholischen Spanien jezt einstellt — Inquisition: dann könnten auch wir mit Zaupsern ausrufen:

Fährt wieder prasselnd auf dein kaum erstorbnes Feuer,
    Megäre Inquisition,
Des Orkus und der Dummheit Tochter, Ungeheuer,
    Pest der Vernunft und der Religion;

Tritt wieder deine schwarze Ferse Nationen
    Betrogner Sklaven in den Staub,
Und rufen wieder, keines Ketzers zu verschonen,
    Die Mönche, deine Knechte, die den Raub

Verwaister Kinder Erbgut theilen, und auf Leichen
    Gotteslästernde Gebete schreyn,
Wie blut'ge Tyger, die, wenn sie den Wald erreichen,
    Sich brüllend der erwürgten Heerde freun:

Oed liegt Iberien von deinem Drachenhauche:
    Fleiß, Wahrheit, Freundschaft, Künste fliehn,

Des Denkens Freyheit stirbt, im Scheiterhaufen manche
Durch dich erstickt, Geistermörderinn!

Schon droht dein offner Schlund — wer soll die Unschuld schützen,
Da Wohlthun ein Verbrechen hieß? —
Dem weisen Olavid, der orthodoxe Pfützen
Durch Ketzer Hand zu Eden bauen ließ.

Welch gräßlicher Triumph! dem Gottmensch an der Seite,
Im Heiligthumes Innersten
Sitzt die mit Gift geschwollne Hyder, schnaubt nach Beute,
Und würgt, die ihrer Raubsucht widerstehn:

Der Flüche schrecklichster, den je der Bannstrahl blitzte,
Wird mit Posaunen kund gethan,
Sieh deine Göttinn, Volk! ruft donnernd der erhitzte
Mönch mit dem Dolch, stirb oder bete an!

Er rufts und tauft mit Blut, und predigt mit den Flammen. *)
So predigte einst Muhamed,
Und zog nach Mekah hin, die Bürger zu verdammen,
Die muthig ihn nicht ehrten als Prophet.

O Duldung, Gotteskind, du aus des Mittlers Wunden
Hervorgegangne Schöne, du,
Durch die Germaniens drey Kirchen, eng verbunden,
In Eintracht blühn und schwesterlicher Ruh.

Vertraute Friederichs, die seine mächt'gen Staaten
Mit ausgespannten Schwingen deckst,
Und nun berufen von dem Solon der Sarmaten
Nach Warschau Fried' und goldnes Alter trägst.

*) Daß es unter Protestanten auch Mönche gebe, wenn gleich keine so barbarische, wie Herr Zaupser sie hier schildert, zeigt in einigen Gegenden die Aehnlichkeit der Wirkungen vom blinden Religionseifer, von mißverstandener Ascetik, von herrschsüchtiger Orthodoxie, vom Einschleichen in die Kabinette durch Heucheley, von der Kunst, entnervte Gemüther durch Geister, Hölle, Blut Christi, und andere morgenländische Mythen zu fesseln und sie dadurch zu ihrem Willen zu bequemen, u. d. gl.

O kehr den sanften Blick nach Süden, wo mit Thränen
Die Menschheit dich um Hülfe fleht,
Und hör das Mordgeschrey, das Röcheln und das Stöhnen,
Das dir die Luft mit Asch entgegen weht,

Flieg hin mit Cherubs-Kraft, und stürz das Unthier nieder,
Daß es zurück zur Hölle fährt,
Und lehr der Eifrer Schwarm, die irrgegangnen Brüder
Durch Sanfmuth zu bekehren, nicht mit Schwert!

Und die Urheber von alle dem könnten einsichtige Männer seyn? Männer nach dem Herzen Gottes, reines Herzens und guten Willens? Könnten die Ehre ihres Fürsten, den Beyfall der Nation, deren Ansehn und Vorankommen aufrichtig lieben, und mit Einsicht fördern wollen? — Nichts von alle dem: sie sind unter allen politischen Vampyrs in gewisser Rücksicht die schädlichsten, sind Homileten und fabriciren Homilieen, und dieß nach Mylius Schilderung in dessen vermischten Schriften S. 391:

Wer ist ein Homilet? Ein ehrenvoller Mann,
Der lesen, schreiben, schreyn und memoriren kann.
Ein Mann, der gründlich weiß, in fast vierhundert Tagen
Mehr als zweyhundertmal, mit Vielem Nichts zu sagen.
Ein Mann, der ein geübt mechanisch Mundwerk hat,
Ein tiefgelehrter Mann, der an der Einsicht statt
Durch sein Gedächtniß sich bis auf den Stuhl erhöhet,
Auf dessen Boden er in Aarons Ansehn stehet.
Er ist ein würdig Glied von der berühmten Zunft,
Die Schluß und Denken scheut, die Wahrheit und Vernunft
Den Grüblern überläßt, die sich bemühn, durch Schlüssen
Das, was als Gottes Wort man glauben soll, zu wissen.
Kurz, jeder, welcher nicht die Redekunst versteht,
Und auf der Kanzel lärmt, der ist ein Homilet.

Was ist die Homilie? Ein Ausbund schöner Künste,
Ein dampfendes Gefäß gehäufter Grillendünste,
Das manchen edeln Geist, den sonst kein Reiz erweckt,
Durch den Geruch gereizt und tödtlich angesteckt.
Sie ist ein heilsam Werk voll witzerfüllter Lehren,
Der Einfalt Aberwitz durch Dunkelheit zu mehren;
Durch Worte zu erbaun, durch Seufzer nachdrucksvoll,
Durch Töne stark zu seyn, so wie ein Redner soll.
Sie ist die große Kunst, dem Text ins Maul zu greifen,

Gebete mit Gebet, und Spruch mit Spruch zu häufen, —
Sie lehrt den, der sie sucht, mit ruhigem Gewissen
Erbauung und Beweis vom Reden auszuschließen. —

Wo wohnet diese Kunst, wo wird sie ausgeübet?
Wo tritt der Redner auf, der Wahn und Einfalt liebet?
Wo füllt ein leerer Schall manch hintergangnes Ohr?
Wo öffnet das Geschwätz dem Laster Thür und Thor?
Da, wo die Andacht Gott, als gegenwärtig, ehret,
Da, wo der Pöbel glaubt, daß er Gott reden höret,
Wenn sein Herr Plaudrer schwatzt und manchen schwachen Geist
Ins Reich der Finsterniß mit stolzer Frechheit reißt;
Da, wo man betend sich nicht Gott zu lästern scheuet,
Wo die Unwissenheit mit Bann und Fluche dräuet,
Wenn sich in der Vernunft ein kluger Zweifel regt,
Ob den, der hirnlos schwazt, auch Gottes Geist bewegt.
Da wohnt die Homilie, wo man den Weg zum Leben,
Um dessen Kenntniß sich die Meisten falsch bestreben,
Durch klugen Unterricht geschickter Redner sucht.
Doch aber ist dieß wohl des frommen Eifers Frucht?
Nein, hier wird Dunkelheit mit Finsterniß vertrieben,
Hier lernt in Ewigkeit kein Mensch die Tugend lieben.
Wie? in den Tempeln nicht? dieß glaubt die Einfalt nie;
Doch ist es wahr: warum? Hier wohnt die Homilie.

Wodurch kann nun ein Mensch zum Homileten werden?
Durch was für Zauberey wird Bav ein Licht der Erden?
Was machts, daß mancher Star sich bis dahin verirrt,
Wo er der Klugen Spott, des Pöbels Abgott wird?
Dadurch, daß er entzückt die goldnen Regeln lernet,
Wodurch ein Redner sich von Geist und Kraft entfernet,
Mit Sylben ewig zankt, und die Beredtsamkeit,
Als frommer Seelen Gift, von ganzem Herzen scheut. —

Warum erfüllet man mit leerer Worte Schalle
Des Tempels Innerstes bis in die äußre Halle?
Warum will jeder Tropf, der lesen, schreiben, schreyn
Und memoriren kann, ein heilger Redner seyn?
Darum, weil man hiedurch mit spielendem Bestreben
Ammt, Weib und Geld erlangt, in Ehr und Würden leben
Und durch ein schwarzes Kleid den Himmel stürmen kann:
Drum macht die Homilie so manchen Gottesmann.

Nicht, daß des Volkes Herz der Worte Kraft empfinde,
Nicht, daß die Christenheit den Weg zum Himmel finde;
Nein, daß der träge Geist der Arbeit bald entflieh,
Und dennoch glücklich sey: drum lernt man Homilie!

Sehr erbaulich, indeß in mancher Gegend leider sehr wahr! Auf diese Art würde aber Wielands Agathon auch hier die Religion in Aberglauben gehüllt, zum Schaden der Gesellschaft mißbraucht, zum Werkzeug des Eigennutzes, des Stolzes, der Wollust und des Müßiggangs herabgewürdiget antreffen: er würde finden, daß die Menschen hier Religion ohne Tugend haben, und daß sie gerade dadurch desto schlimmer sind. *)

Daß der Erfolg jenes Homileten- und Homilienwesens, zumal, wenn es gesetzlich erzwungen wird, die öffentliche und heimliche Moralität eben nicht sehr sichere, zeugen die gewöhnlichen Meuchelmörder in Italien, die Trägheit und Armuth der Portugiesen und Spanier, und die wiederholten Königsmorde in katholischen Ländern. Wie könnte auch ein Werk der kindischspielenden Phantasie, das endlich der unaufhaltsam anwachsenden Einsicht zum Gespötte wird, Stärke genug haben, den Kampf der Sinnlichkeit, nach der Vorschrift der erhöhten Vernunft, immer und überall zu schlichten und den Kämpfer ernstlich zu bewegen, heilig zu seyn, weil sein Gott es ist, wenn man statt der veralteten Phantasie-Puppe dem Volke nicht haltbare und bessere Religionsbegriffe beybringt? Man sah es ja in Frankreich, was aus einer Religion von der phantastischen Art, sobald der größere oder edlere Theil ihrem Gängelbande, — ohne reellen Ersatz dafür, entwachsen ist, sogar bey einer ganzen Nation in gar kurzer Zeit werden kann: und dieß, dächte ich, müßte alle Fürsten witzigen, von jeder phantastischen Religion für ihre und ihrer Völker Ruhe und Sittlichkeit mehr zu fürchten als zu hoffen, und dann mit Friedrich dem Großen auszurufen: „Wehe dem Lande, dessen Regent ein Freund der Priester ist!“ —

Schadet jede phantastische Religion am Ende gewiß mehr, als sie für einige Wenige auf eine kurze Zeit nützet; kann wahre haltbare Tugend nur durch wahre haltbare Weisheit bewirkt werden; und ist diese die holde Tochter der Auf-

*) Agathon IV. Th. S. 277.

klärung durch Freyheit im Denken: so ist Friedrich der Große in dieser Rücksicht wieder das rühmliche Muster aller klugen und väterlichen Fürsten durch die Maxime: „In meinem Lande kann jeder glauben und denken, was er will, wenn er übrigens nur ein guter Bürger ist.“ *)

*) Friedrichs Staatsökonomie war ganz auf die innere Maschinerie des Menschen berechnet. Was vorhin von Englands politischen Ableitern und dem Aetna bemerkt ist, war eine Maxime seiner Regierung. Sollten die Leute seine Lasten nicht abwerfen, oder unter ihnen nicht erliegen: so war es nothwendig, es ihnen nicht zu wehren, zu verschnauben und sich zu lüften. Er wehrte es nicht, und der Vortheil davon war für ihn und seinen Staat der größte. Dankbare Gelehrte, und was mit diesen zusammenhängt und durch sie sein Brodt hat, Papiermacher und Papierhändler, Lumpenkrämer und Lehrjungen, Buchbinder und Setzer, Buchdrucker und Buchhändler, Postämter und Accise, Tausende von allen diesen rühmten ihn laut dafür: und wem folgt man williger, als einem weit und breit Berühmten! Andere verschnaubten nach Herzenslust, entfernten sich aber unvermerkt, durch die begünstigte Freyheit der Erstern, vom Aberglauben und der Rechnung aufs Hyperphysische, und wurden benutzbarer durch ihre Reducierung aufs Physische. Dieß wußte Friedrich, und daher das System seiner Nachsicht, sogar bis auf Beschimpfung. Es sah ihm also ganz gleich, daß er dem angesehenen Fremden, der sein Erstaunen über die höchst freyen und sogar schimpflichen Reden der Soldaten in Potsdamm, und dieß in der Nähe von Friedrich, nicht bergen konnte, nur antwortete: „O, so lange meine Soldaten noch räsonniren: so hats nichts zu sagen; wenn sie aber einmal schweigen, dann ist Gefahr vorhanden.“ Was Friedrich seinen Soldaten erlaubte, erlaubte er seinem ganzen Volke, eine lange Reihe von Jahren praktisch: und doch war es nirgends ruhiger, arbeitsamer und blühender, als zu dieser Zeit in Preußen. Wohl uns, daß dieß System bey uns einheimisch geworden ist: Preußen hat ihm seine Ruhe, seine Größe und Festigkeit zu danken. Und gerade dieß System machte es, daß man die Beschränkung der bürgerlichen Freyheit schon ertrug, weil man es wagen durfte, sie zu beräsonnieren, und sich dadurch — sogar gegen einen König — schadlos zu halten. Dieß bedachte Hr. Ackermann wohl nicht, als er die erwähnte Beschränkung gegen Hrn. von Archenholz anführte. Man findet es im 1. St. des neuen teutschen Merkurs für 1796, S. 104. Asa Fötida, ohne Einwickelung genommen, kann den Gaumen reizen und die Eingeweide rebelliren machen; aber mit Einwickelung geht sie freylich, wenn der Bolus etwas stark ist, immer schwer herunter, indeß doch herunter, und hebt nun die Krämpfe. Soviel kömmt auf Einwickeln an — wenn Asa Fötida durchaus

Wie gerecht, wie klug es war, nach dieser Maxime der unbezwinglich immer anwachsenden bessern Einsicht keine Hindernisse fruchtlos in den Weg zu legen, zeigt die Geschichte aller Religionen. Erst gehen diese von den dunkeln Gefühlen aus, werden nach und nach von dem Verstande erhellet, und endlich durch die Vernunft gereinigt und entschieden. So ergieng es der ägyptischen durch Moses, der Mosaischen durch Christus, der griechischen und römischen durch die Kirchenväter, der Kirchenväterischen oder päpstlichen durch Luther, und allen diesen noch schärfer durch die sogenannten Freygeister und Philosophen. *) Die Bemühungen aller dieser revidierte Semler nach der Geschichte, und Kant nach der Philosophie. Der gelehrte Proceß und die Akten darüber liegen ausführlich und summarisch jedem offen; und der wissenschaftliche Forscher prüft jezt die einen wie die andern, und wählt am Ende eklektisch das ihm Wahrscheinlichste. Und so verliert sich das System des Herumirrens und Irrens fürs Ganze durch das aufgedeckte Falsche und Schädliche in den Systemen — der Einzelnen.

Hat irgend ein Mensch, irgend eine Nation diese Höhe und Reinheit der Erkenntniß mühsam erreicht: welcher Kluge kann erwarten, daß sie gutwillig oder mit Ueberzeugung zu den Schlacken des alten Chaos in tiefer, verhaßter Finsterniß herabsteigen werden, bloß, weil einige Schwächlinge, Faullenzer, Bösewichter oder Heuchler, die es bequemer und zuträglicher für sich achteten, unten im Schlamme der neb-

noch Noth thut! Vorzeiten half der Phantasie-Himmel einwickeln: aber Friedrich merkte seine Unkraft, ja, seinen noch größern Schaden, und sorgte für einen Ersatz, der wirksam und reeller war.

*) Die Tyranney der Autoritäten kann nicht ewig dauern; das Wort des Meisters kann nicht, bloß weil es Meisterwort war, ewig gelten, ewig den Geist, die Empfindung und die Vernunft, in Fesseln halten und im Triumph gefangen führen. Es kommt die Zeit, wo nur die Lehre überbleibt, und sogar die Existenz oder die Beschaffenheit des Lehrers problematisch wird. Alsdann entscheidet unser Wahrheitssinn über den innern Werth der Vorschrift, gleichviel ob Brama oder Konfuzius, Xaka oder Mohammed sie uns ertheilte. — So Georg Forster in der Vorrede zu des Grafen von Benyowsky Schicksalen und Reisen, S. 68.

lichten Sinnensümpfe liegen zu bleiben, es so für gut finden und befehlen? Wer das erwarten kann, kann auch erwarten, daß erwachsenen Menschen wieder ihre Kinderschuhe passen werden — schwimmt wider den Strohm, und macht sich lächerlich durch seine Unkunde in der Geschichte der Ausbildung der Wissenschaften, und in vernünftiger Menschenbehandlung nach dem Grade ihrer National-Cultur. Wer hierinn bewandert ist, weiß, daß die religiösen Begriffe von jeher ein Product der Köpfe waren, die den Anstrich von diesen hatten; daß folglich das Subjective das Objective bestimmte, dieses daher immer von dem Grade der Bildung abhänge, zu welchem sich das Zeitalter erhoben hatte, folglich auch die Religionen gleichen Schritt mit der Cultur im Ganzen hielten. Wie nun die Menschheit ununterbrochen zu höherer Vollkommenheit aufsteigt, so muß sie auch nothwendig Begriffe und Vorstellungen, die sie ehemals befriedigend fand, unzureichend und ihren Bedürfnissen wenig entsprechend finden. Zuerst suchet man diesem Mangel durch künstliche Nachhülfe abzuhelfen. Man fängt an, alle schwankenden Religions-Dokumente mystisch und allegorisch auszulegen. Reichet dieses nicht mehr hin: so kann nichts das Schicksal der Religionen noch aufhalten: sie veralten und müssen es nach dem unausweichlichen Gange der Dinge, um einer bessern Platz zu machen. Alle Religionen der Vorzeit dienten auf diese Art nur als Vehikel zu einer moralischen Religion, und als Medium, die glückliche Periode der Ausbildung der menschlichen Vernunft zur völligen Ansicht des Endzwecks der moralischen Welt herbeyzuführen. *)

Eben dieß Schicksal erfuhr das Christenthum schon zu den Zeiten der Aposteln, wie ihre Schriften ausweisen, aber nachher noch mehr, wie es die Kätzer- und Concilien-Geschichte bezeugt, und jezt noch immer, wie man in so vielen gelehrten Zeitungen und in noch weit mehr Büchern lesen kann. Soviel Köpfe, soviel Sinne, galt und gilt auch hier, wie überall, wo man etwas anders, als Mathematik, behandelt. Das Objective des Christenthums richtete sich nach der

*) Wer mehr hierüber zu lesen wünscht, findet es in Reinhards Abriß einer Geschichte der Entstehung und Ausbildung der religiösen Ideen; in den Briefen über die Perfektibilität der Religion, und in dem Beytrag zur Kritik der Religionsphilosophie und Exegese unsers Zeitalters, von Pölitz, 1795.

subjectiven Verschiedenheit der Köpfe, die es auf diese oder jene Art prüften — Essenisch, Chaldäisch, Jüdisch, Platonisch, Apostolisch, Aristotelisch, Kirchenväterisch, Lutherisch, Calvinisch, Philosophisch, und endlich vermischt- oder rein-Kritisch, und dieß nach der Verschiedenheit der Prüfenden in Rücksicht auf Kraft, Anlage, Ausbildung, Einsicht, Grundsätze, System u. s. w. Wem das nicht recht ist, der sehe zu, wie er den Verfasser des 1787. bey Unger in Berlin herausgekommenen einzig wahren Systems der christlichen Religion zurechtweise. Entweder ist das Urchristenthum nicht mehr für uns, oder es muß erlaubt seyn, dasselbe nach unsrer bessern Einsicht, der Idee eines vollkommnen Religionssystems nach und nach zu nähern, und mit unseren übrigen Begriffen in Harmonie zu bringen, um der Disharmonie im Innern und Aeußern vorzubeugen.

Hierauf deutete selbst Christus durch manche seiner Aussagen, vorzüglich durch das Gleichniß, welches er zwischen der Anlage seiner Lehre und dem Aussäen eines anfänglich kleinen Gewächskorns, das aber nach und nach breit und hoch aufwächst, und erst nach vielen Jahren Früchte trägt, gab und nach seiner Art erläuterte. *) Was Christus vortrug, mußte nach seiner populären Lehrweisheit den Verhältnissen der damaligen Menschheit in Judäa anliegen, folglich, wie Semler bemerkte, dem Lokalen und Temporellen der damaligen Juden entsprechen, und sich nach ihrer herrschenden Denkart richten, kurz, das seyn, was es wirklich war, rhapsodische Volksmoral für die damaligen Juden, im Gegensatz der Hohepriesterlehre von der Rechtfertigung durch Opfer.

Juden waren wir nie, auch nie erwachsene sogenannte Heiden: was also Christus und seine Schüler zu deren Denk- und Sittenreform relativ vortrugen, fällt für uns weg, oder es muß erlaubt seyn, den Sinn ihrer dahin zielenden Lehr-

*) Matth. 13. 31. Luther übersetzte Σίναπι durch Senfkorn, und läßt es aufwachsen zum größten — Kohl — nach der Universitätensprache freylich sehr passend für alle die armen Sünder-Theologen, welche nach Semlers Ausdruck, noch immer mündlich und schriftlich judenzen, und Andere zum Nachjudaisiren verbunden wissen wollen. — Man sehe Schöttgens Novum Lexicon graeco-latinum von 1765, pag. 605; oder das von Schleusner pag. 787. im II. B.

worte nach einer absoluten Sittennorm für uns zu deuten. Eben dieß gilt von den Lehrbestimmungen der Päpste, Luthers und Calvins, denen unsere Einsicht auch längst entwuchs. Das Recht, was allen diesen, als Menschen zukam, — immer nach Vervollkommnung zu streben, und durch die Vervollkommnung der Einzelnen die Vervollkommnung des Ganzen zu fördern, dadurch die Scheidewand zwischen den Völkern allmälig abzutragen, dann Hand in Hand eine Heerde und einen Schafstall auszumachen, endlich weder im Tempel zu Jerusalem, noch auf dem Berge zu Samarien, sondern im Geiste und in Wahrheit den Allvater anzubeten, und als Kinder Eines Vaters ihn nach Christi Lehre im Lebenswandel zu verherrlichen, — kömmt auch uns zu; und so wie sie befugt waren, ihre Lehrökonomie den Bedürfnissen ihrer Zeitgenossen anzumessen, sind es auch wir. Wozu also Lehrvorschriften, die diesem Recht, dieser Pflicht widerstreiten? Sie empören — man wiederholt dieß nicht genug — das feine sittliche Gefühl aller einsichtigen, gewissenhaften Lehrer und Denker, wie dieß auch erst neulich ein sehr einsichtiger Mann bewies. *)

Daß man den erwähnten Grundsatz von **Lehrrecht** und **Lehrpflicht**, trotz allen Glaubensdespoten mit einer dreyfachen oder einfachen Krone, oder gar nur mit dem winzigen Feder-Scepter, unausgesezt befolgt hat, zeigt die Geschichte der Ausbildung des christlichen Lehrbegriffs durch die polemische Ausbildung des Lehrbegriffs der einzelnen christlichen Partheyen. Uebersieht man die Resultate, die hieraus entstanden, nebst denen, welche die höhere kritische Philosophie hinzufügte, so verhält sich das Christenthum, wie es in den Evangelien und den Schriften der Aposteln vorliegt, zu dem Christenthume, wie es jezt in unsern bessern theologischen und philosophischen Schriften dasteht, wie der skizzirte erste und rohe Entwurf zu dessen vollständiger, reiner Ausführung, oder wie das Schema examinis von **Hermes** zu den Hauptsätzen des General-Superintendenten **Klügel**, der Inspection

*) In der Schrift: Ist die Augsburgische Confession eine Glaubensvorschrift der Lutherischen Kirche? Eine historische Untersuchung zur Beruhigung der Regierungen, welche den protestantischen Lehrbegriff erhalten wollen, und der Lehrer, welche für ihre Denkfreyheit bekümmert sind. — Halle, in der Rengerschen Buchhandlung, 1795.

Grene im Braunschweigischen zur Synodal-Untersuchung vorgelegt. Jenes verbindet jüdische — Begriffe mit jüdischer Sprache; diese — rein-christliche: jenes enthält die versteckten Elemente zur christlichen Bildung, so wie die damaligen Juden sie kaum faßten, selbst Christi Schüler nicht immer; diese — ausgebildete reinere Begriffe, wie die Vernunft sie zur Förderung einer moralischen Religionswissenschaft angiebt: jenes den Buchstaben, welcher tödtet; diese — den Geist, welcher belebet. *) —

Wer den auf die vorhin beschriebene Art angelegten, relativen Maximen Christi und seiner Jünger den Sinn der absoluten neuern Moralprincipien unterlegen will, oder behaupten, daß Christi — Worte eben den Sinn für die damaligen Juden und seine Schüler gehabt haben, welchen Semler, Kant und Andere durch Hülfe der Geschichte und der Philosophie aus ihnen entwickelten; wer folglich voraussezt, daß die ersten Lehrer des Christenthums eben das bey ihren Lehrworten dachten, was jezt wir, wenn wir von einem reinen Moralsysteme ausgehen, dabey denken, der allegorisirt, wenn ich nicht sagen will, daß er irret, und wird mit dem historischen Verhältniß der Religionsphilosophie zur moralischen Volksreligion — die mit dem Christenthume nach den Bedürfnissen unsers reifern Zeitalters eins und dasselbe ist — und zu der Moral des Unchri-

*) Wer diese Vergleichung näher prüfen will, findet das Schema examinis im 7ten Stück des Intelligenzblattes zur allgem. Literatur-Zeitung von 1791. auf der 51ten Col., und die Hauptsätze von Klügel im 7ten Jahrgange der Annalen der theologischen Litteratur und Kirchengeschichte S. 508. — Von jenen kann man sagen, wie von unsern meisten Kirchenliedern, nach dem 5ten St. der Horen S. 138:

Ein altes Lied, zu oft gesungen,
Entfliegt gedankenlos den Zungen,
Und Geist und Seele bleiben leer.

Dieß wäre der negative Erfolg; aber der positive: die Verwöhnung, Moralität und Religion von den Bildern der Hohepriesterlich-jüdischen Phantasie zu erwarten, oder auf diese jene zu gründen; die Denk- und Willenskräfte der Menschen, durch schwärmerische ob- oder subjective Uebung, in Disharmonie mit den wichtigsten moralischen Imperativen über intellectuelle und moralische Ausbildung zu bringen, und dadurch eine ganze Nation moralisch und politisch zu verkrüppeln — ist schrecklicher. Doch aufmerksame Leser werden meine Gedanken darüber schon aus dem Vorhergehenden gefaßt haben.

stenthums nie aufs reine kommen. *) Und das soll doch jeder ehrliche Religionslehrer, indem dieser nicht allein richtigern und bessern Religionsprincipien selbst folgen, sondern auch die allmälige Fort- und Ausbildnng derselben kennen lernen muß, um sich dadurch in den Stand zu setzen, jede Lehre, die er vorträgt, — gleichviel, ob nach den Dictaten der Bibel oder der Vernunft — überall mit Gründen aus der Philosophie und der Geschichte zu unterstützen, und auf diese Art jeden Leser oder Zuhörer, den gebildeten und nicht gebildeten, den leichtgläubigen und kritischprüfenden, vernüftig zu belehren und allgemein zu erbauen. Und zieht er zu diesem Behufe die Geschichte und die Philosophie über den Gang in der Ausbildung des Christenthums zu Rathe: so wird er finden, daß es relativ unmöglich war, in einer vor achtzehnhundert Jahren orientalisch-jüdisch vorgetragenen, skizzenmäßigen Moral ein zusammenhängendes, nach reinen Grundsätzen der Moral geformtes Sitten-System aufzustellen; sondern daß dieses, nach den damals gegebnen Winken, sich aus den Prinzipien der reinern Religionswissenschaft erst nach und nach entwickeln ließ, und auch wirklich entwickelt wurde. Ja, er wird finden, daß das Urchristenthum nicht einmal ein klar genug vorgetragenes Prinzip hatte; und dann, — nach dem endlich bewirkten Zustande des Christenthums für die Bedürfnisse unsers Zeitalters — das (ich meyne das Christenthum) nichts anders, als eine aus der moralischen Religionswissenschaft entwickelte populäre Moral mit ihren Grundlehren von Unsterblichkeit und Gottheit seyn kann — einsehen, daß man dem Guten an sich zuviel thue, wenn man Christi Maximen eben die Innigkeit, Reinheit, Höhe und Umfang zuschreibt, welche sie endlich durch Hülfe der Geschichte und der Philosophie erreicht haben: oder man müßte in die Worte des neuen Testaments Begriffe gewaltsamer Weise hinein exegesiren wollen, welche erst die Philosophie des achtzehnten Jahrhunderts fürs reine und zusammenhängende moralische Denken und Handeln auffand und ordnete.

*) Dieses Verhältniß kann man zum Theil schon kennen lernen durch die Beyträge zur Verwandlung der Moral des Ur-Christenthums in eine Moral für unser Zeitalter, vom Konsistorialrath Sintenis zu Zerbst. Zerbst bey Füchsel, 1795.

Sollen und müssen wir aber, dem allen ohngeachtet, noch immer Christen seyn und bleiben; ist das Urchristenthum, da wir vorher weder jüdische noch heydnische Grundsätze gehegt haben, für uns eben so wenig, als die von Päpsten, Luther, Calvin und deren Schulen hinzugefügten Bestimmungen; zeigt die Geschichte aller Religionen, daß sie sich immer reinigten und der gesunden Vernunft näher rückten, je nachdem die Menschen eben dieß thaten; sind wir in unserer Einsicht zu weit fortgeschritten, befestigt und erhöht, als daß das Urchristenthum, nebst allen nach und nach hinzugekommenen Symbolen, für uns noch ehrwürdig, haltbar und moralisch wirksam seyn könne; ist es pflichtwidrig, ja, unmöglich, von der besser erkannten Wahrheit zu dem entgegenstehenden Irrthume zurückzukehren, ohne zu heucheln oder eine geheime Gleichgültigkeit gegen alle Menschenwürde, Moral und Religion zu nähren; kann nur das überall und immer mit fester Haltbarkeit auf unsern Willen wirken, was eben so vorher auf unsere Einsicht wirkte; verdiente der Feldherr, ein Dummkopf oder ein Verräther an seiner Nation und deren Oberhaupt genannt und als solcher bestraft zu werden, der seinen neumodisch streitenden Feind mit altmodischen Waffen nach altmodischer Taktik angriffe; will die Vernunft und Klugheit, daß er ihn mit solchen Waffen und nach solchen Grundsätzen behandle, welche ihn zur Ehrfurcht und zur Anerkennung seiner Ueberlegenheit, und dadurch zum Frieden und zur Ruhe bestimmen: — was kann der vernünftige Religions- und Sittenlehrer, der Christum und dessen Urlehre durchaus noch immer predigen soll und muß, anders thun, als daß er nach eben dieser Maxime seine Gegner behandle, und aus kluger Lehrökonomie mit den einmal gängigen Lehrworten die haltbaren bessern Begriffe verbinde und hiedurch die Religion an sich eben so ehrwürdig und wohlthätig für Alle darstelle, als er sie dem Spotte und der Verachtung jedes lebhaften hellen Kopfes entziehe!

Daß einsichtige Religionslehrer das sogenannte positive Christenthum hiebey entweder gar nicht, oder nur glimpflich als eine Nebensache berühren werden, die für uns wenig, oder gar kein Gewicht mehr haben kann, weil es etwas Historisches ist, für dessen Entscheidung wir kein stichhaltendes Kriterium mehr haben; — wohl aber für dessen Schädlichkeit — lehrt die Oekonomie unserer Vernunft und Willens, die beyde um so nachtheiliger schwanken, je schwankender die Data in der Sinnenwelt sind, durch deren Hülfe man sie zur moralischen Benutzung praktisch lenken oder bestimmen will. Was dazu allgemein dienen soll, muß Gottes- und Menschenwürdig seyn, nicht einer moralischen Weltregierung widersprechen, nicht nach der Wiege der Menschheit riechen, noch weniger nach den barbarischen Grundsätzen einer orientalischen Despotie, muß mit der Vernunftwelt unwidersprechlich vernünftig zusammenhängen, muß ein reeller objektiver und unbestreitbarer Gegenstand seyn, wenigstens in praktischer Rücksicht für Menschen, die dem Gängelbande endlich entwachsen, muß seinen Werth nicht vom Subjectiven allein haben, um nicht jeder Schwärmerey Thür und Thor zu öffnen und Blutreligion, Lämmerey und Wundenkriechen, Bilderdienst, Gaßneriaden, Lavateriaden, Hermessiaden, Kätzer- und Hexenprocesse, Teufelsbeschwörungen und andere Producte des Aberglaubens, die jede geläuterte Vernunft auf jede Art verwirft, durch teleologische Reflexionsart wieder aufzubringen. —

Wozu auch für ein an sich schon feststehendes Gebäude alle Baugerüste, Stützen oder Nebengebäude, die es in unsern Augen jezt schänden und überladen, die Wirkung des schönen Ganzen hemmen, ja, die Festigkeit des Hauptgebäudes, wenn man sie zu dessen Wesen durchaus gerechnet wissen will, durch den ärgernden Verstoß gegen die Regeln der Consequenz oder der Symmetrie und Eumetrie, in den Augen der Vernunft untergraben? Daß die Augen des großen Haufens so scharf noch nicht sehen, ist eine Folge ihrer politischen Behandlung, aber kein Beweis, daß sie es durchaus nicht können. Als Menschen müssen sie es können, wie jeder Andere, der es kann, so bald sie nur eben so unterrichtet und gebildet werden, wie dieser. Daß und warum dieses nicht geschieht, wissen wir leider nur zu wohl. Genug, erst verbindet man die Augen absichtlich, und klagt dann über Blindheit, und giebt obendrein Führer und Stäbe, die die Folgen der Blindheit, wie diese selbst, noch mehren, wenigstens unterhalten.

Aber die Augen des großen Haufens bey den Juden sahen auch nicht scharf, sahen durch Hohepriester-Brillen teleologisch und praktisch, wie es das Interesse der Nachkömmlinge von Aaron und Moses forderte, und doch riß Christus die Gebäude und Buden des positiven Krams nieder, um dem Hauptgebäude der allgemeinen Moral und Religion, durch das Licht der Vernunft, mehr Eingang, Ansicht, Wirksamkeit, Glanz und Würde zu verschaffen. Wessen Methode gilt nun mehr, die von Christus, oder jene von den Obscuranten? *)

Will man die empfohlne Lehrökonomie Heucheley nennen, oder etwas, das der vertragsmäßig übernommenen öffentlichen Lehrpflicht widerstreite, so frägt sichs: welche Pflicht verbindet höher, die der Vernunft, nach allen Kräften zur Förderung des größern und edlern Menschenwohls durch Forderung einer richtigern und edlern Einsicht, wiewohl mit kluger Schonung, wenn gleich nach Christi und Luthers Beyspiel ohne Menschenfurcht, immer und überall mitzuwirken, oder der Befehl winziger Ordens-Menschen, die menschliche Einsicht immer und überall zu verdunkeln und zurückzuhalten, um die Finanzen des Papstes und seiner übrigen Hildebrandisirenden Collegen durch das Fett und die Wolle ihrer Schaafe respectabler zu fördern? Sollte bey einer Collision von der Art, die minder verbindende Pflicht der stärker verbindenden nicht weichen, wenn auch je etwas Pflicht seyn könnte, was der natürlichen Bestimmung des Menschen widerspricht? Und auf wen fällt die Schuld jener Heucheley oder jenes Vertragwidrigen wohl am schändlichsten? — Oder leuchten die erwähnten Folgen des erzwun-

*) So sollten eigentlich die Leute heißen, die Hr. Heinrich in dem Versuch über die Sekte der Illuminaten, Illuminaten genannt hat. Man verwechsele sie nur nicht mit denen von Weishaupt. „Jene sogenannten Illuminaten, wie es dort S. 88. u. ff. heißt, bemühen sich, alle nützlichen Kenntnisse auszurotten, weil sie das Licht der Vernunft nicht ertragen können. In welchem Lichte muß eine Gesellschaft in den Augen der Vernünftigen erscheinen, wo der Gespenster ernsthaft gedacht wird, wo alles Eingebung einer verborgenen Macht ist? — Sie bemühen sich, einen ganz neuen Gang der Dinge, eine gänzliche Umänderung der Begriffe zu bewirken. Man bestrebt sich, das als glaubwürdige Wahrheit anzupreisen, für dessen Annahme man bis jezt erröthete. — Ist es aber wahrscheinlich, daß die Menschen ihre zeither mit so vieler Mühe erworbenen und beglückenden Begriffe aufopfern werden? Wird sich der menschliche Verstand nicht gegen die entehrenden Fesseln der Dummheit und Unwissenheit muthig zu vertheidigen und seine natürlichen Rechte zu behaupten suchen?“ So Heinrich. Sein Versuch verdient alle Achtung. —

genen und dem Geiste des Zeitalters ganz entgegenen Vortrags der Religion nicht schrecklich genug ein? *)

Sie thun es leider nur zu sehr; und um ihnen vorzubeugen, hoffe ich, wird jeder Mann von Einsicht und Menschenliebe die in dieser Rücksicht erwähnte Sammlung von Gedichten loben; und wer würde die Pflicht verabsäumen, hier mit vorzüglicher Strenge zu wählen! Die allgemeine und vorbereitende Anlage dazu enthält schon diese Sammlung hin und wieder, vorzüglich in der vierten Aufstellung.

Ob der Einfall gut war, den Schatz unserer National-Dichter auf diese Art unserer Nation von neuem vorzuführen, und sie, wie die Ausländer, zur Bewunderung unseres hohen und schönen Reichthums von dieser Seite hinzulenken, noch mehr aber sie alle zu dessen fernern und ernstern Benutzung glimpflich aufzufordern, überlasse ich der Entscheidung Anderer. Daß diese nicht ganz nachtheilig ausfallen werde, dafür bürgt mir das Urtheil einiger Kunstrichter über etwas Aehnliches. So sagt einer von ihnen im IV. B. der allgem. Literatur-Zeitung von 1785, auf der 27ten Columne: Wenn nur nützliche Wahrheiten in Umlauf kommen, so gilt es am Ende gleichviel, unter welchem Vehikel es geschieht. Ein

*) Mehr systematischen Aufschluß über die einzelnen hier vorgetragenen Ideen giebt das Magazin für Religionsphilosophie, Exegese und Kirchengeschichte, herausgegeben von Henke. (Helmstädt bey Fleckeisen, 1794-95.) Ich bitte alle eingeweihten Theologen, um das, was ich als Profaner nur nebenher berührte, ausführlich, gründlich und schön behandelt lesen und selbst prüfen zu können, daß sie den I. B. S. 1, 20, 129 und 353; den II. B. S. 283 und 623; den III. B. S. 356. und den IV. S. 36. zu Rathe ziehen wollen. Wie wohl würde es um die liebe Christenheit stehen, wenn ihre Lehrer in Schulen und Kirchen überall von eben dem Geiste beseelt wären, und nach ihm überall ungehindert lehren und handeln dürften! Da aber, leider, das noch lange nicht ist: so hatte der Herzog von Sachsen-Meinungen sehr recht, indem er dem Oekonomie-Rath und Prof. Stumpf schrieb: „Ich freue mich herzlich, daß wir auf unserer Sächsischen Gesamt-Universität (Jena) einen Mann besitzen, der auf den Wohlstand unserer Unterthanen (durch Unterricht in der Landwirthschaft) gemeinnütziger und zweckmäßiger würkt, als alle Lehrer der Rechts- und der Gottesgelahrheit." — Man findet dieß in des Oekonomie-Raths und Prof. Stumpfs Biographie — Jena, 1794.

Anderer, der Patrik's Trostschrift, übersezt von Archidiakonus Tobler, im I. B. eben der Zeitung für 1791, auf der 35ten Col. durchgieng, fügte hinzu: daß Schriften dieser Art, die der Menschheit gute Recepte in ihren so häufigen Seelenkrankheiten vorschreiben, allerdings verdienen, recht bekannt gemacht zu werden. Ein Dritter, der die Gesänge zum Lobe Gottes, und zur Ermunterung des Menschen, bey seinem Durchgange durch die Zeit, gesammelt von einer Standesperson, im ersten Stück des IV. B. der neuen allgem. deutschen Bibliothek S. 188. anzeigt, lobt die Idee, sogar einzelne Verse, voll Geist und Kraft, aus Liedern auszuheben und sie besonders abdrucken zu lassen, um sie zum Gebrauche sogleich bey der Hand zu haben, und desto leichter und besser sie behalten und benutzen zu können. Eben so lobte man die Auswahl der besten zerstreuten Trostgesänge für Leidende, gesammelt von einem ihrer Brüder, (dem Hn. Wagner) auf der 656ten Col. im IV. B. der allgem. Literatur-Zeitung für 1790. Was aber für physisch Leidende gut ist, wird für politisch Leidende es auch seyn, und dieß um so mehr, da jene sehr oft der Erfolg von diesen sind, und sie an Innigkeit und Dauer — hier mehr dort weniger — übersteigen. — Nicht minder fand der Recensent der Lieder für leidende Christen, herausgegeben von Diakonus Heckel, den Gedanken, durch eine besondere Liedersammlung für leidende Brüder zu sorgen, auch ganz gut, und meynte: er verdiene in mehr als einer Rücksicht Aufmerksamkeit und Beyfall. Man findet dieß auf der 568ten Col. im I. B. der allg. Literatur-Zeitung, 1790.

Ob ich der gerechten Foderung eben dieses Recensenten, in Rücksicht auf Auswahl und Verbesserung des Ausdrucks, überall entsprochen habe — stehe dahin. Wenigstens hielt ich meinen Plan und Abtheilungsgrund immer ziemlich scharf vor Augen; und soviel beyde es zuließen, und ich von diesem oder jenem Gedichte in dieser oder jener Folge mehr oder weniger Wirkung erwartete, habe ich das Erstere nach Möglichkeit befolgt; und was das Andere betrifft, so habe ich, ohne es jedesmal gerade anzuzeigen, manchen grellen Ausdruck gemäßiget, auch es gewagt, in einigen Gedichten, sogar von Meistern, Einiges abzukürzen, um sie, wie ich dafür hielt, durch mehr Einfachheit und Stärke eindringlicher aufzustellen. Habe ich hierinn geirrt oder zuviel gethan: so hoffe ich, wird meine gute Absicht mich bey dem Publikum und den eigentlichen Herren Verfassern entschuldigen.

Um noch einmal auf das Vorige zurückzukommen, so erinnere ich noch beyläufig, daß nicht nur einige Kunstrichter ein Unternehmen von meiner Art gutheißen, sondern auch die vielen prosaischen und poetischen Chrestomathien, deren jede nach irgend einem eignen Plan und Zweck auf diese oder jene Art zu Stande kam, wie unter andern die Sammlung alter und neuer auserlesener geistlicher Gesänge bey Drachstedt zu Budissin 1775; die Sammlung von Liedern für die Jugend, zu Winterthur 1791; die Liedersammlung für Schulen, herausgegeben von Hartung, in Berlin bey Lange 1793. rc. rc.

Die merkwürdigste Sammlung dieser Art, und die nach Gehalt und Zweck der meinigen am meisten gleicht, ist Doctor Luthers Fürsten-Spiegel, von Regenten, Räthen und Obrigkeiten, auch der Welt Art, Lohn und Dank, Frankfurt am Mayn, bey Johann Gottlieb Garbe, 1783. Diesen Fürstenspiegel, woraus Luthers kaustischer Geist oft lichterloh hervorstrahlt, bearbeitete F. C. Freyherr von Moser, wie er es in der zu Wien geschriebenen Vorrede angiebt, in einer langen, nachtvollen Einsamkeit, nach Linders Auszügen aus des großen Luthers Schriften. Hier fand der sonst so Teutsche Mann so viele herrliche und herzliche Stellen von Erfahrungsweisheit, Welt- und Menschenkenntniß, wie er sie im Doctor und Professor Theologiä nicht gesucht hatte, und sonderte, sammelte, ordnete und rubricierte sie, und nannte das so entstandene köstliche Ganze, weil doch jedes Ding, wie er in der Vorrede weiter sagt, seinen Namen haben muß, Fürsten-Spiegel, zu schuldigen Ehren eines Standes, dem wir so viel Liebes und Gutes, und soviel Seufzer und Thränen zu danken haben; und dann auch darum, weil sich in Fürsten-Spiegeln alles, was um sie ist, mitbesehen darf — was Lust und Lieb hat, sich kennen zu lernen. *)

*) Wer den Anhang zu Schlözers allgemeinem Staatsrecht gelesen hat, wird sich wundern, wie der sonst so teutsche Moser endlich so unteutsch geworden ist. Der Rainaldisierende alte Mann denkt wohl nicht mehr an Voltaire's Aussage: Le partage du brave homme est d'expliquer librement ses pensées. Celui qui n'ose regarder fixement les deux poles de la vie humaine, la Religion et le Gouvernement, n'est qu'un lache.

Wie Mosers Fürstenspiegel entstand, beynahe eben so entstand auch mein Zuchtspiegel. Moser sammelte ihn in einer langen, nachtvollen Einsamkeit; ich vorzüglich im schaudervollen Felde. Im zweyten Pack der Briefe über den Feldzug auf der 67ten Seite kann man sehen, wozu mir Gedichte im Felde gedient haben. Hier erst lernte ich ihre Wunderkraft recht fühlen und schätzen.

Carminibus quaero miserarum oblivia rerum:
Praemia si studio consequar ista, sat est.

sagte vorzeiten Ovidius, und ich längst mit ihm. Es ist mir dieß für mich gelungen: das Nämliche wünsche ich nun auch Andern. Was vorzeiten dem einen half, rieth er hernach Andern; und, half es Mehrern: so ward es ein Heilmittel; und dadurch entstanden die Elemente der Heilkunde, welche Hippokrates und nach ihm Andere endlich systematisch sammelten. Ich sammelte an den moralischen Heilmitteln schon lange, aber, wie gesagt, vorzüglich im Felde. Hier ist man, zumal, wenn man ein Theilnehmer mit Interesse ist, zum ernstern Nachdenken und lebhaftern Empfinden schon durch den schauderhaft-groß gespannten Gang des Kriegs gestimmt, fühlt sich elastisch gedrängt oft bis zum Enthusiasmus: und gerade das ist die Stimmung, in welcher der emphatische Ausdruck der Dichter eine entsprechende Empfänglichkeit bey dem Leser schon vorfindet. Laß gespannte Saiten tönen ja matt oder gar nicht, wenn gleich ein Mozart mit bezaubernder Harmonie auf sie eingreift.

Laß gespannt ist der wahre Soldat im Felde gewiß nie, so lange noch Menschheit und Menschlichkeit sein Inneres beherrscht. Furcht und Hoffnung, eignes und fremdes Leiden wie Freudigseyn, Mangel und Ueberfluß, Abspannung und Anstrengung, berechnete und nicht berechnete Vorfälle im Kleinen und Großen — sind seine Stimmer, oder das Meer, worauf seine Seele ebbet und fluthet. Wohl dem, der dort Spannkraft genug hat, oder hier in der Kunst bewandert ist, überall mit kluger Ergebung seine Segel zu lenken! Diese Kunst übt aber nur der, welcher die schwere Kunst hat, nichts sonderlich zu hoffen, nichts sonderlich zu fürchten und sich nie dem Scheine, sondern immer dem wahren Werthe der Dinge mit reiner Seele und festem Muthe zu unterordnen. Vermehrte und berichtigte Einsicht ist dazu die erste wesentliche Bedingung: denn wie ich erkenne, so will ich. Beschränkung der Einsicht ist also auch Beschränkung für den Muth im Felde. Warum war Friedrich der Große, ein Schwerin und die ihres Gleichen so unerschrocken, so muthig, so tapfer! Ohne entsprechende, feste und richtige Einsicht kann es entschlossene militärische Rabulisten geben, die am Ende mehr verwirren, als aushelfen, aber keine Helden, auf deren Einsicht und Muth ein ganzes Heer mit Zuversicht baue, folge, schlage und siege. O das Obscuranten-System greift wirklich weiter, als Mancher sich vorstellt: es untergräbt alle Stützen des Staates, sowohl in aktiver als passiver Rücksicht.

Also Einsicht ist die Quelle des ausdauernden Muthes. Ist dieser philosophisch begründet, dann sind seine Hebel und Flügel Gesänge der Barden. Sind sie das unter der erwähnten Bedingung bey jedem Kriege, wie vielmehr mußten sie es seyn bey dem ganz eigenartigen gegen die Neufranken! Welchen Schauplatz von Täuschung, von unerwarteter Größe, Standhaftigkeit, Muth, Tapferkeit, ja, Erhabenheit und Würde öffnete er dem erstaunten halben Europa! Und nun sein Geist, sein Thema! Wie groß erschien hier der Mensch aus Frankreich, welcher sich und Alles wagte, um die Grundrechte der Menschheit durchzufechten! Welcher Mann von Einsicht, von gerechter Schätzung des Verdienstes, von regem edlen Gefühl für Menschenwerth und Rechte war hier nicht schon durch Ehrfurcht gelähmt und besiegt, ehe der Söldner zugriff, ohne recht zu wissen, wie und warum! Der Erfolg dieses ganzen Krieges bestätiget meine Behauptung. *)

*) Nur der kurzsichtige, der kaufmännisch-despotische Theil der Antifranken wird diesen seltsamen Kampf am spätesten beschliessen. Soviel sarkastischer Commentare man auch in Frankfurt und anderwärts über unsern Separatfrieden geliefert hat: so ruhmvoll und glänzend werden doch die Lorbeer seyn, mit deren Zweigen die gerechte Nachwelt unsern Hof dafür krönen wird. Wäre dieser das, wozu ihn der Bürger Bauchwitz, oder der Weltbürger Sprach, oder der Verfasser der Bemerkungen über unsern Separatfrieden und die Demarkationslinie mit aller Gewalt der Sophisten-Kunst machen wollen: so hätte er den Krieg gegen die Neufranken fortsetzen müssen, wie Oestreich und England, ohne sich von der Besorgniß für das Wohl seiner Unterthanen, und von der Achtung für die Verfechter der unveräußerlichen Rechte der Menschheit zum Separatfrieden bestimmen zu lassen. Dieß aber geschah;

Schon das Elend, das uns in der Champagne, zu unserer Besinnung, centnerschwer drückte und verfolgte, machte uns bis zum Kriechen ja, zum Nachschleppen mürbe. O Brüder, wen von Euch allen schauderts nicht noch durchs ganze Innere, wenn er an unsere überstandene Noth, an die im tiefsten Elend verschmachteten Brüder, an die Erschlagnen in den Kämpfen der Verzweiflung, an den Jammer der beraubten, verjagten und abgebrannten unschuldigen Land- und Städtebewohner, an den zerstöhrten Ackerbau und Handel, an den öftern Mangel oder Ungenießbarkeit der Lebensmittel, an die weit und breit eingerißne Vertheurung, an die verwaisten Kinder und zerrütteten Familien, an das Sittenverderbniß, durch Emigrirte in den Rheingegenden eingepestet, an den vermehrten Nationalhaß der Truppen und Völker, an die Herabsetzung der ansehnlichsten und berühmtesten Heere und Heerführer, an die Erschöpfung der meisten Schatzkammern, an den verschärften Geist der Intrigue, an den Machiavellistisch vertrödelten Credit, an die Herabwürdigung einiger Großen bis zum Handel mit lebendigem Fleisch, wie Fox die Verdingung der Truppen so beißend nannte, an den bis in die Hütten modificirten Geist der räsonnirenden Politik, kurz, an die für jezt noch unübersehbare Reihe von physischen und moralischen Uebeln unsers unseligen Feldzugs gegen die Neufranken sich nur obenhin erinnert.

Und wem haben wir das alles zu danken! Größtentheils den Emigrirten und deren Freunden in den Cabinettern der meisten Großen im Katholischen und Südlichen Deutschland, und dann Bündnissen, durch eine von dorther obscurirte Politik gleichsam aufgedrungen. Dieß sahen endlich selbst unsere einsichtigere Heerführer ein, und wohl uns, daß unser gute und biedere König sich von einer Ligue losriß, die in den Jahrbüchern der Menschheit als ein schreckliches Denkmal der verschraubten Politik, der Kurzsichtigkeit, des Stolzes und des Despotismus erschöpfter Höfe, blinder Minister, rachsüchtiger Edelleute, Pfaffen und Wucherer ewig warnend dastehen wird. Die Geschichte des ganzen Krieges,

und nun weiß man, wo Achtung für Menschenrechte und für das Wohl der Unterthanen noch immer am hellsten glänzen. Doch davon in der Fortsetzung der Briefe — dereinst ausführlicher.

die in so viel tausend Blättern, wenn gleich nur meist verstümmelt oder verkleistert, jämmerlich genug geschildert ist, vorzüglich in jenen Journalen und Zeitungen, die uns dessen labyrinthischen Gang von der politischen Seite durch die offene Ansicht der Oppositionsparthey im Englischen Parlament, wie auch in den verschiedenen debattirenden Memoirs verschiedner deutscher Höfe, ja, selbst in vielen Reichs-Conclusis u. dgl. unverschleyert vorführten, zeiget, daß ich eher zu wenig, als zuviel behaupte. *)

Das Alles nun selbst so mitangesehn, innigstief mitempfunden, wie könnte man ein menschliches Herz im Busen tragen, und nicht mit beiden Händen nach Heilmitteln greifen, die man, nach den kritischbemerkten Indikationen, gerade zu jenen specifischen Mitteln rechnen mußte, durch deren fleißigen und ordentlichen Gebrauch es dahin kommen kann, daß man den Krankheitsstoff provisorisch fortschaffe, und dadurch dessen Anhäufung und Entzündung bis zum delirirenden Fieber, oder zur Auszehrung, zum Schlagfluß oder des etwas für die Zukunft verhüte! — Verzeihet, lieben Leser, wenn ich eine und dieselbe Sache, die mir als Augenzeugen, vielleicht wichtiger ist als Euch, so oft wiederhole!

Zu diesen Heilmitteln griff ich während meiner erwähnten poetischen Kur, und es traf mich, indem ich jene sammelte, ein einsichtiger, respectabler Mann darüber in Beschäftigung. Er sah meinen Apparat, und als er die Absicht desselben von ferne hörte, gerieth dieser weltberühmte Mann wie in Exstase; und eben dieser war es, welcher über den letzten Grund unsers Elends mit mir einverstanden war, und gewisse Leute an gewissen Höfen mit dem Namen von

ooo ooo 2

*) Die Herren Juristen unterscheiden eine doppelte Art von Bekanntmachung: die eine durch einen Urthelsspruch, die andere durch eine Begebenheit selbst; oder wie sie es nennen: notum notoreitate iuris, und notum notoreitate facti. Zu der letztern Art gehört meine Behauptung, wie mein Zuchtspiegel. Wer also diesen, wie jene, verbieten oder übel deuten will, muß erst die Kunst lernen, Geschehnes ungeschehen zu machen; oder es zeigt von kurzsichtiger Herrscherey, und prostituirt vor der unbefangenen Welt der Welt. Wer kein Echo hören will, muß es durch ein lautes Vorrufen nicht selbst erst wecken.

politischen Vampyrs zuerst belegte. *) Nach einigen Tagen foderte er in vornehmer Gesellschaft mich auf, von meinem gesammelten Vorrath, den er, wie ich, mein Vade mecum nannte, etwas mitzutheilen. Es war zu Eoinghofen. Ich that es, und gleich wars, als wenn die ganze Gesellschaft sich in ein politisches Clinikum verwandelt hätte. Da hieß es einhellig: Ja, diese Recepte werden für gewisse Herren mehr wirken, als der Hubertus-Schlüssel, so ein probates Kirchenmittel er sonst gegen das Schwanken der Köpfe in einigen Gegenden gewesen seyn mag. Bey Gott, Sie müssen diese Idee nicht fahren lassen! — Und dieß war die veranlassende nähere Ursache von dem Entstehen dieser — Apotheke.

Die Heilmittel darin sind nun hier der Reihe nach aufgestellt, freilich am Ende für alle, welche ihrer bedürfen; aber immer für die Patienten im katholischen und südlichen

*) Ihr Wesen erhellet aus dem Obigen: ihre Abtheilung ist diese. Die Classe von Bürgern, die so leicht und gern in die Classe der politischen Vampyrs übergeht, ist von zweyerley Art. Die eine wird dazu verleitet durch die Macht oder Aufsicht, die ihnen über Andere anvertraut ist: und diese könnte die Classe der Constitutions-Vampyrs genannt werden. Die andere wird dazu verleitet durch die Schwäche oder die Leichtgläubigkeit der Mitbürger: und diese verdient den Namen der Bosheits- oder Dummheits-Vampyrs. Zu den erstern gehören diejenigen von den Fürsten, Ministern, Räthen, Gutsherren, Cameralisten, Kirchenlehrern und Eroberungs- oder Despotismus-Soldaten, welche unter dem Schilde der Landesverfassung oder deren Handhabung den Bürger und Bauer aussaugen und hänseln, und, sobald jemand dieß laut rügt, mit Majestätsschänder, Rebellen, Unruhestifter, Kätzer, Jakobiner, oder Demokrat um sich werfen. Zu den andern gehören aufhetzende Advokaten, pfuschernde Aerzte, Wucherer, Aufkäufer und feile Dirnen. Dieser letztern Classe von Vampyrs kann man entgehen, wenn man nur ernsthaft will, mit Ueberlegung nach reifer Einsicht, Diät und Friedfertigkeit. Aber nicht so verhält es sich mit der erstern: denn unter wessen Herrschaft ich einmal gebohren bin oder stehe, nach dessen Willen muß ich mich schon fügen, wenn ich nicht Lust habe, mich als Widerspenstigen behandeln zu lassen. Greift diese Classe systematisch weiter: und merkt man dieß im großen Haufen: so ist ihre Gegenmacht — wenns nicht drunter und drüber gehen soll — die öffentliche Meynung. Die Gegenmacht wider die andere Classe ist vernünftige Belehrung, Moralität, und Gleichheit vor dem Gesetze. —

Deutschland vorzüglich. Daß diese ihrer am meisten bedürfen, könnte ich hinlänglich zeigen, wenn ich gewisse katholische Höfe, nach meinem reichen Vorrath von Nachrichten über sie, eben so beleuchten wollte, wie Gorani die in Italien beleuchtete. *) Es mag aber vor der Hand genug seyn, sie auf dieß ihr vorzügliches Bedürfniß bloß aufmerksam gemacht zu haben. Eben dieß thaten schon lange alle die Schriften, welche das politische Vampyrisieren im katholischen Deutschland, besonders da, wo der Krummstaab den Staat noch immer nach dem unveränderlichen Systeme der römischen Kirchen-Hierarchie modeln und führen läßt, berührten. Ich will nur die merkwürdigsten davon anführen. Es sind C. F. Menschenfreunds Untersuchung der Frage: Warum ist der Wohlstand der protestantischen Länder so garviel größer, als der katholischen? a); dann: Ueber die Regierung der geistlichen Staaten in Deutschland von Hhn. von Moser b); weiter: Statistische Abhandlung über die Mängel in der Regierungsverfassung der geistlichen Wahlstaaten, und von den Mitteln, solchen abzuhelfen, von Hn. von Sartori c); ferner: Ueber des Fhn. von Moser Vorschläge zur Verbesserung der geistlichen Staaten in Deutschland, von Hofrath Schnaubert d); endlich: Freymüthige Betrachtungen eines philosophischen Weltbürgers über wichtige Gegenstände, entsprechend den Bedürfnissen unsers Zeitalters und des Menschengeschlechts. e)

Wer diese Schriften nach der Verfassung und Regierung eben der Länder prüft, über welche sie handeln, und andere dahin einschlagende Rügen bey Schlözer, Win-

*) In seinen — Geheimen und kritischen Nachrichten von Italien, nebst einem Gemälde der Höfe, Regierungen und Sitten der vornehmsten Staaten dieses Landes. A. d. Französ. 1794. — Meine Behauptung wird auch bestätigt durch die Mémoires historiques et politiques sur la Republique de Venise, redigés en 1792.

a) Salzburg und Freysingen, 1772.

b) Frankfurt und Leipzig, 1787.

c) Augsburg, 1788.

d) Jena, 1788.

e) Germanien, 1794.

kopp, Nicolai und ähnlichen Journalisten und Reisebeschreibern zu Rathe zieht, wird es bedauren, daß eben die Gegenden Deutschlands, die bey ihrer glücklichen Lage von der Natur am meisten gesegnet sind, gerade die elendesten durch die Pfuscherey der Regierung sind. Kölln und Mainz wie vortheilhaft liegen sie; aber was sind beide gegen Frankfurt!

In geistlichen Ländern, sagt der Verfasser der freymüthigen Betrachtungen, sind nur Pfaffen und Adel bedeutend: alle übrigen Menschenklassen werden wenig oder gar nicht in Anschlag gebracht. Daher sind auch just die geistlichen Länder an Ackerbau, Handel, Künsten und Wissenschaften die dürftigsten. — In den Priesterländern, fährt er fort, vernichtet immer der Nachfolger, was der Vorfahrer aufgerichtet hat: Alles ist darin isolirt, Nichts hängt mit dem Ganzen, zu dessen Vortheil, zusammen; Nichts wird zweckmäßig ausgeführt: fast Alles wird durch Nepotismus, Egoismus, Indolenz, Unwissenheit in der Regierungskunst und durch Schwelgerey verdorben. Hiezu kömmt, daß die Grundsätze und Erziehung der Geistlichen unbeschränkten Despotismus einflößen, welcher daher auch fast durchaus in geistlichen Staaten größer ist, als in weltlichen.

Gerade die geistlichen Reichslande, schreibt Schnaubert nach Moser, könnten der Anlage nach die glücklichsten Provinzen in Deutschland seyn, und sind in der wahren Aufklärung, in vernünftigen, dem schlichten und reinen Christenthum angemessenen Religionsbegriffen, guten Anstalten, auf das Wohl des Volks gerichtet, Industrie und Wohlbefinden des gemeinen Mannes weit mehr, als andere weltliche, besonders protestantische Länder zurück. Der Grund dieses Uebels liegt in der Verfassung dieser Staaten, weil sie geistlich sind, weil ihr Regent Fürstbischof, Abbt u. dgl. ist; weil das Domkapitel aus Leuten besteht, die großentheils unwissend sind, durch einen unächten Religionseifer geleitet, immer auf dem Alten bestehen, deren Schwäche die Beichtväter, meistens Mönche oder Exjesuiten, sich bedienen, um unter dem Vorwand der Religion alle guten Anstalten verdächtig zu machen und zu zernichten. rc. rc.

Was hier wie a priori behauptet wird, lehrt die Geschichte unserer Tage auch a posteriori. Wo fanden die proselytisierenden ersten Neufranken mehrere und eifrigere Anhänger, als in den Landen katholischer, zumal geistlicher Fürsten, und wo weniger, als in denen der protestantischen? In jenen müssen also die Unterthanen die meiste Ursache gehabt haben, mit der Regierung und deren Vampyrisieren und Vampyrs unzufrieden zu seyn. Füglich konnte man in Landen von der vorhin beschriebenen Art auch nichts Besseres erwarten. *) Daß dabey nichts übertrieben ist, wissen wir von uns, welche die Landesbeschaffenheit und Verfassung in und um Mainz, Trier, Coblenz und in andern katholischen Gegenden bey dem Bürger und Landmann genau untersucht haben. Auch geben dieß schon die bisherigen Auftritte, deren großen Theil wir übrigen Deutsche den Höfen der erst genannten Gegenden unwidersprechlich danken. Man mag es also in Geduld hinnehmen, wenn ich diesen Zuchtspiegel für sie und ihres Gleichen vorzüglich bestimme. Daß der eine dieser Höfe vor dem andern mehr mag gefehlt haben, ja, daß selbst einige dieser Fürsten weniger schuldig seyn mögen, als ihre Minister und nächsten Räthe, will ich nicht bestreiten:

*) Mögten alle Fürsten durch diese merkwürdige Erscheinung wenigstens dahin gewitzigt werden, daß sie einsähen: daß Kirchthum und Bücherverboth durchaus die Mittel nicht sind, sich der Treue ihrer Unterthanen fest und haltbar zu versichern. In Mainz, Coblenz, Trier, Worms u. s. w. hatte man strenge darauf gehalten; und wo tanzte man eifriger um Freyheitsbäume, als hier? In Frankfurt fand man das Gegentheil von beiden. Ueberhaupt, je liberaler und zuversichtlicher man die Menschen behandelt, desto anhänglicher und folgsamer sind sie. Strenge Vormundschaft ist für Narren und Kinder; und welcher Regent sich nur dadurch zu behaupten weiß, verdient das Gleiche. Die Völker sind heutzutage zu weit vorgerückt, als daß sie noch Geduld für das oderint, dum metuant — sie mogen mich hassen, wenn sie mich nur fürchten — eines Caligula haben mögten. —

Welcher Menschenfreund und Patriot wird auch nicht wünschen, daß Roms Arm und Satrapen in den schönsten und ergiebigsten Gegenden Deutschlands forthin außer Stande gerathen mögen, Deutschlands Ruhe und Wohl von neuem zu stöhren oder stöhren zu lassen. Christi Reich war nicht von dieser Welt; und alle vorzeiten säcularisierten Länder gewannen eben durch ihre Säcularisierung gegen die noch nicht säcularisierten gar sehr. Man vergleiche Magdeburg, Halberstadt, Meissen u. s. w. mit Mainz, Coblenz und Trier, troz ihrer ergiebigern Gegend und Lage. Doch, die Zeit giebt nach und nach alles, wenn gleich gewisse Verhältnisse es noch hindern sollten, daß es durch die Neufranken mit einem Strich schon jezt geschehe.

es bleibt aber gewiß, daß kein Friedrich der Große das Emigrirten-Wesen je so weit hätte kommen lassen, als sie: und daher kam doch unsers Unglücks Fülle.

Ich trug dieß Unglück mit, fühlte es tief und lange: und wer mag es mir nun verargen, daß ich mit specifischen Mitteln auftrete, ähnlichen Lavaströhmen einer durch Unvorsichtigkeit, Hartsinn und Verachtung entzündeten und fürchterlich aufbrausenden Politik — auf eine gelinde Art für die Zukunft vorzubeugen! Und nur dieß ist meine Absicht. Irre ich: nun, so irret mein Kopf; aber, bey Gott! nicht mein Herz.

Für jezt habe ich nur noch zu erinnern, daß mein Zuchtspiegel, wie Sachkundige sehen werden, aus Büchern gesammelt ist, die unter öffentlicher Aufsicht entweder gedruckt sind, oder noch öffentlich immerfort in Berlin, Leipzig, Königsberg, Frankfurt, Wesel, Cassel, Weimar, Gotha, Braunschweig u. s. w. verkauft und gelesen werden. Was also für das Zerstreute in jenen gilt, wird auch für das Gesammelte aus denselben hier gelten, und dieß um so mehr, da es, nach dem vis unita fortior, das vorgesteckte, wünschenswerthe Ziel, zum Besten der Gebietenden und Gehorchenden, weit angemeßner erreichen hilft.

Ein paar einzelne Gedichte, die bisher noch nicht gedruckt waren, werden jezt in Musen-Almanachen abgedruckt seyn, wofern die Herren Verfasser es, seit unserer Trennung, nicht rathsamer gefunden haben, sie nebst den übrigen herauszugeben, womit sie, lustwandelnd auf dem Helikon, sich das Unangenehme im Felde versüßten.

Der litterärische Werth manch aufgenommenen Gedichtes ist an sich, ästhetisch beurtheilt, wohl leicht zu klein, um nicht der Entschuldigung zu bedürfen: daß es mit aufgenommen sey, bloß weil es das moralische Gemälde der Erbauung durch die möglichste Verbreitung von Licht und Schatten in der Abbildung des Erbauungsbedürftigen Ganzen trefflich vollenden half. Collisionen von dieser Art ließen sich nur nach dem Zweck der Sammlung entscheiden; und da weicht das Unrichtigere dem Wichtigern.

Daß Wielands, Blumauers, Ramlers und Anderer Meisterwerke noch nicht benutzt worden sind, wie es schon hier mit guter Wirkung hätte geschehen können, vorzüglich von Seiten der Wielandischen Goldgrube, hatte einen Grund, den man zu seiner Zeit finden, und, wie ich hoffe, gutheißen wird.

Die gegenwärtige Sammlung kam, wie man weiß, größtentheils im Felde zu Stande. Einige meiner Freunde, denen mein Vade mecum behagte, halfen mir zuweilen, auf unsern Hin- und Herzügen, den Büchervorrath manch braven Mannes benutzen, wie Buch, Laune und Zeit es zuließ. Der Abschreiber des Einen hat es versäumt, die Citate bey jedem ausgehobenen Gedichte hinzuzufügen; und bey eben diesen fehlen sie nun hier. Die meisten derselben sind aber, wie mein Freund versichert, von Lessing und Thümmel. Genug, sie sind nach obiger Angabe gesammelt. Der Büchervorrath ist an dem Orte, wo ich dieses schreibe, gar arg beschränkt; und so muß ich es verschieben, die bemerkte Lücke auszufüllen.

Aber ausgefüllt soll man sie dann finden, wenn ich die wichtigern politischen Gedichte dieses Zuchtspiegels durch einen prosaischen planmäßig geordneten, Commentar erläutern werde, dessen Belege, nach meinem gesammelten vieljährigen Vorrathe, weiter nichts seyn sollen, als übereinstimmende, merkwürdige Stellen aus den Werken unsers unsterblichen Friedrichs, Machiavel's, Montagne's, Montesquieu's, Beccaria's, Hommels, Sidney's, Barclays, Fenelons, Rainal's, Franklins, Filangieri's, Mosers, Wielands, Pütter's, Schlözers, Herzbergs, Büschs, Hegewischs, Kleins, Hennings, Kants, Sieyes, Paine's, Hufelands, Schillers, Eberhards, Meiners, Tiefrunks, Münchhausens, Bergs, Lessing's, Semlers, Jerusalems, Bahrdts, Henke's, Niemeyers, Löffler's, und Anderer ihres Ansehns. Daß ich bey dieser Gallerie der Grundsätze einer vernünftigen Menschenbehandlung einen Plato, (nach Morgenstern) Xenophon, Cicero, Tacitus, Seneka — den Moniteur, Argus u. dgl. nicht übersehen werde, läßt sich erwarten. *) Alsdann soll auch eine Erläuterung

*) Der Moniteur ist, was auch der Obscuranten-Orden davon urtheilen mag, gewiß ein sehr vortreffliches Blatt. Nicht nur ist es dem Forscher der heutigen Französischen Geschichte, als das vollständigste Protokoll, das man hat, äußerst wichtig, sondern auch der Philosoph, der Gelehrte, und jeder vernünftige Mann, dem es um Berichtigung seiner Begriffe zu thun ist,

von der Beschaffenheit miterscheinen, wie eine Herder seiner Terpsichore beyfügte. Auch dann erst wird man entscheiden können, ob unsere Dichter im Wahrheitsagen höher gestiegen sind, als unsere Prosaiker, wie Friedrich der Große oder ähnliche Vorgänger und Nachgänger.

Wo Gründe zulezt entscheiden müssen, entscheidet das Ansehn nur gerade das, was die Gründe dessen entscheiden, auf dessen Ansehn man sich beruft. Ohne jene entscheidet dieses für den Vernünftigen, außer der Geschichte, nichts. Aber Ansehn und Gründe zugleich, befriedigen den, welcher untersucht, wie den, welcher bloß glaubt. Es war also nichts weniger, als pedantisches Streben nach dem Rufe von Belesenheit, wenn der Wunsch, keinen unkundigen oder schüchternen Leser zu beunruhigen oder zu übereilen, mich schon hier bestimmte, wichtige Behauptungen auch durch die Aussage ansehnlicher Männer zu unterstützen. Solche Aussagen sind für manchen Leser oft auch eine Anleitung, eine ganz eigene Reihe von Gedanken aus ihnen, als Richtungs-Ideen, zu entwickeln. Ueberdem zeigen sie, als partielle Ideen, was man von der Totalität ihrer Quelle gewöhnlich erwarten kann. Ich wenigstens bekenne mit Dank, daß ich meine besten Bücher nicht aus Recensionen, oder imposanten Ankündigungen der Verleger oder der Schriftsteller, sondern aus ausgehobenen Belegen kennen lernte, und sie nach dem: ex ungue leonem, mir anschaffte. Diese Art von Vorgeschmack hat den Vortheil, daß jezt mein Geschmack nicht der Geschmack Anderer, der oft sehr heterogen bestimmt

kann daraus sehr großen Nutzen ziehen, indem über die wichtigsten Gegenstände der Menschheit hier von den vorzüglichsten Köpfen einer aufgeklärten Nation debattiert wird, und solche oft von allen Seiten betrachtet und untersucht werden, daß eine gänzliche Aufhellung derselben die nothwendige Folge davon seyn muß. — So Herr Ackermann im ersten St. des n. t. Merkurs 1796, S. 102. Was der Moniteur für die Republik ist, ist der Argus für deren Armeen. In den Briefen über unsern Feldzug wird man Belege daraus antreffen, nach welchen der Neufränkische Bürger im Felde ehrwürdiger erscheinen wird, als ihn das niedrige Hummeln-Gesumse unserer Zeitungsdichter und Journalisten, Possel ts Annalen einzig ausgenommen, bisher darzustellen für gut fand. Hätten die Herren doch an den Vers gedacht:

Causa patrocinio non bona peior erit!

wird, mir meine Ideengrube eben sowohl wählen hilft, als er mir auch die Reue erspart, von gelehrter und kaufmännischer Marktschreyerey mich hinterdrein, auf Kosten meines Beutels, getäuscht zu finden. Was könnte auch Streben nach Ruhme da helfen, wo man das Object desselben absichtlich verbirgt, und dieß, damit weder Geburt, Name oder Stand, oder das Entgegengesezte, die Schwachen da berücke, wo bloß die Sache entscheiden muß! Es ist nebenher auch nicht selten, daß

Fama malum magis est, rebus molesta secundis,

oder daß Horatius Recht hat, wenn er ausruft:

O tacitus pasci si posset corvus, haberet
Plus dapis et rixae multo minus invidiaeque!

Genannt ist in allen Gedichten kein Fürst, kein Hof, kein Minister: sie schildern im Allgemeinen; und nur der — ich wiederhole es — wird sich als getroffen selbst verrathen, welcher, durch eignes Bewußtseyn verleitet, sich als persönlichgeschildertes Individuum unter irgend einer allgemeinen Darstellung subsumieren wird. Wer auf seinem politischen Posten, er heiße wie er wolle, das ist, das leistet, was er soll, wird durch den geschilderten Contrast gewinnen, und zwar um so ansehnlicher, je mehrere oder richtigere Maaßstäbe man zu dieser Beurtheilung aufstellt. Wer die Probe dann aushält, der ist der Mann, der seines Postens und der allgemeinen Achtung und Liebe werth ist: wer sie nicht aushält, der ist seines Postens nicht werth und verdient, wie er selbst gestehen wird, wenn er gerecht ist — den Pranger zur Warnung für sich und seines Gleichen. Und wohl ihm, wohl jedem Fürsten und Volke, in deren Lande der moralische Pranger den physischen überflüssig macht! Klüger, ehrenvoller, ökonomischer und Menschenwürdiger ist es immer, als einsichtiger und rechtschaffner Mann durch eine Gallerie von belehrenden Gemälden Klugheit einzusammeln, als durch Laternenseil, Guillotine, Zuchthaus, Galgen oder Rad.

Sind diese Gedichte ganz dazu geeignet, so sind sie gewiß auch erbaulich, und dieß um so mehr, da sie die persönliche Achtung, durch eine günstige öffentliche Meynung, erwerben oder vermehren helfen, und dadurch die gesetzliche sichern, ohne deren Aufrechthaltung jede Regierung, selbst die soldatische, den Nachdruck verliert. Das Eine wie das Andere könnte also nur ein Thor oder ein Tyrann verachten; aber das Werk seines Unsinns würde dann auch seyn — die innige politische Annäherung zur zufriedenen, friedsamen Einheit durch unerschütterliches, gegenseitiges Zutrauen, — für sich und seine Unterthanen zu erschweren, oder gar zu heben: und dann schwebt ein Schwerdt an einem Haare über seine Schädel! Doch wozu weiteres Wiederholen! Jezt noch ein Nebenwink!

Wie bitter der medicinische Antiquar in Jena, Herr Hofrath Gruner, jene Cliniker belachen würde, die ihren Vorsteher einen Patienten, wider die Indicationen der Natur, auf hohen Fuß behandeln sähen, und dennoch so hofmanierlich seyn wollten, die Fortdauer der Krankheit dem Patienten allein zuzuschreiben, und dessen Heilung von der Lectüre des Buches Hiob, der Musarien, oder der Bürgerschen Gedichte zu erwarten, erräht jeder, welchem Gruners Manier bekannt ist. Lieben Herren, würde der Herr Hofrath ganz recht bemerken, purgiert und curiert mir nur erst Euren Vorsteher, damit er seine Patienten nicht weiterhin be- und verpfuschere; dann folget der Natur, hebet die Hinderungen ihrer Bestimmung und Funktion, unterstützet oder mäßiget ihre Wirksamkeit: und Ihr werdet sehen, daß Eure Cur glücklicher seyn wird. Aber ja erst hübsch Euren Vorsteher curiert! Was der Patient nachher machen wird, wenn er nur erst, nach Wegräumung der Hindernisse seiner Gesundheit, wieder gesund worden ist, das findet sich von selbst. —

Was ich hiemit sagen wolle, ergiebt sich aus dem, was ich oben gegen eine Aeußerung in der Vorrede zu den Horen sagte. Aeußerungen von der Art, so glänzend auch ansehnliche Männer sie wagen, haben leider den Hauptfehler an sich, daß sie sich in der Natur nicht verificieren, und folglich keine Grundlage seyn können, irgend ein dauerhaftes Kunstgebäude auf sie fortzuführen. Eine ähnliche Aeußerung wagt der Verfasser des zehnten Aufsatzes im ersten Stück des neuen teutschen Merkurs für 1796 von S. 108-112. Es würde mich zu weit führen, über die Richtung unserer jetzigen Leserey in Deutschland, die ich in sehr vielen Gegenden sorgfältig bemerkt habe, meine Beobachtung mitzutheilen. Soviel aber habe ich überall gefunden, daß Philosophie und Politik die Hauptlectüre aller denkenden und menschenfreundlichen Köpfe ist. Hat, wie der Verfasser des genannten Aufsatzes nebenbey angiebt, die Französische Revolution fast alle teutschen Köpfe mit der politischen Epidemie angesteckt: so sezt diese Ansteckung einen gleichartigen Krankheitsstoff zum Grunde: und dann ist der angerathene Versuch, die Wuth der übellaunigen Geister — durch die süße Macht des Gesanges zu besänftigen und zu beschwören, ganz mein Wunsch, ganz die Absicht dieser Sammlung; aber — in entgegengesezter Richtung. Von oben herab, fieng Friedrich II. die politische Cur seines Staatskörpers an, richtig einsehend, daß ein verkrankter Kopf den übrigen Unter-Körper mit versieche — wie im alten Frankreich — und daß es vergeblich sey, diesen heilen zu wollen, wenn man jenen läßt, wie er war, als er seine Seuche herab verbreitete. Auch war es die ewige Foderung auf der Kirchenversammlung zu Basel: die Kirche in ihren Häuptern und Gliedern zu reformiren; aber die Herren Häupter hatten zu vollgestopfte Bänche, (nach Ps. 115, v. 5. ff.) um offne Ohren und Augen haben zu können: und so gelang Luthern nachher sein Spiel. Näher liegt uns das von eben daher entstandene Umkehren in Frankreich.

Soll also der Geist der Humanität die Wuth der übellaunigen Geister — besänftigen; soll von ihm die Heilung der unendlichen Uebel, die uns drücken, allein zu erwarten seyn: so muß er erst die besänftigen, welche die Wuth der Untergeister entweder zulezt verschulden, oder zunächst unterhalten. Erwartet Herr W. nach S. 111. von der Wiederkehr des Friedens die Wiederkehr halcyonischer Tage für die Musen, und von diesen die Heilung unserer unendlichen Uebel; meynt er, daß um diesen Frieden alle Völker Europens ihre Gewalthaber nicht lange mehr unerhört anflehen werden: wer sieht nicht ein, daß Herr W. auf eine versteckte Art selbst der Meynung ist, daß der Geist der Humanität erst die beleben muß, von welchen die Wiederkehr des Friedens — abhängt, die Gewalthaber! Und gerade dieß ist, in allgemeiner Rücksicht, der Hauptbestimmungsgrund für diese Sammlung. — Auch das war eine Wiederholung; aber was kömmt einem nicht oft in den Sprung!

Herr W. spricht auch S. 112. von zusammentreffenden Ursachen des allgemeinen Verfalls der Literatur. Auch dieser liegt zulezt an den Häuptern, weil kein Fürst Phöbus seyn will, wie Hr. W. S. 110. selbst nach Gleim anwinkt, und weil Einige derselben, auf blinder Aufhetzer Feuerlärm, so bitterböse Gesichter und Censur-Edicte machen, daß die pensionierten Matadors der Gelehrten-Republik diese absichtlich verlassen und sich mausestill verkriechen, wodurch aber die litterärischen Raupen, Feldmäuse und Geyer die Oberhand gewinnen, Revolutions-Almanache, Eudämonien u. dgl. fabricieren, die politische Häscherey als Schandbuben unterhalten, die Obergewalt mißbrauchen lehren und sie dadurch verhaßter machen; im Geheimen aber über die hohlen Schädel selbst spötteln und so nur den — Haschka spielen nach dem Sprüchelchen: Mit welchen Wölfen man schmarotzen will, mit denen muß man heulen. O über die Gelehrten!

Daß man nach Dichtern, wie der angeführte Aufsatz gleich anfangs sagt, izt selten frage, und Gedichte einen sehr berühmten Namen haben müssen, wenn sie gedeihen sollen, liegt wohl in dem heutigen Gang der Dinge, wie in dem Grad und der Art unserer Cultur. Der Gang der Dinge beschäftiget unsere höhern Seelenkräfte zu sehr, als daß viel Spielraum für die Beschäftigung der untern übrig bleibe, außer wenn der Gegenstand zur Beschäftigung für diese zugleich ein Gegenstand zur Beschäftigung für jene ist, wie die Oden von Le Brün und die neuern Volkslieder der Neufranken. Der Grad und die Art unserer Cultur ist auch in der Männlichkeit so weit vorgerückt, daß der große Haufen der ernsthaften Leser mit Claudius ausruft:

Der Dichter soll nicht ewig Wein,
Nicht ewig Amorn necken:
Die Barden müssen Männer seyn,
Und Weise seyn, nicht Gecken! —
Ihr Kraftgesang soll himmelan
Mit Ungestüm sich reißen.

Auch weiß man, daß die Meisten bloß lesen, um von ihrer gewöhnlichen Anstrengung auszuruhen und sich zu erholen. Romane, zumal historische, sind ihnen hiezu zuträglicher als Gedichte, besonders die von der höhern Gattung. Diese enthalten Mythologie oder mythologische Anspielungen, von denen sie wenig oder gar nichts verstehen. Wie könnten ihnen also Gedichte von der Art behagen! Dieß Mißbehagen geht endlich auf alle. Ueberdem fehlts ihnen an Kenntniß der Natur, des Menschen, seines verflochtenen linern Spiels, noch mehr an Kunstgefühl, Geschmack u. dgl. In der Romanenwelt sind sie sich schon näher, schon mehr zu Hause; oder es giebt hier Stoff aus den alten anziehenden Zeiten, wobey ihre liebe Phantasie, nach dem Horazischen Hoc se quisque modo fugit, (eigentlich quaerit) weit von ihrem trüben Selbst sich entfernen und auswärts das suchen kann, was sie inwärts nicht findet — behagliche Unterhaltung u. s. w. Der gemeine Haufen, selbst der ungemeine nach Stand und Kleidung, liest daher von Gedichten höchstens nur Possen, Volkslieder, Jahrmarktsleierey und ein Gesangbuch, das er nicht versteht, aber doch einguckt, weil es seiner Phantasie, nach seinem Catechismus, wohlthut, und seiner Familiarität mit seinem lieben Herr-Gott bis zum Einschlummern schmeichelt. Was höher steigt, liest er nicht, darum denn auch diese Sammlung nicht: — ein Umstand, der — nebst dem Preiße — den übelgesinnten und kurzsichtigen Aufruhrsschreyern ihr Dämonsspiel verderben wird. — Wer liest gern etwas, das ihn an seine Unwissenheit, und dadurch an seine Inferiorität so oft erinnert! Dazu kömmt der objective Zwang der Reime, der das Subjective des Anstrengungsmüden oder ungewöhnten Lesers unangenehm modificiert, und ihm daher alles, was Gedicht heißt, verleidet. Wielands Reimkunst ist selten, noch seltener sein Geschick, durch die Materie des Gedichts das Interesse der Leser eben so unterhaltend zu beleben, als durch dessen Form deren Aufmerksamkeit ohne Ermüden zu fesseln.

So wahr das alles ist, so wahr ist es auch, daß Leser von edler Bildung, welche die angemeßne Temperatur in der Ausbildung und Richtung ihrer feinern Kräfte entweder von Andern erhielten, oder sich nach und nach selbst verschafften, auch noch immer Gedichte lieben, welche ihren Kopf eben so hell und männlich unterhalten, als sie ihr Herz durch die Tangenten der Phantasie bald sanft, bald kraftvoll erschüttern. „Wenn Empfindung, Phantasie und Vernunft den Menschen machen, nicht eins von diesen oder zwey allein: so scheint es mir unphilosophisch, — sagt Georg Forster in der erwähnten Vorrede S. 70 — auf eine Gattung der Lectüre, welche hauptsächlich die Empfindung berührt und durch diese zur Triebfeder des Wirkens wird, mit Verachtung herabzusehen." Diese Art der Lectüre sind im Allgemeinen vorzüglich Gedichte; und welcher Dichter für den ganzen Menschen im besondern mit Erfolg singen will, sucht das zu leisten, was Mylius (S. 428.) den Dichtern vorschreibt:

Soll eure Kunst uns Glück, so, wie euch Ehre bringen:
So müßt ihr Dichter nicht stäts mit den Schäfern singen.
Stimmt hell're Saiten an, und dann schwingt euch empor!
Reizt nur nicht stäts den Sinn; entzückt des Geistes Ohr.
Vergnügt die Phantasie um des Verstandes willen
So wird er unser Herz mit edlen Trieben füllen. —
Singt zwar der Phantasie, doch mäßig, nicht zuviel,
Und nur, der Schwachen Gunst im Hören zu behalten,
Und dann die größre Pflicht mit Nutzen zu verwalten. —
Bezwingt durch eure Kunst, ihr Dichter dieser Zeit,
Die ihr Europens Lust und Deutschlands Zierde seyd,
Die Herzen eures Volks zu edlen Tugendtrieben;
Lehrt es, den Kindern gleich, das Gute spielend lieben! —
Dann dankt das deutsche Volk euch, Dichter-Chor, sein Glück;
An eurem Munde hängt der frohen Bürger Blick:
Man ehrt euch, Göttern gleich! —

Ja, Göttern gleich! denn was kann göttlicher seyn, als das Schöne, Wahre und Gute; das Gerechte, Billige und Edle im bezaubernden Grazien-Tanze seinen Mitmenschen vorzuführen, und durch dessen anschauliche, fixierte Betrachtung sie zur Anerkennung, Liebe und Befolgung des Vorgeführten zu locken, und auf diese Art sie bestimmter und eben darum nachdrücklicher, als durch trockene, trocken vordemonstrierte Imperative, zu humanisieren, und dadurch glücklich zu machen! *) Das geschieht aber durch die Befolgung der Myliussischen Vorschrift; und wiefern diese Vorschrift befolgt wird, sofern haben Gedichte erst ihren Werth. Dieser Meynung ist auch Herr W. Der Geist der Humanität, der in Gedichten athmet, schreibt er S. 112, ist es, was in meinen Augen ihren vorzüglichsten Werth aus-

*) Nulla re propius ad Deos accedimus, quam salutem hominibus dando. Cic.

ausmacht: ohne ihn würden auch die reizendsten Spiele der Phantasie nur kindischer Tand oder verführerische Lockspeise, die zierlichsten Verse nur schaler Singsang seyn, und ich würde sie, wenn sie nichts als das wären, auch des kleinsten Theils meiner Aufmerksamkeit und Zeit unwerth halten."

Gilt dieß von den Gedichten in den Musen-Almanachen für das Jahr 1796, wievielmehr von einer Sammlung Gedichte, deren Hauptzweck es ist, den Geist der Humanität erst denen einzuflößen, ohne deren Humanisirung die Humanisirung der Uebrigen, wenn nicht unmöglich, doch unendlich schwer gemacht wird. Was hilft es, die Zweige eines Baumes auf die schönste Art zuzustutzen, und doch nicht zu sorgen, daß dessen Wurzel und Stamm am Krebsschaden zu kranken aufhöre! Die Gesundheit des Ganzen hängt von der Gesundheit aller dessen Theile ab, aber vorzüglich von der Gesundheit der Haupttheile. Siechen diese, so siechet alles Uebrige. Und was hilft Vertuschen oder Bemänteln da, wo die Krankheit eben dadurch nur weiter um sich greift und endlich unheilbar wird, wie die Thron- und Staats-Krankheit in Frankreich?

Gedichte also, welche diesen Erfordernissen in dieser und jener Rücksicht Genüge leisten, welche unser ganzes Interesse aufbieten, welche das Hauptthema unserer Tage eben so schön als wahr abhandeln, deren Verfasser Männer sind, Weise, nicht Gecke, deren Kraftgesang mit edlem Ungestüm himmelan reißt, deren erprobte Kunst den Gegenstand und die Farben ihres Gemäldes so auszuwählen und zu behandeln weiß, daß der ganze Mensch gern bei ihnen verweilt, sich ihnen leicht assimiliret und das Wahre, Gute und Schöne, das Gerechte, Billige und Edle mit warmer anschließender Theilnahme aufnimmt, und das Entgegengesetzte mit regem Abscheu entfernt; Gedichte, welche den fehlgeleiteten Fürsten ihren Herrscherwahn aufhellen, und sie lehren, ihr Volk und dessen Rechte, als autorisirter Depositar, gewissenhaft zu schützen, und für alle Mittel, sich in dem Wohlstande ihrer deren Innhaber beliebt und ehrwürdig machen helfen, welche das Wesen einer tyrannischen Unter-Regierung freymüthig vorlegen, dadurch Tollkühne abschrecken, sich durch Intriguen und Hofkünste verhaßt zu machen, sie vielmehr nöthigen, wenn nicht Billigkeit, doch Gerechtigkeit auszuüben; Gedichte, welche Muster edler Fürsten hinmahlen, dadurch die minder edlen aufeuern, ihnen nachzuahmen und die Freude und Zierde ihres Volks zu werden, welche zeigen, wie majestätischfest die Staatspyramide steht, die auf ihrer Grundlage, dem Volke, ebenmäßig ruht, aber wie winzig sie schwankt, sobald man die Ordnung der Dinge umkehrt und sie auf ihren zugespitzten Schlußstein, ihr Oberhaupt, stellen will; Gedichte, welche den Vätern des Volks die Verräther und Vampyre nennen, durch deren Verschulden oft selbst der beste Fürst verkannt und verachtet wird, welche den Schleichweg bezeichnen, den schlechte, selbstsüchtige Menschen wandeln, um ihrem Fürsten schlecht zu rathen oder unter erschlichenem Vorwande dessen Volk zu plündern, zu necken, und dadurch es selbst gegen ihren Landesvater aufzubringen; Gedichte, in welchen man, wie mit eignen Augen, sieht, in welche kleine vermodernde Gruft auch die größte Größe sinkt, und wie der Große nun entweder als unbedeutendes Nichts vergessen, oder als verachtetes Scheusal verflucht, oder als edelbelebendes Muster ewig geachtet, geliebt und gerühmt wird; Gedichte, welche den Werth des Menschen und der menschlichen Dinge in ihnen selbst, nicht in ihrem äußern täuschenden Schimmer suchen und schätzen lehren, welche jeden Misbrauch der Geburt, des Reichthums, der Macht oder des Ansehns nach Verdienst zurechtweisen und die Aufrechthaltung der Menschen-Rechte und Würde mit Wärme einschärfen; Gedichte in welchen die wahre Religion und deren einsichtige und wohlwollende Lehrer im erhabenen, Gottes- und Menschen-würdigen Lichte auftreten, aber der Tyrann der Gewissen, der Heuchler, der Schwärmer und der durch Aberglauben und Ascetik verdüsterte Klausner heilsame Winke antreffen; Gedichte, welche die politischen Cartouchiaden brandmarken, den Eroberungssüchtigen Weltverwüster bis zum tiefsten Abscheu hinwerfen, die Niederträchtigen geißeln, welche für einen Blutsold auf ihre Person Verzicht thun und sich als Sache zum Werkzeug verdingen, Unschuldige zu unterdrücken, zu morden oder zu berauben; Gedichte, welche die gewinnsüchtigen Händelmacher, die feilen Rechtsverdreher, die Charlatane, die Quacksalber und privilegirten Mörder zur Warnung die Gasse laufen lassen; Gedichte also, welche die

Hindernisse der Humanisirung wegräumen, den Geist der Humanität denen einflößen, von welchen er durch humane Gesetze, günstige Anstalten und belehrendes Beyspiel auf die Uebrigen wirksam übergehen muß, kurz Gedichte, welche die Thronen säubern und dadurch sichern, alle Diener des Staats zu getreuen und guten Menschen machen, und die Untergebnen zu deren Brüdern — solche Gedichte: wer könnte Mensch seyn und sie verachten!

Ihr Geist bewirkt durch Grundsätze, was nach Schillern die Freude durch Empfindung bewirkt:

Ihre Zauber binden wieder,
Was der Mode Schwerdt getheilt;
Bettler werden Fürstenbrüder,
Wo ihr sanfter Flügel weilt.

Verachten also können nur jene sie, deren Anlage von der Natur beschränkt, oder von der Kunst zu Hause oder in der Schule fehlerhaft oder gar nicht entwickelt und gebildet ist; die daher roh, starr, selbstsüchtig und despotisch empfinden, deren Einsicht schwach, karg und trübe ist, und deren Behauptungen sich eben deswegen in einem ewigen Zirkel von steifem, systematischen Hofgeschwätz oder in betäubenden Usurpations- und Bibel-Formeln herumdrehen; die, wie die Milbe in der Käse, die Welt und was darin lebt und webt, blos als für sie geschaffen ansehn und sich als den Mittelpunkt der Wirksamkeit betrachten, von welchem alles aus- und auf welchen alles zurückgehen müsse; Menschen, kaum dieses Namens werth, deren Miene das Quos ego! jedem zuschielt, der einsichtiger und besser ist als sie, und es wagt, zu erinnern: daß der Hof, der Adel und die Geistlichkeit in Frankreich endlich Alles verlor, weil sie zu stolz und zu selbstsüchtig waren, zur rechten Zeit nur Etwas aufzuopfern. Für solche Menschen ist mein Zuchtspiegel freilich ein crimen laesae, aber auch eine Apokalypse. Woher käme ihnen die Herablassung und das Geschick, ein Produkt des Geistes, voll von den Hauptpostulaten der Humanität, — an deren ersten Elementen, zumal den moralischen in Beziehung auf Andere, die minder sind als sie, es ihnen gewöhnlich fehlt — eines Durchblicks zu würdigen, oder dessen Wahrheiten und Schönheiten zu bemerken, wenn auch nur oberflächlich? Ihre privilegirten Schädel hielt man meist immer für zu zart, und ihre Herzblätter für zu delikat gefasert, als daß man jene dem Gefühl der vielen Noth unter dem gemeinen Haufen hätte erschüttern dürfen. Der gemeine Haufen ist ja auch nur ihr Packesel! und was kümmert sie ein Packesel! Woher denn nun Einsicht, woher nun Humanität genug, um einen Zuchtspiegel nach Geschmack zu finden, welcher ihrem hohen Geschmack auch gar nicht hofiert!

Wer es selbst niemals gefühlt hat, was das ist, was man edlen Schwung und Erguß der Seele, ein heldenmäßiges Feuer und einen über das Schicksal erhabnen Stolz wahrer Vorzüge und Verdienste nennt; wer selbst die Regungen moralischer Zärtlichkeit, die Freude oder das Mitleid über der Menschen gute oder widrige Begegnisse, die Achtung für Menschen = Rechte, Freiheit und Würde, das allgemeine Wohlwollen veredelter Seelen nie empfunden hat, — kurz wer nur gewöhnt worden ist, nach einem hergebrachten, elenden Zwange und übel verstandenen Regeln der Etikette oder der Convenienz zu denken, zu empfinden und zu handeln, der wird den wahren Verstand der schönsten Stellen dieses Zuchtspiegels nie einsehen, wird die nervenvollsten Bedeutungen unbemerkt vorübergehen, niemals errathen, was Geist ist, wird alles todt, unbedeutend und kalt finden, wie sein Herz und seine Fassung es ist. Die Ausdrücke der meisten Gedichte ströhmten den Dichtern aus der Fülle ihres Herzens: sie leben und bewegen, geben Feuer und Muth, malen die Sache lebendig, und reißen jede gleichfühlige Seele mit sich fort. Aber die schönsten, die unsterblichen Stellen liegen ganz einfach in einer schaudervollen Majestät unheiligen Augen verborgen. Oft ist es eine bloße Wendung, die den Ton zum Gefühl angiebt, ein einziger Zug, der das Gemälde regt und belebt: und wie bey dem Anschlagen einer Saite nur die gleichgestimmten harmonisch antworten, so antworten auch hier nur die Gefühle derer, deren Seelen mit den Vorrechten und Vorzügen feingestimmter edler Menschen geziert sind.

Seelen von dieser Art sind unter uns nicht selten: wir finden sie selbst unter Fürsten, Ministern und Räthen, unter dem Adel, der Geistlichkeit, den Rechtsverwaltern — kurz, überall, wo wir einsichtige, gerechte, billige und gutmüthige Menschen finden. Und wie könnten diese die edelsten, kernreichsten Früchte unserer vaterländischen Muse unbekümmert vorübergehn! Wie etwas nicht achten, was ihr eigenes Interesse am natürlichsten dann fördern hilft, wenn sie sich durch die Kraft der edelduftenden poetischen Blüthen sanft dahin stärken lassen, das Interesse ihrer Mitmenschen entweder nach der Humanität human zu schonen, oder nach der Gerechtigkeit gerecht zu fördern! Dahin bestimmt sie gewiß schon ihre Pflicht und Ehre, nebst der Achtung für unsere bessern Dichter, wenn auch der qualifizierte Geschmack der Edeln unserer Nation, und die durch ihn modifizierte öffentliche Meynung weniger über sie vermögen sollte.

Was ich in mancher Rücksicht hier noch weiter erinnern könnte, erspahre ich bis zum Beschluß meines ganzen Vorhabens. Gerechte Fürsten, welche, als einsichtige Väter, von ihren Mitgehülfen am Staatsruder keinen ihrer Unterthanen zurückgesezt oder bedrückt wissen wollen, weil sie selbst es verabscheuen, loben gewiß alle Männer, welche mit Schillern (in seinem Liede an die Freude) angeloben

Festen Muth in schweren Leiden,
Hülfe, wo die Unschuld weint,
Ewigkeit geschwornen Eiden,
Wahrheit gegen Freund und Feind,
Männerstolz vor Königsthronen —
Brüder, gält es Gut und Blut —
Dem Verdienste seine Kronen,
Untergang der Lügen Brut!

Göttern kann man nichts vergelten;
Schön ist's, ihnen gleich zu seyn!
Gram und Armuth soll sich melden,
Mit den Frohen sich erfreun.
Groll und Rache sey vergessen!
Unserm Todtfeind sey verziehn!
Keine Thräne soll ihn pressen,
Keine Reue nage ihn!

Unser Schuldbuch sey vernichtet!
Ausgesöhnt die ganze Welt!
Brüder — überm Sternenzelt
Richtet Gott — wie wir gerichtet.

Seyd umschlungen, Millionen!
Diesen Kuß der ganzen Welt!
Brüder, überm Sternenzelt
Muß ein lieber Vater wohnen!

An den Zuchtspiegel.

Geh vorüber an dem Wappensüchtigen Thoren,
Der mit einer Sylbe mehr gebohren,
An den dürren Zweigen seines Stammbaums nagt,
Und die Muse, ob sie Fräulein sey, befragt;
Der den Werth des Menschen nur nach Tropfen
Des für ihn vergoßnen Schweißes mißt;
Dessen Herz bey fremdem Leid zu klopfen,
Dessen Hand zu geben, adelich vergißt.

Geh vorüber an dem Narren,
Dessen Auge nur das Licht empfängt,
Um es albern grinsend anzustarren,
Der im Lichte nie die Flügel sich versengt,
Weil er, plump und flügellos,
Nur sich mästet in der Dummheit Schooß.

Aber findest du der seltnen Menschen Einen,
Der, von Demuth oder Dünkel gleich entfernt,
Mit dem Weinenden zu weinen,
Mit dem Fröhlichen zu lachen nie verlernt;
Den das Joch der unterdrückten Classen
Menschenfreundlich wir erweitern sehn;
Den die Armen lieben, und die Reichen hassen,
Den die Klugen schätzen und die Dummen schmähn,
Der des Lebens Mühe durch das Spiel der Musen
Und den Ernst der Weisheit sich versüßt;
Der an eines guten Weibes Busen
Deine Schätze, o Natur, genießt, —
Hast du, Spiegel, diesen Edlen aufgefunden:
Diesem sey geweiht, und Diesem meine Hand!
O geschwind ihm einen Strauß gewunden:
Er verdient der Menschheit Ehrenband!

Ueber
Fürsten und Fürstenwesen.

I.

An einen Prinzen in der Wiege.

Ja, weine nur: du hast zum Weinen Recht
Wie keiner von uns andern allen hat.
Unglücklicher, du sollst einst König seyn!
Du sollst in allen Gränzen deines Reichs
Der größte Herr und größte Sklave seyn.

Zu büßen deiner Väter Missethat,
Die rings umher die Welt zum Eigenthum
Verlangten, Prinz, wird wiederum die Welt
Von allen ihren Seiten rings umher
Auf dich nur sehn, und wer dich sieht, von dir
Verlangen, was du hast und nicht hast. Du,
Du wirst die Festung seyn, die jeder stürmt:
Der Eine Mann, von dem, wohin du gehst,

Ein jeder deiner Hunderttausende,
Als wenn du Gott wärst, alles haben will.

Der erste Bürger deines Reiches mußt
Du Aller Sorge sorgen! Alles schläft;
Und du mußt wachen, der Geplagteste!
Und thust du's nicht, so wird in deinem Reich
Kein andrer größrer Sünder seyn, als du!
Und keinem wird von Jugend auf so schwer
Als dir doch werden, hellen Blicks zu sehn,
Was Wahrheit ist; und groß und gut zu seyn.
Wer selbst am öftersten, so weit im Land
Dein Skepter reicht, betrogen werden wird,
Bist du! — Bevor, o Prinz, zu deinem Ohr
In Bitten deines treuen, guten Volks
Die Wahrheit kommt, sind Hunderte bereit,
Die Wahrheit deinem Auge zu entziehn,
Und, was dein Irrthum dann Gewinn trägt, still
Im Winkel unter sich zu theilen. Du,
In Wonne taumelnd und im Ueberfluß
Verblendet von dem Schimmer um dich her,
Wirst mitten unter Seufzern deines Volks
Einwiegen dich in deinen goldnen Traum.

Dein Schatz wird Millionen seyn; doch, Prinz,
Wenn du sähest, wie die Million
Zusammenfließt! — Mit Augen thränenvoll
Bringt eine Wittwe hier ihr Schärflein; dort
Ein Tagelöhner seines Tages Schweiß.
Die Hälfte giebt er dir, für's andre kauft

Er Weib und Kindern Brodt, und weiß noch nicht
Woher er Brodt auf Morgen nehmen soll!
Sein Ruhebette giebt, um wenig Geld,
Ein andrer seufzend hin. Der Winter zwar
Ist vor der Thür; doch morgen frühe wird
Der strenge Sammler kommen, welcher nichts
Erläßt und nichts erlassen darf. . . Das Alles
O Prinz, ist Theil von deiner Million!

Daß menschlichern Empfindungen dein Herz
Nicht offen bleibe, wird zu rechter Zeit
Mit Hundelärm und Ferngeschoß die Jagd,
Wie sie aus Gallien nach Deutschland kam,
(Ein blutiges, unfürstliches Geschäft!)
All ihrer Grausamkeiten wilde Lust
Vor dir verbreiten, daß zur Todesangst
Des leidenden Geschöpfs, das röchelt, zuckt,
Und Blut hin vor dich ströhmt, du — lachen lernst.

Dein Lehrer, stolz auf seinen hohen Rang,
Zu ziehen eines großen Fürsten Sohn,
Wird deiner ersten Schmeichler einer seyn.
Ein Heer von ihnen, wenn dein Haar nur erst
In braunen Locken auf die Schultern fällt,
Wird dich umringen, wo du gehst. Ihr Wort
Wird seyn, wie deins, und ihre Ferse schnell,
Dem Wunsche, den du eben wünschen willst,
Zuvor zu fliegen. Offen wird ihr Mund,
Und wenn du thust, was deines Sklaven Sohn
Tags zehnmal thut, zu deinem Lobe stehn,
Als wär' es große wunderseltne That!

Begleiter wirst du haben, wenn du Haus
Und Hof und Weib und Kind und Pflug und Stier
Dem Nachbar nimmst, die sagen: du thust recht!
Und wenn du Blut wie Wasser deines Strohms
Vergießen wirst, die sagen: du thust recht!
Und wenn du deinem Freund den Dolch ins Herz,
Weil seine Wahrheit dir nicht wohlgefiel,
Im Taumel stößest, sagen: du thust recht!

Wir werden uns indeß der Menschlichkeit
Und ihrer Freuden, werden uns der Wahrheit
Der Freundschaft und der Lieb' erfreun; und Du,
In deinen goldnen Kerker eingesperrt,
Du hast von aller unsrer Freude nichts!

2.

Das Eingebinde.

(Pfeffels poetische Versuche, 1. Th. S. 66.)

Frau Löwin kam im Zedernwald
Mit einem Knäblein wohlgestalt
Ins erste Wochenbette.
Da war im ganzen Reich kein Thier,
Das nicht dem Prinzen oder ihr
Was eingebunden hätte.

Der Esel trat zuerst herbey,
Und sang mit bardischem Geschrey
Ein Lied zu beider Lobe.
Sogar gedruckt verehrt er's ihr:

Gnt,

Gut, sprach sie, dies ist zart Papier,
Tragts in die Garderobe.

Drauf goß der Tiger wohlgemuth
Drey Löffel voll von seinem Blut
Dem Löwchen in den Rachen:
Nun kannst du kalt auf Leichen stehn,
Rief er, und ohne wegzusehn
Der Unschuld Thränen lachen.

Herr Fuchs strich seinen Schwanz mit Lust
Dem Kind auf Stirne, Mund und Brust,
Und sprach: Erlauchter Knabe,
Dir bring ich den Machiavell
Gebunden in ein Lämmerfell,
Zur treuen Opfergabe.

Gleich einem Stutzer balsamiert
Ließ nun der Geisbock hoch frisiert
Sich mäckernd also hören:
Nimm hin die Kunst, zum Zeitvertreib
Der Wittwe Kind, des Armen Weib,
Hochfürstlich zu entehren.

Das nöthigste Geschenk, versetzt
Der Salamander, kömmt zuletzt
Hier bring ich Molchpomade:
Nur brav das Herrchen mit geschmiert,
Auf daß ihm, wenn es einst krepiert,
Der Hölle Glut nicht schade.

3.

Lyonels Lehren
an den Kronprinzen Bliomberis. *)

(T. Merkur von Wieland, 1789. Jun. S. 277.)

Doch, was der Held zu aller Zeit
Am eifrigsten gelehrt, am heiligsten empfohlen,
Ist Liebe zu dem Volk und zur Gerechtigkeit.
Mein Neffe, sprach er oft, es sey dir unverholen,
Bin ich gleich selbst ein Königssohn:
Geburt allein giebt noch kein Recht zum Thron:
Die auf den Thronen nur mit Ahnenwerthe gleißen,
Die soll das Volk herunterreißen.

Das Volk hat seine Macht in unsern Schooß gelegt,
Und kann, wenn wir durch Misbrauch sie entehren,
Das, was es gab, zurückbegehren.
Ists billig, daß die Kron' Augustens Nero trägt,
Daß, weil Julus Blut in seinen Adern fließet,
Er ungestraft das Blut des Seneka vergießet,
Rom anzündt, und dabey auf einer Leyer scherzt,
Der Mutter Bett besteigt, und seinen Sporus herzt?

O der hat den Verstand verloren,
Der wähnet: Tausende seyn bloß dazu geboren,
Daß sie von Einem Mann, der Alles, was er ist,
Allein von ihren Gnaden ist,
Sich quälen, und was oft noch mehr schmerzt, necken lassen;
Der wähnt; sie müßten sehn, daß ihres Wütrichs Stahl

Auf

*) Ist jezt ganz heraus, unter dem Titel: Bliomberis, ein Ritterge-

Auf Opfer Opfer häuft, und hätten nicht einmal
Das feige Recht, den Wüterich zu hassen?

Mein Neffe! wenn dich je der Väter Krone schmückt,
So schmücke du noch mehr durch Tugenden die Krone.
Verachte, wer im Rath sich sklavisch vor dir bückt;
Wer kühne Wahrheit sagt, den schütze, den belohne!
Gewaltsam sey kein Mittel, was du wählst,
Auch selber zu den besten Zwecken;
Dies wird, erreichst du sie, doch deinen Ruhm beflecken;
Um wie vielmehr, wenn du sie gar verfehlst!

Was hie und da ein Misvergnügter flüstert,
Das überhöre du, in Unschuld eingehüllt;
Doch, wenn ein grosser Theil von deinem Volk dich schilt,
Dann zeige deinen Glanz von Nebeln unverdüstert;
Rechtfert'ge dich; Verachtung quillt
Aus Haß, und ist mit Tyranney verschwistert:
Auch wird das Schiff des Staates schlecht regiert,
Wenn Lieb und Achtung nicht das Steuerruder führt.

Der niederträchtgen Brut auflaurender Spione
Verdämme stäts den Weg zu deinem Throne:
Laß lieber hie und da ein Laster unentdeckt,
Als daß die Redlichkeit und Treue, weggeschreckt
Durch Argwohn und Verrath, von deinem Volke weichen:
Tiber begünstigte der Ohrenbläser Schaar,
Trajan verbannte sie: wer von den beiden war
Der Weisere? Wem wünschest du zu gleichen?

Die Wissenschaften schätze du,
Und halte hoch, die ihres Dienstes pflegen;

Was du für sie thust, strömt dir zehnfach wieder zu:
Ihr Kiel nützt manchmal mehr, als deiner Krieger Degen.
In ihrer Hand ist dein und deines Volkes Ruhm;
Sie drücken jeder That der Fürsten jenen Stempel,
Der ihnen recht dünkt, auf, und in der Ehre Tempel
Verwalten sie das Priesterthum.

Den Adel lasse nie die Bürgerlichen kränken;
Doch kränk' auch du den Adel nie:
Sonst muß der Einsichtsvolle denken,
Du wollest von der Monarchie
Zum Despotismus überlenken;
Du wollest, gleich Tarquin, dem Uebermüthgen, die
Mohnhäupter, so hervor aus allen andern ragen,
Mit schlauem Stab herunter schlagen.

Geburt sey immerhin ein Vorurtheil (obschon
Von einem Tapferen sehr oft ein Tapfrer stammet,
Und nichts die Seele so mit Edelmuth entflammet,
Als der Gedank': mit Sohn und Sohnes Sohn
Erbt ewig fort der uns ertheilte Lohn.)
Doch sey Geburt und die damit verknüpften Ehren
Ein Vorurtheil! Du darfst es nicht zerstören;
Auf diesem Vorurtheil ruht ja dein eigner Thron!

Verachte stäts den Irrwahn schwacher Köpfe:
Ein Fürst müß' Alles selber thun!
Der König Mark durchsucht den Köchen ihre Töpfe,
Sieht, ob der Gärtner wohl die kranken Bäume schröpfe,
Und ob der Meier jedes Huhn
Gefüttert, läßt sich selbst und Andre niemals ruhn,

Sieht immer Fehler, bessert immer,
Und dennoch geht's im Ganzen desto schlimmer.

Was sagt die Welt von ihm? sie sagt: dies Königlein
Ist in dem Kleinen groß, und in dem Großen klein!
Der Herrscher muß als Strohm das Hauptrad treiben;
Und dieses wird am Ende stehen bleiben,
Wenn er mit der und jener Kleinigkeit
Das Allerkostbarste verschwendet. — seine Zeit.
Ein Fürst thut alles schlecht, der sich in Alles mischet,
Und wird gewiß dereinst vom Enkel ausgezischet.

Der Schluß ist klar: du brauchst getreuer Diener viel,
Drum gieb dir nie das Ansehn eines Gottes!
Gesteh, daß du sie brauchst; nie mache sie zum Ziel,
Auf die dein schaler Witz die Pfeile seines Spottes
Nach toller Willkühr schnellt: Sie helfen deine Last
Dir tragen, nützen so, wie Du, in deiner Sphäre;
Drum glänz' auch um ihr Haupt ein Theil von deiner Ehre!
Weh dir, dafern du sie zu stillen Feinden hast!

Vertrau die besten Samenkörner
Dem Staatesacker; ohne sie
Ist, was du thust, verlohrne Müh,
Nur Unkraut ärntest du und Dörner.
Sie werden zwischen dir und deinem Volke stehn;
Auch was du klug befahlst, zur Thorheit dir verdrehn,
Sich aus der Schlinge ziehn, und im Geheim frohlocken,
Wenn jeder Plan mislingt und alle Räder stocken.

Durch Furcht allein regiert man niemals wohl,
Denn sie beherrscht und zeugt nur Bösewichter.

Wie sehr erniedrigte das edle Kapitol
Kaligula und die von dem Gelichter!
Nicht wahr, da sank die Römerherrlichkeit?
Beglückt der Staat, dem gern ein guter Mann sich weiht!
Doch dieses führe ja dir immer zu Gemüthe:
Den guten Mann bezwinget nur die Güte.

Zwar kann auch wohl der Zorn des Fürsten nöthig seyn;
Doch zeig' ihn selten nur, damit er wichtig bleibe.
Das Keifen ist allein dem Weibe,
Und dem kaum zu verzeihn. Auch bilde dir nicht ein:
Es müß' ein Fürst für jegliches Gebrechen
Rath schaffen: Denn wer gleich nach Arzeneyen schickt,
Wenns ihn ein bischen sticht, bläht, jucket oder drückt,
Der wird gewiß den Körper schwächen.

Ein andres Uebel führt die Strenge noch mit sich:
Sie lähmt die Thätigkeit und macht die Klügern zagen;
Du selbst, was würdest du in einem Staate wagen,
In dem ein laun'scher Wüterich
Den Zufall, oder doch, was an den Zufall gränzet,
Die kleinste Schuld bestraft? Vernimm den größten Zug,
Den Fama je in ihre Bücher trug,
Und der, gleich einer Sonn', in Roms Annalen glänzet.

Nachdem der Punier bey Kanná überwand,
Das Siegerheer noch an den Thoren stand,
Der Konsul aus der Schlacht, die tollkühn Er begonnen,
Die schändlich Er verlor, mit siebzigen entronnen!
Was that an ihm das edle Rom,
In dessen Mauern fast des Bürgerblutes Strohm

Hineinfloß? Ward er wohl beschimpft, verbannt, entehret,
Ward er für einen Feind des Vaterlands erkläret?

O nein! entgegen kam ihm eine große Schaar
Des Volks, der Ritterschaft, der weisen Senatoren,
Und brachten ihren Dank für seinen Muth ihm dar,
Weil er nicht alles für verloren
Gehalten. Edle That, und die dem Volke ziemt,
Das stäts die Ehre mehr, als feige Furcht gehöret,
Das nie durch Grausamkeit in Strafen sich entehret,
Ja der gelindesten mit Rechte sich gerühmt!

Gesetze ziehn die Nationen;
Man saget, Könige, die nah dem Nordpol wohnen,
Erniedrigken sich selbst und ihren Staat so sehr,
Und ließen Schuldige gebunden
Auf öffentlichem Platz durch Büttels Hand, gleich Hunden,
Durchpeitschen, und das Volk stünd' um die Bühne her;
O laß uns, wie die Brut der Vipern, Menschen melden,
Die diese Züchtigung bedürfen oder leiden! —

4.

Die Pflichten der Regenten,

skizzirt von

Friedrich dem Großen.

(Novellen aus dem Archiv der Wahrheit. Zweyte Lieferung. S. 6.)

Dem Fürsten, der auf seiner Bürger Haabe
Mit nimmersattem Auge niederblickt,

Und auf dem Throne sitzt, wie überm Grabe
Des Volks, das er mit Tygerklauen drückt,
Dem setzte Gott, zu seiner Strafgerichte
Furchtbarer Stunde, einst die Krone auf,
Dem sinke mit zermalmendem Gewichte
Der Menschheit fürchterlichster Fluch darauf!
Der Fürst, der nur des Thieres niedre Triebe
Thatlos im weichen Arm der Wollust fühlt,
Indeß ein Schwarm in Gold gehüllter Diebe
Im Eingeweid des armen Staates wühlt,
Der modre früher, als er stirbt! Den schrecke
Zur Mitternacht der Waisen Wehgeheul,
Das Rache über ihn schreyt! den erwecke
Aus seinem Schlummer Gottes Donnerkeil!
Dem Fürsten, der, wie Kempelens Maschine
Am Schachbrett, so am Ruder seines Staates sitzt,
Nicht fühlt, nicht denkt, und mit geborgter Miene
Durch Andre würkt, durch Andre raubt und nützt —
Dem gehts, wie jenem Blocke, den zum König
Einst Jupiter dem Volk der Frösche gab:
Sie achteten gar bald des Blockes wenig,
Und hüpften spottend an ihn auf und ab.

Dem Fürsten aber, der mit Vaterblicken
In seinen Bürgern seine Kinder sieht,
Und dessen Herz mit heiligem Entzücken
Dir, göttlichster Beruf, entgegen glüht —
Vor dessen Blick nicht Mode fremder Länder,
Nicht Stern, nicht Larve Schutz der Bosheit giebt,
Der nur Verdienst im Kleid voll Ordensbänder

Wie im gestickten Ueberrocke liebt —
Der, wenn sein Volk gleich darbt, nicht bey dem Klange
Erpreßter schwerer Steuern reich sich preißt,
Und von der Armuth abgehärmter Wange
Die Thränen wischt, indem er Wohlthun heißt —
Der, wenn sein Volk genießt den Schlummer,
Er selbst, noch unermüdet, einsam wacht,
Und jeden Tag bedrängter Unschuld Kummer
In Freude kehrt und Schurken zittern macht.
Dem setzte Gott, zur Stunde seiner Gnade,
Die Krone auf, die der Tyrann entweiht,
Den leitet Gottes Hand auf jenem Pfade,
Auf den ein glücklich Volk ihm Lorbeer streut,
Der zittert nicht, wenn einst vom Donnerschlage
Des kommenden Gerichts der Weltbau bebt,
Und in der Hand die fürchterliche Wage
Des Richters der Tyrannen schwebt.

5.

Der gute Fürst.

(Von einem Ungenannten.)

Welcher Fürst mit starken Händen
Seiner Staaten Ruder lenkt;
Edle Thaten zu vollenden
Selber wirkt und selber denkt:
Ueber dessen Scheitel schwebet
Hoch der Weisheit Genius,

Und sein treuer Bürger lebet
Unter ihm im Ueberfluß.

Welcher Fürst der Schwachen schonet,
Mitleidsvoll den Armen liebt,
Jegliches Verdienst belohnet,
Selten straft und oft vergiebt:
Ueber dessen Scheitel schwebet
Reiner Liebe Genius,
Und sein treuer Bürger lebet
Unter ihm im Ueberfluß.

Welcher Fürst auf dem Gesetze
Alter deutscher Freyheit ruht,
Und für sie nicht seine Schätze
Und für sie nicht spahrt sein Blut:
Ueber dessen Scheitel schwebet
Deutscher Freyheit Genius,
Und sein treuer Bürger lebet
Unter ihm im Ueberfluß.

Welcher Fürst das Wort der Rechte
Heilig hält in dem Gericht:
Ewig dauert sein Geschlechte,
Und sein Stamm verblühet nicht.
Denn auf Gottes ew'ger Veste
Ruht unwandelbar sein Fuß,
Und im Schatten seiner Aeste
Lebt sein Volk im Ueberfluß.

Welche Fürsten Menschen waren,
Deren Name währet lang,

Noch nach tausend, tausend Jahren
Nennet sie der Lobgesang!
Freudig schreiben sie die Musen
In das Tagebuch der Zeit,
Und in ihrer Bürger Busen
Liest sie noch die Ewigkeit.

6.

Der beste Fürst.

(Gleims Zeitged. S. 77.)

Der beste Fürst ist der, ders grose Publikum
Zu seinem Richter macht, und dessen Studium
Nicht ruht, dem höchsten Gott, den er nicht sieht, und allen
Sichtbaren Geistern zu gefallen,
Besonders denen, die der Preis
Der Menschheit sind; und der, daß er es ist, nicht weiß,
Und der in seinem stillen Leben,
Mit seiner stärksten Denkungskraft
Oft denkt: Er müsse Rechenschaft
Von seinen Throngeschäften geben.

7.

Fürstenspiegel.

(Versuche von Brömsen, S. 23.)

Ein Fürst, der stolze Dirnen hält
Und schändlich frech zur Schau sie stellt,
Ist der ein braver deutscher Mann?

Nein, wahrlich nein, er ist es nicht:
Ich sags ihm keck ins Angesicht:
Du bist ein schwacher Mann!

Wer ganze Nächte schwärmt und spielt,
Despotisch, wie Tiber, besiehlt,
Wer nur die Günstlinge beglückt,
Die Wahrheit gnädigst unterdrückt,
Wer edles deutsches Blut verkauft,
Das Geld verspielt, verschenkt, versauft,
Wer jede Fürsten-Arbeit scheut,
Und seine Fehler nie bereut,
Ist der ein braver deutscher Mann?
Nein, wahrlich nein, er ist es nicht,
Ich sags ihm keck ins Angesicht:
Er ist nur ein Tyrann!

Ein Fürst, der Niemands Worten traut,
Und nur auf Gold und Ränke baut,
Ein Fürst, den Laune stäts entstellt,
Und der nichts liebt als Sklavenwelt,
Ein Fürst, den Aberglaube täuscht,
Und der doch Tausende zerfleischt,
Ein Fürst, den Schmeicheley betrügt,
Die doch nur sich und andern lügt —
Tyrannen sind sie allesamt,
Verwalten schlecht ihr hohes Amt. —

Der brave Fürst ist Mensch, wie wir:
Drum bringt er Heil und Segen dir
Als Führer, Lehrer Freund.

Er denkt an Gott und an den Tod,
Er trocknet Thränen, lindert Noth,
Ist eng mit uns vereint.

8.

Ein Gemälde.

(Epigrammenlese der Deutschen. Berlin, 1789. S. 65.)

Er war ein Tugendfeind, er war ein Menschenhasser:
Wenn ihn sein Stolz befiel, floß Menschenblut wie Wasser;
Er war voll Eigennutz und liebte Schmeicheley,
Raubt' ungestraft, und blieb nie seinen Worten treu;
War vielfach und gelehrt sich in die Zeit zu schicken,
Verband mit Zehnen sich, um Einen zu erdrücken,
Religion und Eid war ihm ein Puppenspiel,
Durch Labyrinthe ging er stäts zum nahen Ziel,
Hurt' und verfolgte Wild.... O Mahler, halt ein wenig!
Halt! ich versteh dich schon: Er war, wie Nero, König! *)

9.

Fragen und Lehren.

(Hallische Zeitung 1787. St. 48.)

Was ist ein König, dem ächte
Prunklose Menschenwürde, und die Rechte
Der Menschheit nicht mehr heilig sind?

*) Halt! ich versteh dich schon: Das heißt: Er war ein König! So endet dieß Epigram des Hn. E. C. von Kleist — aber im allgemeinen zu scharf, und daher die Abänderung, wie hier.

Was will der Stolz in seinen Mienen? —
Wenn gleich die Weisen in dem Volk ihm dienen,
So hebt ihn das nicht über sie.

Er wähnt, daß freye Geister vor ihm zittern:
O ja, sie beben, wie vor Ungewittern,
Wie vor des Tygers Wuth.

Doch beben sie nur vor der Stärke,
Nicht vor der Weisheit: diese Wahrheit merke
Sich doch der königliche Stolz,

Und lerne, wie ein Friedrich fühlen:
Daß mit der Wohlfahrt eines Volks zu spielen
Ein schändliches Verbrechen sey;

Daß Könige entweder Väter
Von ihren Völkern, oder die Verräther
Der ganzen Menschheit sind.

Nicht leerer Prunk und Pomp der Feste
Entscheidet, wer der Weiseste, der Beste
Der Fürsten sey. — Das Fest ist schön,

Wo nicht beym Jubel der Beglückten
Das Seufzen der von ihnen Unterdrückten
Die volle Harmonie zerreißt.

10.

Könige.

(Terpsichore von Herder, 1. Th. S. 135.)

Wähl' ein fröhliches Bild dir von den Königen!
Gärtner sind sie; sie sind Wächter der Bienen, die

Ueber Blumen des Hybla
Honig suchen mit Dädals Kunst.

Dörfer, Städte, sie sind Körben der Bienen gleich.
Kaum ergrauet der Tag; siehe, so fleucht ein Schwarm
Aus zur fröhlichen Arbeit,
Munter, wie der gewordne Tag.

Alle suchen Gewinn, süßen Gewinn; er lockt
Holden Duftes sie an; jeder erwählet sich
Seine Blumen. Sie saugen
Lebensbalsam, und tragen ihn

Aemsig, Mutter und Kind, Männer und Jünglinge,
In die Zelle der Kunst, bauen sie sinnreich fort,
Bis das wächserne Füllhaus
Ganz von goldenem Reichthum fließt;

Zoll dem Gütigen, der ihnen ein Hüter war,
Der haushälterisch auch, wenn er die Speicher leert,
Seinem ämsigen Volke
Nicht den Boden der Kunst zerstört,

Nicht ihm Wohnung und Muth, Leben und Nahrung raubt,
Gern zu neuem Gewinn ihm des Gewinnes Theil
Lässet, daß es zu neuem
Fleiße fröhliche Brut erzieh;

Ihm genüget ein Theil göttlicher Gabe, die
Als Ambrosia jezt labet, als Nektar jezt
Freuden schaffet, und Kranken
Süße Pflege des Lebens wird.

Alles wendet er an, alles gebraucht er klug,
Selbst den wächsernen Bau; aber die Aemsigen

Sind ihm heilig. Ein blöder
Dörfling ist es, der sie vertilgt.

11.

Der wahre König.

(Gedichte von Götz, 3. Th. S. 221.)

Es machen ein geschilderter Phalanx, ein
Mit Bürgerblut besudelter Purpurrock,
Ein goldner Zepter, eine reiche
Krone mit Zacken noch keinen König.

Ein König ist, der niedrige Furcht besiegt,
Der, wie Alcid, allein sich ein Heer zu seyn
Und Tod und Unfall auszufodern
Und wie ein Gott zu bestehn gelernet....

12.

Trajanus Schwert.

(Terpsichore — 1. Th. S. 120.)

„Wo nackte Schwerter sprechen, da schweig, o Freund
Sie sind von scharfer Zunge: sie schneiden dir
Mit Römerworten ab die Antwort." —
Ihnen entgegen wohlan denn, laß uns

Trajanus Schwert gebrauchen, ein Römerwort!
Schon horcht der Rath uns. Siehe, der Hof, die Stadt,

Das Volk, es horcht der Kaiserrede,
Die von dem blinkenden Schwerte flammet.

Hört! Also sprach mein Consul lakonische
Gebieterworte: „Brauche das Schwert für mich,"
(Und reicht' es seiner Wache Feldherrn)
"Oder auch gegen mich, wenn ichs werth bin."

Den Königen die treuste Beschützerinn,
Zieh' aus, o Muse, ziehe der Wahrheit Schwert
Für jeden Würdigen, und wend' es
Gegen Verbrecher, der Thronen Schande.

Verabscheut sind mir, die sich mit Menschenblut
Den Purpur färben! War er nicht roth genug?
Und muß der Bürger Blutstrohm fließen,
Daß er sich färbe zu höherer Röthe?

Die Cäsars haß' ich, die den Senat bey Nacht
Zu Todesfurcht versammeln. In Thracien
Sey Menschenopfer Königsweihe,
Taurien würge den Gast als Fremdling.

Mein König wandl' im fröhlichen, weißen Saal.
Sein Schlafgemach bring' an den Tapeten ihm
Kein blutig Bild vor, das mit schwerer
Drohender Faust ihm den Schlaf verscheucht.

Tyrannen mögen — Rosse mit Menschenfleisch
Genährt — nur Zorn ausschütten; mein König wägt
Auch den gerechten Schmerz, und säumet
Linde das Wort, das Gesetz und Tod spricht.

Und säumet dennoch nie die Gerechtigkeit. —
Wenn unheilbarer Frevel die Guten kränkt,
Ist Arztes es und Königsgüte,
Daß er den Frevel von Unschuld sondre.

Neronen singen während dem Brande Roms:
„Erlaubt ist, was beliebet!" Mein König singt:
„Nur was erlaubt ist, das beliebt mir."
Königen auch ist erlaubt nicht Alles.

Wer Sich beherrschet, herrschet im weitern Reich,
Als wenn er Po und Tiber, und Don und Rhein
Zusammenführte. Wer Gesetze
Gab, der befolge sie, Aller Vorbild.

Und fern sey ihm die schändliche Kupplerzunft,
Die fein-gefällig Laster und Schande räth;
Des Schmeichelnden Schooßhündchens Bisse
Sind ihm gefährlicher als des Löwen.

Lob ist ein Gift. Das Offene schadet viel,
Noch mehr Geheimes, und das Erdichtete
Am meisten; tödtlich war und wird es
Jedem Wahnsinnigen Alexander.

Er bricht in Wuth aus gegen die Freunde selbst;
Am frohen Mahle donnert ein Jupiter,
Und plötzlich fahren seine Blitze
Zwischen den Schüsseln umher im Wahnsinn.

Die Stirne meines gütigen Königs sey
Ein immer heiterer Himmel. Wer weihete

Den Göttern Opfer und Gebete,
Deren Altar nur in Blitzen dampfte?

Kein Afrika, kein Neger- und Sklavenland
Ist unser Welttheil. Indien mag den Kloz
Verehren, und vor Königs Bilde —
Jährlich, o Wunder! einmal gesehen! —

Anbeten. Meine Sonne, sie stralet Glanz
Auf finstere Wolken, die sie mit Farben mahlt
Der Iris; und die Wolke träufelt,
Und in der Muschel entspringt die Perle.

Des Landes Ströhme fliessen zum Ocean;
Vom Oceane steigen in Wolken auf
Die neuen Quellen. Also fließen
Gaben zum Könige, daß er gebe.

Die Hand, die Segen streuete, wird geküßt;
Wer wohlthut, hat der Wache zum Schutz nicht noth;
Wer nicht erschrecket, darf nicht zittern;
Ruhe der Seele gebietet Frieden,

Und fähret sicher über den Wogen her,
Und lenkt den Pöbel mit dem gelindsten Zaum
Unmerklich. Was sie räth, befiehlt sie;
Stille Gewalt ist der Götter Allmacht.

Wer wagts, ein König, wie mein Trajan, zu seyn?
Er nehm' und reiche mit des Trajanus Wort
Sein Schwert; und frey von niederm Furchtsinn
Wird er regieren, ein ächter König.

13.

An einen Römischen Prälaten.

(Auch gut für manchen andern Fürsten.)

(Terpsichore — 2. Th. S. 378.)

Die heiligen Fascen bietet dir Janus dar,
Prälat der Kirche! Lerne die Römermacht
Durch Güte mildern, lerne Würden,
Geistliche Würden, mit Sanftmuth zieren.

Der ist ein Herrscher, der dem Beherrscheten
Gefällig wird, als wäre der Niedre Er.
Die stolze Stirn, die sich in Unmuth
Faltet, Verrätht ein Gemüth, das Knecht ist.

Du wach' am Steuer, daß dich die Winde nicht
Auf Klippen treiben oder auf lockern Sand;
Doch wenn du hinten wachst dem Schiffe,
Laß auch zuweilen das Vorschiff schlafen.

Die Ehre schwizt und frieret; sie findet stäts
Und bringet Sorgen. Setze dein Herz in Ruh
Und habe Dich! So wirst du alle
Glieder des Ganzen mit Einem Willen

Regieren. Wer nicht über sich selber Macht
Gewann, der dient sich selber. Elende Macht,
Die jedem eignen Irrthum fröhnet,
Und in Begier und Gewohnheit Knecht ist.

Gesetze giebst du. Wisse, was du befiehlst,
Und thu zuerst es. Königen folgt der Troß,

Dem Feldherrn der Soldat; Lykurgus
Lebte voran, Lacedämon folgte.

Vorbilder zwingen; Worte belehren nur.
Durchschau geheime Winkel; du aber steh
Der Welt zur Schau. Des eignen Herzens
Tugend entflammet; die fern entlehnte,

Die man aus fremden Grüften und Hölen stahl,
Verdampfet. Sey dir selber, nicht Andern hart.
Wer Herkules Gefahren Andern
Müßig gebeut, und dem Mattgejagten

Befiehlt zu dürsten, weil er die Quelle, selbst,
Ein Afrikanscher Drache, mit Gier umschleußt,
Der ist ein Ungeheuer. Fürsten,
Bannt die Gewohnheit, und werdet Menschen!

14.

Menschenfürsten.

(Terpsichore 1. Th. S. 116.)

Andere mögen preisen die Pracht der hohen Palläste,
Ihre mit Lorbeer umwundene Säulen,
Goldene Wände darin und elfenbeinene Tafeln;
Ich nur preise den Wohner des Pallasts,
Der in Würden und Glanz und Reichthum dennoch ein Herz hat,
Das, durch Güte, der Menschlichkeit huldigt.
Auf der göttlichen Stirn erscheint ihm keine der Runzeln,
Die den Bittenden traurig hinwegtreibt.

Menschliche Majestät entzückt; die stolze beleidigt;
Ungebehrdige fliehet und haßt man,
Viele fesselt die Pracht; nur wenige zähmet das Schrecken;
Alle Herzen gewinnet die Güte.
Mög' ein Barbaren-Despot in Stolz sich brüsten und lieber
Furchtbar erscheinen, ein schreckender Schwanzstern!
Könige seyn wie die Sonne! Sie glänzt am heiteren Himmel,
Und umwandelt die Erde mit Segen.
Könige seyn wie die Sterne der Nacht! Wir schauen die Pracht an,
Ohne Zittern, in süßer Bewundrung:
Denn sie gehn hoch über den Wolken die leuchtende Bahn hin;
Unten nur tobet der Blitz und der Donner.
Selbst die Sonne, sobald sie der Mond und die Wolke bedecket,
Fürchten sie traurend die Erdbewohner;
Vögel und Thiere trauren. Sobald ihr Antlitz hervorblickt,
Jauchzet die Welt, wie befreyet vom Tode. —
Schau das ruhige Meer: es glänzen in ihm die Gestirne,
Knaben und Fische spielen und Schiffe:
Also des Königes Blick, in dem mit freundlichen Winden
Ahnet das Volk die glückliche Schiffahrt;
Aber die Klippen im Meer, die Unglück drohen und Schiffbruch,
Sind auch im Antlitz der Könige nimmer,
Nimmer geliebt! —

15.

Das Ungemeine.

(Terpsichore 1. Th. S. 17.)

Nichts Gemeines geziemt
Königen. Ich
Sing' Ungemeines jezt.

Was dem Fürsten geziemt,
Ist ein Gemüth,
Das auch gehorchen kann.

Was dem Fürsten geziemt,
Ist eine Stirn,
Jeglichem Blicke frey.

Fürstlich denket der Prinz,
Der sich enthält,
Nicht sich allein begehrt,

Der, wenn Höflinge, wenn
Eigne Begier
Offenes Feld ihm zeigt,

Saat zu mähen; die Saat
Edel verschont,
Und sich als Fürst beherrscht.

Daß in Purpur er glänzt,
Daß er zum Trank,
Goldene Becher hebt,

Und in Persischer Pracht
Schlafe; nicht dies,
Dieses nur kümmert mich,

Daß ein fürstlicher Mann
Allen befiehlt,
Einzig nur nicht sich selbst.

16.

Der Pfau.

(Pfeffels Versuche 1. Th. S. 157.)

Der Juno stolzer Vogel bath
Den Jupiter im Götterrath,
Ihn zum Monarchen zu erheben:
Ein Pfau, sprach er, was meynest du,
Schickt noch so gut bey meinem Leben,
Als jener Adler sich dazu;
Selbst die Natur hat mich erkohren,
Von Gold und Purpur und Saphyr
Glänzt mein Gewand, und — sieh nur hier,
Ein Krönchen ist mir angebohren.
Wohlan, sprach Zevs, der oft die Thoren
Zum Spaß erhört, magst König seyn!
Er sprachs. Mit rauschendem Gefieder
Fuhr plötzlich in den Zedernhayn
Der neue Großsultan hernieder
Und nahm den Thron des Adlers ein.
Der Gimpel und der Staar hoffieret

Ihm in gereimten Schmeicheleyn.
Minervens Kauz philosophieret
Ob der Verwandlung. Aber schnell
Erhascht der Geyer ihn beim Fell
Und schleudert ihn von seinem Throne
In einen Sumpf. Der plumpe Straus
Kömmt auch und reißt aus seiner Krone
Ein ganzes Büschel Federn aus.
Respekt, ihr Schurken, rief erbittert
Der Opernschach, vernehmts und zittert:
Ich bin — „Ein eitler Narr bist du!" —
Der König Pfau von Gottes Gnaden.
„Ho, ho, wer machte dich dazu?"
Chronion! — Possen! Gaskonaden!
Versetzt die wilde Schaar und lacht:
Es ist schon lange nicht mehr Mode,
Daß Jupiter Monarchen macht...
Und hackt nun vollends ihn zu Tode.

17.

Der Narr.

(Pfeffel im Musenalm. von Voß 1792. S. 61.)

Einst fiel es einem Narren ein,
Daß er ein König wäre.
Der Wahn ist jetzo sehr gemein
Auf unsrer Hemisphäre.

Er schnitzte sich von Goldpapier
Die schönste Strahlenkrone,

Und saß so breit als ihrer vier
Am Weg auf seinem Throne.

Ein Holzbock wars, auf welchem er
Voll Ernst den Bauerknaben
Gericht hielt, die gleich einem Heer
Von Hummeln ihn umgaben.

Einst ritt bey frohem Volksgeschrey
Der König — von dem Rechten
Ist nun die Rede — stolz vorbey
Mit zwanzig goldnen Knechten.

Wer ist der auf dem falben Roß?
Frug hier der Narr die Jungen.
Der König ists mit seinem Troß,
Versetzten alle Zungen.

Der, sprach der Schuß, will König seyn?
Er hat den Kopf verloren;
Man sperr ihn in das Tollhaus ein
Zu andern solchen Thoren!

18.

Die Bill.

(Pfeffels — Versuche 2. Th. S. 76.)

Einst fiel dem Löwen ein, es wäre
Doch gegen eines Königs Ehre
Und gegen das Jus publikum,
Daß er sich selbst sein Futter schaffe.

Sein weises Ministerium,
Der Fuchs, der Büffel und der Affe
Trat des Monarchen Meynung bey.
Sogleich gebot er allen Thieren,
Ihm einen Schoß von Korn und Heu
Und Wildpret jährlich abzuführen.
Der Esel mußte das Edict,
Als Wappenherold bunt geschmückt,
An allen Ecken ausposaunen.
Das Volk vernahm es mit Erstaunen,
Es drang sich in Procession,
Wie dort in Vater Noahs Kasten,
Vereint vor des Monarchen Thron,
Und wollte von den neuen Lasten
Befreyet seyn. Der Elephant
Sprach nämlich als Repräsentant:
Wie, Herr, was konnte dich bewegen,
Uns diese Steuer aufzulegen?
Schweig, fiel ihm der Despot hier ein,
Uns Könige darf Zevs allein
Zur Rechnung ziehen. — Loser Spötter!
Versetzt der Bär, erst gestern noch
Sprachst du, es gebe keine Götter.
Nun ward man laut. Der Menge kroch
Das Ding zu Kopfe. Schließlich machte
Das Volk mit tiefem Vorbedachte
Die Bill: „Daß, weil ein Großsultan
Den höchsten Richter unsrer Thaten
Verachten oder läugnen kann,

Verpflichten soll, der Nation
Von seiner Wirthschaft auf dem Thron,
Mit unter auch von seinem Leben
Genaue Rechenschaft zu geben.

19.

Der Reichstag.

(Pfeffels — Versuche, 1. Th. S. 114.)

Matz, der Affen Großherr, kam
Durch den Schlag um alle Kräfte;
Sein Gehirn verlor die Säfte,
Arm und Beine wurden lahm.

Arzt und Henker pfuschten zwar,
Doch umsonst war Kunst und Sorgen;
Die Gefahr wuchs jeden Morgen,
Weil der Reichstag nahe war.

Man besorgt' aus gutem Grund
Einen Aufruhr in dem Staate,
Weil schon lang der Potentate
Uebel mit dem Volke stund.

Es war wider die Natur
Morgenländscher Etikette,
Daß der Fürst gesprochen hätte;
Dies geschah durch Zeichen nur.

Eben das vermehrt die Noth;
Wär er bloß ein Narr, wir fänden

Leichter Rath; doch lahm an Händen,
Hieß es, ist so gut als todt.

Schweigt und stellt das Jammern ein,
Rief ein Ausbund schlauer Affen,
Ich, ihr Herrn, will Hülfe schaffen,
Oder gleich gehangen seyn.

Als der Reichstag nun begann,
Wurde Matz auf einem Schragen
Heimlich auf den Thron getragen,
Und mit Purpur angethan.

Unter diesem Mantel stand
Meister Gaudieb. Seine Pfoten
Deklamirten, wie nach Noten,
Viel von Pflicht und Vaterland.

Alles Volk schwur hocherfreut:
Nein, seitdem wir Fürsten haben,
Zeigte keiner solche Gaben
In der Staatsberedtsamkeit.

Doch da sich der Schwarm verlor,
Kroch der Schalk aus seiner Höle,
Und mit ihm des Fürsten Seele
In der Toris Kreis hervor.

Bravo! rief ein Ordensstern;
Aber sag uns unverhohlen,
Wo hast du die Kunst gestohlen? . . .
„In Europa, meine Herrn!“

Der Tempel zu Memphis.

(Pfeffels — Vers. 1. Th. S. 24.)

Ein Magier, der nicht ein Wort
Vom Apis der Aegypter wußte,
Und einst nach Memphis reisen mußte,
Betrat den weltberühmten Ort,
Mit forschbegierigem Vergnügen.
Kaum geht er hundert Schritte fort,
So sieht er einen Tempel vor sich liegen,
Der dem geblendeten Gesicht
Ein ächtes Wunderwerk verspricht.
Er gafft und staunt, und um noch mehr zu sehen,
Beschließt er, ganz hinein zu gehen,
Doch kaum sezt er den Fuß hinein,
So bleibt er angeheftet stehen.
Sein Auge will, wie kann es anders seyn?
Zu gleicher Zeit, an jedem Vorwurf kleben,
Den hohe Kunst und unschätzbare Pracht
Der ersten Gottheit würdig macht.
Erz, Marmor, Elfenbein, und Bilder voller Leben
Sind überall mit Weisheit angebracht.
Den starren Wandersmann ergreift ein heilig Beben.
Er nähert sich, den Herrn so vieler Herrlichkeit,
Den dicke Weihrauchwolken rund umgeben,
Mit tiefer Unterwürfigkeit
In stummen Hymnen zu verehren.

Allein wie stuzt er nicht, als er den Gott erblickt!
Ein goldner Ochse wars, mit Perlen ausgeschmückt.

Kaum kann er sich des Lachens noch erwehren.
Ein grosses Glück für ihn! — Wird diesen fremden Gast
Ein guter Wind einst nach Europa wehen,
So kann er, ohne weit zu gehen,
In manchem glänzenden Pallast
Dergleichen Götter täglich sehen.

21.

Der König und sein Narr.

(Pfeffels — Versuche 1. Th. S. 59.)

Ein König, Namens Woldemar,
Der von der Windsucht, die ihn plagte,
Oft ganze Nächte schlaflos war,
Verirrte sich, indem er jagte.
Sein Narr und Freund, — es ist nicht rar,
Erzämter so vereint zu sehen! —
Verließ ihn nicht in der Gefahr.
Er gab durch die verwachsnen Höhen
Ihm brüderlich die rechte Hand,
Und so erreichten sie den Rand
Von einem silberblauen Teiche,
An dem im Schatten einer Eiche
Ein sorgenfreyer Schäfer schlief.
Der Fürst blieb stehn: die Misgunst nagte
An seiner Leber; knirschend rief
Er aus: Nur ich bin der geplagte
Im Reich! Mein Weib, selbst meine Affen
Gäb ich, könnt ich nur eine Nacht

Mir dieses Bengels Ruh verschaffen!
Warum schlaf ich denn nicht? — Das macht,
Du schläfst zuviel auf deinem Throne,
Versetzt der Favorit und lacht.
Der König lachte nicht. Zum Lohne
Für den beichtväterlichen Scherz
Stieß er ergrimmt dem armen Sklaven
Den blanken Jagdspieß durch das Herz —
Und konnte doch nicht besser schlafen!

22.

Der kranke Löwe.

(Pfeffels Versuche 1. Theil S. 19.)

Der Thiere Großsultan lag auf dem Krankenbette,
Er war vom Kopf bis auf den Schwanz
So dürr als Bruder Hein im Basler Todtentanz.
Da war kein Vieh, das ihm nicht was gerathen hätte.
Der Schwindsucht sichre Cur, die ein Franzos erfand,
Die Cur im Ochsenstall, war damals unbekannt.
Die Gerste, sprach das Pferd, ist trefflich für die Lunge:
Sie kühlet das Geblüt und reiniget die Zunge.
Nicht doch, versetzt der Bär, der wilde Honigseim
Ist Balsam für die Brust, und löst den zähen Schleim.
Freund, rief ein weiser Wolf, ich wette hundert Kronen,
Mein sympathetisches Arcan
Erhält den Preis: Neun frische Ziegenbohnen,
Im Vollmond angehängt, ziehn alle Seuchen an.
Pfui, sprach der Leopard, man mögte flugs purgieren;

Der Henker brauche diesen Quark!
Ich lobe mir das Menschenmark,
Um einen Fürsten zu curieren,
Ein Pfund des Tags, in Thränen aufgelöst,
Hilft ganz gewiß; probatum est!
Dies, Vetter, will ich gleich probieren,
Versetzt der Patient: dein Rath ist Goldes werth.
Ich selber habe längst gehört,
Daß viele große Herrn auf Erden
Durch dieses Mittel fett als wie die Dachse werden.

23.

Der Affe und der Löwe.

(Pfeffels Vers. 1. Th. S. 106)

Ein Affe, der bey einem Biographen
Als Famulus gedient, zerbrach sein Joch,
Kam an des Löwen Hof und ward, was alle Sklaven,
Ein Schmeichler, der im Staube kroch.
Herr König, sprach er einst im Ton des Patrioten,
Wie kömmt es, daß kein Annalist,
Kein Sammler grosser Anekdoten,
In deinem Reich bestellet ist?
Wie manchen schönen Zug von Tapferkeit und Treue,
Von Weisheit, Großmuth, edler Reue,
Von Mutterpflicht, Geduld und stiller Frömmigkeit
Verschlingt der Ozean der Zeit!
Auf deinen Wink bin ich bereit,
Die hohen Tugenden, die Krieg und Frieden

In unserm Staat erzeugt, vom libyschen Alziden,
(Hier bückte sich der Biograph)
Bis zum bescheidnen, frommen Schaf,
In thierischen Ephemeriden,
Der grauen Ewigkeit zu weihn.
Kerl, fiel der Großsultan ihm ein,
Du schwatzest, wie ein Mensch aus den polierten Staaten
Des Occidents, wo gute Thaten
So selten sind, daß man sie zählen kann;
Rührt deine Faust hier nur den Griffel an,
So laß ich dich lebendig braten!

24.

Schach Meledin.

(Pfeffels Vers. 2. Th. S. 61.)

Der Sultan Meledin war seines Vaters Sohn,
Das wichtigste Verdienst der meisten Prinzen,
Und saß so schief, als er, auf der Aliden Thron.
Der Mufti, der Vezier und Rabbi Sabulon,
Der Kolbert seiner Zeit, beherrschten die Provinzen.
Indeßen hieß man ihn der Perser Salomon
Und pries sein Regiment auf Säulen und auf Münzen
Im höchsten Epopöen-Ton.

Einst kam ein alter Mandarin
An seinen Hof, der Sinas Reichsgeschichte
(So lautete sein Paß) in einem neuen Lichte
Der Nachwelt dargestellt. Wohlan! sprach Meledin,

Ich mache dich zu meinem Biographen,
Und schenke dir ein Haus, vier Pferde, sieben Sklaven
Und jährlich zehn Pfund Golds für Federn und Papier,
Doch ehe Sonn und Mond noch dreimal untergehen,
Will ich mit meinem Großvezier
Den Grundriß deiner Arbeit sehen.

Gerühret und gespornt durch des Monarchen Gunst,
Entwarf der Mandarin auf einem Drachenfelle,
In einer prächtigen Tabelle,
Die Skitze seines Werks, ein Meisterstück der Kunst,
Worauf der Name seines Mäzenaten
Als Hauptfigur in goldner Schrift erschien,
Und jede seiner grossen Thaten
Mit einem Denkstrich von Karmin.

Vortreflich! rief der Schach, und las mit stolzer Miene
Die Schlachten her, die sein Vezier gewann,
Indeß er in dem Arm der schönen Nuredine
Bald Betel sog, bald Seide spann.
Vortreflich! rief er bey den Monumenten
Der Menschenhuld und des Genies,
Die Sabulon zur Ehre des Regenten,
Auch wohl zu Mehrung eigner Renten
In seinem Namen werden hieß.

Auf einmal stutzt der Fürst: was hast du hier geschrieben?
Die Gebern, die, wie deine Tafel sagt,
Mein blinder Eifer aus dem Reich verjagt,
Hat Ibrahim, der Mufti, fortgetrieben;
Auf ihn mußt du den Fehler schieben.

Ich hab, am Rechtungsbrief dein Siegel hängen sehn,
Versetzt der Mandarin: wenn die berühmten Thaten,
Die deine Diener angerathen
Und ohne dich verübt, auf deiner Rechnung stehn;
So mußt du, Herr, dich auch bequemen,
Das Böse, das durch sie geschehn,
Als eigne Schuld auf dich zu nehmen!

25.

Die Bekehrung.

(Pfeffels Versuche 2. Th. S. 88.)

Ein Wolf, (im Ländchen Gevaudan
Würd er vielleicht Hyäne heissen,
Beym alten Parsen, Ariman,
Zaar Guelf der Grosse bey den Reussen;)
Lag auf den Tod am Magenkrampf
In seiner Kluft. Sein treuer Vetter
Und Spießgesell, ein frecher Spötter,
Besucht ihn, um im letzten Kampf
Ihm beyzustehen: Alle Wetter!
Rief er; was machst du armer Gauch,
Zwickt dich vielleicht ein Lamm im Bauch?
Steh auf! Laß uns ein Schmalthier jagen;
Ein Teufel treibt den andern aus! —
Was sagst du? Zittre vor dem Rächer
Der Unschuld! sprach der kranke Schächer
Mit schwacher Stimme: keine Maus
Will ich mehr tödten: gleich den Bissen

Der Viper nagt mich mein Gewissen:
Alekto mit dem Höllenpfuhl
Im Blicke, stürmet meine Höhle;
Und reißet meine schwarze Seele
Vor Minos ernsten Richterstuhl.
Ha Freund! Itzt flossen seine Zähren:
Wird Jupiter mein Flehn erhören,
Macht seine Gnade mich gesund;
So will ich meine Sünden büßen
Nur Wurzeln und nur Gras genießen,
Und mit dem frommen Schäferhund
Die Heerde vor den Wölfen schützen,
Ja, selbst mein Blut für sie verspritzen.
Der Vetter schüttelte den Kopf,
Und sprach bey sich, der arme Tropf!
Das Fieber macht ihn phantasieren:
Hier würden Luftklystier, Magnet,
Und selbst Apoll den Ruhm verlieren.
Er küßt den Freund und seufzt und geht.
Kaum bleicht der zackigte Planet
Zum andermal die braunen Schatten,
So kehrt er in den Hain zurück,
Um ihn zur Erde zu bestatten,
Und sieht ihn mit erstauntem Blick
Vor einem fetten Widder sitzen;
Aus dem er Herz und Nieren fraß.
Ei, ei! Herr Bruder, was ist das?
Rief er: heißt das die Heerde schützen,
Und selbst sein Blut für sie verspritzen? —
Hier zog der graue Bösewicht

Sein finster blutiges Gesicht
Ins Lächeln, wie bey Sturm und Blitzen
Das Seegespenst im Tafelgolf:
Je nun, sprach er, und strich den Magen,
Ich war ein Lamm in kranken Tagen;
Gesund, bin ich nun wieder Wolf!

26.

Thrasimund und sein Pudel.

(Pfeffels Vers. 2. Th. S. 129.)

Der strenge Wildgraf Thrasimund
Trieb manchen Spaß mit seinem Hund.
Ein Pudel wars, den er auf türkisch plagte,
Indem er ihn oft stundenlang,
Mit leerem Bauch izt aufzuwarten zwang,
Izt über einen Stock, izt in das Wasser jagte;
Und wenn er endlich matt und krank
Zu seinen Füssen niedersank,
Zu murren oder gar sich zu verkriechen wagte,
So ward er aus dem Todesschlaf
Mit hundert Prügeln auferwecket.
Einst hatte der erlauchte Graf
Das fromme Thier bis auf das Blut genecket;
Da schluchzte Fräulein Adelgund,
Zu edel und zu sanft des Henkers Kind zu heißen:
Ach, Vater, schlagt den armen Hund
Doch nicht so hart! Er wird euch wohl noch beißen.
Mich beißen? — Dummes Ding! versetzte Thrasimund:
Ha, damit hat es gute Wege!

Was gilts, er denkt nicht mehr an die empfangnen Schläge?
Sieh nur! .... Hier spuckt er aus. In vollem Lauf
Macht sich der Hund herbey und leckt den Speichel auf.

Ihr Völker, wollt ihr nicht, daß euch die Fürsten zwingen,
Bald über ihren Stock, bald in die Fluth zu springen,
So spiegelt euch an diesem armen Wicht,
Und lecket ihren Speichel nicht!

27.

Der Marder.

(Pfeffels Versuche 2. Th. S. 123.)

Einst ließ der Thiere Großsultan,
Wie es schon oft sich zugetragen,
Durch ein Geschrey von einem Hahn,
Sich wie ein feiger Hase jagen.
Die Thiere, die ihn laufen sahn,
Verhöhnten ihn. Um diesen Flecken
Auf eine schickliche Manier
Vor seinem Volke zu verstecken,
Befahl der König jedem Thier,
Beym Krähen eines Hahns zu fliehen.
Es zeigt, sprach er, ein Unglück an,
Das nur die Flucht vermeiden kann.
Sir! rief der Marder auf den Knieen,
Wie kann ich dein Gebot vollziehen?
Die Hüner sind mein täglich Brod;
Und statt mich durch sein Krähn zu schrecken,

Läßt mich der Hahn ihr Nest entdecken.
„Rebell! erwiedert der Despot,
Mit einem Blick, der Flammen spritzet,
Fleuch vor dem Hahn! Brod hin! Brod her!“ —
Weh dem, der eine Tugend mehr
Als sein Durchlauchter Fürst besitzet!

28.

Der Gesetzgeber.

(Pfeffels Vers. 2. Th. S. 39.)

Der Adler wollte reformiren,
Und schaffte die Polygamie
Bey dem gesammten Federvieh
Auf einmal ab. Den armen Thieren
Misfiel die strenge Polizey.
Zumal dem Hahn. Er trat herbey,
Um feyerlich zu protestieren.
Und von des Königs Majestät
An die Natur zu appellieren.
Er schlug mit Macht, wie ein Prophet,
Den neuen Solon ans Gewissen,
Und sprach mit sanfter Energie
Von seiner Weiber Harmonie. —
Hier ward der Sultan hingerissen:
Wohlan, ich kann nicht widerstehn,
Rief er, ich muß dein Harem sehn!
Er folgt ihm huldreich aus dem Haine
In einen Hof. — Der Patriarch

Lockt seinen Hennen. Der Monarch
Verschlang sie alle bis auf eine,
Und sprach mit höhnischem Gesicht:
Es ist des weisen Fürsten Pflicht,
Den Unterthan vor den Gefahren
Des Ungehorsams zu bewahren.

29.

Der Köhler.

In einer großen Hungersnoth
Saß einst ein Köhler in dem Kreise
Der Seinen um ein Haberbrod
Und eine Tracht gebratner Mäuse.
Sein Fürst verlohr sich auf der Jagd
Von ohngefähr in diese Hütte.
Er setzt, nach freier Jägersitte,
Sich unerkannt zu Tisch und fragt:
Was habt ihr da für eine Speise?
Ach! rief der Köhler, es sind Mäuse;
Doch, Herr, um Gottes willen, sagt
Dem Fürsten nichts von unserm Essen,
Sonst hegt er dieses Wild für sich:
Dann würden bald die Mäuse mich
Und er allein die Mäuse fressen.

30.

Der gutthätige Nabal.

Seht, Nabals Herz ist endlich aufgethaut!
Die Stadt und Vorstadt wird durch seine Lieb' erbaut.

Ihr Eifrer droht ihm nicht mehr mit dem Schwefelpfuhle!
Er schickt zwölf Kinder in die Schule,
Er stattet junge Mädchen aus,
Giebt allen Dürftigen, die betteln ihm begegnen;
Von Armen wimmelt stäts sein Haus,
Die ihn mit Freudenthränen segnen;
Er baut ein Hospital, das man nach ihm benennt,
Er kleidet den Altar: wem ist dies unverholen!
Mit einem Wort: — Er schenkt dem Himmel fünf Procent
Von dem, was er der Welt gestohlen.

31.

Der gnädige Löwe.

(Schubarts Gedichte. 2. B. S. 286.)

Der Thiere schrecklichstem Despoten
Kam unter Knochenhügeln hingewürgter Todten
Ein Trieb zur Großmuth plötzlich an.
Komm, sprach der gnädige Tyrann
Zu allen Thieren, die in Schaaren,
Vor seiner Majestät, voll Angst versammelt waren,
Komm her, beglückter Unterthan,
Nimm dieses Beyspiel hier von meiner Gnade an!
Seht, diese Knochen schenk' ich euch! —
Dir, rief der Thiere sklavisch Reich,
Ist kein Monarch an Gnade gleich! —
Und nur ein Fuchs, der nie den Ränken
Der Schüler Machiavels geglaubt,
Brummt in den Bart: Hm, was man uns geraubt,
Und bis aufs Bein verzehrt, ist leichtlich zu verschenken!

32.

Der politische Pythagoras.

(Terpsichore 1. Th. S. 126.)

Glaubst du, weil du, Metell, Vielen der Obre bist,
Daß der Zunge du jetzt Alles erlauben darfst?
Wisse, Scepter und Fascen
Machen weder beredt noch klug.

Schlecht verwaltet sein Haus, wer wie im schweigenden
Staats-Vergleiche dem Knecht Zaum und Gebiß anlegt,
Daß mit vollerem Munde
Er ihm Lügen und Lästerung

Sage; sage: „wie hoch Er die Gerechtigkeit
Ehret, wenn er verschmäht, was er erheben soll,
Und mit Würden und Reichthum
Den Nichtswürdigen prächtig lohnt.“

Freilich machet es kühn, wenn dem gebietenden
Herrscher Sklavengeduld, — lange gewohnt der Schmach —
Furchtsam-schweigend das Haupt neigt;
O, da spricht der Gewaltige

Mächtig — sage zugleich, thöricht. Im Inneren
Seines Knechtes erweckt kühne Gedanken Er.
Du, der Worte verstummen macht,
Fürchtest stumme Gedanken nicht?

Sind Gedanken, o Thor, die dich im Inneren
Strafen, mächtiger nicht, als ein entflognes Wort?
Schon', o schone der Seele
Deines Sklaven: sie blieb ihm frey!

33.

Gegen die falschen Staatskünstler.

(Terpsichore, 1. Th. S. 98.)

Ich hasse die Zweyzüngelnden, die um Gold
Wie Glas zerbrechen ihre gegebne Treu.
Verabscheu' ihn, der Gott nicht scheuet,
Den ein gegebnes Wort nicht bindet!

Dein Rath im Rath des Königes sey gerecht,
Nicht mit Schattierung täuschender List geschmückt
Und nicht vom Eigennutz gesäuget,
Der an den Brüsten der Armuth selbst saugt.

Des Charons Angel, geldne Geschenke, wirf
Hinweg; verschmäh die Stücke von rothem Blech,
Und wenn ein Prachtgefäß sich anbeut,
Sage: mich dürstet es nicht nach Golde!

Wer Schmeichel-Gold verachtet, wer über Gold
Erhaben ist, sieht alles zu Füßen sich,
Und glänzt in eignem Glanz, wie Morus
Dort an Britanniens Hofe glänzte.

Gestellet auf den Gipfel der Ehre war
Er größer durch die Würde, die Er sich gab,
Regierend Sich, wie den Tyrannen;
List und Gewalt, weder Furcht noch Liebe

Entfernten von der Regel des Rechts ihn nie
Ein haarbreit. Eher wäre die Sonne selbst
Aus ihrer Bahn gewichen, mit zer-
Brochener Axe des hellen Wagens.

O blüht' in unsern Zeiten ein solcher Baum!
Des Reiches Apfel flöge, dem Spielball gleich,
Nicht hie- und dorthin durch die Lüfte,
Wie ihn die Hände der Spieler schlagen.

Kein Knabenzwist des Ranges verewigte
Des Reichs Verwirrung, Händel und Raubbegier;
Der langverbannte Friede kehrte
Jauchzend zurück in der Deutschen Gränze,

Und jeder lebt' im Schatten des eignen Baums
Ein sichres Leben. Aber das stolze Heer
Der Kämmerlinge raubt dies Glück uns,
Machiavelle des Orkus graben,

Kaninchen graben unter dem Boden sie. — *)
Gefärbte Weisheit handelt und täuscht und trügt
Um schnöden Vortheil. Füchse schleichen
Unter des Löwen Gewand, und mancher

Ahitopel veradelicht sein Geschlecht
Durch niedre Listen. Aber die Larve sinkt;
Die Sonne bricht hervor durch alle
Täuschende Nebel. Da fällt der Gyps ab

Von buntgemahlten Wänden. Das nackte Haus
Steht scheußlich da. Sie zittern am Tagesstrahl
Die Eulen: denn die Mittagssonne
Leuchtet am Himmel, und sie — verblinden.

*) Cuniculus heißt freilich auch Kaninchen; aber auch Mine, geheimer oder versteckter Gang, Schleichweg. Das leztere ist die Sache der Machiavellisten, und scheint mir der Gegenstand der Rüge im Lateinischen zu seyn: das erstere im Deutschen hier — finde ich zu klein und nicht passend genug.

An den Staatsköcher treuloser Politik.

(Terpsichore 1. Th. S. 102.)

Du, der Bosheit und List
In sich verbirgt,
Gräuslicher Köcher du.

Fahr hinunter zum Styx,
Wenn du dich gleich
Weisheit des Staates nennst.

Wer den Köcher erfand,
War er Sarmat,
Oder Ausonier;

Aus Tisiphonens Hand
Nahm er den Stahl
Und das Gefiederholz.

Zwar du glänzest in Gold
Prächtiger Schrein,
Rosen umgürten dich;

Doch von aussen allein;
Drinnen zernagt
Fäule dein Bleigeschoß,

Das zum Ziele nicht trifft.
Himmelan reicht
Nie ein Tiberius.

Das Ungeheuer.

(Terpsichore — 2. Th. S. 261.)

Unter Arkadius ward ein Ungeheuer geboren;
Mich dünkt, es war bey Chalcedon,
Seiner Mutter, — ein Weib, die der Stolz und Geiz in Person war;
Den Vater wußte selbst sie nicht. —
Ihr schien hold das lächelnde Kind; nur reckten die Ohren
Wie Midas-Ohren sich empor.
Sonst ein Affengesicht; und unterm häßlichen Kinne
Hing ihm ein wahrer Eurus-Kropf.
Seine Glieder starrten in Kälte, wie wenn der December
Aus Scythien gebohren sey.
Wer es berührte, stand erstarret. Es blinkte die Zähne,
Und warf die Augen hin und her.
Widriger Schaum stand ihm vorm niegeschlossenen Munde;
Unruhig hob es sich und sank
Kraftlos nieder. Das Volk, die Obern liefen zusammen:
„Ist es ein Mensch? ein wildes Thier?
Lebt es?" — „Leider, es lebt! — So sprach der göttliche Weise,
Chrysostomus. — Sein Vater ist
Pluto. Doch ists kein Mensch. Das heilige Wasser der Taufe
Gebührt ihm nicht; doch geb' ich ihm
Einen Namen; der werde mit Scheu von Allen genennet;
Es heißt — das kalte Mein und Dein.
Seitdem ward in Europa dies Ungeheuer geboren;
In Staatsgemächern brüteten

Sorgsam es aus die Diener des Staats, und nannten es anders,

Und tauften öfter es — mit Blut.

36.

Beym Anblick einer Charte des Weltsystems.

(Terpsichore 2. Th. S. 244.)

Sieh, o Memmius, sieh den wundernswürdigen Punkt hier,
Auf welchem seit Jahrtausenden
Cäsare Krieg geführt:
Sprich, wo breitete sich die weite Pharsalische Ebne?
Wo ist der Wassertropfe, der
Xerxes Armade verschlang?
Und doch standen sie dort bey Philippen die schrecklichen Heere;
Vor Xerxes Flott' erzitterte
Nereus: so singet das Lied.
Dieses Punktum theilet man sich mit Feuer und Schwertern;
Von nah' und ferne fallen dann
Heere der Menschen dahin.
Ballspiel spielen die Fürsten; sie schlagen den Ballen zur Erde;
Auffliegt er; und jeder rafft,
Was er vermochte für sich,
Auf dem Punkt hier donnert der Zufall; seine Geschenke
Verkauft das Glück; die Liebe schenkt
Thalamus, Wiegen und Sarg.
In dem Punkt hier sind die Tyrannen-Nester. Wo Jener
Sich stellte und verstellete,
Capreä liegt in dem Punkt.

Hier regierten die Galba; Neronen sangen und tanzten;
Hier bauete sich Adrian
Seine Aegyptische Burg.
Und noch immer erregt der Punkt so heiße Begierden;
Zu Schlachten ruft die Ehre, sie
Ruft in das blutige Feld.
Arme Streiter! Ihr schifft in einer mäßigen Urne;
Ein kleiner Mückenflügel deckt
Alles, worüber ihr kämpft.
Habsucht zeih' ich euch nicht; in gar zu engen Kanälen
Beschränken eure Wünsche sich,
Nur um ein Pünktchen des Punkts.
Ich bekenne den Stolz: mein Geist treibt höhere Wünsche:
Vom Himmel stammend! schwinget er
Ueber den Staub sich empor,
Und durchwandert die Welt. Mein großes Haus ist der Himmel;
Kein Erdenwinkel schliesset mich
Ein wie den räudigen Hund.
Mein Ocean ist der Aether; in ihm verlieret der Punkt sich.
Mein Ziel der Wünsche, meine Bahn
Ist das Unendliche, Gott!

37.

An den König von Siam.

Bey Uebersendung der Werke des Uebersenders.

(Musenalm. für 1780. von Voß und Göckingh. S. 9.)

Kömmt diese Dedication
Durch Schiffer Peter Joch von Bremen,

Nach Wunsch vor Eurer Hoheit Thron,
Und laßt Ihr dann sie übersetzen:
So seyd kein Kind, und schließt nicht gleich,
Daß Deutschland, weil ein Deutscher Euch
Besingt, gewaltig müsse schätzen.

Zerbrecht Euch, Herr, auch nicht das Haupt,
Darüber, wie Ihr zu der Ehre
Gekommen seyd! Wenn Ihrs erlaubt —
Wo nicht, ists eben das! — erklären
Wir Euch das Ding ganz kürzlich so:
Die Dichtkunst drischt bey uns nur Stroh,
Allein die Kunst zu schmeicheln, Aehren.

Nun ist bey uns so der Gebrauch,
Von Aehren, nicht von Stroh zu leben.
Drum lernen wir Poeten auch
Die Kunst, sie Andern auszudröschen,
Das heißt: den Durst nach Schmeicheleyn
Löscht der Poet; den Durst nach Wein
Muß ihm dafür der Andre löschen.

Glaubt, Sire, wollt' ich manchen Herrn
In unserm Welttheil so besingen,
Als ichs vermag: sie sezten gern
Bey einer arbeitleeren Stelle,
Auf ihre Kosten, mich in Ruh;
Denn jeder hat ein Haus dazu,
Man nennt es eine Zitadelle.

Und doch besang ich niemals sie.
Warum? Das kann Euch nichts verschlagen.

Doch wärt Ihr dümmer als ein Vieh,
Geruhtet Ihr daraus zu schließen:
Ich legt' Euch diese Zuschrift, voll
Von Eurem Ruhm, als einen Zoll,
Der dem Verdienst gebührt, zu Füßen.

Ihr seyd vielleicht ein schlechter Held?
Das thut nichts: dafür seyd Ihr König!
Wenn mir es sonst einmal gefällt,
Troz allem dem, Euch zu vergöttern:
Wer darf in Siam sagen: „Pest!
Wie lügt der Schurke!" denn wer läßt
Sich wohl den Schädel gern zerschmettern!

Ich aber, Sire, bin kein Thor,
Mit Risiko zu kreditiren.
Nein, Zug um Zug! Ihr müßt zuvor
Mir diese Zuschrift baß vergüten;
Sonst — daß Ihrs wisset! — werd' ich schier
Vor Eurem Lobe mich, wie Ihr
Vor einer Mützen-Schlange hüten.

Es thut vielleicht Euch wenig leid,
Ob Siam Euch nicht liebt; nur fürchte!
Allein, wenn Ihr kein Esel seyd,
Muß für den Ruhm, bey Nationen,
Wo jeder Bettler, ungescheut,
Euch preiset und vermaledeyt,
Doch wohl ein Wunsch noch in Euch wohnen!

Soll ich den Wunsch erfüllen? Top!
Schickt mir nur Einen Elephanten!

Für Euer Gold kann ich, Gottlob!
Weil ichs nicht brauch', 'im voraus danken.
Allein, ein Thier zum reiten, kann
Mir Dienste thun: ich alter Mann
Fang nach gerade an zu wanken.

Herr Schirach — Pauli, *) Sire, fuhr
Zu zeitig ab — wird Euer Leben
Sehr gern beschreiben, wenn ich nur
Den Elephanten ihm vermache;
Denn, seyd Ihr gleich uns hier zu Land',
Selbst nach dem Namen unbekannt;
So thut das doch nicht viel zur Sache!

38.

Lob des Esels.

(Blumauer)

Du gutes Thier, auf dessen Haut wir schreiben,
Das uns bald trägt, bald führt,
Nein, länger will ich dir nicht schuldig bleiben
Das Lob, das dir gebührt!

Man spottet deiner Ohren widerrechtlich,
Und hohnt dich, armer Tropf!
Doch tröste dich: sie wurden nur verächtlich
An eines Königs Kopf!

Und wer es dir etwa verargen könnte,
Daß du so langsam bist,

*) Verfasser des Lebens großer Helden.

Der denke, daß der Spruch: festina lente!
Des Weisen Losung ist.

Du bist aus allen Thieren, die wir reiten,
Allein ein Sonntagskind,
Du sahst dereinst den Engel schon von weiten
Und Bileam war blind.

Du bist das Bild der nun in unsern Tagen
Gepriesnen Duldsamkeit,
Dir gilt es gleich, Gold oder Mist zu tragen,
Und hältst, wenn man dich bläut.

Du bist das Thier, das seinem Herrn zur Speise
Mehl trägt, und Disteln frißt:
Wer läugnet nun, daß du auf diese Weise
Der beste Bürger bist!

Auch ist kein Thier an Freunden und Bekannten
So reich, als du es bist;
Obgleich von deinen Brüdern und Verwandten
Nicht jeder Disteln frißt.

Und singst du gleich nicht schön, wie Nachtigallen,
So ist doch laut dein Ton;
Drum braucht man auf dem Weg des Ruhms vor allen
Dich gern zum Postillon.

Bey alle dem ist dir kein Thier auf Erden
Gleich an Genügsamkeit:
Du trägst troz all den Plagen und Beschwerden
Ein simples graues Kleid.

Du lebst mit deinen Disteln hier zufrieden
Die dir dein Fleiß gewinnt;

Und Mancher, ach! frißt Ananas hienieden,

Der Disteln nicht verdient!

39.

Der Wolf und der Hund.

(Schubarts Ged. 2. B. S. 252.)

Zum Hunde, der schon manche Nacht
An seiner Kette zugebracht,
Und wenn der Morgenstern am grauen Himmel hieng,
Aufs Gay mit seinem Metzger gieng,
Sprach einstens Isegrim: Ei, Bruder, wie so mager!
Wie elend siehst du aus! wie schäbich und wie hager!
Daurst mich, bist gar ein armer Hund!
Sieh mich mal an, wie frisch und wie gesund
Ich bin! — Ich rieche nach der Luft;
Mein Balg ist parfümirt mit mancher Staude Duft.
Ich hab dir immer guten Fraß,
Bald Frisches Fleisch, bald fettes Aas.
Drauf leck ich klaren Quell und, traun!
Ich hab dir immer gute Laun.
Du aber —

Ach, versetzte Melak, ach,
Herr Bruder, nur gemach!
Drum bist du Wolf; ich Hund! Du frey;
Ich aber in der Sklaverey.

Und die Moral? — O die ist jederman bekannt
In Deutschland und in Engelland. *)

*) Wenn Schubart heutzutage noch lebte, und im Londner Chronicle, oder European und political Magazine bloß Fox's Bemerkungen über

40.

Nero.

(Kazners Fabeln — S. 241.)

Daß Nero auf der Bühne sang, war gut:
So lang' er spielte, floß kein Bürgerblut.
O möchte doch, anstatt selbst zu regieren,
Manch schwacher Sultan exercieren!

41.

Landesväter.

(Kazners Fabeln — S. 297)

Wer wird des Namens Wahrheit noch mißkennen,
Wenn manche Herrn sich Landesväter nennen!
Sie nehmen uns, thuts gleich den Weibern weh,
Aus väterlicher Sorgfalt den Kaffee.
Bald werden wir sie noch um jeden Bissen
Des trocknen Brodts erst kindlich bitten müssen,
Um Brust hinaus und Bauch herein
Zum höchsten Dienst dressirt zu seyn.

und gegen Pitts Machinationen ansähe, wahrlich, er hätte den Ausgang seiner Fabel umgekehrt. Denn was mach' ich in einem Lande, wo es bey einem kaufmännisch-machiavellisirenden Minister steht, die Constitutions-Akten zur Sicherung der Rechte und Freyheiten der Unterthanen aufzuheben, um den Despoten im vollsten Maaße ungehindert spielen zu können? Sind nicht Thatsachen genug da, die es beweisen, daß Pitt, während des jetzigen Krieges, die Geißel seiner Nation und von halb Europa war? Und was ist das für eine Nation, die sich dergleichen — bloß auf kaufmännische Speculation gefallen läßt? — O man gehe mit allen ruhmredigen Beschreibungen und Gedichten von Albions Freyheit und Glückseligkeit! Es ist dreymal schändlich, nach der Constitution des ganzen Landes frey seyn zu können, und nach der Administration eines einzigen Kopfes es nicht zu seyn!

Ueber die Bastillen, an Schubart. *)

(Ruhestunden — S. 24.)

Und hätt' ich Linguet nicht gelesen,
So würd' ich vom Bastillen-Wesen
Doch ewig Gegenfüßler seyn.
Ach, heilig sind der Menschheit Rechte!
Und

*) Schubart, der Verstorbene, ist der beste Beweis von der Heiligkeit der Justiz im H. R. R., und von dem Gemeingeist und der edlern Brüder- und Menschenliebe der Herren Gelehrten. Mich wundert, daß der große, unglückliche Dulder nicht irgend ein Gedicht verfertiget hat auf gewisse Thiere, die das pflichtmäßige Bellen ganz und gar vergessen vor lauter Furcht, die Markknochen zu verlieren, an denen es sich, auf warmem und weichem Lager, so behaglich nagen und mästen läßt, unbekümmert, obs draußen blizt, donnert, einschlägt und brennt oder nicht. Ein Gedicht von der Art ließe sich auch heutzutage auf Viele anwenden, deren Einsicht, Posten und Credit es ihnen zur Pflicht machen sollte, nun und dann ein Wörtchen zu seiner Zeit drein zu reden, um unkundigen oder irrerudernden Steuermännern auf den Staatsschiffen einen Wink zu geben, sie vor Klippen und Felsen zu warnen, und ihnen den nächsten und sichersten Weg vorzuzeichnen, zumal da, wo es sich aus der Fahrt ergiebt, daß der Admiral, wie sein Capitain, Steuermann und Segeler, alle gleich wenig sich auf Compaß, Wasserschwere, Winde, Segel und verhältnismäßige Ladung verstehen, daher passiv jedem Winde folgen, temporisiren, die rechte Straße verfehlen, endlich wie Ludwig XVI. mit seinem Calonne und Necker auf eine Sandbank festfahren, und so — eine Prise werden gar für eigne Matrosen und Bootsknechte. Wenn freilich alle diese Herren taub sind, oder ihre Fahrkunst für ein Ding halten, worein und worüber Niemand zu reden haben soll: je nun, es giebt auch Katharre zum Tode! Aber ist nur gewarnet, so hat man wenigstens den traurigen Trost, sagen zu können: dixi, sed non salvavi! — Doch, um auf Schubarten zurückzukommen, so gereicht es der Dichterin Karschin zu ewigem Ruhme, daß endlich sie die einzige war, welche die Beendigung des Schicksals dieses merkwür,

Und ein Gesez, das eins derselben schwächte,
Kann nur Gesez der Helle seyn.
Den strafen, den wir schuldig glauben,
Blos, weil sein Feind ihn schuldig nennt,
Den fremden Unterthan, den man sehr oft nicht kennt —
Ihn strafen, eh' wir ihm Vertheidigung erlauben,
Im Kerker, wo man ihm nicht Licht, nicht Luft vergönnt,
Lebendig diesen Mann vergraben —
Das nenn' ich eine Grausamkeit,
Die selbst zu der Neronen Zeit
Tyrannen nicht verübet haben.

43.

Großer Herren Unrecht.

(Logau's Sinngedichte, auf's neue überarbeitet von Ramler. Leipzig 1791. S. 303.)

Ihr Unrecht pflegen Große mit Unrecht zu ersetzen;
Weil sie dazu noch hassen, den sie zuvor verletzen.

44.

Die jetzige Weltkunst.

(Logau, S. 361.)

Die Weltkunst ist bey uns der Herr; das Christenthum ihr Knecht:
Der Nutzen sitzet auf dem Thron; im Kerker steckt das Recht.

würdigen Mannes, durch thätige Vermittelung unsers guten menschenfreundlichen Königes bewirkte. Dank noch immer dieser edeln Weiberseele, deren Zartgefühl da mitleidig wirkte, wo die kalten Männerkörper nur aus der Ferne horchten, nicht mitfühlten und — schwiegen!

45.

Christus und des Teufels Gebot.

(Logau, S. 432.)

Geht hin in alle Welt, und lehret alle Völker!
Geht hin in alle Welt, und leeret alle Völker!
Der Teufel heischte dieß, und jenes Christus; doch
Nichts mehr gilt Christi Spruch; des Teufels übt man noch!

46.

Die Steuer.

(Logau, S. 12.)

Wie weise man den Salomo sonst achtet,
So hat er doch nicht alles recht betrachtet,
Weil er der Dinge Zahl, die nimmer satt, *)
Die Steuer nicht noch beygesetzet hat.

47.

Hausstand.

(Logau — S. 105.)

Viel dulden, nichts verfechten,
Schaden leiden, doch nicht rechten,
Andre füllen, selbst sich leeren,
Lohnen, doch den Dienst entbehren,
Immer zahlen, nimmer nehmen,

*) Sprüche Sal. XXX. 15. 16.

Niemals lachen, stäts sich grämen,
Herr seyn, gleichwohl dienen müssen,
Viel verwenden, nichts genießen,
Wenig haben, immer geben,
Selber fallen, Andre heben: —
Kömmt man bey so viel Geschäften
Dann von Gut, Blut, Mark und Kräften,
Schweigend den Rebellen-Titel
Dulden, wie der Hund den Knüttel:
Das ist unser Hausstand heute; *)
Lobt ihn doch ihr lieben Leute!

48.

Lebenslauf.

(Logau — S. 170.)

Der Mensch bemühet sich, damit er was erwerbe;
Und was er dann erwirbt, dient ihm, daß er nicht sterbe;
Und wenn er nun nicht stirbt, so soll er darum leben,
Was er erwerben kann, zur Steuer hinzugeben.
Was hilft ihm also nun Bemühen und Erwerben
Und Leben-Können? — Nichts, als eher nur zu sterben!

*) Logau spricht von dem Hausstande zu seiner Zeit, d. i. des dreyßigjährigen Kriegs. Daß der Hausstand zur jetzigen Zeit in den meisten nördlichen Gegenden weit humaner sey, lehrt die Erfahrung. Indessen Schilderungen von der Art dienen zur Vergleichung des mindern Elends mit dem größern; und folglich zur Beruhigung. Dieß bemerke man bey allen Schilderungen gleicher Art, und sey gerecht gegen den stäts vervollkommnenden Genius — der Zeit.

49.

Fremde Hülfe.

(Logau, S. 356.)

Man wollt' uns hülfreich seyn: da nahm man ein Gebiß,
Das man in unser Maul, uns zu beschreiten, stieß;
Man ritt uns hin und her, und ließ uns keine Ruh,
Und rief dabey, man ritt uns unsrer Wohlfahrt zu.
Die Wohlfahrt aber war am Ende so bewandt,
Daß man, eh wirs gefühlt, uns rücklings hingerannt.

50.

Obrigkeiten und Unterthanen.

(Logau, S. 452.)

Sind die Untern für die Obern? Oder sind der Untern wegen
Nur die Obern? — Ist am Hirten ohne Heerde viel gelegen?

51.

Hirten.

(Logau, S. 241.)

Wie nennet ihr den Hirten, der mit Gewalt, mit List
Zum Theil die Schafe schindet, zum Theil die Schafe frißt?

52.

An einen Tyrannen.

(Logau, S. 355.)

Friß die Schafe selbst: eine gute List!
So erlebst du nicht, daß der Wolf sie frißt.

53.

Erdengötter.

(Logau, S. 236.)

Obrigkeiten heißen Götter, sollen Menschen Wohlfahrt geben;
Wollen aber meistens von den Menschen Wohlfahrt heben.

54.

Regentenwetter.

(Logau, S. 75.)

Glaubt, es heißen Obrigkeiten
Mit dem größten Rechte Götter;
Denn zu diesen unsern Zeiten
Machen sie ein schrecklich Wetter.

55.

An die Fürsten.

(Logau, S. 443.)

Man ist seiner Obrigkeit schuldig Gut und Blut;
Spannt man gleich die Regel hoch, ist sie dennoch gut.
Nur nicht wider Gut und Blut der bedrängten Unterthanen,
Sondern für ihr Gut und Blut, Fürsten, fliegen eure Fahnen.

56.

Recht und Gewalt.

(Logau, S. 518.)

Luntenrecht hält rechtes Recht nur für Lumpenrecht:
Wo Gewalt zum Herren wird, ist Gerechtigkeit ein Knecht.

57.

Rath und Gewalt.

(Logau, S. 472.)

Gewalt ist wie ein Kind: wo nicht Verstand sie leitet,
So stürzt sie, weil sie jach und unvorsichtig schreitet.

58.

Das beste Band zwischen Obern und Untern.

(Logau, S. 176.)

Wenn Billigkeit im Leisten, und Billigkeit im Heißen
Sich wo zusammenfügen: wer will dieß Band zerreißen!

59.

Dienstbarkeit.

(Logau, S. 509.)

Wer Alles thut, was man ihm heißt, bekennet ungefragt,
So frey sey seine Freyheit nicht, als er den Leuten sagt.

60.

Große Einfalt.

(Logau, S. 534.)

Wer sich zu sehr zum Lamme macht,
Wird von den Wölfen abgeschlacht.

61.

Nichts zuviel!

(Terpsichore 2. B. S. 260. und 361.)

Mensch bin ich, und ein Mensch will ich ganz in Leiden und Lust seyn;
Nirgend, ein Stock oder Fels!

Wie einen irrdnen Krug, der im Staube rollt,
Laß dich von Niemand wälzen: und beut den Griff
Dazu nicht dar, daß man dich werfe
Hin in die Gassen, ein Spiel der Knaben!

62.

Die neue Bibel.

(Ungenannter.)

Daß mancher Fürst so wenig auf die Bibel hält,
Kömmt, weil Machiavell eine neue aufgestellt.
Doch, was diese Bibel am Ende gewährt,
Hat Carl der Erste und Capet gelehrt.

63.

Eines Fürsten Ammt.

(Logau, S. 181.)

Ein Fürst heißt Herr des Volks; doch herrscht er fromm und recht,

So dient er seinem Volk als ein getreuer Knecht:
Er wacht, damit sein Volk stäts sicher schlafen kann,
Er stellt sich vor den Riß, nimmt allen Anlauf an,
Ist Nagel an der Wand, woran ein jeder henkt,
Was ihn von außen drückt, was ihn von innen kränkt.
An Ehre bleibt er Herr; an Treue bleibt er Knecht:
Wer anders denkt von sich und seinem Volk, denkt schlecht.

64.

Fürstenspiegel.

(Gedichte von Voß, 2. B. S. 298.)

Drey Lehren faß ein Herrscher wohl ins Herz!
Die eine: daß er über Menschen herrscht;
Die andre: daß er nach Gesetzen herrscht;
Die dritte: daß er nicht immer herrscht.

65.

Nichts Neues unter der Sonne!

(Logau, S. 295.)

Wie jezt die Zeiten sind, so waren sonst die Zeiten:
Denn Salomo sah auch auf Pferden Knechte reiten,
Hingegen Fürstenvolk zu Fuß, wie Knechte, gehn. *)
Die Grube fehlt nur noch: — Auch die wird man bald sehn.

65.

An die Fürsten.

(Salz und Laune, Breslau, 1795. S. 222.)

Die ihr auf euren schwachen Thronen
Mit schmeichelhaftem Stolz euch nährt,

*) Pred. Sal. X. 7. 8.

Seht an dem lezten der Bourbonen,
Wie leicht auch euch das Glück den Rücken kehrt!
Seht Fürsten den Kolossus fallen,
Der Gallien so hoch gebot!
Verlassen stand er schnell von Allen,
Und starb zulezt den Mörder=Tod.
Was half ihm Hof, was Priester, was Soldaten?
Sie flohn zuerst! — Drum Fürsten laßt euch rathen:
Die Liebe eures Volks ist euer stärkste Schild;
Seyd darum Vätern gleich, und nicht, wie Nero, wild!
Wer stäts am Volke saugt, wie Sklaven es behandelt,
Der ist es, leider! selbst, der Lieb' in Haß verwandelt.

67.

Der Tanzbär.

(Pfeffels Vers. 3. Th. S. 39.)

Ein Gauner an dem Weichselstrand,
Wo man nichts kennet als Despoten
Mit ehrnen Zeptern und Heloten
In Lumpen, zog mit kecker Hand
Ein Bärchen aus der Mutter Pfoten,
Die durch ihn fiel. Der Sieger hing
Fluchs einen Korb dem armen Waisen
Ums rauhe Kinn; ein dichter Ring
Mit einem Gängelband von Eisen
Würgt ihm den Hals und überdieß
Stumpft er, um sich vor seinem Biß
Zu schützen, ihm die jungen Zähne.
Da half kein Heulen, keine Thräne.

Noch mehr: er zwang den armen Wicht,
Mit aufgerecktem Kopf und Ranzen,
Er mochte wollen oder nicht,
Nach seinem Dudelsack zu tanzen,
Und seinen Affen Favorit,
Der, taub gleich ihm, bey Petzens Klagen,
Wenn dieser seufzte, Fratzen schnitt,
Als Reitpferd durch die Welt zu tragen,
Wenn ihn der Unmuth überwand,
So büßten seinen Widerstand
Bald seine Knochen, bald sein Magen.
So strich ihm unter tausend Plagen
Bereits das dritte Jahr vorbey,
Als einst im Sturm der Schwelgerey
Sein Herr vergaß, ihn anzuschließen.
Die Freyheit winkt. Mit schnellen Füßen
Verläßt er seine faule Streu
Und fliehet, von den Finsternissen
Der Nacht bedeckt, durch Busch und Moor
Ins nahe Holz. Mit frohen Küssen
Empfängt ihn seiner Brüder Chor.
Der eine reicht ihm leckre Speisen,
Der andre hilft ihm von den Eisen
An Hals und Schnautze sich befreyn.
Der Hedmann eilet, voll Entzücken,
Den Gast mit Eichenlaub zu schmücken
Und weihet ihn zum Bürger ein.
Kaum konnte Petz sein Glück ermessen,
Doch lernt' er eher Honig fressen,
Und nur sich selbst gehorsam seyn,

Als seines Henkers Wuth vergessen.
Einst sah er ihn den dunkeln Hain
Durchwandeln; gleich dem Höllendrachen,
Stürzt er mit aufgesperrtem Rachen
Sich über ihn. Ha, Wütherich!
Brüllt er, nun kömmt der Tanz an dich.
Jezt packt er ihn mit seinen Tatzen
Und presset ihn mit wilder Lust
So fest an seine Felsenbrust,
Daß alle Rippen ihm zerplatzen.

Ihr Zwingherrn, bebt! Es kömmt ein Tag,
An dem der Sklave seine Ketten
Zerbrechen wird, und dann vermag
Euch nichts vor seiner Wuth zu retten.

68.

Die drey Stände.

(Pfeffels Versuche 3. Th. S. 160.)

Die Freyheit kam aus Penns gelobtem Land,
Das alte Reich der Franken zu bereisen.
Hier fand sie einen Mann in Lumpen und in Eisen
Der auf den Knieen lag. Zu seiner Rechten stand
Ein fetter Erzbischof im purpurnen Gewand;
Ein Ritter zeigte sich mit trotzigem Gesichte
Im Schmucke des Turniers zu seiner linken Hand.
Sie lehnten beyde sich mit lästigem Gewichte
Auf ihren Märtyrer. — Stumm sah die Göttin zu,
Sah seinen Schweiß und seine Thränen fließen,

Und rief zulezt: Wie lange liegest du
Als Knecht zu deiner Brüder Füßen?
Auf! strecke das gekrümmte Knie,
Zerbrich die Fesseln deiner Glieder.
Der Sklave thats, trat neben seine Brüder
Und war so groß und größer noch als sie.

Ein schöner Anblick, Freund! Wenn nur die heilge Regel
Des Lichts und Rechts den Riesen einst regiert:
Sonst ist es eins, ob Zepter oder Flegel,
Ob Krummstab oder Speer das Reich despotisiert.

69.

Frag und Antwort.

(Ungenannter.)

Warum der Gallier zum Faustrecht endlich schritt? —
Um ein System von Barbarey barbarisch selbst zu stürzen,
Nachdem, was er vom Staat und von der Kirche litt,
Vernunft, und Flehn, und Drohn, vergeblich suchte abzukürzen;
Und weil, wo Cicero, Natur und Kunst vergeblich spricht,
Gewöhnlich, wie die Zeit es lehrt, zulezt ein Brutus ficht.

70.

Schein der Freyheit.

(Logau S. 266.)

Die Freyheit ist ein Strick, womit man Freyheit fängt;
Jemehr man sie bedrückt, jemehr man ihrer denkt! *)

*) Unter allen Sinngedichten des Hn. von Logau ist dieß — wie ich dafür halte — das reichhaltigste an Stoff zu einem Commentar über

71.

Die Wahrheit.

Nach dem Französischen des Devaux. *)

(Gedichte von Götz.)

Die Wahrheit, stralend wie die Sonne,
Erschien am Eingang der Sorbonne.
Der Syndikus begegnet' ihr:
„Wer bist du Weib? was willst du hier?" —
„Mein Nam' ist Wahrheit." — Dein Beginnen
Ist frech! Gleich packe dich von hinnen!
Sonst steig ich, (wisse das!) noch heut
Auf des Katheders Höh', und schreie:
Gottlosigkeit! Gottlosigkeit! — "

die politische Freyheit, vorzüglich über die Art, sie so zu handhaben, daß das Freyheitsgefühl des Menschen nicht gereizt werde, die Gränzen der Freyheit für den Bürger gewaltsam zu überschreiten. Wieland wäre gerade der Mann, der uns diesen Commentar, nach Psychologie und Geschichte, am nachdrücklichsten liefern könnte. Doch Wieland hat von der Art genug geliefert; aber leider für einige Höfe noch immer ohne Erfolg. Montesquieu, Raynal, Helvetius, Rousseau, Linguet und Voltaire schrieben zu ihrer Zeit auch viel von der Art für ihren Hof; aber den königlichen Prinzen, Ministern und Höflingen gefiel es nicht, den König auf sie hören zu lassen; und so mußte der Unglückliche endlich grausam dafür fühlen. Ovidius sagt daher mit Recht: Principiis obsta: sero medicina paratur; denn den Brunnen erst dann decken wollen, wenn das Kalb ertrunken ist, ist zu spät. — Wie fatal es doch ist, wenn irgend ein Fürst mit Ludwig XIV. bekennen muß: „Mir fehlt es an nichts, als an einem Mann, der mir die Wahrheit sage!" — Indeß hat auch jeder Augen und Ohren dafür? — Man lese den politischen Pythagoras N. 32. jezt noch einmal!

*) Devaux war St. Lamberts und Boufflers Freund, und schrieb diese prophetische Fabel im Jahre 1740.

„Ich scheide jezt: wohl kommt die Reihe
Auch einst, und bald an mich. Die Zeit
Ist meine Mutter. Sie versaget
Der Tochter nie, wenn sie ihr klaget,
Gerechtigkeit! Gerechtigkeit!"

72.

Ode auf Friedrichs Tod.

(Gedichte von Eulog. Schneider S. 30.)

Ein Denkmahl dir, vergötterter Friedrich!
Unaufgefodert bau ichs, und unbezahlt.
Die Nachwelt seh es einst und spreche:
Friedrichs Denkmahl von Priesterhänden! *)

O, daß es würdig werde des Einzigen!
O, wie es tobt, das Meer von Empfindungen
In diesem Busen! wie vor meinen
Augen der Riese der Menschheit dasteht!

Ihn schildern will ich. Sterbliche, sehet Ihn,
Nicht eingehüllt in flimmernden Dichterschmuck!
In seiner Größe, wie er dasteht,
Will ich den Riesen der Menschheit schildern.

In seiner Rechten blinket das Siegerschwerdt;
Die Wage unentweihter Gerechtigkeit

*) Der Verfaßer, Eulogius Schneider, war erst Franziskaner, dann Hofprediger zu Stuttgard, darauf Professor zu Bonn, und endlich Rohans Nachfolger zu Strasburg. Auch er fiel unter Robespierre's Guillotine — zur Freude aller Bonzen.

Hängt an der Linken: dies dem Schutze,
Diese der Ruhe der Brennen heilig.

Die Fürstenhüfte zieret, vom Hofgeschmack
Nie aufgelös't, der Gürtel der Mäßigkeit:
Sein Schemmel ist der Aberglaube
Und der zertretene Fanatismus.

Wer bebte nicht vor Friedrichs Thaten Faust?
Wer zählt die Trophäen, auf Galliens
Zermalmtem Uebermuth gepflanzet,
Prangend auf modernden Sklavenknochen?

Dort stehen sie am Ufer der Moldau, einst
Geschwemmt mit Ostreichs Leichen, bey Lissa dort,
Und dort bey Mollwitz, Roßbach, Breßlau,
Und auf den Felsen zerstöhrter Festen.

Groß sind des Riesen Thaten! Mit Russenblut,
Mit Franzenblut, mit Schweden- und Ungernblut,
Und, ach, mit Deutschem aufgezeichnet
Stehen sie flammend im Buche der Zeiten.

Doch — War er Held nur? War er nicht Menschenfreund,
Nicht Vater seiner Tausende? Ströhmte nicht,
Nachdem er ausgedonnert, Segen
Auf die Gefilde geschützter Brennen?

Sie aßen Brodt und hörten von ferne nur
Des Hungers Brüllen, der Alemanniens
Verdorrten Winzer, und nach Kalchmehl
Lüsternen Pflüger begierig auffraß.

In Friedrichs Arme flüchtete sich, verbannt
Von heiligfrommen Ländern, die Industrie,
Des Reichthums Mutter. Auf Morästen
Säet der Landmann, und Heerden blöcken

Auf dürren Heiden. Griechischer Kunstgeschmack
Beseelt den Preußen. Seinen Anakreon,
Und seinen Pindar, hört Apollo,
Staunend in Nordischen Wäldern singen.

Aus tausend Quellen strudelte Friedrichs Gold;
In tausend Flüssen strohmt es ihm wieder zu.
So rollet von und zu dem Herzen
Ab und zurück der Saft des Lebens.

Verkriechet euch Despoten! Was schauet ihr
Ihm ins Gesicht? Er tränkte den Schmeichler nicht
Mit Waisenblut; und feile Dirnen
Mästet' er nicht mit dem Mark des Bürgers.

In seinem Kerker faulte der Denker nicht;
Sein Censor fraß nicht, gleich dem Getreidewurm,
Der Schriften Kern aus, daß die Hülsen
Schmachtenden Lesern den Gaumen rizten.

Sein Glaube war nicht künstliches Wortgeweb,
Nach keines Wurmes dreistem System geformt,
Nicht millionenfach durchflochten;
Einfach, wie Gott und die Wahrheit war er.

Das Beste thun, war seine Religion;
Sein Opfer rastlos wirkende Thätigkeit;

Die Welt sein Tempel; seine Priester
Herzberg und Karmer, der Brennen Solon.

Sey Mensch, sey Bürger, sprach er: das Innere
Des Herzens und der Meynung richte der,
Zu welchem Moses, Zoroaster,
Christus und Muhamed rufen: Vater!

Verheerte Friedrichs Jäger die Hoffnungen
Des Landmanns, spottend? war nicht die höchste Lust
Des Weisen, in der dunkeln Vorwelt
Tiefen bey nächtlicher Lampe graben?

Dort fand er dich allmächtige Herrscherkunst,
Die auf dem Wohl des Ganzen ihr eignes baut,
Bedächtlich eilet, und ihre Wunder
Wie die Natur in der Stille wirket.

Groß sind die Wunder Friedrichs, groß und viel! —

73.

Mein Heiliger.

(Odeum Friedrichs des Großen, herausgeg. von E. J. Koch. S. 77.)

Laßt Pius selig sprechen, wen er will:
Mein Heiliger ist Er! —
Warum er's ist? —
O Fremdling in Europa, der du fragst,
Und Friedrich, ihn, den Einzigen, nicht kennst! —
Weil er Gedanken dacht' in seinem Geist,
So viel und groß, als noch vom Anbeginn
Bis diesen Tag in keines Königs Geist
Zusammenkamen; weil sein fühlend Herz,
Für alle Lieb' und Freundschaft offen, nur

Sein Glück in seines Volkes Freude fand,
Und keinen duldete, der zwischen ihm
Und seinen Kindern eine Scheidewand,
Vom Landesvater sie zu trennen, zog;
Weil, im Gefühl der angebornen Kraft,
Und ohne vor dem Lichte bang' zu seyn,
Er Licht und Recht und freye Thätigkeit
Mit starkem Arm beschüzte; weil sein Reich
Die Zuflucht des verfolgten Denkers war;
Weil er, gleich groß im Frieden und im Krieg,
Wohin der Blick ihm folgt, im ersten Rang
Der Helden und der Friedensfürsten glänzt;
Weil seine Tugend, nicht erzeugt vom Stoß
Der flüchtigen Gefühle, Grundsatz war,
Und ihn, auf seiner großen Ehrenbahn
Zu gehn mit festem Tritte, leitete;
Weil er, der späten Welt ein Wunder noch,
Dem einen Plan, den in der Einsamkeit
Auf Rheinsbergs Fluren sich der Jüngling schuf,
Bis zu des Lebens leztem Odem treu,
Ein halb Jahrhundert That auf That gehäuft;
Weil er, der Menschheit Ehre, seine Welt
Auf höhern Stufen der Vollkommenheit,
Als er sie fand, nach sich zurücke ließ:
Seht, darum ist, wenn je ein Heiliger
Auf Erden war, Er mir mein Heiliger.

Und überall, in allem um mich her,
Wohin ich blicke, webt und wirkt sein Geist!
In all der großen Ordnung seines Reichs,
Die stäts noch, wie die Räder der Natur,

Im Stillen ihren Gang geht, lebt sein Geist!
In allen Männern, die er bildete,
Zum Denken oder Handeln, lebt sein Geist!
Im Glück der Brennen, die ihr Vaterland
Mit keinem andern tauschten, lebt sein Geist!
Im Muth der Helden, die noch immerdar
Europa's Ehrfurcht und sein Muster sind,
Lebt Er! und Er im unerschrocknen Muth
Des Wahrheitforschers, der das helle Licht,
Das er uns gab, durch keine Barbarey
Verdrängen lassen will! In allem Er,
Durch That, die seine Zeit erschütterte,
Durch weise Schrift, die offen vor uns liegt;
Unsterblich hier in tausend Wirkungen,
Und dort in seinen Freuden, wo er jezt
In höhern Sphären gröſsre Thaten thut!
Da stehe dann Bild meines Heiligen —
Daß ich mit Andacht oft in meinem Geist
Hinan an seine Gröſse schaue! — Bild
Des Einen, der vor allen Königen
Der König hieſs und heiſst und heiſsen wird,
Wenn alle Heiligen, die Pius machte,
Verschattet längst und längst vergraben sind!

74.

Zwey populäre Gedichte in Jamben.

1. An die Fürsten.

(Kleine vermischte Schriften von Mnioch, 1. B. S. 268.)

Ihr Fürsten! endlich hat nach mehr als Einem
Jahrtausend, hat nun wieder eine Republik

So manche That verübt, wie man sie sonst
In Despotien nur, zuweilen auch
In einer Monarchie, beweinen mußte.

Beym ersten Anblick jener Schreckensscenen
Der neuen Republik jenseits des Rheins,
Vergessen wir, dafern wir es vergessen —
Die Thaten eines Philipp, einer Katharina
Von Mediçes — den langen heiligen Staatskrieg
Der beiden Ferdinande, — Ludewig
Den Plünderer, den Testament=Erschleicher, —
Der Fürsten Untreu' gegen Fürsten, im zerhauenen
Pragmatischen Bündniß — alles Blutvergießen,
Das Rauben, Brennen, Schänden jener sieben Jahre,
Die noch das Vaterland in manchem Gliede fühlt —
Die arme Christenschaar aus Rußland, Böhmen,
Ungarn und Oesterreich, die unterm Stahl
Des Antichristen fiel, die Pest, die sie verzehrte,
Und alles Menschenblut, das auf den Gassen
Von Ismael hinauf gen Himmel schrie.

Doch bald, wenn das erschrockene Auge nun
Mit kälterem Blick noch einmal nach der Seine
Zurücke schaut; seht, so erinnert uns
Das Miniaturgemälde an die großen
Originale, die noch lange nicht
Erreicht sind.

Laßt uns doch, Ihr Fürsten,
Aufrichtig seyn: vergönnet uns zu wissen,
Daß noch bis jezt (zeigt uns das Gegentheil!)
Bis jezt noch keine Monarchie der Welt

Ihr stolzes Wort erfüllte, ihre Menschen
Zufriedner, glücklicher, — versteht sich auf die Dauer!
Zu machen, als die guten Leute selbst
In einer demokrat'schen Republik
Sich machen können; — daß im Gegentheil
So manches Königreich an den Gebrechen beider
Regierungsformen krank darnieder lag.
Nur freylich hört ihr nicht das Weheschreien
Der Unterdrückten, die nicht schreien dürfen!
Die Nachwelt aber, und Ihr selbst, Ihr Erdengötter,
Deckt eurer Vorfahren hundert blut'ge Schäden
Uns auf; — Ihr redet selbst von Ungerechtigkeit,
Von Unterdrückung, wenn ihr von den Fürsten
Der Vorzeit redet, und dem Enkel nehmt,
Was seine Väter euren Vätern nahmen.

Ihr tadelt jezt mit einem Herzen, das
Euch Ehre macht, die Thaten Frankreichs, wo
Seit kurzem erst die zügellose Freyheit
Mit den Gesetzen kämpft. — Doch sprecht, welch ein Gesez
Erhebt Ihr selbst zum Richter eures Streites
Mit andern Fürsten? (Denn, nicht wahr? nur einer,
Nur einer hat in diesem Streite recht,
Dafern nicht beyde unrecht haben!) Sagt,
Durch welch Gesez entscheidet Ihr dies Recht?
Durch das Gesez der Staaten, durch Verträge,
Durch Testamente, oder Friedensschlüsse?

Wie lange disputiren eure Kabinetter?
Am Ende nehmt Ihr eure Zuflucht doch,
So gut und schlecht, wie der Konvent in Frankreich,

Zum Volk, und zwar zu seinem Kopfe nicht, —
Zu seinen tausend Armen, die es oft
Dabey verlieren muß. — Umsonst ruft Ihr
Das Recht der Staaten an: es hört euch nicht!
Eu'r Gegner spricht vom Testament, und Ihr
Von eurer Anverwandtschaft; ja, Ihr beide fordert,
Zur Garantie für einen und denselben
Großväterlichen Friedenschluß, Ihr fordert
Die ganze Nachbarschaft zum Kampf, und unsre Kinder,
Die eures Vaters Nahmen niemals hörten,
Sie bluten für ein unbestimmtes Wort,
Das er und sein Minister Lobesan
Nicht korrigirte. — Meinet Ihr, wir sind
Schon glücklich, wenn wir königliche Menschen
Uns tituliren können? oder wenn Ihr selbst,
Wenn eure eigne hohe Hand uns mit der Geissel
Des Krieges schlägt, so hätte unser Schmerz
Respect vor uns, wie vor eurer Hand?
(Daß wir uns selbst auch blutig schlagen können,
Habt Ihr gesehn: Dann aber schrein wir auch,
Wie recht ist! Wäret ihr auf Kosten
Des überguten Herzens klug, Ihr kehrtet Euch
An unser Lärmen nicht; denn jetzo merken wir,
Daß schreien hilft!) —

O meint Ihr dann, Ihr Herrn der Erde,
Meint Ihr, wir würgen unsre Brüder
Mit großer Seelenfreude, wenn Ihr uns dazu
Ein Recht gebt, das ihr selbst nicht habt? — Versucht es,
Wenn Ihr die Menschen, die sich nie gesehn,

Von welchen keiner noch den andern je
Mit einem Wort, mit einer Miene kränkte, —
Die sich als Wanderer in einem fremden Welttheil
Der Landsmannschaft erfreun, zu guter Kameradschaft
Die Hand sich bieten würden, — Wenn Ihr sie
In zweien Heeren aufführt, jedes seinen Tod
Im andern sehend, beide voller Angst,
Die bald in Wuth und Rasen übergeht, — versucht es,
Ruft jezt das Wort des Friedens Euch entgegen,
Ruft es den Heeren zu, und gönnt der Menschheit
Auf wenig Augenblicke ihren Sieg!

Seht Ihr, es sinken die gehobnen Schwerter;
Auf allen tausend Lippen wandelt sich
Der wüste Schrey: ihr Hunde! in den Namen: Brüder!
Es fliehen (habt Ihr Herzen?) beide Nationen
Sich an den Busen: statt des Blutes strömen
Jezt Millionen Wonnethränen auf
Das frohe Feld, und der gebeugte Halm
Erquicket sich, — alle Jubeldonner
Des feuernden Geschützes übertönen nicht
Die Brüderhymne der Geretteten! —
Versucht es und erkennt, daß Ihr die Völker
Zum Hasse zwingt, daß nur die Furcht allein
Euch dient, und daß in dieser Knechtsfurcht
Sich keine Seele glücklich fühlen kann.

O! Greul ist Greul, und Diebstahl Mord und Brand
Sind gleich unchristlich, ob ein König sie
Verüben läßt, ob eine Republik!
Ach, alle hunderttausend Wunden auf

Den Schlachtgefilden an der Elb und Oder
Und an dem schwarzen Pontus bluteten
Nicht weniger, als die zerhaunen Glieder
Der Franken jezt am rachesücht'gen Rhein;
Nicht freundlich sind die blutigen Gesichter
Der sterbenden, wo für das Götterrecht
Der Fürsten sich die Völker schlachten; nein,
Auch in der Uniform schmerzt ein zerschlagner Arm
Und ein zerschmettert Bein: Drum brüllen laut
Die Halbgetödteten, vergessend, daß ein König
In seinem Rock sie sterben läßt, — sie brüllen
Laut, wie die Franken, die in eignen Kleidern
Den Geist aufgeben! —

O, in diesem Schmerz
Im Blute, das aus tausend Wunden strömt,
In dieser Todesangst, in diesem Brüllen
Der Qual und der Verzweiflung, hier erkennt,
Zum mindsten hier, — die Brüderschaft der Menschen,
Der Völker Brüderschaft, und thut, was Ihr versprecht,
Ihr Fürsten macht uns frey und glücklich, — sichert
Das Eigenthum, das Leben eurer Kinder, gebt
Uns einen Frieden, den Ihr selbst nicht brecht,
Ihr Stellvertreter aller Nationen
Europa's, übertreft den Nationalkonvent!
Seyd weiser, streitet nicht, und wenn Ihrs thut,
So appellirt, — Ihr seyd ja Selbstregenten,
Und haßt denselben Kunstgriff an den Franken! —
So appellirt nie an den Pöbel, nie ans Volk
Und seine Fäuste! Hört! Ihr Menschen, auf die Stimme
Der Menschlichkeit, und laßt in euern Kabinettern

Die Jünger Marats, oder seine Meister
Nie zu Euch sprechen: „für den Flor
Der Staaten, Herr, und für das Gleichgewicht
Der großen Republik Europa sind,
So will's die Politik, sind einige tausend Leben
Dem Krieges=Moloch wieder aufzuopfern."
Kurz, seyd gerechter, als die Jacobiner,
Die Ihr verdammt! und — Gott soll Richter seyn —
Auch wenn wir jenen Eid des ew'gen Angehörens
Nicht leisten, (ach den oft die frommen Väter
Vergebens schwuren, weil die Kinder ihn
Durch einen andern brechen mußten) ja
Auch ohne diesen Eid, — ein gar zu ernsthaft Spiel! —
Steht sicher dann Eu'r Thron! —
O glaubt es uns,
Wir lieben unser Leben auch, wir haben Sinn
Für Ruh und Glück, und für den ungestöhrten
Genuß der Güter, die wir oft mit Thränen
Und blut'gem Schweiß erwerben, — ach, wir wohnten
So gern in unsrer Hütte, bauten unser Feld,
Umarmten unser Weib, erzögen unsre Kinder,
Und sängen Eurem Gott und unserm Gott,
Im seligen Gefühl, daß er ein guter Vater
Der Menschen ist, ein friedliches Te Deum.

Wollt Ihr uns glücklich machen, könnt Ihr es,
So rechnet darauf, wir bieten euch die Hand
Zu dieser Arbeit! Doch, vor allen Dingen —
Wähnt nicht, daß wir uns freuen werden, wenn
Ihr unsre Väter, Brüder oder Kinder

Für unser Wohlseyn schlachtet und die Aecker
Mit ihrem Blut uns segnet.

Lernet doch
Euch brüderlich vertragen, seyd doch selbst,
Was ihr von uns verlangt! —

Gut, Ihr versprecht es uns,
In diesem Kriege; denn Ihr redet laut
Von Ruh und Ordnung, von dem Greul der Zwietracht,
Wenn sich die Stellvertreter eines Volks,
Geblendet von chimärischen Ideen,
Von eignem Vortheil oder von Partheysucht,
Nicht einigen! Bedenkt, Europa ist
So vielmal größer als Neufranken, und
Wenn Ihr Euch streitet, wüthet dreißig Jahre
Und sieben Jahre, ach, so wüthet ja
In einem fort das Schwert, es ströhmet Menschenblut
In die zertretnen Erndten oder zischt
In wilden Flammen angesteckter Hütten.

Dies Blut sey Christen- oder Türkenblut,
Es fließe dem durch Trug und Hinterlist
Erzwungenen Testamente Karls des zweiten
Von Spanien, es fließe dem zerrißnen
Pragmatischen Bunde, oder dem Projekt,
Den Antichristen aus der Christenwelt
Hinaus zu ängstigen, — es ist doch Blut der Unschuld!

O zehentausend Mann sind zwar für den,
Der hunderttausend in das Treffen führt,
Das Zehntel nur; doch sind es so viel Leben,
Und, wenn sie sterben sollen, muß der Tod

In wenigen Minuten tausendmal sein Amt
Verwalten; — tausend Herzen sind es, die
Am Boden zucken, tausend Sterbeseufzer drängen
Sich durch das Blut empor, aus tausend Kehlen!
Sie drängen sich empor, und werden einst
An jenem Tag des Welten-Brandes, werden
Wie glühende Winde auf das nackte Haupt
Des Mannes treffen, — sey er König oder
Der Jacobinerrotte Erster! der mit kaltem Blut
Fürs wohl erkannte Unrecht seine Kinder,
Und seine Brüder zu der Schlachtbank führte;
Denn Politik entschuldigt dort nicht mehr! —

2. Plakat an die Völker.

Sind einst durch Friedrich Wilhelms Macht und
weise Güte,
Die Franken wieder in das sanfte Joch
Der Ruh und Ordnung eingespannt, und ist
Bis auf den lezten Mann die Jacobiner-Rotte
Vertilgt; so wird — o glaubt es dem Propheten! —
Im stillen Frankreich keine Thräne mehr,
Kein Blut mehr fliessen — — für die Jacobiner. — —
Ja, sollten in der ungeheuren Republik
Europa, sollten gar die angebohrnen
Repräsentanten jedes Reichs, die Fürsten,
Sich friedlicher und weiser in einander fügen,
Und auf der Wahrheit Stimme leiser horchen,
Als der betäubte Nationalkonvent
In Frankreich; o so kommt die Zeit

Die sel'ge Zeit, des Himmels Vorschmack, wo
Es keine Schmeicheley ist, wenn zu seinem Fürsten
Ein Dichter sagt: Herr König, wir sind glücklich!

So würd' ich, wenn ich Dichter wäre, jezt
Den Blick gekehrt in eine beßre Zukunft,
Zu unserm Friedrich Wilhelm sprechen: denn
Mit allen Fürsten von Europa ist
Auf ew'ge Zeiten nun sein Haus verbunden;
Es streitet für sie alle, und sie werden
Nie diese Wohlthat Ihm vergessen, nie ein Schwert,
Sein Reich zu theilen, aus der Scheide ziehn!

Nur nach dem kurzen Kampf mit wilden Demokraten,
Nur hier noch wen'ge Tropfen Blut mit Freude
Verspritzt! die Könige, — glaubt es ihrem Eckel
Vor allen blut'gen Thaten der Neufranken, —
Die Kön'ge haben sich zu einen ew'gen Frieden
Die Hand geboten. Niemals werden sie
Den Nationalkonvent der Unverständigen
Im Nationalkonvent Europens wiederholen; niemals
Geschieht nun wieder für die Monarchie,
Was, für die Republik gethan, den Abscheu
Und selbst den Fluch des Biedermanns verdiente.

Ja Völker, wenn jezt eure Herrscher siegen,
So habt ihr wahrlich für euch selbst gesiegt!
Im Friedensschlusse seh ich diesen Schwur
Schon eingezeichnet: „Wir, Monarchen von der Gottheit
„Zum Beyspiel unsern Völkern aufgestellt,
„Entschließen uns als unabhängige

„Repräsentanten aller Nationen
„Europa's, gleich gerecht, gleich weise, gleich verträglich
„Zu seyn — damit fort an in dieser großen
„Aristokrat'schen Republik und allen ihren
„Munizipalitäten nie die Wuth
„Des Krieges, der noch weniger für Gesetze,
„Für Recht und Pflicht ein Ohr hat, als ohnlängst
„Der Haufe wilden Pöbels in Neufranken, —
„Die gute Ordnung, Ruhe, Sicherheit,
„Den stillen Fleiß, den frohen Gottesdienst
„Der Völker störe. — Ausgenommen sind
„Die Kriege gegen Republiken, die
„Sich nicht entschließen wollen, auch so glücklich
„Zu seyn, als wir die Menschen auf der Erde,
„Wir Gottes Abgesandte, machen können.
„Denn glücklich, glücklich machen, das ist unser Amt; —
„Und ob wir gleich so recht nicht wissen, was
„Ein jedes Menschenherz in unserm Reich
„Zu seinem Glück bedarf; so ists doch wahr,
„Daß gegen Krieg und theure Zeit und Pest
„Die ganze Christenheit mit Inbrunst betet.

„Von nun an soll von allen Erdengöttern keiner
„Den andern einer Ungerechtigkeit
„Beschuld'gen (wie ohnlängst die Kaiserin
„Der Reussen unserm guten Friedrich Wilhelm
„Gethan); denn das macht Uns verdächtig, stöhrt den Glauben
„An Uns, und bringt den frommen Christen mit
„Dem guten Unterthan in einen bangen
„Gewissensstreit. — Wir wollen unsre Händel

„Auch nach Gesetzen, wie das Volk, und zwar
„In ruhigen Gesprächen weislich enden;
„Und unsern Völkern geben wir hiemit
„Das Recht, Uns ihren Arm, ihr Schwert, ihr Blut,
„Kühn zu versagen, wenn wir anders wollen!
„Dies schreiben wir in Gottes Gegenwart
„Und wer von unsern Söhnen oder Enkeln diesem
„Artikel widerspricht, hört auf, ein Fürst zu seyn,
„Ist nicht ein ächter Abgesandter Gottes,
„Ist unsrer Weisheit, unsers Blutes nicht,
„Verdient im Jakobinerklub zu sitzen.

75.

Beim lesen der neuen Göttergespräche Wielands.

(Gleim)

Was alle Könige von Wieland lernen sollten,
Wenn sie auf ihren Thronen so,
Wie er auf seinem Stuhl, des Erdelebens froh
Bis an ihr Ende werden wollten?
Von ihm, ders recht versteht, des Lebens sich zu freun?
Sie sollten lernen — Väter seyn!

76.

Die Zeiten ändern sich!

Der große Heinrich sprach: —
Ihr Fürsten seht nicht sauer! —
Ich will daß der geringste Bauer

In meinem Reich ein Huhn
In seinen Topf soll Sonntags thun.

Jezt gilt oft andres Procediren:
Der Fürst betrügt ums Huhn den armen Tropf;
Für Exekutionsgebühren
Nimmt der Herr Amtmann gar den Topf.

77.

Der Bauer
an seinen durchlauchtigen Tyrann.

(Bürger)

Wer bist du Fürst, daß ohne Scheu
Zerrollen mich dein Wagenrad,
Dein Roß zerschlagen darf?

Wer bist du, Fürst, daß in mein Fleisch
Dein Freund, dein Jagdhund, ungebläut
Darf Klau und Rachen haun?

Wer bist du, daß durch Saat und Forst
Das Hurrah deiner Jagd mich treibt,
Entathmet wie das Wild? —

Die Saat, so deine Jagd zertritt,
Was Roß und Hund und du verschlingst,
Das Brodt, du Fürst, ist mein!

Du Fürst hast nicht bey Egg' und Pflug
Hast nicht den Erndtetag durchschwizt.
Mein, mein ist Fleiß und Brodt!

Ha, du wärst Obrigkeit von Gott?
Gott spendet Segen aus; du raubst!
Du nicht von Gott, Tyrann! *)

78. Die

*) Seit Gott uns solche Brut zu Königen auf Erden:
So kann der Teufel auch noch sein Gevatter werden.

Man sehe die 2te Abtheilung des 4ten Packs meiner Briefe über den Feldzug des Herzogs von Braunschweig, S. 478. — Daß übrigens Bürgers Bauer auch noch heutzutage für einige Gegenden nicht zu viel sage, beweisen die Aktenstücke zu der Hodenbergischen Jagdsache, in den Annalen der leidenden Menschheit von S. 124 — 149. — Was für Unruhen eben Jagdsachen noch ohnlängst in einigen Gegenden von Sachsen erregt haben, weiß man, aber daß blos Jagdbediente den Anwachs des Wildes und den dadurch entstandenen Schaden für den Landmann verschuldet haben, und dieß wider die ausdrücklichen und väterlichen Maasregeln des gutmüthigen Fürsten, weiß ich aus den Nachrichten ansehnlicher und glaubwürdiger Hauptleute bey der Sächsischen Armee. Ueberhaupt weiß ich neuere Thatsachen genug, welche es unwidersprechlich darthun, daß zum Ruhehalten der Unterthanen es nothwendig ist, selbst mit zuzusehen: ob die väterlich gegebnen Befehle auch pünktlich ausgeführt und nicht von hartherzigen Unterbedienten nachtheilig modificirt oder gar unterschlagen werden. Der Erfolg vom Gegentheil schadet am Ende der Ruhe des Landes eben so sehr, als der Ehre des Fürsten und seiner Regierung. Wie leicht wäre es, von Seiten der Jagd, den Bauerstand überall zu beruhigen, wenn man nur überall eben die Vorkehrungen treffen wollte, welche darüber im Preußischen schon lange rühmlich getroffen sind. Warum achtet man nicht überall, wie hier, die Menschen höher als das Vieh, zumal wildes? Oder verstehet man nicht überall die Kunst genug, die Menschen für und wider Menschen und Thiere so zu benutzen, wie dort? Der Erfolg davon, dächt' ich, hätte schon längst es überall bewirken können darauf etwas ernsthafter zu merken, um, wo nicht durch Lehre, doch durch Schaden klüger zu werden! —

78.

Die Regententafel.

Ein Fürst von ganz gemeinem Schlage
Verpraßte jüngst viel Gold an einem Gallatage,
Und Jung und Alt stand ohne Zahl
Im ungeheuren Speisesaal,
Um sich am Schlemmen und am Prassen,
Der Leutchen, die zur Tafel sassen,
Einmal recht satt zu sehn. Der Hoffurier,
Der wie ein Spürhund dort und hier,
Und hier und dort herumtrottirte,
Und manchen Gaffer kujonirte,
Nahm mitten unter dieser Schaar
Auch einen schlichten Bau'r gewahr.

„Was wollt denn ihr, ihr Grobian?"
Fuhr er wie Cerberus, ihn an.
„Herr, sprach der Bauer, seyd so gut,
„Und laßt mich noch ein Weilchen stehn,
„Will mich nicht mucken, will nur sehn,
„Wie man hier unser Geld verthut!"

79.

Hinz und Kunz.

Hinz: Was doch die Großen alles essen!
Gar Vogelnester; eins, zehn Thaler werth.
Kunz: Was? Nester? hab ich doch gehört,

Daß Manche Land und Leute fressen.

Hinz: Kann seyn! kann seyn, Gevattersmann!
Bey Nestern fiengen sie denn an.

80.

Die Palläste.

(Hallisches Wochenblatt zum Besten der Armen, 1784. S. 32.)

Siehst du die prächtigen Palläste,
Den Schauplatz wundervoller Feste? —
So schön war Salomonens Tempel nicht!
Da wohnen sie, die Götter dieser Erde,
Die Götter krank an Lendengicht,
An Podagra und Steinbeschwerde!

81.

Ueber die Gebäude der Großen.

(Gedichte von Götz, 3. Th. S. 198.)

In diesen Schlössern von Porphyr
Wohnt manche Vaterlandes-Zier,
Wohnt mancher feine Gott auf Erden,
Um künftig durch das Zipperlein
Und dessen Helfersmann, den Stein,
Standsmäßig umgebracht zu werden.

82.

Das böse Gewissen.

(Terpsichore 1. Th. S. 19.)

Den Mächtig-Reichen nennst du den Glücklichen?
O Florian, auch unter der glatten Haut

Verbirget Mancher tiefe Foltern,
Die den Verbrecher im Innern quälen.

Der Schuldge büßet, glaub' es, die Schuld zuerst
In sich. Sie fodert Rache; die Nemesis
Wird er sich selbst. O welch ein Ruhbett
Wiegete je ein beschwert Gewissen

In sanften Schlaf ein? welche der Tafeln ist
Ihm frey von Giften? Flöge der Goldfasan
In seine Schüsseln; schenkte Bacchus
Selber ihm ein die erlesne Traube;

Bey frohen Gästen brütet er unmuthsvoll,
Versenkt in tiefes, trauriges, eigenes Weh.
Wie der verdammten Schatten Einer
Kostet er Alles mit stumpfem Zahne.

Im Schoos des Friedens träumet er Feinde sich;
Vom Lictor träumt ihm, der mit dem Beile droht,
Ihm selbst, dem Consul, weil er Consul-
Marius ist, und sein Herz ihn richtet.

83.

Verschiedene Todesarten.

(Sinngedichte — an der Böhmischen Gränze 1776. S. 26.)

Ein jeder stirbt nach seiner Mode:
Der süße Herr liebt sich zu Tode,
Cartouche sterben in der Luft —
Pfuy, eine häßliche Methode! —
Den Geizhals bringt die Furcht vor den Dieben in die Gruft.

Der Hunger — Möchten doch die Fürsten hier erröthen! —
Verkürzt die Tage der Poeten;
Der Britte wählt den Strang, und stirbt zum Zeitvertreib;
Doch welches Uebel pflegt den hochgebohrnen Leib
Der Großen dieser Welt zu tödten?
Mätressen, Carneval, Champagner und Pasteten.

84.

Balsamiren.

(E. Moses Kuh.)

Balsamiren thut zwar viel,
Nur erreicht es nicht sein Ziel:
Zeit und Fäulniß dräuen
Auch den besten Spezereyen;
Und ergreift euch erst ihr Zahn,
Dann, ihr Großen, ists um euch gethan.
Drum — darf ein Jude rathen! —
Balsamirt euch hübsch mit Thaten!

85.

Das Leichenbegängniß.

(Terpsichore 1. Th. S. 143.)

Freylich lieget es viel daran,
Daß die Leiche mit Pracht unter die Erde geh!
Daß in Salben und Byssus noch
Dein Entseelter sich stattlich verherrliche!
Ach, wie geht der Zufriedene

Fröhlich, wo es auch sey, hin in die gütge Nacht.
Jeder Winkel der Erde wird
Ihm ein Königspallast, wenn er in Friede ruht. —
Alles sammlet in ihren Schooß
Sie, die Alles gebahr, jeglicher Asche gleich
Günstig. — Wird mir ein schmaler Raum,
Und ein Rasen darauf, wird mir im Tod gnug.
Ferne sey dem Bescheidenen
Die barbarische Pracht, die mit den ehernen
Schicksalstafeln zu kämpfen scheint,
Und den hungrigen Wurm länger nur an sich lockt.
Ach vergebens umduftet den
Leichnam theures Gewürz, Myrrhen und Kasia,
Wenn ihn edlere Salben nicht
Aus dem Moder der Nacht und der Verwesung ziehn.
Nero's Asche, sein Name schon,
Athmet bösen Geruch; aber Fabrizius,
Brutus, Cato, Britannikus,
Wo verscharret sie seyn, leben im Herzen, sind
Aller Redlichen Wohlgeruch.
Freund die Baare! sie kennt einig und ewig nur
Eine Würze; sie heißt — Verdienst.

86.

Das Schachspiel.

(Terpsichore 1 Th. S. 6.)

Warum schlagen wir noch Bücher und Blätter auf?
Alle Lehre Sokrats über die Nichtigkeit

Unsres Erdegedrängs lehret im Spiel uns hier
Ein mit Puppen besetztes Brett.

Siehst du, Freund, wie das Glück Würden und Aemter theilt?
Wie's die Plätze bestimmt? Wie sie im Wechsel sind?
Freund, so spielen auch wir, selber ein Spiel des Glücks,
Ungleich, aber im Ausgang gleich.

Mächtig stehet Ein Heer gegen das Andre auf;
Hier Trojaner, und hier tapfrer Griechen Reihn,
Stark mit Thürmen verwacht. Muthige Ritter stehn
Vor den Thürmen. Es schweigt das Heer.

Wartend schweigt das Feld: denn die Gebieter sind
Noch im Kampfe mit sich, sinnen Entwürfe. Furcht
Und die Ehre gebeut. Jetzo beginnt die Schlacht,
Arme Bauren, in euren Reihn!

Schau, sie fallen dahin. Siehe, mit ihrem Blut
Wird der Lorbeer erkauft. Ihre Gefilde mäht,
Ihre Hütte beraubt Jeder der Streitenden:
Sie nur haben die Schuld verübt.

Armer Corydon, Du! Armer Alexis, Du!
Liegt und schlafet. Die Herrn stehn noch hinter euch. —
Auf dann, wapne dich Mann, wenn du gleich Bauer bist,
Werd' ein streifender Tamerlan.

Doch wer springet hervor? Listiger Springer, Du?
Aus der Mitte des Heers, über die Köpfe der
Kämpfer? Willst du zurück Parther! Es hütet sich
Vor dir schwarzen das ganze Feld.

Und doch wünschet sich auch keiner den Tod von dir,
Narr und Läufer. Du hast eine beträchtliche

Zunft in unsrer Welt. Narren und Läufern stehn
Häuser offen und Hof und Zelt.

Sieh, die Königinn regt, als Amazone, sich,
Geht, wie ihr es beliebt: Damen ist viel erlaubt.
Vor ihr weichet hinweg Ritter und Elephant,
Bauren, Porus und Hannibal.

Alles weichet der Macht weiblicher Krieger, die
Viel begehren und viel wagen. Sie kennen nicht
Das Zuviele. Die jezt ihren Gemahl beschüzt,
Ists, die jetzo den Herrn verräth.

Schach dem Könige! Tritt, höchster Gebieter, selbst
Von dem Platze der Ruh. Traue die Majestät
Nicht Beamten allein, nicht der Gemahlin an;
Aber, leider, es ist zu spät!

Schach dem Könige, Schach! — Siehe geendet sind
Unsre Züge: Du siehst Ritter und Bauern jezt
König, Springer und Narr hier in der Büchse Grab
Durch- und über einander ruhn.

Also gehet die Welt! Lictor und Consul geht
In die Büchse; der Held und der Besiegete.
Du vollführe dein Amt; spiele des Lebens Spiel,
Das ein Höherer durch dich spielt.

87

Die Thronen.

(Terpsichore 1 Th. S. 21.)

Ist dem also? So ists! Es stürzen die Trümmer der Reiche,
Wenn lange sie den Fall gedroht,
Ueber der Könige Haupt.

Dann stehn Wunden und Beulen, die sonst die Krone bedeckte
Und Schmeicheleyen lang' genährt,
Offen dem Auge der Welt.

Keine Edelgesteine, kein Glanz des tyrischen Purpurs,
Kein Sternefunkelnd Diadem
Lindert den brennenden Schmerz.

Also ist es! Zur Lust ist nicht die Krone geschaffen:
Der Völker Last, in sie geknüpft,
Drücket und eitert zulezt.

Gebe, Jupiter dann den Königen prächtige Kronen!
Mit weichern Kränzen zieret uns
Dichtern Apollo das Haar.

88.

Ueber die Könige.

(Götz.)

Traue dem, was die Welt dir verheißt, in Ewigkeit nicht mehr;
Denn ihr Schimmer ist Glas, ihr Wohlstand gleichet dem Meere,
Dessen sanfte Ruh bald ein Sturmwind trübt.
Müde der Eitelkeiten, laß uns ihnen entsagen....

Ach, vergebens bringt man, den Durst nach Ehre zu stillen,
Bittre Verachtung zu dulden, und knechtisch die Knie zu beugen,
Bey den Königen seine Tage zu:
Sie vermögen ja nichts; sie sind wie andere Menschen,
Sind wahrhaftige Menschen,
Sind so sterblich, wie wir.

Ist die stolze Seele dem Körper entflohen, so sinkt auch
Der beneidete Glanz der Krone, des Purpers, womit sie
Eine blöde Welt blendeten, in Staub;
Und in den Mausoleen und Pyramiden, wodurch sie
Nach dem Tode stolzieren,
Sind sie Würmern ein Mahl.

Jene Nahmen der Friedensvermittler, der Donnerer des Krieges,
Der Beherrscher der Erde, verlieren sich, wenn sie der Zepter
Eben so beraubt als der Schmeichler sind,
Und ein gemeinsamer Sturz mit ihnen allen hinabzieht,
Die, gleich Sklaven, dem Wagen
Ihres Glückes gefolgt.

89.

Beym Grabe eines Mächtigen.

(Terpsichore 1. Th. S. 140.)

Hieher, im großen Kerker Gefangene,
Und lernt im kleinen Kerker gefangen seyn.
All' eure Freyheit, eure Willkühr
Schließet sich hier in die enge Bucht einst.

Ein schmaler Winkel und ein Gemach von vier,
Fünf Brettern wird dann euer Verbannungsort;
Wo sind nun eurer stolzen Schlösser
Prächtige Säulen- und Marmorgänge?

Wo eure Länder, die mit ermattetem
Gefieder kaum in Jahren der Adler sah?

Wo jene Namen eurer Ahnen,

Die von dem blutgen Tyrannen Urahn.

Gerüche zogen lange Jahrhunderte —

Wo schwimmen jezt die Blasen? Der Ruhmesdampf,

Der ausgestoßen aus Trommeten

Ueber Gestirnen und Völkern hinzog,

Und Euer Bauch, das große Geschäft der Welt,

Wo ist er? Wer doch lieset die Austern jezt

Für euren Gaum aus? Welche Flasche

Aeltesten, köstlichen Weins behagt Euch?

Und welche Baumfrucht? Etwa der fernesten

Lustbissen Einer? Seit ihr die alte Frucht

Aus Morgenland, den Adamsapfel

Tödtlich genossen; und Euer Erbe,

Undankbar=freudig, was ihr verlohrt, besizt.

Er theilt nach seinem Plane den Pallast aus,

Und hüpft auf deinem Grab, o Schädel,

Reisset die Titel hinab und tritt sie

Mit Füßen; trägt Goldketten, indeß dich hier

Die Schlang' umwindet; trinket den edlen Wein

Aus Goldpokalen, da dich, Asche,

Keiner der Tropfen des Quelles labet.

Er schläft in Schwanenbetten; ein harter Stein

Ist deine Decke. Deinen ersparten Schatz

Verspendet Er, und gab dir keinen

Obolus unter die starre Zunge.

Wenn Er Dir Thränen schenkte, da Du, sein Haß

Sein lieber Haß zu Grabe getragen wardst;

So waren es erkaufte Thränen
Drey aus dem Lethe geschöpfte Tropfen.

O Nichtigkeit der Dinge! Du eitle Macht!
Du Spiel der Hoheit! Träume der Träume, die
Aus Ritzen jener Trugespforte
Wieder zurück in die Ritze schlüpfen.

90.

Auf die Leiche eines Regenten.

(Schubarts sämmtl. Gedichte 1. B. S. 234.)

Seyd ihr, Götter dieser Erde,
Seyd ihr Menschenstaub, wie wir?
O, so zittert! Der Gefährte
Eurer Größe lieget hier.
Steigt von goldnen Stufen nieder
Zu den Särgen eurer Brüder;
Denkt beym Leichenpompe heut
Auch an eure Sterblichkeit.

Habt ihr, wenn der junge Waise
Vor euch klagte, ihn gehört?
Und den fetten Bauch vom Schweiße
Einer Wittwe nie genährt?
Seyd ihr willig, reiche Sklaven
Schwarzer Laster zu bestrafen?
Helft ihr auch dem Tugendfreund,
Wenn er hülflos vor euch weint?

Fröhnt ihr selber nicht den Lüsten,
Die ihr scharf an Andern straft?

Seyd ihr Bürger, seyd ihr Christen?
    Seyd ihr weis' und tugendhaft?
Sieht man nie von stolzen Höhen
Euch verächtlich niedersehen?
    Kennt ihr eure Ritterpflicht?
    O, so kommt und zittert nicht!

Denn hier schlummert ein Regente,
    Der Verlaßnen Gutes that,
Und die richterlichen Hände
    Nie mit Blut gefärbet hat;
Der auf Lasterthaten blizte,
Und der Wittwen Recht beschüzte;
    Der dem Waisen und der Noth
    Willig seine Hände both.

Unpartheyisch, wie der Sonne
    Warmer, segenschwangrer Strahl,
Der den Eichen ströhmet Wonne,
    Wie dem Veilchen in dem Thal,
Strahlt' von seines Stuhles Höhen
Allgemeines Wohlergehen
    In der Reichen Marmor=Haus,
    Wie in arme Hütten aus.

Noch in halbentnervten Händen
    Trug er den Regentenstab,
Und das Schwerdt an schlaffen Lenden,
    Das Gerechtigkeit ihm gab.
Und wie Helden, wenn sie sterben,
Sprach er ohne zu entfärben:

Gott, hier ist die schwere Last,
Die du mir vertrauet hast!

Aufgelöst in Thränen, schwanken
Arme hinter seiner Bahr;
Stimmen der Verlaßnen danken
Ihm, der ihre Stütze war.
Goldne Zierde deines Standes,
Vater unsers Vaterlandes,
Unser unerkauftes Ach
Fliege deiner Seele nach!

Große, hebt die Angesichter
Ueber jene Sternenbahn!
Dorten trest ihr euren Richter,
Wie der ärmste Bettler, an;
Ihn, vor dessen Ungewittern
Auch der Cedern Wipfel zittern.
Drum so übt noch in der Zeit
Tugend und Gerechtigkeit!

91.

Die Fürstengruft.

(Schuberts Gedichte 2. B. S. 73.)

Da liegen sie, die stolzen Fürstentrümmer,
Ehmals die Götzen ihrer Welt!
Da liegen sie, vom fürchterlichen Schimmer
Des blassen Tags erhellt!

Die alten Särge leuchten in der dunkeln
Verwesungsgruft, wie faules Holz,
Wie matt die großen Silberschilde funkeln!
Der Fürsten lezter Stolz.

Entsetzen packt den Wandrer hier am Haare,
Geußt Schauer über seine Haut,
Wo Eitelkeit gelehnt an einer Bahre,
Aus hohlen Augen schaut.

Wie fürchterlich ist hier des Nachhalls Stimme!
Ein Zehentritt stöhrt seine Ruh.
Kein Wetter Gottes spricht mit lautrem Grimme:
O Mensch, wie klein bist du!

Denn, ach, hier liegt der edle Fürst, der Gute!
Zum Völkersegen einst gesandt,
Wie der, den Gott zur Nationen=Ruthe
Im Zorn zusammenband.

An ihren Urnen weinen Marmorgeister;
Doch kalte Thränen nur von Stein,
Und lachend grub — vielleicht ein wälscher Meister
Sie einst dem Marmor ein.

Da liegen Schädel mit verloschnen Blicken,
Die ehmals hoch herabgedroht
Der Menschheit Schrecken! — Denn an ihrem Nicken
Hing Leben oder Tod!

Nun ist die Hand herabgefault zum Knochen,
Die oft mit kaltem Federzug

Den weisen, der am Thron zu laut gesprochen
In harte Fesseln schlug.

Zum Todtenbein ist nun die Brust geworden,
Einst eingehüllt in Goldgewand,
Daran ein Stern und ein entweihter Orden
Wie zwey Kometen stand.

Vertrocknet und verschrumpft sind die Kanäle,
Drin geiles Blut, wie Feuer, floß,
Das schäumend Gift der Unschuld in die Seele,
Wie in den Körper goß.

Sprecht Höflinge mit Ehrfurcht auf der Lippe,
Nun Schmeicheleyn ins taube Ohr! —
Beräuchert das durchlauchtige Gerippe
Mit Weihrauch, wie zuvor.

Es steht nicht auf, euch Beifall zuzulächeln
Und wihert keine Zoten mehr,
Damit geschminkte Zofen ihn befächeln
Schaamlos und geil, wie er.

Sie liegen nun, den eisern Schlaf zu schlafen,
Die Menschengeißeln unbetraurt,
Im Felsengrab, verächtlicher als Sclaven
In Kerker eingemaurt.

Sie, die im ehrnen Busen niemals fühlten,
Die Schrecken der Religion,
Und Gottgeschaffne, bessre Menschen hielten
Für Vieh, bestimmt zur Frohn;

Die das Gewissen, jenen mächt'gen Kläger,
Der alle Schulden niederschreibt,
Durch Trommelschlag, durch wälsche Trillerschläger
Und Jagdlärm übertäubt;

Die Hunde nur und Pferd' und fremde Dirnen
Mit Gnade lohnten, und Genie
Und Weisheit darben ließen; denn das Zürnen
Der Geister schreckte sie.

Die liegen nun in dieser Schauergrotte
Mit Staub und Würmern zugedeckt,
So stumm! so ruhmlos! — Noch von keinem Gotte
Ins Leben aufgeweckt.

Weckt sie nur nicht mit eurem bangen Aechzen
Ihr Schaaren, die sie arm gemacht,
Verscheucht die Raben, daß von ihrem Krächzen
Kein Wütrich hier erwacht!

Hier klatsche nicht des armen Landmanns Peitsche,
Die Nachts das Wild vom Acker scheucht!
An diesem Gitter weile nicht der Deutsche,
Der siech vorüberkeucht!

Hier heule nicht der bleiche Waisenknabe,
Dem ein Tyrann den Vater nahm;
Nie fluche hier der Krippel an dem Stabe,
Von fremdem Solde lahm.

Damit die Quäler nicht zu früh erwachen,
Seyd menschlicher, erweckt sie nicht!

Ha,

Ha, früh genug wird über ihnen krachen
Der Donner am Gericht,

Wo Todes-Engel nach Tyrannen greifen,
Wenn sie im Grimm der Richter weckt,
Und ihre Gräul zu einem Berge häufen,
Der flammend sie bedeckt.

Ihr aber, bessre Fürsten, schlummert süße
Im Nachtgewölbe dieser Gruft!
Schon wandelt euer Geist im Paradiese,
Gehüllt in Blüthenduft.

Jauchzt nur entgegen jenem großen Tage,
Der aller Fürsten Thaten wiegt,
Wie Sternenklang tönt euch des Richters Wage,
Drauf eure Tugend liegt.

Ach, unterm Lispel eurer frohen Brüder: —
Ihr hab't sie satt und froh gemacht,
Wird eine volle Schaale sinken nieder,
Wenn ihr zum Lohn erwacht.

Wie wirds euch seyn, wenn ihr vom Sonnen-Throne
Des Richters Stimme wandeln hört:
„Ihr Brüder, nehmt auf ewig hin die Krone,
Ihr seyd zu herrschen werth!“

Ueber

Hofleute und Hofwesen.

92.

Der Bär und der Löwe.

(Pfeffels Vers. 1. Th. S. 51.)

Zur Zeit des alten Chronos blühte,
Ein König auf der Thiere Thron,
So zahm, so mild, so voller Güte,
Als je des frömmsten Lammes Sohn.
Nichts als belohnen und vergeben
War dieses Fürsten Leidenschaft;
Auch ward in seinem ganzen Leben
Kein Frevler mit dem Tod bestraft.

Auf einem Zug durch seine Reiche
Traf einst der thierische Trajan
Im Schatten einer hohlen Eiche
Den ältesten der Bären an.

Man rühmte diesen Eremiten:
Er war die Fackel seiner Zeit,
Von strengen aber rauhen Sitten,
Und gar kein Freund von Höflichkeit.

Der Großherr sprach zum finstern Greise:
Ich habe viel von dir gehört,
Man sagt, du seyst der größte Weise,
Und ich erkenne deinen Werth.
Komm, folge mir nach meinem Schlosse;
Der Wechsel wird dich nicht gereu'n,
Du sollst mein Freund, mein Tischgenosse
Und mein geheimer Staatsrath seyn.

Ich danke dir für deine Gnade,
Erwiedert ihm der Philosoph,
Denn die genießt im gleichen Grade
Der arge Fuchs an deinem Hof.
Ein Schloß, das Füchse in sich fasset,
Hat für den Weisen keinen Glanz,
Und wer nicht ganz das Laster hasset,
Der liebt die Tugend auch nicht ganz!

93.

Der Fuchs und der Hund.

(C. F. Pockels in der N. Länder= und Völkerk. 1788 S. 502. Dec.)

Daß solch ein dummes Vieh, wie Job der Esel ist,
So lang und unverdient des Bären
Höchst unverdiente Gunst genießt,
Das weiß ich mir nicht zu erklären:

Sprach einst der Hund zum Fuchs.

— Ha, und das weißt du nicht?

Erwiederte der Fuchs: die Sach' ist ja bekannt!
Der Bär ist selbst ein Ignorant;
Und zweytens lobt ihn Job oft grad' ins Angesicht.

* *

Um mancher Großen Gunst zu haben,
Brauchst du nicht viel Verstand, nicht hohe seltne Gaben;
Denn diese kennen sie oft nicht.
Lobst du sie nur recht dreist ins Angesicht,
So wirst du sie zu Freunden haben.

94.

Der Hund und der Esel.

Der biedre Hund verließ die Burg des wilden Leuen.
Er traf auf einer grünen Bahn
Den sanften Junker Langohr an:
Woher? — „Ich floh den Hof.“ Warum? „Die Plackereyen
Des Sultans kränkten mich.“ Das brave Thier!
Wohlan, ich mache dich zu meinem Leiblakeyen.
Bleib hier: ich bin nicht grausam wie der Schach.

Nein, sprach der Hund mit ernsten Mienen:
Verbrechen ists, dem Wütrich dienen;
Dem Dumkopf dienen, wäre Schmach.

95.

Der Delphin und Proteus.

Nein, Proteus, nein! das kann ich nicht begreifen:
Bald siehst du aus wie wir,
Bald hört an deiner statt man eine Schlange pfeifen,
Bald brüllt ein Löw aus dir,
Bald bist du Wasser und bald Feuer —
Beym Gott des Meers, wie geht das zu?

Und das bewunderst du
Als unerhörte Abentheuer
An einem Gott? — Geh, lern die Menschen kennen,
Und dann verwundre dich!
Denn was sie einen Hofmann nennen,
Versteht die Kunst so gut, und besser fast, als ich!

96.

Die Oberstelle.

(Musenalm. 1780. von Voß und Göckingh S. 23.)

Mit Zuziehung der Ständ' etwas belieben,
Ist sonst wohl nicht der Herrn Monarchen Art;
Doch in des Löwens Staate ward
Vor kurzem erst ein Landtag ausgeschrieben.

Die Thiere standen wartend da;
Der Löwe kam. „Nehmt Platz, bitt' ich, ihr Herrn!"
Sprach der Monarch; allein, der Eine sah
Den Andern an, und keiner wollte gern
Den Anfang machen; denn die Grade

Von Rang, wie sie Pyrmont erfand,
Und noch hält, waren unbekannt;
Daher verbath ein jeder sich die Gnade
Zu sitzen, wo der Löwe saß.
Dem aber ward schon nach gerade
Die Zeit zu lang. Ihr Herren, treibt ihr Spaß?
Bey meinem Barte! wären wir
Auch bloß nur da, um uns zu divertiren,
So sollte doch kein kluges Thier
Die Zeit mit Possen so verlieren!
„Herr Esel!" — Denn auch Esel sind,
Wenn ihrs nicht wißt, zuweilen Landesstände —
„Herr Esel, setz er sich geschwind
Hier neben mich! und damit Lied am Ende!"

Welch Wesen da der Esel nahm,
Das könnt ihr leicht von selbst erachten;
Die andern Thiere lachten
Und setzten sich in Zukunft — wie es kam.

97.

Der Wahn.

(Logau, S. 511.)

Bey allen Sachen in der Welt
Ist Wahn zum Obermann bestellt.

98.

Die Oberstelle.

(Gedichte von Wilhelminen von Schlieben.)

Befremden kann michs nicht,
Daß König Leu die Oberstelle

Dem Esel giebt: denn das geschicht
Auch häufig unter uns. Doch daß der Esel nicht
Vor andern Thieren sie verlangte,
Und daß, seitdem ihm diese Stelle.
Gegeben ward, kein Thier sie mehr bezankte,
Das wundert mich auf alle Fälle:
Denn davon sehen wir an Höfen und im Tempel
Im Musensitze selbst nur selten ein Exempel.

99.

Aus Nichts wird nichts.

Aus Nichts wird Nichts! sagt die Philosophie.
Sie irrt, das gute Weib: dies wird sie mir vergönnen.
Wie hätte sonst der Herr von Sanssouci
Zum Staatsminister werden können?

100.

Das vornehme Phantom.

(Sinngedichte — an der Böhm. Gr. S. 103.)

Ihr Leute sprecht, was buckt ihr euch
Vor diesem goldnen Mann?
Was geht euch doch das Geisterreich
Mit seinen Schatten an?
Glaubts auf mein Wort, der Mann ist todt,
Sieht er gleich noch so weiß und roth.

Mit Thränen in den Augen flehn
Die Armen: Gieb uns Brodt!

Er hört sie nicht. Die Wittwen stehn
Und klagen ihre Noth;
Umsonst! der Mann hat kein Gefühl:
Der Teufel hat nur so sein Spiel.

Seht, hundert Menschen grüßen ihn;
Er danket keinem nicht.
Ihn müssen Pferd' und Wagen ziehn,
Weil ihm der Gang gebricht.
Die Treppen schleppt man ihn hinan,
Man zieht ihn aus, man zieht ihn an.

Rollt gleich das glänzende Phantom
Im Wagen stolz einher,
So stolz, als ob der Papst zu Rom
Sein naher Vetter wär:
Doch mach' ich keinen Reverenz
Vor einer todten Excellenz.

101.

Die große Welt.

(Sinngedichte — an der Böhmischen Gränze, S. 25.)

Die große Welt: die, dacht ich, möcht ich sehen.
Ich sah — und was? Vergoldete Pygmäen
Mit Kartenblättern in der Hand.
Ich hörte — und was? Viel tausend Kleinigkeiten,
Viel Scherze, welche nichts bedeuten,
Nebst artigen Ungezogenheiten,
Und kurz — die große Welt bestand
Fast größtentheils aus lauter kleinen Leuten!

102.

Die wenigen großen Männer.

(Erzählungen und Gedichte von Beukowitz. Göttingen 1788. S. 321)

Lernt je die Welt die wahre Größe kennen,
Verstand und Witz von Gold und Kleidung trennen,
Den innern wahren Werth vom stolzen äußern Schein:
Wie wenig werden dann der großen Männer seyn!

103.

Höflinge.

(Haug.)

Vertraute der Könige! Rühme sich keiner!
Je näher den Großen der Erde, je kleiner.

104.

Hofleute.

(Gedichte von Götz. 1. Th. S. 152.)

Höflinge gleichen den Steinen in ihres gnädigsten Fürsten
Hofkapelle: sie sind ziemlich geschliffen, doch hart.

105.

Ein Hofmann.

(Logau. S. 286.)

Wer redlich ist im Herzen, und mit dem Munde frey,
Der wisse, daß bey Hofe er nicht behaglich sey.
Wie man ihm vorgesprochen, so spricht der Papagey:
Wer gelten will bey Hofe, der trete diesem bey.

106.

Hofkünste.

(Logau. S. 67.)

Künste, die bey Hof im Brauch,
Faßt' ich, dünkt mich, leichtlich auch,
Wollt' erst Eine mir recht ein,
Nämlich — unverschämt zu seyn.

107.

An einen Hofdiener.

(Logau. S. 57.)

Sprich, was man von dem Hunde hält,
Der Allen schmeichelt, Keinem bellt? —
Ein Diener der die Aufsicht führet,
Nur Augen, nicht die Zunge rühret,
Wird jenem Hunde beygesellt.

108.

Hofdiener.

(Logau. S. 489.)

Was mag doch manchen Tölpel so werth bey Hofe machen? —
Man kann nicht alles wissen: oft sind es Kammersachen!

109.

Hofregel.

(Logau. S. 291.)

Non mihi sit servus medicus, Propheta, Sacerdos!

Fürsten wollen keinen Diener, welcher will, daß Trank und Essen
Sey nach Ordnung und Vermögen eingetheilt und abgemessen;

Fürsten wollen keinen Diener, welcher will zuvor verkünden,
Was auf ihr verkehrtes Wesen für Verderben sich wird finden;
Fürsten wollen keinen Diener, welcher will, daß wahre Reue
Sie von Uebelthaten beßre, und vom Fluch der Welt befreie.

110.

Hofgunst.

(Logau S. 172.)

Die Kinder lieben den, der ihren Willen thut;
Die Kinder hassen den, der ihnen zeigt, was gut:
Es kömmt des Hofes Gunst der Gunst der Kinder bey:
Man haßt den guten Rath, und liebt die Schmeicheley.

111.

Hofdiener.

(Logau S. 130.)

Hofdiener sind so schlimm, so gut, als sie der Fürst will haben:
Stäts arten sie nach seiner Art, sind Affen seiner Gaben.

112.

Erinnerungen.

(Logau S. 267.)

Große Herren wollen niemals gern Erinnerung ertragen:
Wie dem Bileam, muß ihnen oft ein Esel Wahrheit sagen.

113.

Zweyfüßige Esel.

(Logau S. 380.)

Daß ein Esel einst geredt, dieses wundert euch, ihr Leute?
Geht zur Kirche, geht bey Hof: o sie reden auch noch heute.

114.

Die Wahrheit.

(Logau S. 397.)

Bey Hofe sagt man nicht von Wahrheit allzuviel:
Es will nicht, wer es darf, es darf nicht, wer es will.

115.

Die Saat der Wahrheit.

(Logau S. 289.)

Wer bey Hofe Wahrheit säet, ärndtet meistens Ungunst ein:
Wächst ihm etwas zu von Gnade, wirft der Schmeichler Feuer drein.

116.

I-a! —

(Logau S. 30.)

Wer viele Sprachen redet, kömmt leicht bey Höfen an;
Wer redet wie der Esel, der ist am besten dran.

117.

Großer Herren Freunde.

(Logau S. 38.)

Gut trinken und gut essen,
Beleidigung vergessen,
Sich selber niemals schonen,
Nie denken ans Belohnen:
Dieß sind die seltnen Gaben,
Die Herren-Freunde haben.

118.

Hofgedächtniß.

(Logau S. 50.)

Worin man an den Höfen fehlet,
Das wird behalten und gezählet;
Doch was man heute wohlgemacht,
Daran wird morgen kaum gedacht.

119.

Frommer Herren schlimme Diener.

(Logau S. 84.)

Ist gleich ein Herr gerecht,
Doch arg des Herren Knecht,
So wird der Herr doch ungerecht,
Dieweil er hegt den argen Knecht.

120.

Gnädig und gestrenge.

(Logau S. 317.)

Fürsten soll man gnädig nennen; ihre Räthe nur gestrenge:
Jene meynen, daß nur diese, ihrer keiner, Leute dränge.

121.

Regimentsverständige.

(Logau S. 181.)

Es giebt ein Volk, genannt Statisten,
Sind von Verstand und scharfen Listen;
Doch — wie man sagt — recht böse Christen.

122.

Mächtige Diener.

Den großen Elephanten führt oft ein kleiner Mohr:
Und großen Herren schreibet sehr oft ein Bauer vor.

123.

Hofwerke.

(Logau S. 508.)

Was wohl gethan ist an den Höfen, ist von der Herrschaft selbst geschehn;
Doch, was gefehlt ist an den Höfen, hat allemal der Rath versehn.

124.

Hofmahler.

(Logau S. 239.)

Bey Hofe giebt es Mahler in Menge: diese mahlen
Gemeiniglich mit Kohlen. Man darf sie nicht bezahlen,
Man darf sie nicht erst bitten: sie thuns von freyen Stücken;
Auch darf man nicht erst sitzen: sie können's hinterm Rücken.

125.

Das schlimmste Thier.

Wie heißt das schlimmste Thier mit Namen?
So fragt' ein König einen weisen Mann.
Der Weise sprach: von wilden heißts Tyrann,
Und Schmeichler von den zahmen.

126.

Der Consul.

(Terpsichore 1. Th. S. 138.)

Sey ein mächtiger Consul; doch
Nicht im herrschenden Rom, in Lacedämon nicht.
In dir schlichte die Händel, und
Lerne kennen sie erst, eh du sie schlichten willst.
Jeden Winkel in deiner Brust
Späh mit Lynceus Blick; suche das Thule auf
Dir im Busen. Es hindern dich
Auf der forschenden Fahrt Herkules Säulen nicht.

Dringe fürder! Dahinten erst —
Fern, o ferne der Bucht, wo sich der Pöbel drängt —
Liegt die Insel der Seligen,
Ruh der Seele. Du fragst, was der Ligurier
Treibe? Erntet und sä't und trinkt
Wohl dein Nachbar für dich? O wie so Manches ist,
Was du sicher nicht wissen darfst,
Was du weise sogar siehest, als sähst du's nicht.
Laß die Flecken auf Titus Stirn!
Laß Lictoren ihr Amt, daß sie den schändlichen
Pöbel — selber mit Pöbel-Arm —
Vor den traurigen Stuhl strafender Richter ziehn.
Du durchwache die Nacht für Dich;
Keine niedrige That bringe dir Lohngewinn.
Jeder Späher und Laurer und
Argwohngeber, er mag Andern nützlich seyn;
Sich selbst ist er ein Schändlicher.
Feldherrn nutzen Verrath; doch der Verräther bleibt
Ihnen immer ein Bösewicht.
Tantals Name, noch jezt ist er dem Ohr verhaßt! —
Und vor allen abscheulich ist,
Wer an Andern straft, was er sich selbst verzeiht.

127.

Die Trunkenheit des Ohres.

(Terpsichore 1. Th. S. 89.)

Unser durstendes Ohr trinket die Rede, wie
Unser lechzende Gaum Wasser der Quelle trinkt;

Nur von welchem Gewässer,
Und von wem es sie trinke: dies,

Dies entscheidet, o Freund. Rein und erquickend ströhmt
Wahrheit, wer sie vom Quell, wer sie sich selber schöpft.

— — — — — — — —

— — — — — — — —

— Den schändlichsten Trank aller Getränke schlürft
Aus dem Stygischen Pfuhl, wer der Verläumdung Wort
Von besudelten Lippen
Saugt, ein Athem der Hölle selbst.

Und ihn saugen so gern Fürsten und Mächtige!
Wen nicht Bacchus ertränkt, schlürfet ein trübes Naß
Aus dem Munde des Schmeichlers,
Des belügenden Höflinges.

Immer durstiger wird, immer begehrender
Das belogene Ohr. Trunken und trunkener
Lechzet nach dem getretnen
Trank die Seele mit Todesdurst.

Fürsten, kostetet ihr edlen Falerner, wenn
Euer Sklave den Bart in ihm gesäubert hat?
Und ihr trinket den Geifer
Seiner Lippe, das ekle Naß?

128.

Gelehrte Leute am Hofe.

(Logau)

Kannst du, sprach Dionys zum Aristipp, mir sagen,
Warum die Fürsten nichts nach den Gelehrten fragen,

Und die Gelehrten doch der Fürsten Thür
Und Ohr belagern, ihnen Rock und Füße küssen?
Der Grund ist, sagte der, weil ihr
Sowohl nicht was euch fehlt, als wir, was uns fehlt, wissen.

129.

Hofwerth.

(Logau.)

Bey Hof ist mehr ein Pferd
Als oft ein Diener werth:
Manch Diener kömmt gelaufen;
Die Pferde muß man kaufen.

130.

Conz und Hans.

Conz.

Sag Hans, du kömmst doch fleißig in die Stadt:
Warum macht man bey Hof die Böden spiegelglatt?

Hans.

Damit die Leute, die auf diesen Böden wallen,
Nicht stolpern, aber desto öfter fallen.

131.

Der Großen Fall erdrückt viele Gemeine.

Wahr ists, der Donnerkeil trifft insgemein die Eichen,
Wenn sanfte Winde nur um schwache Sträuche schleichen;
Doch diese haben oft an der Verwüstung Theil:
Der Eiche Splitter sind der Sträuche Donnerkeil.

132.

Dank für nichts bey Hofe!

Wenn dir ein Staatsmann viel verspricht,
So zeig ihm ja dein Mistraun nicht,
Beruhige dich vor jeder seiner Lügen,
Nimm an die Wort' als eine Gabe;
Ja, daß er nicht zu viele Mühe habe,
So hilf ihm selbst, dich zu betriegen,
So findst du endlich in der That,
Daß der dir dient, der dir nicht schadt.

133.

Auf die vom Hofe verbannte Satyre.

(Gedichte von Götz, 3. Th. S. 187.)

Ein feiner Spott, ein Hechelscherz
War sonst bey Hofe zugelassen;
Doch der verwundet nun das Herz,
Seitdem die Potentaten prassen.
Das Salz, das Griechenland geehrt,
Scheint dieses Völkchen zu erbittern:
O wärs nicht der Satyre werth,
Es würde nicht davor erzittern!

134.

Apologie der Hofnarren.

(Blüten Anhaltischer Muse. S. 41.)

Dem hellern Lichte unsrer Zeiten
Und der Verfeinerung der neuen Welt

Verdanken unter andern wir,
Daß, wo Europens Länder sich verbreiten,
Kein Fürst, wie sonst, zu seines Thrones Zier
Privilegirte Narr'n vor nöthig hielt.
Ob aber gegen jene Zeiten
Auch überhaupt die itz'ge feine Welt
Der wahren Narren weniger enthält? —
Darüber ließe sich wohl noch streiten.
Wohl aber kann man geradezu entscheiden:
Die Fürsten könnten einen sogenannten Narr'n,
Der unter Gauckeleyen dreist es wagt
Und ihnen manche oft verkannte Wahrheit sagt,
Sie könnten, sag' ich, solchen Narr'n
An ihren Höfen zehnmal lieber leiden,
Als manchen weisen Rath, der stäts mit krummen Rücken
Und heuchlerischem Beyfallnicken
Sein Ohr des Fürsten Wort nur darum scheint zu leih'n,
Um drauf aus vollem Hals sein dummes Ja zu schrey'n.

135.

Hofnarren.

(Logau, S. 350.)

Daß gern ein Fürstenhof an Narren fruchtbar sey,
Sagt jeder; doch giebts der Narren dort meist zweyerley:
Der eine, den der Fürst nach Willen stäts vexiret;
Der andre, der nach Lust am Seil den Fürsten führet.

136.

Die Schalksnarren.

Ein Herr, der Narren hält, der thut gar weislich dran:
Weil, was kein Weiser darf, ein Narr ihm sagen kann.

137.

Ludwig der Große und ein englischer Lord.

Kennt ihr, sprach Ludwig der Große,
Aus Spott zu einem Lord, als er in seinem Schlosse
Ihm unter andern Schildereyn
Den Herrn am Kreuze wies: kennt ihr dies Bildniß? — „Nein!"
Es ist der Herr am Kreuz! Zu seiner Rechten steht
Der Papst, und dort zur Linken seht
Ihr mich. — „Demüthigst dank' ich Euer Majestät
Für diesen Unterricht! Ich hatte wohl gelesen,
Daß unser Heiland zwischen Zween
Gekreuzigt sey; jedoch die Wahrheit zu gestehn,
Nie wußt' ich recht, wer sie gewesen."

138.

Der Rang.

(Pfeffels Vers, 1. Th. S. 120.)

Vor Zeiten, als am Hofe gar
Ein eignes Amt für Narren war,
Statt daß sie doch in unsern Tagen
Dabey noch andre Würden tragen,
Kam eines Fürsten lustger Rath
Dem edlen Kanzler aus Versehen
Auf seine rechte Hand zu stehen.
Hilf Zeus, wie schäumte der Magnat!
So schäumt ein Auerochs im Gefechte.
Fort, rief er, Schurke, packe dich!
Ich lasse keinem Narrn die Rechte.

O! sprach der Hofnarr, aber ich....
Und sprang mit einem losen Winke
Dem Staatsminister auf die Linke.

139.

Der witzige Fürst.

(Salz und Laune — S. 50)

Ein Fürst, oft stark an Witz, wie mancher General,
Sprach in des Witzes Wuth einmal
Zu einem, oft von ihm an Höfe hingesandt:
Mein Herr, ein Ochs und Sie — nichts gleicht sich so frappant!
Der Hofmann bückte sich und sprach:
Nie dacht' ich, Herr, darüber nach,
Welch einem Thier ich ähnlich wäre;
Doch, däucht mich, hatt' ich oft die Ehre,
Umschimmert von der Hoheit Schein,
Durchlauchtigster, Ihr Bild zu seyn!

140.

Mittel gegen den Hochmuth der Großen.

(Bürger.)

Viel Klagen hört' ich oft erheben
Vom Hochmuth, den der Große übt.
Der Großen Hochmuth wird sich geben,
Wenn erst sich unser Kriechen giebt.

141.

Wie einem hier so wohl ist, und dort so übel!

(Reise in die mittäglichen Provinzen von Frankreich. 2. Th. S. 290.)

Wohl mir, daß mir noch unverwöhnet
Die Lockung der Natur gefällt!
Ein kleines Dörfchen, Freund, versöhnet
Mich mit dem Ueberrest der Welt.
Man wird des Lebens überdrüßig
Bey aller Ebb' und Fluth der Stadt;
Doch hier — geschäftig oder müßig,
Wird keiner seines Daseyns satt.

Kannst du den Werth der Wahrheit fühlen,
So ändre deinen stolzen Lauf,
Such unter ländlichen Gespielen
Die Freundschaft und die Tugend auf!
In unsern Sittenschulen tauschet
Man Falschheit gegen Falschheit ein:
Hier — ist, was dir vom Herzen rauschet,
Wie eine Silberquelle rein.

Hier seh' ich von den Fußgestellen
Der Zedern, in verdienter Ruh'
Dem Eifer meiner Kampfgesellen
Am Fuß des niedern Thrones zu,
Wie sie einander zu berücken
So helle sehend — und so blind
Für Bänder und bemahlte Krücken,
In nie gestilltem Aufruhr sind.

Selbst ihres Führers Macht — wie wenig
Naturvergnügen erndtet sie!
Groß ist zu Potsdam unser König,
Froh — ist er nur in Sanssouci.
Da wird er Mensch, irrt in der Stille,
Wie unser eins, im Mond herum,
Und denkt wohl auch: beatus ille —
Ut prisca gens mortalium.

Geh bald zu den Gebückten,
Die fern von dir im Dunkeln stehn,
Wenn die mit Hermelin Geschmückten
Dich liebevoll zu sich erhöhn.
Trau ihrem Schmeicheln nicht! Sie strecken
Nur gar zu gern die Krallen nach;
Selbst Doctor Luther ward zum Gecken
In Churfürst Friedrichs Vorgemach. *)

Sey es dir Warnung, wie der Große,
Den treulos Mazarin erzog,
Der Gastfreyheit im sichern Schooße
Mit Undank seinen Wirth betrog;
Wie er von Fouquet's Weine stärker,
Am Busen der Valiere flammt,

*) Wenn Friedrich, der Weise, D. Luthern Audienz gab, begegnete er ihm auf das gnädigste und herablassendste. Erst wenn sich der gute Mann, voller Zufriedenheit über die ehrenvolle Aufnahme, entfernte —— schlug er ihm entweder ein Schnippchen in der Tasche, oder stach ihm —— wie der Ausdruck der alten gleichzeitigen Urkunde lautet —— einen Mönch, welches nach Adelung so viel sagt, als einem die Feigen weisen. Man kann denken, ob die Hofleute, von den Maitre-Chargen an bis auf die Edelknaben, die Losung ihres gnädigsten Herrn verstanden haben.

In einer Stunde, die zum Kärker
Den Mann, der ihn gelabt, verdammt. *)

In Mitternächten ohne Schlummer,
In Tagen ohne Sonnenlicht,
Fühlt er die Fesseln selbst vor Kummer
Ob seines Königs Falschheit nicht.
Sein Fall macht alle Hofgesichter,
Die seines Blicks sonst lauschten, scheu,
Und nur ein armer Fabeldichter,
Voll hohen Muthes, blieb ihm treu. **)

*) Ludwig, der Vierzehnte, hatte den Untergang des Sürintendanten Fouquet schon beschlossen, als er ihm noch die verrätherische Ehre erwies, das prächtige Fest anzunehmen, das er ihm auf seinem Landhause zu Veaux gab. Ohne die Vorstellung seiner Frau Mutter, Anna von Oestreich — die es ein wenig zu stark fand, würde er ihn selbst, während dem Feste, in die ewige Gefangenschaft geschickt haben, zu der er ihn nachher verdammte. Sein Hauptverbrechen bestand darin, daß er die nachmalige Herzoginn von Valiere schön fand, und ihr Anträge thun ließ, ehe er noch wußte, daß der König bald nachher gleiche Neigungen bekommen würde. Alle die beredten Vertheidigungsschriften Pelisons, die sich freylich nur über die Beschuldigungen verbreiteten, die jener zum Vorwande dienten, konnten ihn nicht retten, da das Herz des Königs selbst nicht edel genug war, ihm den natürlichen Wunsch, der damals seine Majestät noch nicht beleidigen konnte, zu einer andern Zeit zu verzeihen, wo er ihn selbst faßte, und, wie wir wissen, königlich ausführte.

**) La Fontaine war, außer Pelisson, welcher den Advocaten von Fouquet machte, der einzige Unbedachtsame, der es wagte, das Unglück seines ehemaligen Beschützers laut zu bejammern, anstatt einen neuen in dessen Nachfolger zu suchen. Er unterstand sich sogar, den König mit einer Elegie zu behelligen, in der er aufs rührendste für den gestürzten Minister um Gnade bat. Dieser Beweis seiner wenigen Lebensart

142.

Das Gelag für die Großen.

(Ged. v. Götz. 2. Th. S. 214.)

Die Welt gleicht einer Opera,
Wo jeder, der sich fühlt,
Nach seiner lieben Leidenschaft
Freund, eine Rolle spielt.
Der Eine steigt die Bühn' hinauf
Mit einem Schäferstab;
Ein Andrer mit dem Marschallsstab,
Sinkt ohne Kopf herab.
Wir armer guter Pöbel stehn
Verachtet, doch in Ruh,
Vor dieser Bühne, gähnen oft,

brachte ihn so sehr um allen Credit bey Hofe, daß der stolze Monarch, dessen Freygebigkeit sich doch sogar auf die Gelehrten fremder Länder erstreckte — für einen solchen Schaafskopf, als La Fontaine, nicht das geringste thun mochte. Der gute Fabler lebte beynahe nur von Almosen einiger wenigen Freunde. Er — dessen Schriften die Nation jetzt durch einen immer prächtigern Druck nach dem andern, vor allen seinen Zeitgenossen ehrenvoll auszeichnet, hatte nicht so viel, um sich ein neues Kleid schaffen zu können! Er — der, wie alle große Schriftsteller, durch den Ausfluß seines Geistes, auch nur als Kaufmannswaare betrachtet, seinem Vaterlande ein ewig fortwucherndes Kapital hinterließ, war selbst einmal im Begriff, über das Meer zu gehen, um in der Fremde seinen Unterhalt zu suchen. — Man könnte von ihm, wie von Vielen seines Gleichen, beynahe sagen:

Er war, zum traurigen Exempel,
Ein Mann, der großen Ruhm erwarb,
Und auf der Bahn zum Ehrentempel
In voller Hoffnung Hungers starb.

Und sehn der Fratze zu.
Die Kosten freylich zahlen wir
Fürs ganze Opernhaus;
Doch lachen wir, misrätht das Spiel,
Zulezt die Spieler aus!

Zuchtspiegel

für

Adliche.

Sind in meinem Buche Possen,
Die dich, Leser, wo verdrossen:
Ey, vergönne mir zu schreiben,
Was du dir vergönnst zu treiben!

Logau, S. 336.

Paris 1799.

Ueber
Adliche und Adelswesen.

143.
Der Ahnherr.

Was predigt doch der Pfarr für wunderliche Mährchen!
Sprach jüngst vom Zorn entbrannt das gnäd'ge Fräulein Clärchen.
Was? Adam soll — Kann was impertinenter seyn! —
Der Ahnherr aller Menschen seyn?
Er packe sich mit seinem Paradiese!
Ja, wenn er noch Herr von Adam hieße!

144.
Der Herr von Ahnenstolz.

Sie haben recht, gestrenger Herr,
Dem Herrn von Stahl erzeigt man zu viel Ehre;
Doch lassen Sie mit Recht durch so was sich nicht stöhren:
Denn Klugheit, Muth, Gelehrsamkeit,
Und womit sonst der neue Ritter noch begabt:
Dies alles hat vor längst verfloßner Zeit
Ihr grauer Ahnherr schon gehabt:
Drum können Sie es leicht entbehren.

145.
An einen stolzen Herrn von Adel.

Freund, wenn dein Stammbaum uns nur erst beweisen kann,
Daß Glied vor Glied von deinem Ahnherrn an

Verstand und Tugend abgenommen;
So tret ich deiner Meynung bey:
Daß das Geschlecht, von dem du abgekommen,
Das älteste im Lande sey.

146.

Edel und Adelich.

(Gedichte von Voß, 2. B. S. 301.)

Edlere nennst du die Söhne Gewapneter, die in der Vorzeit
Tugend des Doggen vielleicht adelte, oder des Wolfs?
Was dich erhob vom Adel, die edlere Menschlichkeit, schmähn sie,
Als unadlichen Tand. Nenne sie Adliche, Freund!

147.

Die Gebohrnen.

(Voß. 2. B. S. 305.)

Deinen Geburtstag feyrt, als Gast der beschüsselten Tafel,
Mancher gnädige Herr Ritter, Graf und Baron;
Bürgerlich all' anklingend befeuchten sie deinen Geburtstag:
Keinem, o Werner, indeß bist du ein Mann von Geburt.

148.

Stand und Würde.

(Voß. 1. B. S. 361.)

Der adliche Rath.

Mein Vater war ein Reichsbaron!
Und Ihrer war, ich meyne . . . .?

Der bürgerliche Rath.

So niedrig, daß, mein Herr Baron,
Ich glaube, wären Sie sein Sohn,
Sie hüteten die Schweine.

149.

Der wahre Adel.

(Gedichte über die Schweiz und über Schweizer. 2. B. S. 18.)

Freund, nicht im stolzen Kleide,
Das nur der Pöbel ehrt,
Und nicht in Gold und Seide
Besteht des Adels Werth.

Nicht in berühmten Namen,
Die auch der Dummkopf erbt,
Und, statt sie nachzuahmen,
Entweihet und verderbt.

Was hilft es dem Verräther
Des Ruhms, den er genießt,
Daß Blut berühmter Väter
In seinen Adern fließt?

Was hilft der Glanz der Ahnen
Wenn, nicht von ihm geführt,
Vom Weg, den sie ihm bahnen,
Der Enkel sich verliert?

Zu rühmlichen Verdiensten
Im schönen Lebenslauf,
Zum Fleiß in allen Künsten
Ruft ihn sein Adel auf.

Des Vaterlandes Stütze
Sey er, der Tugend Freund,
Und mit des Schwerdtes Blitze
Schreck er im Feld den Feind.

In seinem Busen flamme
Erhabner Triebe Glut.
Die Frucht von edelm Stamme
Ist Geist und Edelmuth.

Groß durch des Herzens Güte,
An innerm Vorzug reich
Sey er, und an Gemüthe
Den theuern Vätern gleich. —

150.

Pedrill.

Ein kleiner Geist wird nie durch Aemter groß,
Und trüg ihn auch das Glück in seinem Schooß
Zum höchsten Grad der Ehre.
Stellt den Pedrill auf unsern höchsten Berg;
Und wenns ein Berg wie Pico wäre,
Er bliebe, was er ist, ein — Zwerg.

151.

Nichts Neues!

Der weise Landrath Star wacht für des Staates Wohl:
Auch Gänse retteten schon einst das Kapitol.

152.

Der Orden.

Wie ist die Welt doch plötzlich so verkehrt!
Sonst wurden an das Kreuz die Schächer angehangen;
Jezt sieht man, wie Figura lehrt,
Das Kreuz gar an den Schächern prangen.

153.

Verschiedner Stolz.

Still, ohne Pracht, auch sicher, daß mans merke:
So schreiten Prinz und Dogg' einher in ihrer Stärke.
In Seid' und Schellen prunkt und bellt und flucht mit Zeter
Der Junker und sein Köter.

154.

Herr von Amaranth.

(Ged. von W. von Schlieben S. 317.)

Den feinsten Reverenz macht Herr von Amaranth,
Sein Haar schlägt, Wellen gleich, in Locken,
Und er frisirt sich selbst, er kleidet sich galant,
Sein Stimmchen ist wie Ton der Silberglocken,
Wenn er zum Flügel singt;
Ein Vestris ist er, wenn er springt.
Im Tanzen, Reiten, Fechten, Jagen,

Im Modeton zum Komplimentesagen,
Im Pfänderspiel, im Neckereyenwagen,
Kurz, in der Kunst, sich artig zu betragen,
Ist Herr von Amaranth
Das Beyspiel seiner Zeit: Gewiß, er hat Verstand!

O ja, wer zweifelt wohl daran,
So wie Bagazzo, der noch größre Künste kann!

155.

Der junge Herr.

(Kleine Gedichte von Hn. von Thümmel.)

Ein junger Herr, der stäts eh redte, als er dachte,
Der, wenn sein frecher Witz die Schönen schamroth machte,
Am meisten selbst darüber lachte,
Kam einst zur jungen Sylvia.
Sein Kompliment war gleich ein Entrechat,
Alsdann chassirt er auf und nieder,
Und heult ein paar französ'sche Lieder;
Allein, da sie nicht auf ihn hört' und sah,
Schwur er, er wollt' ihr bald den Mund zu öffnen wissen,
Und sprang nach ihr, um sie zu küssen! —
Doch schnell kehrt sie sich um. —
Wie muß die jungen Herrn ein solcher Streich verdrießen,
„Sie küßt mich nicht, dacht' er, ich weiß es schon, warum!
„Ha, sie ist dumm!“ —
Nun fieng er gleich, um sich an ihr zu rächen,
Vom Frauenzimmerputz verächtlich an zu sprechen.
Der Reifrock kam zuerst daran:

„Was Teufel, haben Sie hier für ein Sturmfaß an?
„Bey meiner Seel', ich wollt' es wohl entdecken:
„Unfehlbar sollens Schanzen seyn,
„Wohinter man ein krummes Bein
„Vor unsrer Neugier will verstecken!" —

Sie irren, Herr Petit! fiel sie ihm lächelnd ein:
Die Reifen haben wir nur darum umgenommen,
Damit die Narren uns nicht gar zu nahe kommen! —

156.

Die gerechte Beschämung.

Ein junger Edelmann, der stäts auf Heldenthaten dachte,
Und Mäßigkeit — gesteift auf Adel — laut verlachte,
Trank einst des Hofes Kapellan
Ohn Unterlaß mit vollen Gläsern an.
Es half kein unterthäniges Verbitten,
Es wurde stark mit Gründen widerstritten,
Mit Gründen, die, wie die Gefahr
Vom Trunk, dem jungen Herrn ein leeres Unding war.
Um nun die Gründe zu beweisen,
Hielt er sich für befugt, ihn einen Gänsekopf zu heißen.

Ein Gänsekopf? erwiederte der Kapellan:
Je nun, verschieden sind die Gaben —
Denn alle können wir nicht Ochsenköpfe haben.

157.

Der ausgeartete Adel.

Des Pöbels Kleidung muß dem Adel etwas weichen,
An Klugheit pflegen sie einander sehr zu gleichen.

158.

Kleider machen Leute!

Wenn Thoren reich in Golde starren,
Dann hält kein Mensch sie mehr für Narren:
Wünsch also Weisen gute Schneider
Und dummen Köpfen schlechte Kleider.

159.

Der Pfiff.

Damit ihn wenigstens die Juden respectiren,
Läßt Matz die Kleider sich bordiren.

160.

Der Baron von Duft.

Das Essen blos macht keinen Menschen fett:
Ist nicht der magre Baronet
Von Duft durchsichtiger als eine Fensterscheibe?
Und doch hat er ein Rittergut im Leibe.

161.

Die Gläubiger.

„Durch Lug und Trug uns unser Geld zu rauben —
„Nein, gnäd'ge Herrn, das ist nicht fein!"
Ey freilich nicht, ihr guten Gläubiger; allein
Wer heißt euch an die Großen glauben!

162.

Der große Mann.

Herr von Vent, der große Mann,
Macht die Welt oft böse,
Lieblos thut sie ihn in Bann,
Zeigt ihm seine Blöße,
Und verkleinert, was er spricht;
Doch ich sah ihn stäts im Licht
Kolossalscher Größe.

O wie groß ist seine Kunst,
Prächtig zu verschwenden:
Weiß er nicht durch blauen Dunst
Gläubiger zu blenden?
Glaubts, er ist ein großer Geist,
Groß in dem, was er verheißt,
Groß in Komplimenten!

Stäts hielt er sich ritterlich
In Cytherens Kriegen.
Selbst Cartouche liessen sich

Oft von ihm betriegen.
Seine Worte wären Wind?
Zugegeben; doch sie sind
Lauter große Lügen.

Seinen Rang und Federhut
Läßt er stark empfinden,
Und in allem, was er thut,
Läßt er groß sich finden:
Groß in Kleinigkeit und Tand,
Groß in seinem Unverstand,
Groß in seinen Sünden!

163.

Die Entschuldigung.

Der Herr.

Du Lumpenhund, wie gehst du so zerrissen?
Sieh doch, dein Wambs zerfällt in tausend Stücken!

Der Knecht.

Ach, gnäd'ger Herr, es ist wie ihr Gewissen:
Es läßt sich nicht mehr flicken!

164.

Der Landrath und der Amtsknecht.

Der Landrath.

Ey, ey, was kauft ihr mir so leichte Schweine!

Der Amtsknecht.

Ihr Excellenz, so schwer wie Sie, giebts keine!

165.

Die geliebten Unterthanen.

Denkt, seine Bauern liebt der Junker und sein Schreiber:
Der Schreiber liebt ihr Geld, der Junker ihre Weiber.

166.

Der Tiger im Kleinen.

Ein Mensch, der, stolz auf nichts als Ahnen
Sein Handvoll armer Unterthanen
Mit Frohnen drückt, mit Jagden quält,
Der wie im Orient ein Sieger
Ihr Blut sogar zu seinen Gütern zählt
Der ist ein Kater, dem zum Tiger
Nichts als die Größe fehlt.

167.

Aristokratenwuth.

Der Adel und die Klerisey
Schrey'n über Pöbel-Raserey
Und Tollwuth aller Demokraten.
Woher sie rührt, ist fluchs errathen —
Vom Bisse der Aristokraten.

168.

An den Grafen von Löwenherz.

Dein Schösser schlachtet deine Bauren,
Dein Förster hegt das Wild auf dein Gebot.

O, laß dich doch die armen Leute dauren,
Erbarm dich ihrer Noth:
Graf, hege deine Bauren,
Und schieß die Schweine todt!

169.

Der Fuchs und der Bär.

(Asmus S. 113.)

Kam einst ein Fuchs vom Dorfe her,
Früh in der Morgenstunde,
Und trug ein Huhn im Munde;
Und es begegnet ihm ein Bär.
Ah, guten Morgen, gnädiger Herr!
Ich bringe hier ein Huhn für Sie;
Ihr Gnaden promeniren ziemlich früh:
Wo geht die Reise hin?

Was heißest du mich gnädig, Vieh!
Wer sagt dir, daß ichs bin?

Sah Dero Zahn, wenn ich es sagen darf,
Und Dero Zahn ist lang und scharf!

170.

Der handelnde Adel.

Daß durch die Handelschaft der Britte sich entadelt,
Hat Junker Hans schon oft getadelt;

Doch itzo sieht ers besser ein,
Seitdem er selbst Juwelen, Sammt und Wein
Auf Conto bey dem Kaufmann handelt,
Und durch die Juden es in baares Geld verwandelt.

171.

Fortunens Meisterstück.

Das Hirn von Brey, das Herz von Holz
Ward Star ein großer Mann und stolz.
Da fieng das Glück selbst an, den Gecken auszulachen
Und sprach: Du Hirn von Brey, du Herz von Holz,
Du bist ein Tropf, und ich bin stolz,
Daß mirs gelang, sogar aus dir noch was zu machen!

172.

Junker Kord.

(Gedichte von Voß 2. B. S. 71.)

Sing' höheren Gesang, o ländliche Kamöne!
Nicht jeder liebt die Flur und sanfte Flötentöne.
Ein Lied, des Junkers werth, ein Lied voll Saft und Mark,
Ein edles Waldhornstück durchschmettre den Park!

Horch, von dem Schindelthurm summt schwellend durch die Himmel
Zu Stadt und Dörfern rings ein feyerlich Gebimmel.
Horch, zwölffach ruft vom Hof metallner Böller Knall
Und gellendes Juchhein dem fernen Wiederhall.

Unruhig fragt das Dorf, was doch der Lärm bedeutet?
Warum so rasch aufs Schloß der Adel fährt und reitet?
Freud' über Freud'! ertönts; der Storch hat diese Nacht
Für unsers Junkers Frau ein Jünkerchen gebracht!

Traur' armes Waldgeschlecht! Ihr Rehe, Schwein' und Hirsche,
Traurt rudelweis'; euch droht die mörderlichste Birsche!
O Has' und Häsinn traurt! ein schrecklich Kind erwuchs!
Vor seinem Rohr entrinnt kein Otter und kein Fuchs!
Umschreit, ihr Vögelschwärm', und hackt mit Klau und Schnabel
Ihn, der euch Mord gebracht, den Unglücksstorch der Fabel!
Euch schüzt vor Beiz' und Schuß kein Schluf des Moors und Walds;
Dich Trappe, nicht der Flug, dich, Birkhahn, nicht die Balz!

Noch harmlos ruht und fromm der sanftgewiegte Junker:
Sein Wappen ziert die Deck' im Glanz der goldnen Klunker;
Es wehrt dem Ungethüm der Basen Kreuz und Spruch;
Die Nichten sehn das Bild des Vaters Zug vor Zug.
Der Vettern Weidgelag stößt an mit vollem Glase;
Rheinwein und englisch Bier bepurpert jede Nase.
Windspiel und Dogg' und Brack und Dachs- und Hünerhund
Hüpft wedelnd um die Wieg', und leckt ihm Hand und Mund.
Unsichtbar überschwebt das Dach der wilde Jäger
Auf trübem Nebelgaul, und wird des Kindleins Pfleger.
Bald horchts und lächelt still, auf Hifthorn und Geblaff,
Zielt an der Amme Brust, und lallt: Apport und Paff!
Bald lernt es namentlich der Hunde Trupp zu locken;
Mit hölzernem Gewähr, Wildpret und Jägerdocken
Spielts Jagd; und selbst der Mund des gütigen Papa's
Pfeift ihm dazu ein Stück auf seinem Pulvermaaß.
Wohl dir, holdselig Kind! Dir sprießet Gerst' und Hopfen

Auf väterlicher Flur, zu braunen Balsamtropfen;
Dir trägt die Biene Meet zu starker Morgenkost;
Aus eignem Garten quillt würzhafter Apfelmost.

Wann als Husar der Knab' ein Steckenpferdchen tummelt,
Den kleinen Tiras schlägt, und auf der Trommel rummelt;
Behaglich hört er dann vom Oheim und Papa
Gar manchen Jugendschwank, und athmet staunend Ah!
Selbst führt der Vater ihn durchs große Tafelzimmer,
Und zeigt rings an der Wand der Wappen bunte Schimmer,
In Stahl und Knebelbart der Ahnenbilder Reih,
Und über jedem Bild ein stattlich Hirschgeweih.
Schau, ruft er, Junker Kord, schau jenen Sechzehn=Ender!
Den schoß ich dir als Bursch für unsern Bratenwender!
Noch seh ich, wie voll Angst durch Heid' und Bach er lechzt,
Mit Schweiß die Fährte färbt, und hin sein Leben ächzt!
Als Bursch' erlegt' ich auch, ohn' einen Schuß der Büchse,
Mit bloßem Peitschenhieb den schlauesten der Füchse.
Wie Donnerwetter giengs! Mir stürzten in den Sand
Drey Klepper; dennoch ward der Bau ihm kurz verrannt.
Wie aber sprang mit mir der Wallach über Hecken
Und Zäun' und Graben hin! Wie bäumt' er wild vor Schrecken,
Als ich den Wehrwolf mit geerbtem Silber schoß,
Und schnell ein altes Weib aus Lumpen Blut vergoß!

Was meynst du zärtlichste der Mütter! Troz den Thränchen,
Lernt Schreib= und Lesekunst, vier Stunden Tags, dein Söhnchen!
Doch ist sein Kandidat nicht unnütz ganz und gar:
Er tanzt und ficht mit Kord, und kräuselt ihm das Haar.
Auch weiß der Mensch, ein Wust von Wissenschaften ziere
Nur Bürgervolk zur Noth, doch schänd' er Kavaliere.

Was macht ein junger Herr mit Griechisch und Latein?
Sollt' er der klügste Sproß des alten Stammbaums seyn?

Eh noch sein flaumig Kinn der Diener eingeseifet,
Wird er ein voller Kerl, im Jägerkrug gereifet,
Spielt deutsches Solo, schnapst, schiebt Kegel, schmaucht Taback,
Und leert auf einen Zug sein Reifglas Kniesenak.
Beherzt nun schäkert er um Gouvernant' und Zofe,
Nicht knabenhaft, und bald um jede Magd im Hofe.
Doch hält ihn Lenens Reiz, hochstämmig, roth von Mund,
Mit derbem Backenpaar, von Brust und Hüfte rund.
Heuboden, Garten, Wald — ihr wißt, warum die Schürze
Sich so zur Ungebühr dem armen Lenchen kürze;
Sey lustig, gutes Ding! Zwar keift die gnäd'ge Frau,
Zwar stehst du büßend bald im Kirchengang zur Schau;
Allein, was achtest du des Zischelns und des Hohnes!
Die Herrschaft in Geheim freut sich des wackern Sohnes;
Auch nimmt der Kandidat, voll Unterthänigkeit
In deiner Schürz' einmal die Pfarre hocherfreut.

O Kord, zum zwanzigsten Geburtstag nun erwachsen,
Des jungen Adels Kron' im Doppelreich der Sachsen,
Verherrlichst du den Glanz des nahen Hofs, und wirst
Jagdjunker, dreist und keck: Verdienste lohnt der Fürst.
In silberhellem Grün, mit reger Hunde Koppeln,
Trabst du zur Martinsjagd durch Auen, Forst und Stoppeln.
Wie hallt Gebell und Horn! Wie schnaufen Roß und Mann!
Wie scheucht der Dörfer Volk das Wild bergab, bergan,
Doch hebt sein adlich Herz auch mildere Bewegung:
Er schirmt mit List und Muth verrufnes Wildes Hegung,
Wenn gleich der Bauer laut zum Landesvater klagt;

Zur Strafe wird dem Schelm sein Brodkornfeld zerjagt.
Ihm huldigen fürwahr Vestalinnen und Nonnen,
Durch liebenswürdige Zudringlichkeit gewonnen.
Zwar Weiber kosten viel, und der Papa ist knapp;
Doch mahne Jud und Christ; er lacht und handelt ab.
Zur Wette spornt er einst den feurigen Polaken,
Sprengt tollkühn übers Heck, und stürzet: weh, es knacken
Zwei Rippen ihm morsch ab. Möcht' er gerettet sein!
Er ists! um bald als Herr sein Völkchen zu erfreun.

Seht da! Frau Lenens Mann, der Ausbund der Pastöre,
Kommt sporenstreichs vom Gut auf der bespritzten Mähre:
„Ihr Vater, Herr Baron!" — ist endlich abgeschnurrt? —
„Am Schlag!" — Nun, gute Nacht! So hat er ausgeknurrt.

Leibeigne, jung und alt, mit Jubel und mit Seegen,
Hüpft eurem Herrn, mit Spiel und Sensenklang entgegen!
Der wird voll Eifers sich erbarmen eurer Mühn,
Und eure Kinder fromm und wirthschaftlich erziehn.
Streut Blumen auf den Weg, singt Mädchen, singet munter,
Und schlagt die Hark' im Tact! Er winkt vom Hengst herunter
Euch Küße! Jäger blast! Ihr Hund' erhebt das Maul
Und grüßt mit festlichem, vielstimmigem Gejaul!

Die ganze Bauerschaft mit aufgereckten Ohren
Schwört ihm, des gnädigen Barons Hochwohlgebohren,
Erb- und Gerichtsherrn der alten Baroney,
Nach vorgelesner Schrift des Frohnvogts, Pflicht und Treu.
Bankett und Ball empfängt die Adlichen der Gegend
Mit Prunk und Völlerey die groben Sinne pflegend.

Im Kreis der Spötter sizt der muntre Schwarzrock auch,
Antwortet bibelfest und sättiget den Bauch.
Jauchzt, froher Ahndung voll, jauchzt, Unterthan und Pächter!
Stimmt ins Gekreisch; ins laut aufschallende Gelächter
Der Damen und der Herrn! Vom Jägerchor wird jezt
Ein matter Fuchs geprellt, ein Marder todt gehezt!

Schon herrscht er ritterlich, uralter Straßenräuber
Ausgeartet Kind, ein stolzer Menschentreiber!
Sein Prachtschloß überschaut nur Hütten rings von Stroh;
In weiter Segensflur ist er, der eine, froh!
Ihm wird durch Frohn und Zwang geerntet und gebuttert,
Und fast, dem Zugvieh gleich, sein Menschenvieh gefuttert.
Fällt einst ein Mißjahr ein; er laurt und schüttet auf:
Je dürftiger der Mann, je wuchrischer der Kauf.
Von Brennen und von Braun, von Handwerk und Gewerbe
Glüht sein Freyherrlich Gut, ob nahrlos auch ersterbe
Die hartbeschazte Stadt: er schüzt in alter Kraft
Freyheit von Zoll und Schoß, als Recht der Ritterschaft.
Der Baur und Bürger wird Kanalj' und Pack betittelt,
Schulmeister, spricht er, macht die Buben nicht zu klug!
Ein wenig Christenthum und Lesen ist genug!
Beym Pfeifchen schwazt mit ihm von Korn= und Pferdeschacher
Sein Pfäfflein und beseufzt der neuen Büchermacher
Gottlosigkeit. Verdammt zum Galgen und zum Rad
Wird dann durch beider Spruch Freygeist und Demokrat.
Der welken Stadtmamsell abtrünnig, wählt er endlich
Ein Fräulein sich zur Dam', halb höfisch und halb ländlich.
Bald seht ihr junge Zucht, dem edlen Vater gleich;
Spielt nicht des Kutschers Tück' ihm einen Kukuksstreich.

173.

Star.

Star bleibt dumm. Man hat ihm weise Lehrmeister gegeben.
Die hohe Schule hat ihn auch nicht klüger gemacht.
Er ward auf Reisen gesandt: er kehrte noch dümmer zurücke.
Er hat den Adel gekauft, und doch bleibt er dumm.

174.

Der neuė Edelmann.

Dein neuer Adel raubt dir Sicherheit und Ruh:
Du gleichst der Fledermaus: gewiß, du daurest mich!
Die Vögel hacken auf dich zu,
Die Mäuse beißen dich.

175.

Der Herr von Sonderlich.

Kein Lob, kein Tadel, nichts von allen,
Was Andre rührt, bewegt den Herrn von Sonderlich:
Er wünscht der Welt nicht zu gefallen:
Er ist ein — Narr für sich.

176.

Der adliche Silen.

Centauren giebts: dies lehren die Gedichte;
Doch Eselmenschen zu erschaffen,

Die trunken nach den Schönen gaffen,
Hat keiner je gewagt! —
Jüngst sah ich einen,
Durchglüht von Wein, im Schauspielsaal erscheinen.

Daß Bacchus sich der Venus zugesellt,
Gehört mit in die beste Welt;
Doch daß der Eselmensch die stolze Schöne führet,
Der Venus Myrtenkranz gebühret,
Dies ist ein Phänomen,
Seit gestern erst gesehn.

177.

Ermahnung an eine Dorfjugend zur Treu und Gehorsam gegen ihren Herrn.

Mit Recht schäzt ihr den alten Herrn von Prater,
Nennt traulich ihn des ganzen Dorfes Vater,
Und liebt freywillig auch und gern
Als Kinder ihn, den guten, gnäd'gen Herrn.

Um sich von allen Unterthanen einst geliebt zu sehn,
Sah man ihn Tag und Nacht zu euren Müttern gehn,
Um nur mit ihnen dort zugleich
Als wahrer Vater noch für euch,
Und für eu'r Wohl und Leben selbst zu wachen.
Welch andrer Herr wird sichs so sauer machen,
Das zu erhalten, was ohn' Unterscheid
Ihr alle ihm dafür nun doppelt schuldig seyd:
Gehorsam, Treue, Dankbarkeit!

178.

Der Stockfisch.

(Pfeffels Vers. 2. Th. S. 33.)

Ein Stockfisch ward in Neufoundland gefangen
Und sprach mit ernstlichem Verlangen
Zum rohen Schiffer: Höre Mann!
Was hast du mit mir vor? — Ey nun, fieng dieser an,
Das kann ich dir ja leicht vertrauen:
Zuerst wird dir der Kopf vom Rumpf gehauen;
Dann wirst du in die Welt gesandt,
Und — „Himmel! ächzt der Arrestant,
Als träf ihn schon des Britten Eisen,
Im tiefsten Elegienton:
Was! ohne Kopf?“ — Nun ja, versetzt der Schiffspatron,
Es ist die neuste Art zu reisen.

179.

Die Reise.

Der junge Hans verreist! — Ihr fragt: wohin es geht?
Von Leipzig nach Lyon!
— Von da? —
Ins Lazareth!

180.

Vergleich.

(Gedichte von Voß. 2. B. S. 242.)

Dienst du redlich ohne Tadel
Unserm Vaterland;

Sey du alt, sey neu von Adel:
Hier ist unsre Hand!
Hast du noch verborgne Fehle,
Auf, berathe deine Seele!
Gerne haben wir
Ja Geduld mit dir:

Aemter fodern Geistesgaben,
Wissenschaft und Fleiß!
Bist du durch Geburt erhaben,
Bist du's hier, so sey's!
Laß nur sehn, ob weis' und edel
Dir ein Kopf; ob leer ein Schedel
Herrschend im Gericht
Und im Felde spricht!

Du, ein Edler durch dich selber,
Brauchst nicht Ahnenstolz,
Nicht die Ueppigkeit der Kälber
Und des Schlagebolds!
Auf, wir treten in die Schranken!
Tugend gelt' es und Gedanken!
Beyden winkt der Kranz,
Sohn des Vaterlands!

Zuchtspiegel

für

Theologen und Kirchenlehrer.

Mit zwey offnen Augen blind,
Führt des Glaubens Seifenblase
Gar nicht selten bey der Nase
Das bethörte Menschenkind.
Ja, ein bloßer Kirchen-Wahn
Füllt es oft mit süßer Wonne,
Und es sieht für eine Sonne
Seiner Lehrer Irrwisch an.

Paris 1799.

Ueber Kirchenlehrer und Kirchenwesen.

181.

Zueignungsschrift an die Göttin Dummheit.

(Aus Tiedge's ungedrucktem Almanach der Narrheiten im 3. B. der deutschen Monatsschrift für 1790. S. 273.)

Wem sonst, als dir, könnt' ich dieß Büchlein weihen?
Du Königinn der feisten Ruh!
Du glänzest zwar noch nicht in Mäzenaten-Reihen;
Und wer verdient's wohl mehr, als Du?
Dir schreib ich dann, gewiß, daß michs nicht wird gereuen, —
Wie's Fälle giebt, dieß Büchlein zu.
Nur drücke, findest Du verwegne Spötteleyen
Auf Dich darinn, in stolzer Ruh,
Huldreich und groß, ein Auge zu!
Und das wird Dir, im engen Bunde

Mit Morpheus, nur ein Leichtes seyn:
Der wird Dir gern in jeder Stunde,
Bey Lampen- oder Sonnenschein,
Den Edelmuth dazu verleihn,
Doch wird, hoff' ich aus gutem Grunde,
Auch das vielleicht nicht nöthig seyn:
Das Büchlein selbst wirst Du nicht lesen:
Denn es gehört zum Mäzenatenwesen
Nicht schlechterdings ein Buch zu lesen
Und zu verstehn, das Schmeichelleyn
Den Herr'n Patronen kriechend weihn;
Sonst könnte, wie leicht zu errathen,
Wohl Mancher von den Mäzenaten
Recht füglich nicht Mäzenas seyn —
Hat Siams König wohl in Göckingks Buch gelesen?
Und doch kam von dem braven Mann
Der Elephant auf des Versenders Spesen
Mit großem Prunk und königlichem Wesen,
Das merke Dir! — in Ellrich an.
Indeß sucht jeder sich in seiner Stelle,
Wenns möglich ist, auf alle Fälle,
So gut zu sichern als er kann.

Wie manches Buch, das Deiner würdig wäre,
Wird dennoch Dir nicht dargebracht!
Sieh, darum hab' ich mir die Rettung Deiner Ehre
Zur Angelegenheit gemacht.
Als alles wider Dich zusammen sich gerottet,
Hab' ich zwar Deiner Gottheit auch,
Nach einem herrschenden Gebrauch,

Aus Unbesonnenheit, ach freventlich gespottet;
Doch als ich nun auf meinen Knien,
Du weißt es noch, vom Thränenbad umflossen.
Verzeihung bat, hat sich Dein Herz mir nicht verschlossen
Und mir die Schuld, hoff' ich, verziehn.

Sieh, meinen Witz hab ich für sein satanisch Lachen,
Das oftmals Deinen Zorn entflammt,
Bey einem wichtgen Narrn den Spaßigen zu machen,
Zu wohlverdienter Zucht verdammt.
Da sey's nun, Aberwitz gefällig zu belachen,
Sein schrecklich qualenvolles Amt!
Das, denk ich, soll ihn zahmer machen,
Als alle Marter, die im Rachen
Der Höll' um die Verworfnen flammt.
Und mein Verstand, weil er mit hämischem Vergnügen
Die Flucht der Nacht erblitte, muß,
Mit aller Schmach des Sisyphus,
Umsonst den jungen Tag, ihn einzuschläfern, wiegen,
Wie spottend durch den Rest der Nacht
Das glühe Morgenroth auch lacht.

So rächt' ich Dich von der Entehrung,
Womit ich preis der Welt Dich gab;
Nun aber blick auf die Bekehrung
Des armen Sünders hold herab!
Gern führt' ich auch, fänd' ich Erhörung,
Die Welt dem Schooße deiner Ruh,
Wo man in lieblicher Entbehrung
Des Denkens schlummert, wieder zu. —
Mit warmer Thätigkeit zu handeln,

Das find' ein junger Neuling süß!
Allein an Deiner Hand im Glauben hinzuwandeln,
Das ist der Weg ins Paradies.

O undankbare Welt! daß sie vor deinen Thaten
So stolz und kalt vorübergeht!
So will denn ich, was sie nicht sehn will, ihr verrathen,
Was dich zum Götterrang erhöht.

Du liefertest für manch Maschinenwerk die Rädchen,
Das sonst bald stockte. Deine Macht
Gewann, o Wunder! für das Mädchen
Von Orleans die große Schlacht.
Der List konnt' ohne Dich kein Plan vom Umfang glücken:
Durch Dich errang sie jeden Sieg.
Der heilge Mann trat selbst auf Deinen krummen Rücken,
Als er den Peterstuhl bestieg.
Du gabst das Zepter ihm, womit er allen Thronen
Gebot, weit über Meer und Land;
Aus ganz besondrer Huld gabst Du ihm alle Kronen,
Sie auszutheilen, in die Hand.
Dabei ist freylich ihm — denn Müh ist zu belohnen! —
Der Spruch vom Ochsen, der da drischt, —
Er war ja Priester! — nicht entwischt.
Auch Unschuld war Dir immer theuer!
Jetzt schämt sich ihrer jeder Tropf;
Bald läutertest Du sie mit Feuer,
Bald wischest Du ihr derb den Kopf.
Da war auch Unschuld noch das Erbe
Der Menschheit. Menschheit! wär si's doch
Auch unsern Tagen! jetzt — man finde mir so derbe,

So feuerste Tugend noch!
Du schlichtest, wo der Eigendünkel
Der Weisheit stuzt und schweigt, den Streit
Denn Du weißt in dem kleinsten Winkel
Des Himmels richtigen Bescheid.
In allem, was sich in die Sphäre
Des Wißens und Nichtwißens neigt,
Hast Du — nimm die verdiente Ehre! —
Dich groß und wunderbar gezeigt.
Wie stehen gegen Dich, die größten Hippokraten!
Wie Plunderwaßer gegen Wein!
Sieh, wie erröthen ihre Thaten!
Du heiltest Schneider und Magnaten
Mit — einer Dosis Mondenschein.
Man rühmt Philosophie; allein
Man predige von allen Bänken
Ihr himmlisch Licht, ihr reines Denken,
So laut man will, zur Welt hinein:
Lokt aus dem Ofen selbst ein Nathan
Wohl einen Hund damit heraus?
Du treibst durchs Gegentheil den Satan
Von unsern armen Kindern aus;
Und in der finstersten der Lauben,
Die still sich um Dein Fanum neigt,
Hast Du uns jenen heilgen Glauben
Geboren und ihn stark gesäugt,
Der, mit drey Köpfen und mit einem guten Magen,
Gewiß, wenn er nicht sehr sich irrt,
Noch die Vernunft, die Pest in unsern Grüblertagen,
Mit Haut und Haar verschlingen wird.

Denn es giebt Ritter noch genug vom starken Glauben,
Von dem der Piko, nur so lang er's wird erlauben,
Darf auf der alten Stelle stehn,
Und nicht ins Meer zu Bade gehn.
Wie aus dem Kopfe Zevs in jenen Fablerzeiten
Minerva sprang, so kroch dieß Kind
Des frömmsten Unsinns einst hervor aus deinem weiten
Kraftvollen Magen, völlig blind,
Und doch so ganz geschickt, den Geist dahin zu leiten,
Wo aus dem Schatten dunkler Seligkeiten
Versteckt der Wahrheit Quelle rinnt;
So fähig, die Vernunft an Deinen Thron zu ketten,
Und kühn, aus ihrem Spott den Himmel uns zu retten,
Wo Dir nur Palmenlauben wehn;
Den die Sokraten zwar nicht sehr gewürdigt hätten,
Für ihn dies Leben zu verschmähn;
Wo sich um unsre Ruhestätten
Nur Tage süßen Schlummers drehn.
Was wußten auch die armen Heiden,
So sehr auch Weisheit ihren Werth
Bei ihnen fand, von jenen Freuden,
Die ewges Nichtsthun Dir gewährt? —
Nun halfst Du Deinem Sohn sein großes Ziel erreichen,
Gabst ihm ein Schwert und, fülltest dann
Den Sünder=Erdenball mit Leichen,
Mit Heiligen den Himmel an.
Dem Himmel gabst Du selbst bald mehr, bald minder Götter,
Und schirmtest dann in manchem Streit
Mit der Vernunft profaner Spötter,
Die Ehre ihrer Göttlichkeit.

So ist das Heiligste von Dir geboren!
Hat denn die blinde Welt schon ganz
Den Sinn für alles Heilige verloren?
Was Du auch Großes thatst, doch flochten Deine Ohren
Sich noch in keinen Ehrenkranz.
Sonst warst Du bey Magnificenzen,
Hochwürdigkeiten, Eminenzen
Und Hochgeburten wie zu Haus;
Jezt — nehm ich neunzig aus von hundert, die sich e n z e n
Und w ü r d e n, — dehnen sich für Dich zu Residenzen
Kaum Bäuche fauler Priester aus;
Kaum baut im Traum Dir noch der Fanatismus Schlösser
Und neue Stützen Deines Wohls!
Roms Gänse waren einst erlauchter und nicht größer
Als Du, und doch vergalt Rom seinen Gänsen besser
Die Rettung seines Kapitols.

Allein verzage nicht in Deiner finstern Höhle,
Wohin Dich bald das Licht vertreibt!
Du hast auch außer mir noch manche gute Seele,
Die Dir gewiß ergeben bleibt.
Wir wollen — laß die Lacher lachen! —
Geheim Dein stilles Häuflein machen,
Das dumm und ehrlich an Dich glaubt;
Aus M — chen sey das Oberhaupt.
Dieß Häuflein wird dann schon, nach seinen besten Gaben,
Die Deine Huld ihm anvertraut,
Die Stützen der Vernunft im Stillen untergraben,
Worauf sie ihre Herrschaft baut,
Um einst sie öffentlich des Thrones zu entsetzen,

Den sie durch manchen grossen Sieg
Dir abgewonnen, stolz bestieg.
Verleih uns Göttin nur aus Deinen reichen Schätzen
Noch einen heilgen Ludewig,
Ders wieder wagt, mit drohenden Gesetzen,
Den freyen forschenden Verstand
Zum Höllenpfuhl hinabzuhetzen!
Die Heilgenkron ihm aufzusetzen,
Erbietet sich schon manche Hand.
Dann soll auf einem stattlichen Gerüste
Dein hocherhabnes Bildniß stehn,
Und von narkotischem Gesträuch soll Deine Büste
Ein täglich frischer Kranz umwehn;
Und zum Beweise, daß ichs bieder
Und treulich meyne, leg ich hier
Dieß Buch auf Deinem Altar nieder;
Als erstes Opfer weih ichs Dir.
Du findest Freunde drinn vom Hause,
Und kannst, gesezt, es fällt Dir ein,
Das Buch zu lesen, wie beym Schmause
Mit Vetter à ton aise seyn.

So wollest Du geruhn, nach Sitte der Patronen,
Voll Huld darauf herab zu sehn:
Was aber huldvoll heißt in Dedikationen,
Wirst Du, so dumm Du bist, verstehn!
Und hast Du, wie ich hoffe, mich verstanden,
So fürchte mehr am weiten Schlauch
Des aufgeschwemmten Abbts zu Schanden
Zu werden, als an meinem Bauch.

182.

An alle Landesväter. *)

(Gleims Zeitgedichte, S. 14.)

Schreib, was du willst, sey das Gesetz,
Für den, der schreiben kann, in Fetz,
Algier, Marokko, Leipzig, Halle,
Wien, Jena, Dresden, kurz für alle,
Die Geist und Noth zum Schreiben treibt,
Ihr Landesväter! Aber schreibt
Ein Meister oder auch ein Jünger,
In Armuth oder Groll,
Nicht für des Vaterlandes Wohl,
Und nicht mit Weisheit, wie er soll;
So klopft ihn auf die Finger.
Womit? — Mit dünnem Haberrohr,
So sanft, daß jedes Musenchor,
Die Strafe zu gelinde findet.
Laßt aber die Gerechtigkeit,
Die beste Kennerin der Menschen und der Zeit,
Die ihren Spruch auf Felsen gründet
Und weislich Grund auf Gründe propft,
Ein Urtheil sprechen, eh' ihr klopft!

183.

Epistel
an die Verläumder der Philosophie.

(Novellen aus dem Archiv der Wahrheit.)

Ohnmächtige Gegner der Philosophie!
Deren Geifer die Thoren, die Ihr leitet, erbaut,

*) Beym Lesen des Schwedischen Censur-Edicts.

Eures Zeters ist nun die Welt müde —
Lang' genung hat sie erduldet, daß Ihr in Euren seichten
Schriften die Lüge mit der Dummheit paartet,
Und, im lächerlich steifen Ton, den Weisen
Hohn spracht! — Müßte man Euch glauben;
So war Menschenverstand ein Staatsverbrechen —
Das Land verrathen, und Hell-denken war,
Eurer Sage nach, einerley.
Gott, Religion, Staat ist in Gefahr! so
Schriet Ihr, ließ sich irgend ein Weiser hören.
Elende! Wär's nach Euch gegangen,
So säßen Newton und Voltaire
Locke, und Büffon und Montesquieu,
Die Thomase, die Wolfe — und wer mehr!
Auf'm Scheiterhaufen, anstatt sie
Auf'm Lehrstuhl der Menschheit sitzen.
Man weiß ihre Verbrechen. Die Verwegnen!
Sie lobten die Größe der Götter,
Ohne Patent von der theologischen Fakultät.
Sie erklärten sie für gütig, gerecht, vergebungsvoll,
Wider die Theorie des Konsistoriums.
O unverzeihliches Laster! O der unnennbaren
Kühnheit! Einen weisen Sokrat — Einen gerechten Aristid —
Einen huldreichen Titus — Einen musterhaften Trajan —
Diese Schurken, diese Höllenbrände — diese Ketzer,
Unternehmen sie, mit mordbrennerischen Händen,
In den Tempel der Seligen zu versetzen:
Feuer! Mordio! Hülfe! Henker herbey!

Der Staat ist in Gefahr! das Vaterland ist verrathen!
— Was ists? wo brennts? —
„Ach der Verruchte! Es ist Galiläo"
— Und was hat er gethan? „Er behauptet
„Etwas anders als der gerechte Josua — Er sagt,
„Daß sich die Erde bewege." Dies Erbärmliche!
Ist eure Art zu verfolgen. Noch ist's nicht alles!
Daß jene Weisen, und ihre Schüler,
Den Frieden anpreisen, daß sie die bürgerlichen
Tugenden empfehlen, die Mäßigkeit, die Liebe,
Den Fleiß, das Wohlthun: daß sie
Das Evangel der Toleranz aufgebracht haben,
Jenen verhaßten Grundsatz, der dem Blutdurst
Schwarzröckigter Tiger Einhalt thut, und
Der Bequemlichkeit Schranken setzt, das Verdienst
Unter der Larve des Gotteifers zu verfolgen:
Daß sie die Menschlichkeit gegen die Tyrannen,
Und die Thronen gegen die Usurpanz
Hochmüthiger Pfaffen in Schutz nehmen —
Dieß — nicht wahr? könnet Ihr ihnen nicht verzeih'n.
Und — was ist dem Verbrechen zu vergleichen,
Daß sie beßere Bücher schreiben, als Ihr!
Daß man ein Blatt im Emil, eine Zeile im Raynal,
Eine Phrase von Montagne liest, und dafür
Eure Jeremiaden liegen läßt — das, gesteht's,
Brennt euch auf der Seele. — Wie?
Die Namen Voltaire, Horaz, Anakreon,
Bayle, Fontenelle, ertönen durch die ganze Welt.
Ein Spener — Ein Bourdaloue — Ein Saurin —
Ein Götze hingegen liegen in unergründlicher Vergessenheit

Begraben? Welch' melanchol'sche Betrachtung!
Ganz Europa liest die Encyklopädie,
Aber der christliche Catechet von le Sellier,
Die Bußpredigten des Pater Caltani, und
Bengels Auslegungen der Offenbarung
Modern im Staube der Buchläden ihrer Verleger,
Und itzt solltet Ihr fähig seyn, bey Geduld zu bleiben?
Immer steckt sich der Neid hinter das Brustbild
Der Tugend — Ueber sich selber beschämt
Giebt er seinen schnöden Zügen den Anstrich
Des Verdiensts. — So nennt ein scheelsüchtiger Gleisner
Eifer für Religion und Gott, wenn er sich seiner Leidenschaft,
Andre zu verfolgen, überläßt. Man macht
Sein eigen Interesse zum Interesse des Himmels —
Und die dumme Welt glaubts! — Ach!
Als die Wuth der Rechthaberey dreymal hundert tausend
Manichäer entseelte, als eine ganze Halbkugel
Für ein Kruzifix in Feuer und Blut
Stund, als die Hälfte Europens mit der andern
Hälfte dreyßig Jahr lang um einen sinnlosen
Gemeinplatz sich blutrünstig schlug: war's
Der Befehl der Götter? Ist's Ihr Arm,
Der die Schwärmer in Irrland, der
Die Mordbrenner im Waldenserthal,
Die Kromwell's, die Ravaillac's, die Malagrida's
Beseelte? Nimmermehr! Der Allgewaltige
Sollte so elender Schöpfe nöthig haben,
Um seinen Willen zu vollziehen? Die unendliche Weisheit
Sollte so blinde Austern berufen,
Ihre Orakel zu erklären? Unbegreifliche
Verblendung!

So schließt die Philosophie nicht;
Allein hier liegt der Anstoß — Sie lehrt,
Daß man nicht glauben soll: Gott sey der Henker
Seiner eigenen Schöpfung; oder die Jungfer Maria
Habe ihr Hemd mit Fleiß aus Judäa geschickt,
Um die Kirche der Väter Karthäuser zu Verona
Damit auszuschmücken. Genug, um sie
Für eine Gottesläugnerin zu erklären!
Sie sagt, daß die Welt aufklären, nicht so viel sey,
Als den Staat verrathen, „daß die Könige
Ihre Pflichten, und das Volk seine Rechte hätte."
Hm! der Rebellin, der Majestätsschänderin!
Gerechte Götter! die Philosophie sollte
Eine Verrätherin der Könige und der Völker seyn?
Diese schöne Tochter des Himmels sollte
Das Volk verführen, und die Thronen erschüttern,
Welche Lästerung. Formirt etwan
Ihre Kirche einen Staat im Staat, der
Dem weltlichen Zepter gefährlich wird? oder
Lehrt sie, Könige morden, und unter dem Schein
Der Heiligkeit, Nationen ausrotten?
Erklärt sie die Regenten für Kirchenschänder,
Wenn sie etwan eine Steuer auf die Pfaffen
Legen? Oder will sie, daß man dem Staat
Mit nichts dienen soll, als mit einem frommen
Müßiggang? Zwingt sie jemand
Ihrer Meinung zu seyn, wär' solche auch
Noch so unsinnig? Oder vertheidigt sie
Ihre Sottisen mit Feu'r und Schwerdt? —
Von Allem Nichts! — Ehret die Könige, liebet

Das Vaterland, fürchtet das Gesetz!
Dieß sind ihre sanften Töne! Die Würde
Des Menschen, das Wohl der Gesellschaft,
Die Liebe der Götter und der Tugend, ist
Der unerschöpfliche Stoff ihrer Lehre. — Aber
So nicht bey Euch.

Jener Scutab, der
An den Küsten des Ganges herrscht, nimmt sich vor,
Sein Reich zu verbessern, Ordnung einzuführen,
Und seiner Nation das Joch des Brama abzunehmen.
Sogleich steht ein Bonze auf, welcher, mit dem Vedam in der Hand,
Die Fakirs von allen Farben versammelt, und
Sie so anredet: „Vernehmet, Ihr Brüder!
Im Vichnou! Ihr wißt, daß wir die Statthalter
Des großen Brama hienieden sind. Wer nun
Die Götter vorstellt, der hat auch den Königen
Zu befehlen. Leidet ihr, daß der Verwegene,
Welcher dieses Reich regiert, taub gegen
Die Stimme des Himmels, dessen Sprachrohr
Wir sind, Euch Gesetze geben will?
O Laster, o Gottesverrätherey! Der Verruchte:
Er sagt, daß die Geistlichkeit unnütz sey —
Er befiehlt, die Klöster aufzuheben, jene Mastställe,
Wo der Müßiggang, auf Unkosten der Dummheit,
Das Laster, unter dem Schein der Tugend,
Angenehm hinlebt. Er behauptet, ein Fakir
Sey schuldig, von seinem Ueberfluß zur Erhaltung
Des Staats das Seinige beyzutragen, wie

Andere Bürger. Die Stimme Vichnou's
Ertönt, hör's Volk! Sein Donner spricht:
Stürz den Kühnen vom Thron! Man ist
Den Göttern mehr schuldig, als den Königen:
So predigt der verrätherische Gleisner,
Der Pöbel wird vom Donner erschüttert, den
Ein natürliches Gewitter herbeyführt. Er ruft: Mirakel —
Eilt zur Empörung, wüthet und massakrirt
Seinen Regenten.

Ein Volk, welches mit Fleiß
In der Einfalt erhalten wird, ist das Spiel
Jedes Betrügers in der Kutte, jedes unverschämten Bouzen —
Zitternd wirft es sich nieder, den Staub
Zu ihren Füßen aufzulecken. Denn es glaubt,
In ihren Händen ruhen die Blitze des Himmels.
Nach einem abgeschmackten Dienst, womit es
Der Gottheit zu schmeicheln glaubt, wagt
Es nicht, ohne jener Erlaubniß, seiner eigenen
Vernunft sich zu bedienen.
In einem solchen Staat, wofern der König
Die Priester bestochen hat, ist ihm alles erlaubt,
Ungerechtigkeit, Tyranney, Treulosigkeit,
Mord und Raub sind privilegirt. Ach!
So sehr der König immer Wütrich, sein bethörtes Volk
Wird selbst durch den Abscheu, den es
Für ihn fühlt, nicht abgehalten, ihm zu folgen,
Denn, vermög' des Geldes, Herr über die Stimme
Der Priester, ist er, vermöge der Priester,
Herr über das Volk.

Und der Weise

Der in der Fern' steht, diese Auftritte
Mit geläutertem Aug' beobachtend, dann herbeyeilt,
Jenen Scatab vor der List der Fakire warnt,
Diesem Volk die Augen über seinen Druck eröffnet,
Beyde hierdurch vom Rande zu ihrem Abgrund zurückweist:
Der sollte ein Verräther seyn? Nein!
Völker! Könige! Merkts Euch;
Aufklärung, Erleuchtung, Einsicht erhalten Euch;
Die Unwissenheit ist's, die Euch verräth.
„Weltweisheit! Ach! die du in ewigem
„Streit mit der Lüge liegst — Wehe dem Staat,
„Der Dich verfolgt! dem verblendeten Volk,
„Den schwachen Königen! — Wehe, die sich vor deiner
„Stimme fürchten! Je weniger ein Pöbel aufgeklärt ist,
„Desto leichter ist er zu verführen,
„Die Augen mit einer Binde umwunden, welche
„Zu zerreißen er nicht wagt, ist ihm jeder Pfaff
„Ein Gott, jeder Schreier ein Prophet,
„Der beste Regent steht in Gefahr, sein Volk
„Von einem Mönch, von einem Kometen, von einem Mirakel,
„Von einer Sonnenfinsterniß, oder Kanzelpredigt,
„Gegen sich empört zu sehen." — So
Mußte Euch, Schwärmer! ein neues Gesangbuch
Zu Berlin Stoff seyn, die Tartüffe und die Beaten zu empören;
So sah man London, auf Euer Anstiften, in unsern Tagen,
In Flammen; so lästerte unlängst
Eine verworfne Mönchssekte den besten Fürsten

Auf'm geistlichen Theater zu Regensburg.

Sprecht — —

Welcher Philosoph erregte jemals
Einen Aufruhr? Welcher entführte ein Paraguai
Seinem rechtmäßigen Herrn? Welcher immer war
Ins Laster des Königsmords verwickelt?
Nennt mir Einen, der seinem Fürsten Ungehorsam, oder
Wider welchen man den Arm der Justiz herbeirufen mußte —
Wißt Ihr ihn? — Aber — Große Götter!
Könige in Fesseln, Ihre Kinder und Anverwandten ermordet,
Brennende Palläste, und im Blut schwimmende Länder —
Dies waren tausendmal die Früchte des Fanatismus — bis
Jener große Mann kam, der unserm Jahrhundert
Den Ton gab — Heil Ihm! dem Gesalbten
Der Philosophie! — Daß die Erde noch nicht verödet ist,
Durch schwärmerische Thoren, welche sich,
Lächerlichen Gemeinplätzen zu gefallen, unter einander
Aufreiben: daß ein begeisterter Schalk
Nimmer im Stand ist, den Pöbel aufzuhetzen:
Daß Dolch und Gift nimmer die Argumente sind,
Könige zu überzeugen; daß das Gaukelspiel
Der Andacht nimmer die Stelle der Industrie
Vertritt — daß es Sokraten erlaubt ist,
Zwischen Minerva und der Eule zu ihren Füßen
Zu unterscheiden: kurz, daß die Vernunft
Ihre Rechte, und die Freyheit ihre Wohlthat genießt —
Das ist, heilige Philosophie! dein Werk.

Und was das Eurige, Neider
Derselben! — zu bersten!

Litaney.

(Kleine Schriften von Mnioch, 1. B. S. 10.)

Du bist, o großer Gott, — (so wie dich oft der Mund
Des heil'gen Buches nennt, wo Du selbst
Die armen Sterblichen mit Dir und Deinem Wesen
Vertrauter machst und väterlich vergönnest,
Daß sie im schlichten Ton der Herzlichkeit,
Zuweilen auch von ihren eignen Dingen
Dir manches kundthun, was Du besser weißt.)
Du bist des wahren Lichtes Urquell, ew'ge Klarheit
Geht aus von Deinem Throne! Lang zuvor,
Eh diese dunkle Welt sich an dem bleichen Schimmer
Des Mondes dreh'te, war von Deinem eignen Glanz
Dein schöner Himmel wechsellos erleuchtet,
Und tausend Deiner erstgestorbnen Söhne
Erfreuten sich in ihm, und lobten Dich.
Dort also durfte nicht ein langer Streit
Zuvor entscheiden wollen, was dem Auge
Des endlichen, geschaffnen Geistes mehr
Ersprieslich sey, ob schwarze Dunkelheit,
Ob trübe Dämm'rung, oder Sonnenglanz?

Zwar freylich mag der Hölle Dienerschaft,
Wenn Satan — Luzifer in wildem Spotte,
Aufklärung droht, — alsbald in jedem Glied
An brennenden Beiher = Ideen leiden: —
Doch Deine guten Engel haben nie
Dies stille Wort gehaßt, — sie lieben es

Der armen Brüder wegen, die auf dieser Welt
Noch immerdar in Nacht und Nebel wallen.

So dürfen wir dann wohl mit Zuversicht
Dich ansehn, guter Gott! erhalt uns doch
Den schönen großen Sinn des oberwähnten Wortes,
Bey allen Fürsten und Gewaltigen
Der Finsterniß (Sankt Paulus nenne sie!)
Bewahr ihm seine angebohrne Würde
Bey Pharisäern und bey Sadducäern
Den Herr'n in weichen, wie in langen Kleidern,
Bey allen, die aus Pflicht und aus Instinkt,
Mit Rathen, Züchtigen, Befehlen — oder Schimpfen,
Das große Wohl der argen Welt besorgen!

Was ist so gut, daß es dem Bösen, wie dem Guten
Gleich wohl gefiele? Was ist so gesund,
Daß es nicht oft den Kranken kränker mache? —
Der Sonne schönes Licht ist hundert blöden Augen
Ein Aergerniß — und freylich, oft verbrannte
Ihr heißer Strahl die hoffnungsvolle Saat!
Wer aber möchte wohl, in einer bösen Stunde
Die schwarzen Geister unterm Firmament
Um eine ew'ge Sonnenfinsterniß
Anrufen? — Weh uns, ist allein der Tod
Die Arzeney für jeden Schmerz des Lebens —
Und weh uns, soll vom Irrthum der Vernunft,
Von ihren Zweifeln, nur der blinde Glaube
Den Geist befrein! — Das Schönste, was Du uns
Gegeben hast, o Schöpfer, was uns über

Das Thier erheben soll, es wäre dann verschwendet; —
Unglücklich wären wir, dafern wir uns
Nicht schänden wollten! Wahrlich, wie ein schwarzer
Verschnittener sich der Keuschheit rühmen darf,
Mag sich der innern Seelenruhe, mag
Des oden Geistes, leer von jedem Zweifel,
Das blinde Volk sich rühmen! wer entsagt,
Thut weniger, als wer mit Weisheit alles
Genießen lernt, was zum Genusse da ist.

Die Welt sey arg! — Das ärgste wäre, traun,
Darum an ihr und an der eigenen
Natur verzweifeln! — Nein, Du guter Gott,
Obwohl die Kräfte, die von Deinen Händen
Der Erdenmensch empfieng, beim weisesten Gebrauch,
Zuletzt die angebohrne Schwäche doch
Bekennen müssen, und noch immer weit vom Ziel
Zu Boden sinken; dennoch laß uns nicht
Die lange Müh des kurzen Weges bereuen
Wir konnten unterdeß nichts bessers thun, und thaten,
Was wir vermochten. Hier ist guter Wille
Das Höchste, — was noch übrig bleibt, das war
Nicht unser Amt, und war Dein Wille nicht!

Erlaube nie, o Vater, daß Dein Christ,
So lang er noch diesseit des Mondes wallt,
Nach einem größeren Verdienste strebe,
Als dem Verdienst, der beßre Mensch zu seyn.
Er müsse willig, bis Du ihn zum Bürger
Des Himmels wählst, als Bürger Deiner Erde,

Und — wenn ers lieber hört — als Wandersmann
Nur nicht als Bettelmönch, sein Leben führen.
Bey seinen Weggefährten seh' er nur
Auf Lieb' und Treu und gute Kameradschaft;
Vergesse gern in dieser Menschenherberg,
Nach Herbergweise, jeden höhern Rang.
Er gleiche nicht den pilgernden Genien;
Und ehr' auch hier im Land der Wanderschaft
Des guten Körper-Volkes gute Zucht und Sitte;
(So wenig sie der geist'gen Lebensart
In seiner Heimath ähnt) — vor allen Dingen aber
Bezahl er nie die wohlgenoßne Zeche
Mit Minneliedern auf das Himmelreich,
Und mit Satyren auf die arme Welt.

O, wenn wir klüglich doch erwägen wollten,
Daß unsers Christenthums empfehlender
Geburts- und Lehrbrief, troz der besten Zeugen,
Und eines frommen Lehrherrn Unterschrift
Auch trügen könne, schon so oft betrog, und nie
Das Meisterrecht in Deinem Himmel uns
Erwerben wird! —

Nein, Du Allwissender,
Kein falscher Titel wird Dich hintergehn; —
Nicht alle, die in Jesu Christi Namen
Hier über Leib und Geist, Lebendige und Todte
Sich eine kühne Herrschaft zugestehn,
Erkennst Du dort für Deines Reiches Diener!

Nein, Du gerechter Gott, kein Meisterstück
Von eines Heiligen Hand, selbst von der Hand

Des Allerheiligsten, befreiet künftig,
Wo Du Gericht hältst, von der strengen Prüfung
Des eignen Wollens und des eignen Thuns; —
Und jeder Erdensohn wird dort dereinst,
Dafern er hier am großen Werk des Lebens,
Da, wo er stand, die mitempfangne Kraft
Zu üben wußte, — ehrlicher Geburt
Und zünftig seyn! —

Schwer ist dieß große Werk,
Und seit Jahrtausenden war es die kühne Arbeit
Der Kinder Adams: Mit gezücktem Schwerdt,
Wie dort beym zweiten Salem Jakobs Enkel,
Begannen sie den mühevollen Bau
An dem erhabensten von allen Tempeln,
Die Deinem Namen, Gott, geweihet wurden,
Dem einzigen, worinn Dein Ebenbild,
Von Deiner eignen Schöpferhand gezeichnet,
Beym Altar stehen soll — an dem Gebäude
Der hohen menschlichen Natur, wie der gehofften
Unsterblichkeit sie würdig wäre! —

Ach wir gründen
Die ersten Pfeiler noch. Oft unterbrach die Arbeit
Ein müß'ger Streit der Bauenden, und einst
Die Nacht der Barbarey, die schon am halben Himmel
Von neuem droht.

Vollendet aber wird
Erst dann der prächt'ge Bau vom Boden sich erheben,
Wenn einst die Hand der Stärke an den Plan der Weisheit
Gefesselt ist vom sanften Band der Schönheit;
Wenn zu dem frohen Chor der Grazien

Die ernste Nemesis sich schwesterlich gesellt,
Und durch veredelten Geschmack am Reiz des Guten
Durch jenen heiligen Geist, um den wir täglich beten,
Sich endlich die Vernunft zum Herrn der Sinnlichkeit
Empor geschwungen hat.
O! Du mit kluger Weisheit
Allgütiger, sieh', wir gestehn es gern, —
Du hast uns nur in süßen Täuschungen
Das Glück des Erdenlebens angewiesen! —
Der Weise selbst empfindet, was er Wonne,
Die reinste Wonne seiner Seele nennt,
In den von Farbe, Ton und Druck harmonisch
Gespielten Nerven, in den Sinnenbildern,
Wie sie das Wunderglas der Phantasie
Auf tausendfache Art, in immer andern Gruppen,
Bald im geschwächten, bald im höhern Lichte,
Als neu ihm wiedergiebt, — und in den Wallungen
Des Blutes nach dem Numerus und Rhytmus
Des Nervenspiels. — Die schöne Sinnenwelt,
Die Du umsonst mit diesem Reiz nicht schmücktest,
Ist nur für Sinne schön; ein körperloser Geist
Durchdränge diese Täuschungen, zerstörte
Den Zauber der Natur; — gestaltlos läge dann
Die kalte, todte Wahrheit vor ihm da. —
Du aber wolltest, (laß uns diesen Trost!
Denn freylich wißen wir nicht recht, woher wir kommen,
Wohin wir gehn!) Du wolltest, daß der Geist,
Der in uns wohnt, in diesem Leib von Erde,
Für seine künft'ge Welt erst reifen sollte,
Und Deine Schöpferhand beschenkte diesen Leib

Mit jener feinen Thierheit, die, halb Geist, halb Fleisch,
Auf wunderbare Art die beiden Wesen
In sich vereinet. Nur in ihr genießet
Der Mensch sein Erdenglück, — empfindet seine Freude,
Fühlt seinen Schmerz, und hoft und fürchtet
In ihr allein. Das Göttliche in uns
Kann, wie Du selbst, sich nicht erfreuen, nicht betrüben!

Indes, o Gott, so bitten wir Dich doch
Hilf uns, daß wir von Kindesbeinen an,
Das immer gute, nur unmünd'ge Herz
Der Stirne unterthänig machen! Denn
Obwohl die Schule nicht des Lehrers wegen,
Der Lehrer aber um der Schule willen
Verordnet ist; so führe doch der lezte
Das Regiment und unterrichte, warne,
Gebiet' und straf' nach weisem Eigenwillen.

Laß uns, o Gott, verstehn, was wir empfinden!
Und ehe unser Herz genießt, laß die Vernunft
Die Speise wählen, und das Maas bestimmen;
Und laß uns bald das üppige Gelüst
Zurückeweisen, wenn der Hausarzt spricht:
(Der freilich nicht dem Arzt des Sancho gleichen muß)
„Nein, gutes Herz, nein! — du verstehst dich zwar
„Auf Wohlgeschmak, — doch aufs Gesunde
„Und Ungesunde deiner Speisen — schwerlich!
„Du müßtest denn es im Geschmake schon
„Zu finden glauben! Doch so lang du
„Nach meiner Kunst ihn nicht gebildet hast,
„Wie könntest du ihm traun? Die meiste Arzenei

„Ist

„Ist ohne Zusaz widerlich, und manches Gift
„Schmeckt angenehm, auch kitzelt hundert Gaumen,
„Was einem einz'gen heftig widersteht! — —
„Fühlt nicht der Irokös' in seinen Henkersgräueln
„Sich einen Helden? Bohrte Ravaillac
„Nicht in der heiligen Begeist'rung jenes Engels,
„Der hundertachtzigtausend schlafende
„Assyrer schlug, — den Gott geweihten Dolch
„In Heinrichs Brust? Und meinst du, — Satanas,
„Wenn er den Pred'ger Salomo zulezt
„Vor einem Götzenbild den grauen Kopf
„Andächtig beugen sieht, beneide das Entzücken
„Der heilgen Enkel, die mit Siegsgesang
„Des armen Schächers kaum bekehrte Seele
„In Abrams Schoos vom Rabensteine tragen?

„Daran, du gutes Herz, nimm ein Exempel
„Und traue dir nicht zu, wozu dich die Natur
„Nicht schaffen wollte. — Auch das Häßlichste
„Kann, wie du siehst, — den rohen, oder schon
„Verwöhnten Sinn, so schön und herrlich dünken,
„Als dich das Schönste. Wer soll Richter seyn?
„Mit welchem beßern Rechte magst du dir
„Den Vorzug zugestehn? — Sprichst du nicht auch:
„Was ich empfinde, das empfind' ich ja!

„Nun gut! doch im Geschmack hat dich so oft
„Vergnügt, was im Verdaun, dir misbehagte,
„Indes schon manches Bitt're dich kurirte,
„Und oft, durch kunsterfahrne Mischung, alles Süße

„An Lieblichkeit und Reiz weit übertraf.
„Vertraue mir, laß deine Speise mich
„Erst zubereiten; — dann genieß und fürchte nichts
„Für die Gesundheit. — Traun, das meiste soll
„Uns treflich schmecken! Freilich wird auch manches
„Gericht dir anfangs widerstehn, doch überwinde
„Die ersten Bissen nur, und, auf mein Wort! —
„Dein künftig Wohlbefinden mir danken! —
„Ich kenne dich, du hast dich nie gekannt,
„Wirst nie dich kennen. Ich nur unterscheide
„Dein wahres, dein erkünsteltes Bedürfniß,
„Ich weis allein, wie viel von jeder Speise
„In welcher Ordnung du genießen darfst,
„Und welche Frucht der Garten dieser Welt
„In jeder Jahreszeit des Lebens deinem Tisch
„Darreichen kann. Vor allen andern Speisen
„Wähl ich dir eine, die in jeder Witterung
„Des Zufalls, jedem Klima des Geschicks,
„Sich aufbewahren läßt bis zu dem neuen Jahr
„Der andern Welt. O sichre dir bei Zeiten
„Das einzige von des Genußes Gütern,
„Das nie dir fehlen wird, das in dem größten Mangel
„Nicht darben läßt. Gewöhne dich bey Zeiten
„An diese Nahrung, wie an Brod und Waßer.
„Es schmecke dir, auch wenn noch alle Lust der Jugend
„Auf Sybaritentafeln vor dir steht,
„Kein Bissen und kein Tropfen ohne sie.
„Gewöhne dich (denn Biegsamkeit ist warlich
„An dir, wie an dem leichtgestimmten Gaum
„Das beste) ihren Wohlgeschmack zuerst

„Vor ihrer Bitterkeit herauszuschmecken,
„Und sey versichert, in der lezten Krankheit,
„Wenn jede andre Speise nicht mehr mundet,
„Erquikt sie noch, und wekt den halb verschwundnen Muth,
„Und giebt zur lezten Arbeit dir die Kraft."
Ach freilich, aber Theorie und Praxis
Und Rath und That und Wollen und Vollbringen
Sind von Natur nicht eins! — Und wenn uns Wieland mit
Sankt Jakob zuruft: Laßet euren Glauben
In euren Werken sehn! so wird mit seinem Christus
Der gute Paulus sprechen: Liebe Herren,
Der Geist ist willig, nur das Fleisch ist schwach!

O weiser Gott, was kann es einem armen
Poeten helfen, daß er Tag und Nacht
Die schweren Regeln seiner Kunst studiert,
Wenn dennoch sein Genie mit der Kritik, —
Obwohl sie beide nun in einem Hause wohnen,
Sich nicht vereinen will, in Rath und That und jedes
Auf seinem Zimmer eingeschloßen lebt, —
— (Gleich zweien Reisenden, — die, jener um bey Hofe
Nicht nur die Stimme, auch die keusche Grosmuth
Des guten Scipio zu persifliren
Und dieser, um mit Zittern anzufragen,
Ob er, nach seinen drei nun abstudirten Jahren
Beim Regiment von Z. sich etwa beßer
Zum Prediger als zum Soldaten schicke? — —
Kurz, die ein ungleichartiges Geschäft,
Ganz ohne Zweck und Ziel, in ein Hotel
Zusammen warf) — was würde so ein Wißen

Der todten Regeln seiner Kunst dem armen
Poeten helfen? — Nichts, als daß er fremde Verse
Vielleicht weit klügerer zensieren könnte
Als eigne machen: — daß der eignen Weisheit
Zu nahes Licht nun auch die eigne Thorheit
Vor allen Augen rings beleuchtete!

Und doch, o guter Gott! und doch ist dieß
Nur gar zu oft der Fall bey unserm Herzen
Und unserm Kopf, — Bei jenen beiden Wesen,
Die in der engen Hütte dieses Leibes,
Obwohl auf kurze Zeit, beisammen wohnen und
Gemeinschaftlich die Wirthschaft führen sollen.
Oft kennen sie sich kaum dem Namen nach,
Und jeder spielt den Herrn für sich, — oft spottet
Bey näherm Umgang der zu kalte Britte
Im obern Stock des leicht entrüsteten
Hesperiers im untern, bis der letzte
Den Dolch zieht, oder was noch ärger ist,
Die Wohnung räumt; oft aber überfällt,
Aus blinder Eifersucht, der letzte gar den ersten
Im Schlaf, und schafft den Mann zu einem — Sänger um.
Wie nöthig, o wie nöthig wäre beiden
Ein Mittelfreund, ein allbequemender Franzose,
Der mit dem einen raisonniren, mit dem andern
Empfinden könnte! — — Wo der erste
Die Kunst bewundert, die den strengsten Regeln
Gehorsam war, — da müßt er leicht den andern,
Der von Theorie kein Wort versteht, —
Des Ausdrucks seltne Kraft und Schönheit mit Entzücken
Empfinden lassen. Dann begegnete

Sich beider Lob auf halbem Wege, dann
Umarmete vielleicht, vor diesem Meisterwerk
Der kalte Kenner den entzückten Dilettanten
Als seinen Herzensfreund! — —
Das heißt — (denn ach,
Du weißt es nur zu wohl, daß ich des Lesers wegen,
Allwissender, so laut vor Dir zu beten
Mich unterfieng!) die Sinnlichkeit ist doch
Allein durch Sinnlichkeit zu überwinden.

Anordnen freylich, und Gesetze geben
Muß die Vernunft! — Sie nur hat einen Sinn
Fürs Ganze, sieht stets ungeblendet
Vom Reitz der Gegenwart, die bange Zukunft
Von ferne drohn! Berechnet beym Verlust
Des Augenblicks den sichersten Gewinn
Aufs ganze Daseyn, — sie erlaubt nur das,
Was nie gereuen wird, befiehlt nur das,
Was ohne heft'gen Schmerz von einer längern Qual
Nicht retten, nicht zu einer größern Wonne
Bereiten kann! — Dies ist ihr wohlverdienter Adel,
Ihr hohes Recht, Monarch zu seyn, dies ist
Ihr anerschaffnes Amt! — Gehorchen also muß
Das Volk, das sie zu seinem Heil regieret,
Die Sinnlichkeit mit ihren tausend Trieben.
Doch ach, dies Volk ist blind! — blind für sich selbst;
Es kennt nicht seine angebohrne Schwäche,
Nicht sein Vermögen, — blind für Zukunft und
Vergangenheit, (obwohl die gegenwärtgen Bilder
Von beiden es betrüben und erfreun) —
Blind für die Majestät der angebohrnen Fürstinn

Und ihre mütterliche Huld, — geschaffen
Nicht zum Betrachten, einzig zum Genuß.
Vom Augenblick, für den allein es Sinn hat,
Vom Schmerz und von der Lust des Augenblicks
Zu stark gereizt, wie kann es von Gesetzen
Beglückt sich fühlen, die in Zukunft erst
Gewinn versprechen, jezt Entbehrung wollen?
Im heißen Klima eines wilden Bluts
Empört sich leicht bey hartem Regiment
Das Janitscharenheer der Leidenschaften.
Und haust despotisch dann mit dem geglaubten
Despoten, und, wo träge Rebellust
Des Phlegmas liegt, erdrückt der ehrne Zepter
So Muth als Kraft, und herrscht in todter Ruh
Nur über träge Sclaven: es erstirbt die Flamme
Des Enthusiasmus und die milde Wärme
Des Mitgefühls, das ganze wahre Leben.
O guter Gott, ist es dein weiser Wille,
Daß jemals eine freye Harmonie
Der Seelenkräfte, daß ein innrer Friede,
Der keine Ohnmacht ist, die armen Sterblichen
Noch hier beglücken soll, o so laß die Vernunft
Nicht eigensinnig, und nicht allzu stolz
Auf ihre eigne Macht — laß sie erkennen:
Die Wahrheit, wie sie der Gedanke für sich selbst
Gebohren hat, sey für die Sinnlichkeit
Ein todter Buchstab, und die helle Weisheit
Des Kopfes sey ein unnütz Ding, dafern
Nicht ihre Lehren zu dem blöden Sinn
Des Herzens, ganz nach dieses schwachen Lehrlings

Natur und eigner Weise, an Gestalt, —
Doch unverletzt am Geist, sich umzuwandeln
Geschmeidig und willfährig sind.

Es hängt
Allein am Wie, am So und Anders, etwas minder
Und etwas mehr; der einzig thätge Wille
Des Augenblicks. — Hier kann und soll der Fürst,
Der in uns wohnet, mehr, als jeder König
Der Welt, in seinem Amte Vater heißen, kann
Und soll (was unbedingt ein weiser Salomo
Nicht darf) sein Volk für Kinder halten, und
Durch Täuschung sie erziehn, wo diese
Das einz'ge Mittel ist, die Wahrheit
Mit gutem Glück ins Leben einzuführen,
Für das allein sie da ist.

Wenn das Gute,
Was die Vernunft zu wählen uns befiehlt,
Schon von Natur durch seinen Sinnenreitz
Beym ersten Anblick unser Herz gewinnt,
Und wenn beym ersten Anblick schon das Böse
Zurück uns schreckt, dann freylich darf es nicht
Der Täuschung, nicht der mühevollen Künste,
Den Menschen zu versöhnen mit sich selbst:
Hier liegt die Wurzel jenes Uebels nicht,
Das, wie die Sage geht, in einem Apfelkern
Gesäet wurde. Hier erfüllt
Ein glücklich Ohngefähr den Willen des Gesetzes.
Doch dieses Ohngefähr kann es Verdienst
Und kann es Tugend heißen?

Nein, die Tugend ist

So wenig ein Geschenk der gütigen Natur,
(Obwohl für sie auch glückliche Genies
Im Mutterleibe sich organisiren)
Als eine kalte Wissenschaft des Guten.
Nein, sie ist eine Kunst, die alle Künste
In sich vereint, in der zuletzt sie alle
Ihr höchstes Ziel erreichen.

O, wie ehrenvoll
Herausgehoben aus der ganzen Schöpfung
Bist du, o Mensch, durch diese freye Kunst,
Und durch die tausend Schwierigkeiten, die
Entgegen ihr sich stellen, durch die Ehre
Der angebohrnen Sünde, nur von deiner Trägheit,
Von der Verläugnung deines Werths ein Uebel
Zur Ungebühr genannt, — durch jene mitempfangne
Disharmonie der Sinnentriebe mit
Dem Willen der Vernunft, doch fähig
Zu der schönsten Harmonie. So bist du dann
Für diese Welt dir selbst dahingegeben,
Ein roher Stein für deine eigne Hand
Noch zu behaun, und einst ein Kunstprodukt,
Ein Götterbild von deinem eignen Meißel.
Zu einem höhern Glück, als dem Genuß
Der Güter dieser Welt, zu dem Genuß
Der selbstgeübten Kräfte, wenn sie ringen,
In jener Harmonie sich zu umfassen,
Schufst du, o Gott, dein herrlichstes Geschöpf
Hier unterm Monde.

Sey geschätzt von uns,
Du Widerstreit der Triebe mit sich selbst,

Geschäzt von uns, du angebohrne Sünde!
Du trügerische kurze Sinnenlust,
Die in den Abgrund langer Qualen
Uns locken will, — Du herber Schmerz der Sinne,
Der, mühsam erst bekämpft, den freien Eingang
Ins Paradies der reinen Lust uns öffnet. —
Du Sinnlichkeit, die von dem Augenblick
Vom äussern Schein, vom süssen Reiz des Bösen,
Vom finstern Angesicht des wahren Guten
Sich angezogen, und zurückgestoßen fühlt,
Und du, der Gott in uns, der, über jede Täuschung
Hinweggestellt, mit einem Blick fürs Ganze,
Das Beste nur zu wählen uns gebeut!
In diesem Reich der Zwietracht hat die Tugend
Ihr großes Amt, hier gilt die weise Täuschung,
Zwar nicht geglaubt von unsrer Fürstin, doch
Vergönnt von ihr, gelenkt und selbst befohlen.
Denn sieh, hier ist der Wille des Gesetzes
Lebendig todt, dafern er nicht durch Furcht und Hoffnung
Durch Haß und Liebe, Scham und Stolz gewaltig
Das Herz zu rühren weiß.
Hier muß Verstand
Und Phantasie, die einzge treue Dienerschaft
Von zweien Herren, zu einem gleichen Dienst
Für unsre Gott- und Thierheit sich vereinen.
Der todte Geist der reinen Wahrheit werde
Von ihrer Hand in lebenvolle Glieder
Gekleidet: was die strenge Pflicht der Noth,
Was die begrenzte Menschliche Natur
Gebieterisch verlangt, das müssen sie

Dem unerfahrnen trozigen Gemüthe
Als angenehm und herzerhebend ein=
Zuschmeicheln wissen; — es verwandle sich
Der herrische Befehl: wirf unter die Gesezze
Der ganzen Menschenwelt auch deinen Willen,
Du Einzelner! — in diesen ehrenvollen Ausruf:
Erhebe deinen Willen zum Gesezze
Des ganzen Menschenalls!

Im schönsten Bösen
Entdecke der Verstand die übertünchten Narben
Des Häßlichen und Niedern, die das Herz
Beleidigen durch schnell erwekte Scham,
Und unsre Liebe schnell in Haß verwandeln; —
In jedem wahren Guten, das durch trüben Ernst,
Durch ein Gesicht voll Mühe, Sorg und Gram,
Durch eine drohende Gestalt zurück
Uns scheuchen will, find er die süsse Miene
Der Huldgöttinnen, oder halbverborgne Züge
Des großen Heldenangesichts, und feßle
Die Sinnlichkeit durch Lieb und Stolz.

Von Jugend auf,
Und in den Stunden unbefangner Muße,
Gewöhne sich durch Kunst die Phantasie,
Bald jene Spur des Häßlichen und Niedern,
Bald diesen Ausdruk des Erhabenen
Und Schönen, schnell heraus zu finden, diese Züge,
So tief sie lägen, immer doch zuerst
Gewahr zu werden.

Glücklich ist vor Allen,
Wen seine Mutter früh zur Achtung seiner selbst

Mit ernstem Blick gewöhnt, und dessen Stolz
Sie nähret, nicht mit angestammten Gold,
Geerbten Wappen, nach dem lauten Lob
Der ganzen trägen Sippschaft, wenn der Muthwill
Im Schaum des Witzes von der Schlangenlippe
Des Knaben sprudelt; — nein, mit dem erhabnen Bilde
Der Ueberwindung des verbotnen Reizes,
Der Duldung jedes Schmerzes, den die Pflicht
Uns dulden heißt, und mit dem unbestochnen Beifall
Der eignen Ueberzeugung. Dieser Stolz
Sey zu der höchsten Leidenschaft erzogen,
Ihm müssen seine Brüder fröhnen! er
Getäuscht vom Ehrenbande, das er selbst
Sich um die Kette der Nothwendigkeit
Gewunden hat, folgt willig dieser Kette
Und reißt den ganzen Chor der Triebe mit sich fort.
Nur dieser Stolz kennt Güter des Genusses,
Die nie vergehn; er läßt, auch wenn wir alles
Für ihn geopfert haben, den Verlust
Uns nie empfinden, nie beweinen. Dann
Macht reicher uns die selbst gewählte Armuth,
Und, stellet sich dem frühen Heldentode
Die freye Brust entgegen; so genießen wir
Das hingegebne Gut, noch eh wirs geben,
Im Hochgefühl des selbsterrungnen Werths! —
Wie tausend laue Sonnenstrahlen jezt
Gefaßt in einen Brennpunkt, — Flamme sind,
So wandeln sich die tausend schwachen Freuden
Des längsten Lebens, — nun zusammen
Gedrängt in einen Augenblick, — sie wandeln sich

In jene Wollust, jenes Feu'rentzücken,
Das aus dem Angesicht der Tugendmartyrer
Elektrisch strahlt, elektrisch sich verbreitet. — —

Doch — wo für Lieb und Stolz der träge Sinn
Nicht mehr empfänglich, nur dem gröbern Vortheil
Noch offen ist, da, Phantasie, da wende
An Furcht und Hoffnung dich, da zaubre du
Zur Gegenwart die Zukunft, da bedecke
Das lockende Gesicht des Lasters und
Den bangen Blick der Tugend mit der Larve
Des künftgen Schadens, künftigen Gewinns.
Gesehn im Wunderglas schnell vorgehaltner Neben-
Ideen, stehe da in seiner räuberischen
Gestalt, in die es bald sich wandeln wird, das Laster,
Das mit des Gebens reicher Miene jezt
In unsre Sinne lacht; — gesehn in jenem Spiegel,
Erscheine vor dem unentschloßnen Geist,
Die Tugend, die mit Dolch und Ketten droht,
In ihrer Engelschöne, wie sie einst
Dem lang geprüften, treu geblieb'nen Freunde
Den Palmenzepter der Zufriedenheit,
Des Ruhmes Lorbeerkrone reichet, hundertfach,
Und zum Genuß für eine Ewigkeit
Uns wiedergiebt, was nur auf Augenblicke
Sie nahm.

Gelenkt, o Gott, von allen diesen Künsten,
Umarmt das Herz die schöne Täuschung gern,
Und siehe da, es würde nicht getäuscht!

Gebildet wäre jezt der gute Genius
Des sittlichen Geschmacks, der heiige Geist,
Um den wir täglich beten, ohne den
Noch nie ein Mensch vor dem Gesetz des Gottes,
Der in uns wohnt, bestehen konnte! Jezt
Versöhnten sich, wie mißvergnügte Gatten
In ihrem ersten Sohn, — Vernunft und Sinnlichkeit
In ihrem gleichgeliebten Zögling, in
Dem mühevollen Kunstwerk des Gewissens, — —
Und Ruthen, Stricke, Schwerdter hingen dann
Verwesend und verrostend an den morschen Säulen
Des Kriminalgerichts.

Hinauf zu diesem Ziel
Ringt jeder Biedermann; hinauf zu ihm
Ringt seit Jahrtausenden, des Zweckes unbewußt,
Das ganze Menschenvolk, geht irr und gehet recht.
Es glücken hundert Schritte, Einer misglückt,
Und stürzt zum Fuß des halberstiegnen Felsenweges
Ein ganz Geschlecht hinab. Doch wieder aufzustehn
Und den Versuch nach Millionenmalen
Mit gleichem Muth und neuer Klugheit neu
Beginnen, ist des bessern Menschen würdig!
Jenseit des Mondes wird der gute Wille
Belohnet, — nicht das Glück.

Darum, o Gott,
Laß unsre Fürsten, die sich Väter nennen
Des anvertrauten Volks, ach laß sie nie verzweifeln
An ihrem Volk, und nicht in jenem Wahn,
Als wäre alles schon zur freyen Bildung
Des Menschen, immer ohne Glück versucht,

Und wäre unter tausenden kaum einer
Nach Stand, Gewerb und Einsicht einer bessern Zucht
Empfänglich, — laß sie nicht, geschüzt durch jenen Wahn,
Zur Sclavenbildung nur die mächtge Hand,
Die kräft'gen Füsse reichen. Strick und Kette
Sey'n nur das Instrument der Nothwehr, nie der Zucht,
Wie leicht ist doch der Fürsten Amt, dafern
Sie alles für Unmöglichkeit erklären,
Was schwer ist; unter tausend Menschen giebt
Es dann nicht weniger als tausend, die
Für Kron und Zepter ehr, als für den Pflug
Geboren sind. — — —

Darum, o Gott, laß uns die oft betretnen Weg
Zu jenem aufgestellten Ziel der Menschheit
Von neuem gehn, und wiederum von neuem.
Die meisten sind nur halb gekannt, nur halb
Versucht, des Eingangs Dornenbüsche sind
Noch nicht hinweggeräumt, und jeder wunde Fuß
Kehrt um!

Der erste Pfad, der in das Auge fällt,
Und darum auch der unversuchteste,
Führt durch das Nothgebiet der Schulen — Warlich
Was hier gethan wird für die Menschheit, das,
Nur das allein ist je für sie gethan,
Seitdem es Fürsten giebt, die für das Wohl
Der Menschen, nicht der Unterthanen nur
Etwas gethan zu haben, laut verkünden.
Von keiner Laun' entweihet, wie der beßre Fürst,

Sey der Erzieher; (weh der Schule, wo
Der Lehrer nicht erziehen kann, nicht darf
Vielleicht nicht soll) — Dem Ideal der Menschenwelt
Sey ähnlicher die Schule, als der beste Staat
Ihm jemals ähneln konnte; (sieh, so ist
Sie Heeresmustrung, gleich der kunstgerechten Schlacht,
Die nie geliefert wird) — Gesetze nur
Dem jungen Volk erklärt, von ihm verstanden,
Und angenommen in der guten Stunde, —
Gesetze nur sey'n hier die unbestochnen Richter!
Vertheidigung find ein geduldig Ohr!
Die Wahrheitsliebe sey geehrt in dem,
Der seine Schuld nicht läugnet, nicht beschönt!
Die Strafe nur versöhne! nie geschenkt,
Doch durch das Mitleid selbst des Strafenden,
Und durch der Scene feierlichen Ernst
Veredelt! — Wer sich selbst erniedriget,
Der sey erniedriget; wer sich selbst erhöht,
Der sey erhöht! du weißts, o Gott, was selten
Die glauben, die hier helfen könnten, und die andern
Vergeblich sagen: schwerlich öffnet sich
Das Himmelreich der eignen Menschenwürde
Dem Mann, wenn nicht in seinem Vorhof schon
Der Knabe sich gefiel.

Darum, o Gott

Erhalt uns immerdar die edlen Künste,
Erhalt die Künstler uns, (wenn du sie nicht
Erhieltest, ach wer thät es dann!) die sich
Mit der Natur vereinen, alle Nerven
Des innern Sinns zu feinerem Gefühl

Zu spannen, durch vollkomm'ne Schönheit
Sie rein zu stimmen, — die uns bald
Den wilden Freiheits-Geist der Leidenschaft
Entkräften zu geselligem Gefühl, —
Und bald das matte allzuträge Herz
Vom Schiksal oder von Despotenstolz
Gedrückt, — zu eignem Stolz, zu Gegenmuth
Und mildem Heroismus stärken!

Darum, o guter Gott, gieb uns ein Vaterland!
Gieb jedem Manne seinen eignen Heerd,
Sein eignes Feld, und gieb ihm Weib und Kind!
Gesetze, die nicht hungert und nicht durstet,
Die keine Väter, keine Brüder kennen,
Gesetze müßen, — gleich dem Nierengurt,
Der nicht die Muskeln und die Sehnen schwächt,
Der sie zusammen drängt und stärkt — die Freiheit
Des ganzen Volkes fest zusammengurten!
Des Reichen Schaden sey gekettet an
Des Armen Noth; der Stolz des Herrn bestehe
Nur bey des Dieners Recht! Begeistert werde
Des Jünglings Herz durch Kunde alter Zeit
In Tempeln aufbewahrt, in Ehrenmählern
Gesezet dem Verdienst entschlafner Väter,
In Statuen, zu denen nicht allein
Der Fürst die eigne Silberkammer öffnet, nein
Zu denen, als der reichste Patriot,
Zwar auch der König seine freie Gabe
Darbringen darf, wofern er keinen, als
Sich selbst zu ehren meint in dieser Ehre.

Darum erhalt, o Gott, uns eine dichterische
Religion, die, voll erhabner Einfalt,
Was die Vernunft von Dingen jener Welt,
Mit gleichem Grund vermuthet und bezweifelt,
Uns in den schönsten Bildern dieser Welt, —
Zu Idealen durch die Kunst erhoben, —
Als wirklich giebt — die uns dein hohes Wesen,
Du Unbegreiflicher, Du Unnachahmlicher,
(Der Du von Schmerz und Freude, Zorn und Liebe
Gleich weit entfernt, im wechsellosen Anschaun
Des ew'gen Einerleies der reinen Wahrheit
Unendlich seelig bist —) Dein unbegrenztes Wesen
Mit einer feinen Sinnlichkeit begrenzt,
Ein Menschenherz dir leiht, — (Doch eines weisen
Und biedern Mannes Herz) Dich einen König
Der Schöpfung nennt, und einen leichtgerührten Vater
Der Menschen. — Eine sondre Wohnung
Sey dir gebaut, ein Thron, bedient von Engeln!
Jenseit des Nachtgewölkes überm Grabe
Erschein' ein mildes Licht, des Thrones Abglanz!
In jener sanft erhellten Ferne steh'
Ein reiches Ziel, das selbst den wilden Blick
Der Leidenschaften fesselt, neue Kränze
Der müden Tugend zeigt, und Sternendiademe
Dem lang' verkannten, lang' verspotteten
Verdienst, der blutig oft verfolgten Wahrheit, die
Des Lebens Ruh entsagend, für den Werth
Des Menschen und sein Heil, selbst mit dem Menschen kämpfte,
Und erst im Tode den Triumph errang!

Und darum endlich Du, der nicht im Tempel wohnt,
Erbaut von Menschenhänden, dem wir dort
Nicht dienen, (denn der wahre Gottesdienst
Lebt in der offnen Welt, und wandelt
Im Alltagskleide) darum endlich laß
In Tempeln deines Namens alle Künste
Sich ihre Kräfte leihn und ihre Allgewalt
Vereinen, um des Menschen ew'ge Hoffnung
Und seine künft'ge Seligkeit zu feyern!

Wenn durch des Lehrers ungeschmükte Rede
Schon die Vernunft von unsers Daseyns Zweck
Von unsern Pflichten, unserm Recht aufs neue
Sich überzeugt hat, dann vergönne sie
Dem Herzen auch zu der befohlnen Tugend
Sich zu begeistern.

Hoch empor getragen
Vom Fittig des Gebetes, schweb' hinauf
Die frohe Seele jenseit aller Sterne
Zur freien Wohnung der Gerechten! Hier
Eröffne sich ein Himmel, auferbaut
Vom festen Sinnlichen, das je die Phantasie
Gereinigt hat zu körperlichem Geist!
Ein Tropfen aus dem Strohm der Seeligkeit erquicke
Das matte Herz! — Schnell wie elektrisch Feuer
Durchströhme das Gefühl der neuen Jugendkraft,
Der Unvergänglichkeit, durchströhme jede Nerve
Des wonnevollen Busens, und verkläre
Den trübsten Blick. Gerettet ist die Würde
Der Menschheit. Sieh, entlastet jezt von Kron
Und Zepter, und von seinen Sclavenketten, nur

Bekleidet mit der hohen Urgestalt des Vaters,
Umarmet sich ein brüderliches Volk,
Und seine Kinder findet Adam wieder
Im neuen Paradies. Ein Cherub führt
Die Martyrer der Tugend, die gehaßten Söhne
Der Wahrheit, näher hin zum Thron.
Wir fühlen,
Wir fühlen schon an unsrer Stirne wehn
Den langverheißnen Kranz, wir heben in die Palmen
Des ganzen Himmels, heben wir empor
Die ewig grünen Zweige. — Horch, jezt rauschet
Hernieder, aus der sonnenhellen Wölbung
Des Tempels rauscht ein Meer von Harmonie
Auf unser Haupt: es ist der Chorgesang,
Der jubelvolle Chorgesang der Sphäre,
Denn sie begehen unsern Siegestag!

Doch bald nach kurzen Augenblicken, (daß der Rausch
Sich nicht in Trunkenheit verwandle) bald
Verlaß die nie zu stolze Kunst den Himmel
Und schwebe sanft zurück auf diese Welt.
Mit neuem Muth zu neuem Kampf bewaffnet,
Zu neuen Tugenden gestärkt, — die Phantasie
Geläutert, rein gewaschen von den Bildern
Unedler Lüste, rein gestimmt die Sinne
Zur Harmonie, nur mit den bessern Freuden
Empfang uns wieder dieses Land der Bildung
Und die Gemeinschaft aller Hoffenden!

Noch ist der Himmel, den der Glaube sieht,
Zum Dienst der Erde da, bald ändert sich

Die Scene; dann, o Gott, dann sind auf Erden
Wir da gewesen einzig für den Himmel.

Es fällt dahin der träge Leib, es bricht
Die Form von Thon, und sieh, der schöne reine Guß
Des Götterbildes, einst im Feu'r gegossen,
Schaut kühn umher, und blickt den Meister an.

Fall hin, du Sinnlichkeit! zwar denkt für dich,
Und wegt und prägt für dich, kämpft mit dem Irrthum,
Ringt mit der Wahrheit, jagt der Täuschung nach
Für dich, der ew'ge Geist, der in dir herrscht und dein,
Nur dein ist, was er findet: doch fürwahr
Dies Kämpfen selbst, dies Ringen ist nicht dein.
Sein Loos war hier, am treusten dann sich selbst
Zu dienen, wenn er dir am treusten dient! — O dank ihm,
So lang er noch für deine Wünsche lebt.
Er dank auch dir für deine Schwachheit, danke
Für deinen schwer bekämpften Trotz; denn bald
Sprichst du ihn frey von seinen Prüfungs-Jahren,
Und die geübte Kraft, die selbst errung'ne Stärke
Geht mit ihm, geht mit dem verwaisten König —
Dorthin, wo andre Unterthanen schon,
Wo eine andre Sinnlichkeit, im Werden
Des jungen Staats, ihm ihre Thore öffnet,
Und seinen kräftigen und weisen Zepter küßt!

185.

Der Wunsch
jedes einsichtigen ehrlichen Menschenfreunds.

Erhalt uns, Gott, des Erdenlebens Licht,
Des Denkens Freyheit, die dem Aberglauben
Den fetten Heuchler=Nacken bricht,
Die Rechte der Vernunft: Nichts müsse sie uns rauben!
Vertheid'gen sie, sey uns, sie schützen, Fürstenpflicht.
Der Mensch, beraubt der angebohrnen Rechte,
Sinkt zum Rebellen bald, und bald zum Fürstenknechte.
Und weh dem Lande, wo des Aufruhrs Fackel blitzt!
Dem Fürsten weh, den nur sein feiler Knecht beschützt!

Doch Heil dem Volk, dem neidenswerthen Lande,
Wo Menschlichkeit des Staates Ruder führt!
Dem Volke Heil in jedem Rang und Stande,
Wo Willkühr nicht; wo Weisheit durchs Gesetz regiert!
Verwebt zu einem Zweck durch sanfter Menschheit Bande,
Blüht stolz es auf, reift in ihm Bürgerglück;
Gesundheit lacht und Ruh aus jedem Blick;
Vom Seegen trieft die Flur; in Hütten und Pallästen
Feyrt seines Wohlstands Glück dies Land mit frohen Festen.

186.

An Hermes und Hilmer.

Beglückter Staat, wo Wissenschaften thronen
Und solche Kenntniße gedeihn,
Die Lebensglück auf ganze Nationen
Und Trost in niedre Hütten streun!

Wo biedre vaterländische Gelehrte
Des Vaterlandes Blöße sehn,
Dem Nebel, der das Hellerwerden stöhrte,
Mit Flammenlicht entgegen gehn.

Und aus dem unabsehlichen Gefilde
Der menschlichen Gelehrsamkeit
Das mühsam sondern, was mit Sonnenmilde
Den Kopf erhellt, das Herz erfreut.

Denn, wenn durch Menschlichkeit geleitet,
Dies ungetrübte Wahrheits-Licht
Sich über jeden Stand im Volk verbreitet,
Wie große Folgen hat dies nicht!

Es weichen Irrthum, Dummheit, Aberglaube,
Die Bosheit und das Laster fliehn,
Der Geist des Volkes hebt sich aus dem Staube,
Und Tugend Recht und Unschuld blühn.

Ein jeder liest der Gottheit heil'gen Willen
Im großen Buche der Natur,
Und strebt und wacht, ihn zu erfüllen,
Weil er die Wahrheit früh erfuhr.

„Es könne sich der Mensch in keinem Leben
„Vollkommen ruhig, glücklich sehn,
„Wenn nicht all seine Wünsche, sein Bestreben
„Mit der Natur im Einklang stehn."

Verehrung Gottes, weise Menschenliebe,
Erhabne Ehrfurcht für den Thron,
Und Duldung sind dann allgemeine Triebe
Der aufgeklärten Nation.

Unwissenheit ist größtentheils die Quelle
Von jedem menschlichen Vergehn:
Denkt sich der Kopf den Zweck des Lebens helle,
So schlägt das Herz auch menschlich schön.

Wer kann der Tugend Lohn und Würde kennen,
Und doch ein Feind der Tugend seyn!
Wer kann des Lasters falsche Freude kennen,
Und doch ihm Herz und Leben weihn!

187.

Friedrich, der Schutz der Freyheit.

(Odeum — S. 58.)

Wähle, Gesang, und preise heut
Friedrich, den Schutz der Freyheit!
Schwinge, wenn du vermagst, dem Schwunge dich nach,
Den der Erhabne nahm,

Den er tausende gelehrt,
Und tausendmal tausende lehren wird!

Licht war sein Geist, breitete Licht,
Wie die Sonne den Tag, um sich her.
Frey durch alles Wissens Gebiet,
Flog er; zerreißend den Zwang,
Trotzend böser Zerstreuung,
Verachtend die Stimme des Schmeichlers;
Immer Er Selbst, und für jegliche Weisheit
Gegenwärtiges Sinns! — —
Ach, es umlagern den Fürsten=Sohn,
Und den Mann des Elends,
Beide der Feinde viel,
Und verhindern sie weise zu werden! —
Gedrückt von schwerer Last
Wandert der Mann des Elends
Seinen Weg oder steht an harte Arbeit gefesselt.
Die Weisheit ruft; umsonst! er hört sie nicht,
Und fühlt die wundgedrükte Schulter nur,
Sieht nur mit starrem Blick
Auf den Erdenklos nieder,
Den er seufzend zerschlägt!
Indes verloren im Goldglanz,
Getäuscht von des Hofes blendendem Spiel,
Umrauscht von Geschöpfen des Glücks,
Fühlt, daß er Weisheit bedarf, der Fürstensohn nicht!
Die Weisheit ruft; umsonst! er hört sie nicht,
Denn daß, aus angestammter Tugend,
Er wisse, was die Thörin [illegible] will,

Hat ihm längst schon der Schmeichler gesagt!
Längst jedes Wort, das ihm entfiel,
Tiefbückend aufgefaßt!
Schlau zur Erfindung, entschloßen zur That,
Lauscht niedrer Eigennutz ihr auf,
Stößt, wenn sie sich naht, die Weisheit zurück,
Damit nicht des Fürsten zu offner Blick
Einst lese, was im Herzen sich verbirgt! — —
Aber singe, mein Gesang,
Friedrichs Triumph,
Und jedem Fürstensohn, der weise werden will,
Wonn' ins Herz;
Denn Friedrich ward weise!
Und leichter ward der Zugang zum Thron
Der Weisheit durch Ihn!

Bang und sorgenvoll sah selbst
Friedrich Wilhelm, der Redliche,
Dich Höhen erklimmen, o Friedrich,
Wo nie sein Fuß gewesen war;
Fürchtend, Du wolltest, mit Wolf oder Suhm
Berge tragen auf Berge,
Zu stürmen des hohen Himmels Burg!
Ach, denn es weis keiner nicht,
Als wem sein beßrer Genius
Lächelte bey der Geburt,
Was es heißt, in Licht und Freyheit
Wiedergebohren zu seyn;
Und mit gleichstimmigen Freunden
Zu schöpfen aus der Weisheit Quell!

Doch, siehe Weisheit,
Die klüglich handelt, klüglich spricht,
Versöhnt auch der Könige Zorn:
Du, Friedrich Wilhelm, selbst
Riefst den erst verkannten Weisen
Unter deine Kinder zurück,
Und starbst sein Freund!

Aber Du, o Friedrich,
Lerntest, was viele der Fürsten nicht wußten,
Früh aus eigenem Leiden:
Daß Weisheit den Irrthum duldet,
Irrthum die Weisheit verfolgt!
Lerntest das Recht, das geraubt
Dich selbst in der Seele gekränkt,
Deinen Brüdern zu geben!
Schuldigtest, mit gerechtem Haß,
Unduldsamkeit der Tyrannei,
Die die Länder entvölkert.
Nanntest Duldung die zärtliche Mutter,
Die für Völker liebend sorgt,
Und Reiche blühend macht!
Selbst des Geistes Bedürfnisse fühlend,
Ach allzuoft von Fürsten ungefühlt!
Zerschlugst Du die lezten Fesseln der Freyheit,
Die ihn banden, den denkenden Geist.
Und hoch, im Selbstgefühl seiner Kraft
Schlug jedem Edlern das Herz!

Darum glänzt, unter der Könige Namen
Dein Nam', o Friedrich! Einziger!

Und unter den Reichen dein Reich!
Einst zählt von Friedrichs Jahrhundert' an
Der Enkel die goldnen Tage der Menschheit!
Denn von nun an, von nun an, —
Deß jauchze laut, o Preisgesang! —
Seit Friedrich Ehre der Menschheit war,
Wird Menschenrecht und Menschenfreude
Heilig den Fürsten
Und heilig den Dienern der Fürsten seyn,
Und keiner wagen, neue Fesseln
Dem denkenden Geiste zu schmieden;
Denn, ach, es träf ihn seiner Werke Lohn!

Genien aller Wissenschaft
Und aller Kunst,
Leichtbeschwingt, helles Bliks,
Drängten um Friedrichs Thron sich her,
Freudig eilten sie, sammelten Schätze,
Sahn, was sichtbar auf Erden,
Und hörten, was hörbar ist,
Zählten, maßen und wogen,
Genossen, und schufen Genuß,
Und brachten ihre gesammelten Schätze
Vor Friedrichs Thron,
Und Friedrich freute sich in ihrer Mitte! —
Sieh, es hob aus dem Staub der Verachtung
Sein Haupt der Denker empor,
Forscht' alle Wesen, Kräfte, Gestalten,
Auf Erden, am Himmel,
Durchspähte mit schärferem Blick

Das Menschengeschlecht,
Und Weise alter Zeit und neuer Zeit,
Zog, wie er sie sah,
Wahrheit und Weisheit aus Allem,
Und keiner gebot dem Sucher
Zu verschweigen, was er dacht' und erfand,
Was er zweifelt' und irrte.
Denn o die Zeit, sie scheidet doch,
Was bleiben, was vergehen muß,
Vergänglichen Irrthum und ewige Wahrheit!
Dann glänzt, gesondert vom Irrthum,
Wie Gold im Ofen siebenmal bewährt,
Die Wahrheit in reinerem hellerem Licht!
Und, Friedrich, dein Adlerauge
Blikte in die Sonne, fürchtete sich
Vor keinem allzuhellen Licht!
Warst unbesorgt zu bestimmen
Gränz und Stärke des Lichts;
Denn ach, sterbliches Aug' und Erdenhorizont
Sind Gränze genug!
Dich schrekte keine Wahrheit und kein Zweifel
Und keine Meinung, selbst der rohste Irrthum nicht!
Denn, Einziger, du überschautest,
Wie dein ererbtes Königreich,
Der Menschenwissenschaft weite Gefilde!
Dich schrekte nicht des Beobachters Blick;
Denn du — sahst ihm schärfer ins Herz!
Warst nicht bang, die zu weise gewordenen
Würden verschmähen dein Wort,
Oder deinen Zepter verachten;

Denn o der Welsere verstand
Besser dein Work, ehrte dich
Herzlicher, und arbeitete mit
An dem Plan, zu beglücken dein Volk.
Siehe, von allen Seiten strömten
Dir die Bewundrer herzu,
Und freueten sich unter dem Schatten
Deiner Flügel zu wohnen!
Und du, ob seinem Glauben kummerlos,
Schütztest jeglichen treuen Bürger
Und ehrtest sein Verdienst!
Der unterdrückte Denker floh zu dir:
Zu dir flehten aus ihrer Bedrängniß
Nationen, durch dein Wort
Fürsprecher ihrer Thränen zu seyn!
Denn ach, nicht überall,
Wo Christus Namen erschallte,
Hat Christus Liebe geherrscht!

Reiner und herrlicher strahltest,
Im Lande der Freyheit,
Du, heilige Religion!
Du, der hohe Einfalt und Würde,
Und Liebenswürdigkeit
Ihr Stifter, Jesus Christus, gab!
Die zur Predigerin
Des Lichts, und der Freyheit und Liebe
Der Himmelgesandte schuf! —
Keiner bedurfte, wo Friedrich herrschte,
Keiner, im Lande der Freyheit,

Ueberzeugungen zu heucheln,
Der im Herzen ein Andrer war!
Wer fromm schien, war auch fromm!
Keinem halfs, — wie viel er auch
Klagt über verdorbnes Jahrhundert! —
In Farb und Schnitt des Gewandes
Ehre zu suchen, die da nicht ist:
Denn wir, wir ehren nur
Im Mann das Verdienst,
Das ihm Weisheit und Tugend erwarb!
Wir, wir unterscheiden, —
Dank dem siegenden Licht! —
Wesen von Schein und Wahrheit von Trug,
Und Tand von Christus Sinn!
Also bildete Friedrich —
Dank o Dank dem siegenden Licht! —
Durch Freyheit sein Volk, und den Lehrer des Volks!
Früher und sichrer zum Denken reift
Selbst unsrer Jünglinge Geist!
Unsre Männer erkennt
An der freyen Stirn das Ausland,
Und am fest entschloßnen Wort!

Mag es doch seyn, daß ein Thor
Freyheit misverstand, und sein Glück!
Verbeutst du dem Stahl, den Funken zu reizen,
Weil eines Räubers freche Hand
Verderbende Flammen umhertrug?
Verstopfst du die Quellen des Stroms,
Weil ein verwegner Schwimmer ertrank?

Willst du tödten des Geistes Kraft
In ihrem ersten Keim,
Weil Freyheit auch Irrthum gebar?
Wilst du kränken die Edelsten, Besten,
Die Ehren des Volks,
Ihnen rauben die goldene Freyheit,
Weil ein Thor im Volk
Freyheit mißverstand, und sein Glück?
Wird besser der Irrende Wahrheit sehn,
Wird weiser werden der Thor,
Wenn du ihn zum Sclaven verkaufst?

Im Denker ruht die Kraft des Volks,
In der Freyheit des Denkers Kraft!
Raub ihm die Freyheit, und — er verstummt,
Oder — sagt halbe Wahrheit,
Hüllt sich in Schleier,
Flattert zwecklos umher.
Das Volk, geehrt und gefürchtet sonst,
Dem seine Weisen verstummen,
Sinkt!
Und seine Nachbarn umher,
Von seiner Weisheit erleuchtet,
Steigen empor!

Aber jauchze, Borussia!
Du wirst nicht sinken!
Wirst dein Haupt empor
Tragen unter den Völkern!
Wirst wirken durch mächtiges Beyspiel,

Auf das Menschengeschlecht!
Wirst immerdar es sehn, hochaufgesteckt,
Der Freyheit Panier!
Denn über dir waltet, dein schüzender Engel,
Friedrichs, des Herrlichen, Geist!
Und Friedrich Wilhelm hält in sichrer Hand
Den goldnen Zepter des Reichs;
Duldet über seine Geliebten
Keinen Gewissensbeherrscher;
Denn freyes Opfer, freyen Dank
Will der Allgütige!
Will nur in Geist und Wahrheit
Auf Erden angebetet seyn!

188.

Der Maykäfer.

(Pfeffels Vers. 1. Th. S. 142.)

Rathyll, ein kleiner Schäfer,
Fing einen Mayenkäfer,
Band ihn an eine Schnur
Und schrie: Flieg auf mein Thierchen,
Du hast ein langes Schnürchen
An deinem Fuß, versuch es nur!

Nein sprach er, laß mich liegen:
Was hilfts am Faden fliegen?
Nein, lieber gar nicht frey! —

Im vollen Flug empfinden,
Daß uns Despoten binden,
Freund, ist die härtste Sklaverey!

189.

Fragment einer Neujahrs-Litaney.

(Miniochs kl. verm. Schriften 1. B. S. 161.)

Weil du doch allen Seegen hast, mein Gott,
Und geben kannst, was wir nur nehmen können,
Wenn Du es giebst: so geb uns, lieber Gott,
Ein gut und frohes Jahr!
Wir wissen wohl,
Daß Du es besser weißt, als wir, wir armen Sünder,
Die wir mit Zeptern, Schwertern, Ruthen, Kruzifixen,
Mit theuern Seelenmessen, mit Gesprächen,
Geführt von hohen sterbenden Personen
Und ihren Geistern, mit Edikten, Manifesten,
Und Neujahrswünschen ohne Unterlaß,
So viel es mißglückt, — an dem Wohl der Welt
Arbeiten, — o wir wissen wohl, daß Du
Es besser weißt, was hier auf dieser Erde
Zu unserm ew'gen Heile dienlich ist!
Doch zählen wir, so gut wir es verstehn,
Zu unserm eignen Trost, in Kindeseinfalt
Dir ein'ge Stücke vor, die ein recht gutes Jahr
Wohl haben könnte! (Ist doch heut der Tag,
An dem die ganze werthe Christenheit
Mit ihrem Halbverdienst und Deiner Gnade

Abrechnung hält, und ob sie gleich noch immer
Mit Deinem eignen Golde dich bezahlt,
Und vieles schuldig bleiben muß, von neuem
Um Vorschuß bittet!

Nimm dann, lieber Gott,
Dem Allzuklugen, was zu klug ihn macht,
Und gieb's dem armen, allzunärr'schen Narr'n,
Und sollt darüber auch die Leuchtenburg
Zum Findelhause werden, lieber Gott!

Zerstöre jede hinterlistige
Distinktion! Was auch der fromme Vetter
In Wandsbek von zwey eignen Wasserkarten
Der Offenbarung und Philosophei
Zum guten Boten spricht — so ist uns doch
Nur eine einzige Vernunft von Dir gegeben,
Die, wie ein ehrlicher und treuer Advokat,
Nicht zweyen Gegnern dienen kann! — Ein Spiel
Ist gar zu sehr ein Spiel, und oft erinnert
Der schlaue Unterschied des Philosophisch-
Und Theologisch-Wahren an zwey Hände,
Womit ein Bettler um ein doppeltes Geschenk
Zu gleicher Zeit uns beide Taschen anspricht.

Mach alle Christen wiederum zu Menschen
Und dann erst gieb den Glaubensabgesandten
Im blinden Heidenthum, Gedeihn zu ihrem Werk!
Und — weil ich hier just an die Werber denke —
Laß doch den preuß'schen Werbern nur so viel
Wein, Brod und Fleisch, als für sie selbst zur Nothdurft
Hinreichend ist; denn, ach, sie mögen gern traktiren!

Dafür schenk allen Leuten, die am Pult
Mit krummen Rücken ihr Gewerbe treiben,
Des schwachen Magens wegen, dann und wann
In ihr mit Thee zufriednes Täßchen, Wein.

Gieb Brod dem Hungrigen, dem Dürst'gen Trank,
Ein Kleid dem Frierenden! O, diese Armen sind
In jeder Haus- und Kirchenlitaney
Zuerst zu nennen, denn diese können nicht mehr warten!

Gieb unsern Kindern einen deutlichen
Und guten Katechismus, lieber Gott!
Und laß sie lernen, daß die Theorie
Nur um der Praxis willen da ist; daß die Teufel,
Wie Sanct Jakobus meynt, den theoret'schen Glauben
So gut verstehen, als hätten sie entweder
Bey einem Restaurator Fidei das
Dogmatikum bis auf den lezten Mann
Mit ausgehalten, oder hätten gar
Ihn selbst in seiner Jugend unterrichtet.

Gieb unsern Knaben — Knaben zu Gespielen,
Daß sie im Laufen und im Ringen Bein und Arm
Von Kind auf üben, daß sie in der Kraft
Der Muskeln und der Sehnen sich erfreuen!
Denn das ist wahrlich nicht nur Rossesfreude,
Das ist auch Menschenfreude: — ja die Tugend selbst
Bedarf des Starken und Gesunden.
Geht viel ehr ein Ankertau durch einer Nadel Ohr,
Als daß ein Reicher in den Himmel komme;

So bleibt dem Schwächling und dem Immersiechen
Die Pforte ewig zugeschlossen!

Unsern Mädchen
Verleih ein Angesicht, das ohne Schminke
Gefallen kann, aus dem uns eine Seele
Entgegen spricht, die seyn will, was sie scheint.
O du belohnest oft des Mannes gute That
Allein durch seines Weibes Lächeln, und, fürwahr,
Er ist belohnt und mit dem Lohn zufrieden!

Schenk allen Jungfern — nimm hier, lieber Gott,
Das Wort, wie wir es nehmen, denn vor Dir
Ist's freylich nichts verborgen — allen Jungfern
Schenk einen guten Mann, und gieb ihn bald,
Daß sie der Blumen in des Hares Locke
Vor ihren Schwestern sich nicht schämen dürfen.

Den Männern gieb ein gut und freundlich Weib!
(Bewahr uns lieber Gott, in diesem, wie
In jenem Leben; vor der Hölle Pein!)

Den jungen Weibern einen jungen Mann!
Denn Frühlingslust im Winter ist nicht gut,
Und bringt nur Krankheit, und der Frühling wird
Darüber ganz und gar verdorben.

Auch unsern Jünglingen zu rechter Zeit
Ihr Amt und Brod und Weib! Erbarme Dich
Der armen Kindelein, die ihres Vaters Namen
Zu ihrer Mutter Schande nennen, nie

Erfahren haben, wie der Apfel schmekt,
Den, Abends, wann er von der Arbeit kömmt,
Ein lieber Vater seinen Kleinen bringt.

Gieb allen frommen Greisen und Greisinnen
Heut einen frohen Tag bey ihren Kindern;
Laß sie im Lehnstuhl sitzen am Kamin,
Wo sich die Kinder ihrer Söhn' und Töchter
Die Weyhnachtsäpfel braten, lieber Gott!

Gieb dem Gesunden Mäßigkeit, und bald
Dem Kranken guten Appetit! Furwahr,
Gesundheit, Speis und Trank, wie's unser Herz erfreut,
Ist doch für diese Welt nicht zu verachten! —
Wenn jezt der Abend kömmt, wenn uns die Arbeit
Des langen Tags ein Recht zur Muße giebt,
Der Tisch gedekt ist, ein verdient Gericht
In reinen Schüßeln raucht, ein frohes Weib
Den mäß'gen Becher füllt, vergnügte Kinder
Mit einer zärtlichen naiven Vorsicht
Ihn uns entgegen tragen; o dann schäm' ich mich
Des menschlichen Gedankens, wahrlich, nicht:
Daß ich im Himmel einst so leben möchte!

Doch, daß ich alles kurz zusammen fasse,
— Denn, ob Du gleich langmüthig bist, mein Gott,
So darf man Dich doch nicht versuchen! — — Gieb
All Deinen Kindern, groß und klein, o Vater!
Weil Du zum Spiel sie in die Welt gesetzt,
Auch ihre Würfel, ihren Rechenpfennig ......

Und ihre Puppen! Schenk uns allen, Vater,
Was wir begehren, oder laß uns das
Allein begehren, was Du schenken willst!
Zeig uns die Aepfel und den Marzipan,
Die Mandeln und Rosinen lieber nicht,
Wenn Du sie wieder in den Schrank verschließ't!
Und unsre Weiber, wenn, in allen Ehren,
Sie nicht das alles kaufen können, was
Geschrieben und gemahlet das Journal
Der Moden allzuschön uns anzupreisen weiß;
So laß sie doch — um ihrer Männer willen! —
So laß sie gar das gelbe Buch nicht sehn!

190.

Die Beschreibung des Jupiters.

(Pfeffels Vers. 1. Th. S. 93.)

Den Zevs ersuchte sein Trabant,
Der Adler, einst um das Vergnügen,
Ein bischen in sein Vaterland
Auf Abentheuer auszufliegen.
Schnell, wie der Sturm aus Aeols Mund,
Fuhr er von des Olympus Küste
Hernieder auf das Erdenrund
Und sezte sich in einer Wüste,
Die das Athen der Affen war,
(Nun heißt die Gegend Zanguebar)
Um auszuruhen. Ha! wie lauschte
Der Pavianen muntres Chor,

Als er, gleich einem Meteor,
In ihren Kreis herunter rauschte.
Der Rektor der Akademie,
Ein Doktor der Mythologie,
Erkannte gleich am goldnen Schnabel
Des Donnergottes Leibkonstabel.
Heil, dir, so rief der Musensohn,
Du Hüter von Chronions Waffen!
Was treibt er nun auf seinem Thron?
Giebts noch mit Riesen viel zu schaffen?
Darf ich den Vorwitz dir gestehn,
Ich möchte gern ihn einmal sehn.
Spricht er auch öfters von uns Affen?
O ja, lacht ihm der Adler zu,
Sitz auf, du sollst in einem Nu
Den König der Natur erblicken.
Der kekke Doktor Sapajou
Springt jauchzend auf des Knappen Rücken.
Schnell, wie die Blitze, die er hält,
Durch die getheilten Wolken zücken,
Trägt er ihn durch die Oberwelt
Und stellt ihn zu des Thrones Füßen,
Um welchen sich die Sphären drehn:
Starr, unbewußt, wie ihm geschehn,
Umwölkt von Todesfinsternissen
Fiel er auf seine Stirne hin,
Und hätte Jupiter im Fliehn
Nicht seinen Hauch noch aufgefangen,
Er wäre wie ein Dunst vergangen.
Doch kaum erblikt er neues Licht,

So birgt er, wie der Aberglaube
Vor Josephs Throne, sich im Staube
Und schlägt die Pfoten vors Gesicht.
Wohlan, sprach Zevs, man bring ihn wieder
Hinab in seine Wüstenei!
Fahr wohl und lehre deine Brüder,
Wer der Monarch der Götter sey.
Er winkt dem flüchtigen Trabanten,
Und eh sich Matz besinnen kann,
Langt er im Schooß der Anverwandten
Von kaltem Schweiße triefend an.
Schon taumelt jauchzend, wie Bachanten,
Der ganze Rudel bunt und kraus
Den Pilger an. Sey uns willkommen!
Wie lebt sichs in dem Oberhaus?
Was hast du neues dort vernommen?
Wie sieht der Gott der Götter aus?
So hört er hundert Stimmen fragen:
Wie wird er aussehn? — Wie ein Gott;
Ja, wie ein Gott, das kann ich sagen,
Versetzt der rauhe Don Quixott
Und strich sich seinen Rektorskragen.
Gut, sprach ein junger Kandidat;
Allein, wie ist ein Gott beschaffen?
Ha, Freund! rief Matz, er ist . . . . er hat . . .
Er hat . . . kein Härchen von uns Affen.

Bald, Lieber, glaub ich in der That
Den Traum von der Metempsychose,
Den du uns jüngst in Plato's Prose,

Mit Platons Geist erzählet hast.
Denn, sagen mächtige Doktoren
Uns nicht, wiewohl in mehr Bombast,
Im Tone der Reformatoren,
Noch jezt, dem Menschensinn zum Spott,
Just was mein Pavian, von Gott?

191.

Die Exegeten.

(Pfeffels Vers. 1. Th. S. 108.)

Auf einer brittischen Fregatte,
Die Wanderer aus jedem Land
Auf ihrer Farth vom Indusstrand
Nach Kanton eingenommen hatte,
Gerieth ein Sohn des alten Theut
Mit einem Gallier in Streit
Des oft verwünschten Apfels wegen,
Der Pestilenz und theure Zeit,
Symbole, Galgen, Kronen, Degen
Und Schürzen in die Welt gebracht.
Der Deutsche sprach: auf unsern Höhen
Bey Borstdorf ist sie noch zu sehen
Die Frucht. Der weise Franzmann lacht
Pardon, wir nennen sie Renette
Und Frankreich ist ihr Vaterland.
Die Kämpfer schrieen um die Wette,
Bis man zulezt für dienlich fand,

Dem Ausspruch zweener Jesuiten
Aus Porto sich zu unterziehn.
Ey Freunde, rief der Lojoliten
Gelehrtes Paar, wo denkt ihr hin?
Ihr irrt, es war die Apfelsine,
Das schwören wir beym Eskobar.
Ihr Herrn, sprach mit bescheidner Mine
Ein Proselyt aus Tranquebar,
Mich dünkt, ich habe wo gelesen,
Es sey die Kokosnuß gewesen.
Hier biß der alte Schiffskaplan,
Vom Punsch erhizt, mit wilden Blicken,
Sein krummes Pfeifenrohr in Stücken
Und spie es in den Ozean.
Nein! länger ists nicht auszustehen,
Wer wird die Bibel so verdrehen?
Rief er: es ist ja sonnenklar,
God damn, daß es ein Pudding war.

192.

Die Sonnenuhr.

(Pfeffels Vers. 2. Th. S. 21.)

Was mag die Glocke seyn? Geh, sieh doch, Schwager,
Im Garten auf der Sonnenuhr!
Sprach Junker Hans auf seinem Krankenlager
Zu seinem ländlichen Merkur.

Lips geht, und bringt nach langem Weilen
Die Sonnenuhr vors Kanapee:

Da, Herr, seht selber zu! sprach er mit Heulen,
Gott weiß, daß ich vom Dinge nichts versteh!

Jüngst las mir Stauffius aus einer alten Fiebel
Den Schwank, und jauchzte wie ein Kind,
Der gute Mann weiß nicht, daß er sich seiner Bibel,
Wie Lips der Sonnenuhr, bedient.

193.

Das Elixir.

(Pfeffels Vers. 2. Th. S. 40.)

Der Derwisch Aladin lag in Buchara krank:
Sein Fuß berührte schon des Grabes jähe Stufen.
Man ließ den Avizenna rufen.
Er kam: Du must in deinem Trank
Von diesem Elixir, sprach er nach reifen Schlüssen,
Des Tags drei Löffel voll genießen;
Es stärkt das Haupt und heilt die Brust.
Der Patient nahm es mit Lust
Und fing schon an die Wunderkraft zu spüren.
Gut! denkt er bey sich selbst, nehm ich den Balsam pur
Und recht nach Appetit, so wird das meine Kur
Weit eher noch zum frohen Ziele führen.
Gesagt, gethan. Er leeret die Tinktur
Mit einem Zug bis auf den lezten Tropfen.
Sie fähret wie ein Bliz durch Adern und Gebein:
Der Schwindel dreht sein Haupt, das Herz fängt an zu klopfen
Und bald verkalkt es sich zum Kieselstein.

Er taumelt durch die Stadt, steigt auf die Minareen,
Ruft alles Volk mit bachischem Gebrüll
Zum Beiramstanz, und wer nicht tanzen will,
Den schleppet er in die Moscheen
Und stößt ihm einen Dolch ins Herz.
Man lief, den Arzt um Rath zu fragen.
Er ließ nicht ohne Frucht ihm ein paar Adern schlagen;
Doch er gestand mit edlem Schmerz,
Er werde schwerlich ganz genesen.

Was meynst du, Freund, gleicht die Religion
Nicht diesem Elixir? Braucht sie der Erdensohn
Wie grobe Kost und als ein fremdes Wesen;
So macht sie krank, erzeuget Schwärmerey
Und Pharisäerstolz: doch mischt er als Arzney
Von ihrem Geist, von ihrem Freudenöhle,
In jede Nahrung seiner Seele;
So mehrt es ihren Lebenssaft
Und füllet sie mit Gotteskraft.

194.

Die Urne.

(Pfeffels Vers. 1. Th. S. 135.)

Der fromme Bischoff Theagen
Entwich in eine dunkle Grotte
Des Pallaswäldchens bey Athen,
Um weit vom Lärm mit seinem Gotte
Und sich vertrauter umzugehn.

Er lebte hier schon sieben Jahre,
Nur von Olympiern gesehn;
Schon fielen seine grauen Haare
Wie Blätter, die der Nord verjagt;
Schon tönten seine Psalmen heiser
Und täglich schlug sein Busen leiser,
An dem schon lang der Krebs genagt.
Er fühlte, daß sein Ende nahte;
Sein welker Arm, der kaum den Stab
Noch halten kann, ergreift die Spate
Und fröhlich macht er sich sein Grab.
Itzt ragt was aus dem Schoos der Erde;
Es war ein marmorner Altar,
Der einst der Göttin heilig war.
Doch schnell erhob sich aus dem Herde
Ein kleiner goldner Aschenkrug,
Von hellem Sternenglanz umgeben.
Gott! rief der Greis mit heilgem Beben,
Ists Wahrheit? Ist es Augentrug?
Er wagts, die Urne wegzuheben,
Die kaum in seinen Händen weilt,
So überströmt ihn neues Leben
Und schon ist seine Brust geheilt.
Der Alte sinkt vor dem Altare
In Thränen auf sein Angesicht:
Verschmähe meine Bitte nicht,
Gott! noch ein Wunder, offenbare
Mir, Gott, wer dein Apostel ist,
Den dieser Aschenkrug verschließt.
Der Grund des Felsen wird erschüttert,

Und eine himmlische Gestalt,
Die wie ein Blitz vorüberwallt,
Ruft: Sokrates! Der Alte zittert
Und in dem Strahlendiadem
Des Krugs, auf den sein Blick sich kehret,
Liest er beschämt: Wer Gott verehret
Und recht thut, ist ihm angenehm.

195.

Die Feinde der Aufklärung.

(N. T. Merkur, 1790. Jan. S. 27.)

In diesem Herbst, an einem Abend
Kurz vor dem Winter=Sonnenstillstand
Kam Lichtfreund in den großen Klub.
Zwar zahlreich fand er die Versammlung,
Doch kannt' er zwey kaum oder drey
An Ton, an Mundart ihrer Rede.
Denn tiefgesunken war die Sonne,
Unkenntlich waren Form und Farben;
Doch sprach man viel von Form und Farben,
Und stritt von ungesehnen Dingen.
Da riefen viele: „bringt uns Licht!
„Wer kann die Dunkelheit ertragen!
„Blind und im Finstern seyn, gilt gleich.

Man brachte Licht — und Heiterkeit
Erblikte man auf vieler Antlitz;
Nur Einige verdroß das Licht:
Sie wünschten wieder Dunkelheit.
Wer waren die?

Ein kranker Mann.
Entzündet waren beyde Augen:
Ihm machten Sonnenlicht und Wachslicht
Fast gleiche Schmerzen. War es Wunder,
Daß Finsterniß ihm lieber war?

Ein alter Mann, von schwachen Nerven,
Erwachte jezt aus seiner Schwäche,
Rieb sich die Augen, klagte blinzend:
„Was soll das Licht? es blendet mich;
„Zehnmal war Dämmerung mir lieber;
„Fort mit dem Licht! ich will nichts sehn.

Ein Dritter schläferte. — Das Murmeln
Der funfzig oder hundert Sprecher
Betäubt den leeren Kopf durch Schlummer.
Das liebt' er sehr; doch nun beym Lichte,
Bey zahlreich wachender Gesellschaft
Zu schlafen, — muß er sich ja schämen.
„Mir, sprach ein süsser junger Schwärmer,
„Mir scheint im Dunkeln alles schöner:
„Beym halben Licht der Dämmerung
„Verschönert meine Phantasie,
„Was man zu wahr im Hellen sieht;
„Der Fehler selber scheint da noch schön,

„Wahr oder nicht, das gilt mir gleich.
„Weit schöner ist die Feenwelt
„Im Dunkeln, als die wirkliche.
„Wer sieht bey hellerm Lichte Geister,
„Und ach, was kann man bessers sehn!
„Jezt eben, dünkt mich, sah' ich einen,
„Wie Schwedenborg je einen sah.
„Kaum kam das Licht, weg war mein Geist,
„Mein lieber Geist! — Verdammtes Licht!

„Verdammtes Licht!" — rief tief im Saale
Auch Philidor, der, hinterm Schirme
Mit seiner magischen Laterne,
Mit seinem hohlen Zauberspiegel,
Mit seinen Lampen eben fertig,
Der ganzen staunenden Gesellschaft
Im weißlichern Wacholderrauche
Von seinem transparenten Bilde
Die täuschende Gestalt, wie Schatten
Von guten oder bösen Geistern
Zum Schaudern lebhaft zeigen wollte.
„Licht weg!" rief er, „zu meiner Kunst
„Muß man durchaus im Dunkeln seyn."

Ein Schleicher horchte unterdessen
Wo zwey und drey vertraulich sprachen,
Trug dann zu dem und jenem Botschaft,
Die unerkannt man lieber trägt.
Das Licht verhinderte den Horcher.

Ein Misgestalteter — sein Antlitz
War voller Schwären, halb bepflastert —
Ließ sich nicht gern im Hellen sehn.

Ein alter Faun war in Begriff,
Sich gegen einen schönen Jüngling
Nach Faunensitte zu entdecken,
Was er, bey Licht und Zeugen ungern,
Sich nun nicht mehr erlauben durfte.

Ein andrer hatte das Projekt,
Monopolist des Lichts zu werden;
Drum haßt er allgemeines Licht.

Ein Taschenspieler wollt' im Finstern
Der Andern Taschen künstlich leeren,
Dann heimlich aus dem Zimmer schleichen.

Ein Schwachkopf hielt es gar für Sünde,
Die weisere Natur zu meistern:
„Wollt ihr die Sonne tadeln, daß sie
„Von unserm Horizonte wich?

„Wollt ihr durch eignes Licht ersetzen,
„Was sie entzog? Nacht muß Nacht seyn!
„Ihr seyd Franklin, dem Frevler gleich,
„Ders wagt, durch Blitzableiterstangen
„Der strahlenschwangern Wetterwolke
„Das Feuer zu entziehn; ihr streitet
„Mit Gott. Laßt seine Blitze zünden,
„Und ungehindert seys hier finster!

„Wenn Gott will, daß wir sehen sollen,
„Wird er durch Blitze uns erleuchten.

„Und hat man," setzt sein trüber Bruder
Voll Furcht hinzu „nicht manch Exempel,
„Daß Menschen von zu hellem Lichte
„An ihren Augen Schaden litten?

„Ists Licht erst da und wird geduldet,
„Dann gehts bald weiter; noch mehr Lichter
„Bringt man und macht die Luft phlogistisch;
„Dann könnten wir vom Licht ersticken.
„Darf man das wohl im Finstern fürchten?
„Nein, nein! Erleuchtung ist gefährlich!

Ja, ihr habt alle Recht, sprach Lichtfreund:
Ein jeder Mensch in euerm Falle,
Mit euern Augen, Kopf und Herzen,
Kann helles Licht gar wohl entbehren.
Entbehrt es lieber, habt am halben
Gespaltnen Strahl des kleinsten Lämpchens
Licht überflüßig, schon zu viel!
Wir sind in eurem Falle nie!
Geht ihr ins Dunkle, uns laßts Licht!

196.

Vortrefliche Absicht!

(Satyren von Weidmann, S. 2.)

Da steh ich mit geschlungenen Händen und staune die Welt an.
Nur den Adel, die Reichen soll künftig die Wissenschaft schmücken.
O ihr geheiligten Musen, euch dräuen die magersten Zeiten,
Wenn nur die Edlen und Reichen euch Weihrauch zu streuen bestimmt sind.
O ihr Väter von stolzen Entwürfen, wo stehn euch die Köpfe?
Geht in die Vorwelt zurück, und zeigt mir die ersten Genien!
Eilt in den Büchersaal, leset die Namen berufener Männer,
Aller unsterblichen Lichter der Staaten, der weisen Erfinder,
Aller menschenbeleuchtenden Künste: dann forschet die Eltern!
Aus dem mindesten Pöbel erheben sich glänzende Sterne —
Sterne, die eure Gestikten verdunkeln, und eigne Verdienste,
Nicht erkaufte Diplomen besitzen, um Edel zu heißen. —
Freilich, ihr Großen, wühlet der Neid in eurem Gehirne,
Wenn ihr, mit Sonnen verglichen, wie die Irrlichter verschwindet,
Und wie kindische Zwergen bey Riesen euch schmieget, verkriechet.
Daher kömmt der Entwurf; ihr wollt auch Verdienste besitzen,
Weisheit umarmen und pflegen: doch habt ihr Entschlossenheit und Fleiß?
Ihr seyd zu faul, die Felsen zu klettern. Betrachtet die Hügel!
Seht doch, wie steil, wie gefährlich sind alle Zugänge des Tempels,
Den die himmlischen Musen bewohnen! Man reitet, man fährt nicht;
Man geht zu Fuße, gewiß Eure Durchlaucht, man geht hier zu Fuße!

Tag und Nacht wird hier gegangen! Sie rümpfen verächtlich die Nase?
Ich kann Eurer hochfürstlichen Gnaden unmöglich die Wahrheit
Länger verhehlen: die eignen Verdienste kauft man nur mit Schweiße
Nicht von Vätern und Ahnen werden sie erblich! — Sie beben
Und mit ihnen zittert das ganze hochedle Geschwader.
Auf der Reise muß man sich des Flittergepränges entlasten;
Und ihr wollet das Geschleppe der Thorheit mit Weisheit verbinden.
Putztisch, Besuche, Spatziergang, die Tafel, der Schauplatz, die Bälle,
Würden, Geschäfte, die Pflege der Künste, der Wissenschaft — Alles
In ein Ganzes zu binden, dazu taugt wirklich kein Bürger;
Das ist die Arbeit für fürstliche Köpfe, für Riesengenieen! —

Schleich erst, o Großer, in jene Gemächer der wahren Verdienste,
Und du wirst finden, daß ächte Genieen Gesundheit und Wohlseyn,
Alle Freuden des Lebens den Pflichten widmeten; daß sie
Märtyrer und Schlachtopfer von ihrer Geschicklichkeit wurden;
Daß nur Undank, Verachtung, oft Strafe, Verfolgung ihr Lohn war.
Steig itzt, steig nur hinauf zum rühmlichen Tempel der Ehre!
Doch die Schweißbäder der Venus entkräften den zärtlichen Adel,
Und er ist zu schwach, die Folter der Musen zu dulden. —
Höflinge, die ihr gewohnt seyd, durch spielende Dienste zu steigen,
Die ihr die Launen der Fürsten bespähet und schwache Minuten
Nützet, euch zu bereichern, itzt könnt ihr euch selbsten erwählen:
Für das Verdienst ist Hunger und Durst, Noth, Kälte, Verachtung;

Für den edelsten Müßiggang lohnen euch Orden und Schlüssel! —

Endlich erkenn ich den schlauen Beweggrund von euren Entwürfen:
Ihr wollt den Pöbel zur Dummheit verdammen, um ihn wie das Zugvieh
Nach der Peitsche zu lenken. Die Absicht ist menschlich und sinnreich!
Hat Mahomets despotische Lehre den Beyfall gefunden?
Billiger sind izt endlich die neuen Ausschließungsgesetze.
Was hat der Pöbel zu wissen, warum er die Erde besäet,
Für wen er handelt und webet, warum er im Schlachtfeld erwürgt wird?
Weiß denn der Ochs beym Pfluge, daß er zur Schlachtbank bestimmt ist?
Nur die Unwissenheit macht ihn zum willigsten, glücklichsten Ochsen. —
O ihr großen Erfinder, wie ist euch die Menschheit verpflichtet,
Und wie bevölkert ihr wieder mit Bestien sittliche Staaten!
Schließet die Schranken des edlen Verstandes: der Bürger und Bauer
Bleiben verurtheilt zur Blindheit; dann trägt er, wie willige Stiere
Sein überlastetes Joch: die Dummheit macht glückliche Sklaven! —
Wie viel Ränke bedarf man, die Völker zur Knechtschaft zu zwingen!
Lange Jahrhunderte müssen die listige Staatskunst verfeinern.
Einst war der politische Grundsatz der weisen Beherrscher,

Aus ungesitteten Thieren vernünftige Menschen zu bilden;
Doch izt verkehrt man den Grundsatz und bildet die Menschen zu Thieren.
Und die witzigen Schöpfer des Planes beweisen am besten,
Was für erhabne Genieen die spätere Nachwelt erwarten.
Wenigstens werden die Großen nicht mehr bey Verdiensten erröthen;
Denn der Schielende spielt doch immer bey Blinden den König! —

197.

Die Aufklärung nach Lavater.

Und obs auch der Mücke den Flügel versengt,
Den Schädel und all sein Gehirnchen zersprengt:
Licht bleibet doch Licht!
Und wenn auch die grimmigste Wespe mich sticht,
Ich laß es doch nicht.

198.

Die Gedankenfreyheit.

Was ist der Ruhm, nach dem der eitle Wahn
Der Sterblichen, mit frecher Kühnheit ringt?
Ein Riesenschatten auf der engen Bahn
Des Lebens, der die freye Menschheit zwingt,
Die Centnerlast der Sclaverey zu tragen,
Und für ein Gaukelspiel der Freyheit zu entsagen.

Wo sind die Thaten grauer Vorzeit hin,
Die unsre Kinderkraft jezt Wunder nennt!
Verschwunden, ach! seit hoher Freiheitssinn,
Nicht flammend mehr in unserm Busen brennt;
Verschwunden, seit die Fürsten der Nationen,
Dem Schmeichler nur, und nicht dem Weisen lohnen.

Selbst denken sollen Menschen nun nicht mehr,
Empfinden nicht nach eigenem Gefühl? —
Monarchen wollen, die ein Ungefähr
Auf Throne warf, gar der Gedanken Ziel
Bestimmen? — Sie, die durch des Denkers Wachen
Nur die Unsterblichkeit sich eigen machen? —

Denn nur der Dichtkunst hohe Kraft zerreißt
Des Erdenlebens eingeschränkten Raum,
Und giebt des Nachruhms Weltensprache, Geist: —
Sie weckt durch sanfter Strophen Ruf vom Traum,
Den Nachkoloß, Vergeßenheit; — und immer
Glänzt in der Zukunft Nacht, des Nachruhms Schimmer!

Und dieses Götterkind, vom Hochgefühl,
In taumelnder Beredsamkeit erzeugt,
Das jeden Donnerer im Schlachtgewühl,
Als Held erhebt, doch auch als Mörder beugt,
Soll nun des Herzens Fülle unterdrücken,
Und auf Verbrechen schweigend niederblicken? —

Nein! da der Weltenkreise Gott gebahr,
Belebt' Er uns mit seines Wesens Hauch,

Mit Seele! — Dieser Gottes-Athem war,
So frei wie Er: nur dessen Fehlgebrauch,
Vermochte unsers Willkührs Myth zu hemmen,
Durch Sclaverey, der Freyheit Kraft zu dämmen.

Ihr Schatten blieb — bis daß des Pfaffenthums
Verkappte. Schelmerey die Menschheit zwang,
Auch diesen noch, für ihres Heiligthums
Gepriesne Hoheit hinzugeben. — Lang
Umspannten diese Fesseln alle Werke
Des Witzes; — ein Phantom ward Menschenstärke,

Bis, gleich wie in der Nacht, sanft schüchtern nur
Ein flimmerndes Gestirn durch Wolken blikt,
Der kühne Götterfunke der Natur
Des Menschen Aufklärung, die uns beglückt,
Vom blinden Aberglaubens-Schlaf erwachte,
Und wieder Selbstgefühl uns edel machte.

Die Weisheit ward zum Machtspruch der Natur,
Der Königspflicht und Menschenrecht bestimmt,
Der die Unsterblichkeit nach Thaten nur,
Den Besten giebt: und der die Wahrheit nimmt,
Mit ihr der Fürsten Thatenruf zu richten,
Und Heldenmuth von Prahlerei zu sichten.

Dies flimmernde Gestirn, ward Flammenstrahl
In Friederich des Einz'gen Mutterschooß,
Und Pfaffenlist stand nun entblößt und kahl,
Verachtet da. — Der Reiche großes Loos —

Denn jeder wollte Friedrichs Lorbeer brechen, —
Ward — frei zu denken, frey und kühn zu sprechen.

Und jezt? — jetzt, da der Weisheit Sonnenlicht,
Fast allgemein des Irrthums Nacht verscheucht,
Jetzt, da man Denkern Kronen flicht,
Jetzt, wird Borußiens edler Stolz gebeugt? —
Gedankenfreyheit sollen wir verschwören,
Und statt Vernunft, nur Menschensatzung hören? —

Nein! Friedrich hauchte unsrer Brennenbrust,
Zu groß Gefühl vom Menschenwerthe ein,
Und Wilhelm liebt zu sehr die hohe Lust,
Durch Wohlthun Mitgeschöpfe zu erfreun,
Als es zu wollen, daß — das Glück der Erde,
Gedankenfreyheit, uns entrissen werde.

199.

Lehrgedicht.

(N. T. Merkur, 1791. Nov. S. 325.)

Verlaß dein Lager, o Freund, die jungen Blüten düften,
Herrlich und schön ist der May!
Fröhliche Morgenwinde lüften
Die Flügel. Ausgehaucht von Klüften
Wallt des Berges röthlicher Nebel vorbey.
Von Thürmen rufen sie, mit festlichem Glockengeläute,
Nach süsser allerquickender Ruh,
Den frommen Willkomm der Sonne zu;

Sie aber nimmt, in unendlicher Weite,
Auch ungerufen, den kreisenden Lauf,
Eilt die düstern Fernen aufzuhellen,
Ströhmt mit ewigen Feuerwellen
Völkern den Tag herauf.
Brüder, die uns nie noch sahen,
Brüder, die nicht wissen, was wir
Mit heiligen Schwüren bejahen,
Sehen bald die Welterwärmerinn nahen,
Und empfangen Licht und Freude von ihr.
Nicht weil wir gläubig sind, nicht weil wir Christen geworden,
Fluthet uns ihr Feuermeer:
Auch dem Heiden öffnet der Morgen die Pforten
Des Mayentags; er streut an allen Orten,
Am Himmel seine Rosen umher.
Des Geizes Raub bestiegen sie, Scharen bey Scharen
Den Ozean, schwammen dahin auf seinen Gefahren,
Suchten gierig jenseits den Strand;
Ihr Geierblick erreicht ihn; aber kaum waren sie,
Sie da, die blutigen Tyger, so fand
Ihr Auge mit Schätzen erfüllt die Küsten der Barbaren,
Und mit Seegen überströhmt ihr Land.

O du, den ich in diesem Haine fand
Du, dem kein Stratagem, kein Zauber der Sophisten
Den höchsten der Gedanken raubt,
Der einen Gott, nicht blos für seine Christen,
Nein, einen Gott für Alle glaubt;
Freund meiner Seele! wir fliegen
Ueber den Abgrund der Nacht,

Wo der Wahn seine Götzen bewacht,
Lassen sie unter uns liegen
Und sehn — ha! sehen überall
Leben und Kraft in tausend Wesen gegossen;
Sehn ringsum diesen Erdenball
Von Armen ewiger Huld umschlossen;
Lesen am Himmel, mit Sonnen besät —
Lesen am Blumenhügel,
Den mit thauendem Flügel
Kosend der West durchweht:
Hören in seinem Geflüster, hören
Ueber uns in Donnerchören,
Wie im Rauschen hoher Fluth
Und im Murmeln der Quelle:
Der uns machte, ist gut!
Des Wildes Bett — der Eule Felsenzelle —
Jede Wüste — jede Stelle
Der jungen segenbelasteten Flur,
Thut den Vater uns kund, den nur
Armer Irrthum nicht mehr siehet.
In ihrem Stralengewande kniet
Betend vor ihm die ganze Natur,
Und schwört, bis wo die lezte der feiernden Sonnen glühet,
Den großen unendlichen Schwur:
Du bist die Liebe! — Indessen ziehet
Laut mit Systemen und Blutgeschrey
Unten der wüthende Eifer. Alle seine Horden,
Die die Vernunft vor Völkern ohne Scheu,
Einst mordeten, und jezt noch im Verborgnen ermorden,
Wogen allenthalben herbey.

Ungeheuer von Gedanken füllen
Ihr Gehirn, und ihr Symbol heißt — Zwang.
Um unverstandner Lehren willen
Drohen sie Bann und Fluch und Untergang
Jedem, dem es, ihre Weisheit zu enthüllen
Und zu glauben, nicht gelang.
Entrissen wird, wer nicht durch ihre Brillen
Zu seh'n vermag, dem Gott, von dessen Händen er stammt,
Und zu ewigen Flammen verdammt.
Brüllende Gebete verschlingen
Die Ketzer, wie Mücken; heilige Henker schwingen
Die Todesfackel über sie;
Und, von Tempeln ausgestoßen,
Blutet die Unschuld, kleinen und großen
Narren ein Raub. Sie hatten in ihrer Manie
Lang die Himmlische — lang! — mit Füßen getreten,
Den Glauben in ihr Opferblut zu betten.
Und dieses wollte Er, der nie
Der Dinge hundertfach verwundne Ketten
Aus Vaterarmen läßt? Er würfe seinen Blick
Nach des Elends gräßlichen Saaten,
Nach diesen Szenen voll Greul und Höllenthaten
Mit lohnendem Beyfall zurük?
Und sähe so auf blutbeströhmten Pfaden
Mit Schwerd und Feur und schon geschlungnem Strick
Den Würgegeist durch Nationen waten?

Herab du Wahn! Der Hölle Meisterstück,
Vor dem des Aberglaubens nakte Sclaven knien,
Den ihres Rauchwerks Wolken umziehen,

Dem ihre Scheiterhaufen glühen
Und eine halbe Welt zu feiern sich entschloß,
Indeß die Wahrheit selbst, sammt ihren verlassenen Söhnen,
Umsonst den Gottesstrahl verschoß, —
Umsonst die himmelschreiende Thränen
Im Mordgetümmel niedergoß.
Herab von deinem Throne! Schon wankten
Seine eherne Pfeiler mit dir!
Schon schwang ihr leuchtendes Panier
Die Duldung höher! Zweige des Friedens umrankten
Das leuchtende Panier.
Deiner Heere schwarze Kohorten
Schwankten im Teutonias Hain.
Gottes Wetter heulten drein;
Gottes Wetter aus Norden
Donnerten durch ihre Reihn;
Und zersplitterten an hundert Orten
Schädel und Gebein.

Doch stehst du noch in fernen Schauerhallen
Du Götze, den sie sich, von blinder Wuth erhitzt,
Mit Henkermessern geschnitzt.
Verborgen bist du, nicht gefallen —
Noch nicht im Schutt zusammen gestürzt,
Daß keiner mehr von deinen Sklaven allen,
Für dich den Dolch ergreift, den Arm zum Morde schürzt.

Aber schwül und furchtbar tagen
Wird auch dir — der Tag der Rache noch:
Stumme hungernde Völker tragen

Deine Ketten dann nimmer! Göttliche Fürsten zerschlagen
Deine Ketten und dein Joch;
Und der Fürsten Völker sollen
Frey auf deinen Trümmern stehn,
Sollen dich vernichtet sehn;
Sollen, ihr zu huldigen,
Wo des Unsinns Flüche schollen,
Zum Altar der Liebe gehn;
Ist der große Tag in vollen
Wogen einst herauf gequollen,
Den die Heiligen erflehn.
Wir rütteln unterdeß an deinem Fußgestelle
Kloz, Bigotismus, wie die Welt
Der Bonzen jeder Art mit fluchendem Gebelle
Die Quadern noch umschlossen hält.
Sie wüthe, diese Bonzenwelt,
Und wüthe gegen meine Leyer,
Und falle über mich, wie, Drachen beygesellt,
Das ganze Heer der Wüstenungeheuer
In Lybien auf einen Wandrer fällt!
So lang der tausend Pfeile einen
Noch dieser Arm von straffem Bogen schnellt,
Noch Freyheit unsern Busen schwellt,
Und Deutschland mächtig über seinen
Gerechten Sängern die Aegide hält — —
So lang entfliehen wir vor ihrem Dräuen,
Vor ihrem Toben nicht.
Kalt sind die Flammen, welche sie speien,
Erdichtet ist ihr grauses Traumgesicht,
Und Gotteslästrung ihr Höllengericht!

Warnung.

Ihr Herren, die ihr euch, verführt von eitler Ehre,
Den Namen starke Geister gebt,
Und blos nach dem Gesez, das die Natur gab, lebt,
Die ihr der frommen Vorwelt Lehre
Zum Ziel profanen Witzes macht,
Der Blindheit unsrer Ahnen lacht,
Euch lieblos des Verfalls der Bonzenherrschaft freuet,
Und Klausnerheiligkeit als Gleisnerey verschreiet,
Die ihr auf Bann und Interdikt
Mit stolzem Lächeln niederblickt,
Und sie als Gaukelspiel verachtet,
Ja selbst die Hölle wenig achtet,
Verwegne! spitzt die Ohren nur,
Und höret, was mir jüngst (noch klappern mir die Zähne)
Bey der Erinnerung an diese Schrekenscene)
Zur Mitternachtzeit wiederfuhr!

Ich fand auf einmal an der Pforte
Zu jenem unterirdschen Orte,
Von dem manch Buch mit Recht so böse Ding erzählt,
Und wo, von gleicher Pein gequält,
Der Erde stolze Potentaten
Mit armem Bettlervolk auf einem Roste braten.
Rings um die Mündung wallte hoch
Ein dicker Dampf empor, der Schwefel ähnlich roch:
Es herrschte weit und breit ein schaudervolles Schweigen,

Und da ich weder Mensch noch Thier
Entdeckte, wagt' ich es, gereizt von Neubegier,
Den finstern Schacht hinabzusteigen.
Doch stellt euch mein Entsetzen vor!
Kaum war ich innerhalb der Schwelle,
So schloß mit wildem Knall sich hinter mir das Thor,
Und ach! ich armer Tropf befand mich in der Hölle.

Dem Wandrer, neben dem ein Bliz herabfährt, gleich,
Stand ich bis in das Mark erschüttert, stumm und bleich,
Und strekte zitternd beide Hände
Verzweiflungsvoll empor: doch eh ich mirs versah,
War schon ein scheuslich Unthier da,
Das einem Teufel der Legende,
So wie ein Ey dem andern, glich.
Wen sucht er, brüllte fürchterlich
Der Unhold, hier bey uns? was führt ihn von der Erde
Zur Unterwelt hinab? will er an Satans Herde
Sich wärmen? Nur herbei! . . . Ein kalter Schauer lief
Bey diesem Antrag mir vom Kopf bis zu den Füßen
Durch jedes Glied. Nein, nein, ich bitte, rief
Ich zitternd, nur das Thor mir wieder aufzuschließen.
Gemach, erwiedert' er, so ist es nicht gemeint;
Wer einmal hier ist, guter Freund!
Muß nolens volens sich bequemen,
In Ewigkeit bei uns fürlieb zu nehmen.
Drum denk er ja an keine Wiederkehr!
Das Privilegium, von hier einst loszukommen,
Das Abbadona sich, so wie ich jüngst vernommen,
Erschlichen haben soll, erhält wohl keiner mehr.

Auf!

Auf! folg' er mir, wohin ich ihn geleite!
Nur da hinaus zur linken Seite!

Mein Sträuben half hier nichts: drum gieng ich willig mit.
Wir wanderten ganz sachte, Schritt für Schritt,
(Denn wo kein Scheiterhaufen glühet,
Bey dem man Sünder brät und brühet,
Ists, wie sich leicht erachten läßt,
Nicht wenig finster in der Hölle)
Und kamen endlich an die Stelle,
Wo Seelen ohne Zahl, in Pfannen eingepreßt,
Gebraten auf dem Rost, und aufgehenkt an Spießen,
Für eines Stündchens Lüsternheit,
Die keinem Beichtiger zur österlichen Zeit
Ins Ohr geflüstert ward, nun ewig schmachten müssen.
O Himmel, hilf! welch ungeheure Schaar
Verworfener von mancherley Gelichter
Bot rings umher sich meinen Blicken dar!
Hier schnitt ein Potentat erbärmliche Gesichter,
Und rief: ich Thor! warum gab ich des Volkes Schweiß,
Den öffentlichen Schatz nicht meinen Bonzen preis?
Ich wäre dann wohl fern von Satans Bratenwender,
Ja stünd als Heiliger im römischen Kalender.
Dort riß ein Philosoph das Haar sich aus dem Kopf,
Und heulte laut: weh mir! ach! hätt ich armer Tropf
Doch alles blind geglaubt, und meine dreiste Nase
In kein profanes Buch gesteckt,
So läg ich nun nicht hier auf Kohlen hingestreckt,
Und wär' im Himmelreich bey meiner alten Base.

Dienstfertig und galant, wie jeder Franzmann ist,
Kam Meister Rabelais, mich freundlich zu empfangen,
Und als er mich wohl zwanzigmal geküßt,
Begann er mich auf mein Verlangen,
Mit der verwegnen Frevlerzunft,
Die, was von Bändigung der menschlichen Vernunft
Die schwarzen Herrn von ihrem Dreyfuß sprachen,
Nicht achtete, bekannt zu machen.
Hier, sprach er, sehen Sie den Spötter Luzian,
Den Erbfeind frommer Scharlatane,
Der lächelnd dem verjährten Wahne
Die Spitze bot. O Freund! Das ist ein Wundermann,
Der durch des Witzes Talisman
Nicht selten selbst dem bösen Feinde
Ein Lächeln abgewinnen kann.
Die ganze höllische Gemeinde
Ist ihm von Herzen zugethan.
Dort sitzt Professor Bayl', und sinnt auf neue Zweifel,
Wodurch er dann und wann die Existenz der Teufel
Auch hier trotz allem, was er sieht
Und höret, ungewiß zu machen sich bemüht,
Bis Lucifers Gefolg zu neuer Wuth erwachet,
Und ihn ein schwarzer Polyphem
Unwiderlegbar fühlen machet,
Des Teufels Wirklichkeit sey mehr als ein Problem.
In einer heissen Tonne sitzend,
Und, einem Braten gleich, am ganzen Leibe schwitzend,
Seufzt in dem Winkel dort der arme Dechant Swift,
Der einst des Spottes ätzend Gift
Hohnlächelnd auf Kalvin und auf den Papst zu triefen

Sich unterstand, und drum izt in den Tiefen
Des Höllenschlunds, vermaledeyt
Von zweyer Kirchen Theologen,
Die er durch seinen Kiel sich auf den Hals gezogen,
Sich hinterm Ohre kratzt, und, was er schrieb, bereut.
In jener Ecke harrt schon vorlängst auf Voltären
Nicht fern von Luzian ein unbesetzter Stuhl,
Falls Frankreichs Bonzen nicht, eh' ihn der Feuerpfuhl
Mit Haut und Haar verschlingt, den alten Gauch bekehren.

Noch zeigte Meister Rabelais
Im traulichen Gespräch mir manchen, dessen Schriften
Beym blinden Layenvolk so vieles Unheil stiften,
Und der dafür nun ewig Ach und Weh
Im Höllenabgrund ruft. So ist denn wirklich, dachte
Ich endlich bey mir selbst, so ist denn alles das,
Was ich von Satans Reich in Kochems Werken las,
Kein bloßes Mährchen? und erwachte.

O möchte doch dieß gräßliche Gesicht,
Ihr losen Spötter, euch zur ernsten Lehre dienen!
Möcht' euer frecher Mund der Hölle Strafgericht
Kein Pfaffenmährchen mehr zu schelten sich erkühnen!
Doch leider! hör' ich schon die Herren eures Schlags
Auch über diese Warnung spaßen:
„Mit Luzian und seinen Schülern mags
„Sich selbst im Höllenpfuhl nicht übel leben lassen."
Ja, Freunde, dürfte man dort unten sich die Zeit
Durch munteres Gespräch und frohen Witz vertreiben,
So stünd' auch meine Hand bereit,

Durch Ketzereyn sich wund zu schreiben.
Allein beim mindsten Scherz, der euch entschlüpfet, gießt
Ein Teufel, der schon alt und wetterlaunisch ist,
Euch siedend Pech aufs Haupt: dann laßt ihrs gerne bleiben.
Drum, meine Herren, überdenkt
Die Sache reiflich, und beschränkt
Die leidige Vernunft um eures Heiles willen!
Bereuet, widerruft, wirkt Buß' und schreibt Postillen!
Denn, wahrlich, wahrlich sag' ich euch:
Die Ewigkeit ist lang, zumal im Höllenreich.

201.

Rezept wider die Heterodoxie.

Ihr stolzen Mönchsverächter, bebt,
Und nehmt euch wohl in Acht!
Ich weiß ein heilsames Rezept,
Das Orthodoxen macht.

Ihr wißt, Nabucho Donosor
War auch den Mönchen gram:
Verriegelt waren Thür und Thor,
Sobald ein Sammler kam.

Legenden schalt er ein Gedicht,
Trug nie ein Skapulier,
Und schätzte Lukaszettel nicht
Viel mehr, als Löschpapier.

Der Mönche hochgeweihte Schaar,
Die leider! nun nicht mehr
Bei Hofe Hahn im Korbe war,
Verdroß der Unfug sehr.

Was dermaleinst in jener Welt
Dem Frevler widerfährt,
Ward zwar oft ernstlich vorgestellt,
Doch lächelnd angehört.

Man rief umsonst: der Antichrist
Mit Sack und Pack sey da:
Er lachte nur, der Atheist!
Doch hört nun, was geschah!

Die Strafe kam in vollem Lauf:
Der Frevler ward ein Ochs,
Fraß Heu und Gras, und wurde drauf
Aechtmönchisch orthodox.

202.

Warnung vor den theologischen Marktschreyern.

(Thümmels Reise — 1. Th. S. 225.)

Hörst du von Wunderkraft entflammte Zungen schreyn:
„Auf unserm Markt ist Himmelsbrod gemein!"
So geh vorbey und glaube keiner;
Der Koth wird immerfort gemeiner,

Als Himmelsbrod auf ihren Märkten seyn. —
„Die Wenigsten sind klug." Auf diesen Grund erbaue
Dir dein System; und hüte dich und traue
Der Stimmen Mehrheit nicht, obgleich die schwache Welt
Sie über uns zum Richter aufgestellt.
Wie leicht vereinigen sich Thoren
In einem Zweifelspunkt! Sie achten deiner Ohren,
Und deines Widerspruches nicht. —
Geht es ad plurima am letzten Weltgericht,
So ist der Philosoph verloren —
Und dennoch bleibt sein nützlichstes Geschäfte,
Verirrten nachzuspähn. Sein scharfes Auge hefte
Vor allen sich auf das, was Untersuchung flieht! —
Die Rose, die auf unsern Beeten blüht,
Zieht aus dem Dünger ihre Balsamkräfte;
Und aus dem stinkenden Gebiet
Des Truges und der Thorheit zieht
Die Weisheit ihre Nahrungssäfte.

203.

Mahomet und der Hügel.

Zum Volk sprach der Prophet bethörter Muselmänner:
Der Wahrheit zum Beweis ist unsers Allas Schluß,
Daß, wenn ihr würdig glaubt, versammelte Bekenner!
Der Hügel, der dort ruht, sich einst uns nähern muß. —
Auf, Hügel, höre mich! vernimm du Kind der Erde,
Vernimm des Schöpfers Ruf! Der Ruf erschallt durch mich.
Er will, daß diesem Volk ein Wunder sichtbar werde.

Erscheine hier vor uns! Auf! Auf! Erhebe dich! —
Was? ruhst du? — Ruh denn heut! Nun stell ich euch, ihr Frommen,
Ein sittlich Wunder dar, wie demuthsvoll ich bin.
Will nicht zum Mahomet der träge Hügel kommen;
So geht izt Mahomet zum trägen Hügel hin.

204.

Glauben und Erfahren.

Wer viel erfährt, vermehrt sich seine Wissenschaft;
Wer vieles glaubt, hat vielen Irrthum aufgerast.

205.

Die Pilger.

(Pfeffels Versuche. 1. Th. S. 143.)

An Teller.

Ein Iman schickte seine Söhne
Nach Mecca zu des Sehers Grab.
Sie reisten, wie die Diogene,
Das heißt — zu Fuß. Beym Abschied gab
Der fromme Greis, mit einer Thräne
Des Seegens, jedem einen Stab,
Und sprach: laßt diesen euch regieren!

Ein Gott gab ihm die Wunderkraft,
Euch stäts den rechten Weg zu führen,
Sie traten ihre Pilgrimschaft
Izt muthig an. Einst rief im Gehen
Der jüngste Bruder: Laß doch sehen,
Wer wohl den schönsten Stecken führt?
Stracks blieb die Caravane stehen.
Die Stäbe werden recensirt,
Und in die Läng und in die Queere
Gedreht, gebogen, abvisirt,
Und jeder schwur bey Gott und Ehre,
Daß seiner doch der schönste wäre.
Als man sich heiser demonstrirt,
So kam es, wie in unsern Tagen,
Zum Schelten und zulezt zum Schlagen.
Die Stöcke zischten durch die Luft;
Hier flog ein Ohr, dort eine Nase,
Hier sprang ein Zahn aus seiner Kluft,
Dort lag ein scheeles Aug im Grase.
Ein Derwisch, weis' und fromm, wie du,
Freund, zog von ungefähr die Straße.
Er lief auf die Athleten zu,
Und rief mit eines Seraphs Stimme:
Laßt ab, Unsinnige, laßt ab
Von euerm mörderischen Grimme!
Der Vater gab euch diesen Stab,
Um euch auf rechter Bahn zu leiten;
Und den entweiht ihr, ihm zum Hohn,
Als Werkzeug toller Streitigkeiten,
Wie Christen die Religion.

206.

Christi Bestimmung und Verdienst,

nach dem

allegorischen Eingang zu dem Evangelium Johannis.

(Johannis Evang. — von Oertel, 1795. S. 3.)

Vor Urbeginne war die Weisheit schon;
Die Weisheit thronte ausflußlos bey Gott;
Ja, einheitlos war sie Gott selbst.
Vom Urbeginne war die Weisheit schon bey Gott.
Der Welten All begann durch sie
Und ohne sie ward Nichts,
Was je im Schöpfungsall begann.

Sie ward der Quell der Seligkeit;
Und der Genuß der Seligkeit
Hieß Sterbliche das Licht der Wahrheit spähn.
Der Wahrheit Licht beschien des Überglaubens Nacht;
Nur faßte ihren Strahl der Aberglaube nicht.

Da kam ein Mann, von Gott gesandt —
Johannes — und verkündete
Des neuen Lichts Erscheinung,
Um Alle zu erhellen.

Johannes war nicht selbst das Licht,
Bestimmt, der Menschheit Nacht zu hellen —
Nur vorbereiten sollte Er
Die Nation auf jenes Licht.

Das ächte Licht kam erst nach ihm,
Die finstre Menschheit — aufzuklären.
Es war nun wieder in der Welt,
Die durch dasselbe einst begann;
Allein die Welt war blind bey seinem Strahl.
Sein Strahl schien seinem eignen Volke;
Allein sein eignes Volk faßt' diesen Strahl nicht auf.

Doch, die ihn faßten, hob das Licht
Zur ächten Gotteskinder-Würde —
Durch Geistesadel und Allvatersinn,
Durch Sekte nicht und leibliche Geburt.

So kam die Weisheit nun in menschlicher Gestalt
Und ließ bey Sterblichen sich wohnhaft nieder.
Wir sahen sie in ihrer ganzen Herrlichkeit,
In der sie nur der Gottheit Allvertrauter
Uns zeigen konnte — Er, voll Wahrheit und Beseligung.

Er ists, von dem Johannes einst
Verkündete: Da seht den Mann,
Von dem ich euch schon oft gesagt,
Daß bald nach mir sich zeigen wird
Ein Mann von höherm Rang, als ich —
Der lang vor mir erwartet ward.

Er ist's, aus dessen Schätzen wir
Die ächten Geistesgüter nehmen;
Er ist's, der mehr uns gab, als Mose
Mit seiner Staatsreligion —

Der Menschheit höchstes Gut gab Er,
Die ächte Wahrheit der Vernunft!

Kein Weiser in der Vorzeit Tagen
Fand noch den ächten Grundbegriff von Gott.
Nur Er, der Gottbelehrten Erster,
Der selbst in des Allvaters Schule war,
Hat uns der Gottheit ew'gen Plan
Im ächten Lichte dargestellt.

207.

An Christus.

(Am Charfreytage.)

(von Ziegde.)

Ich glaub' an Dich, was auch von Dir
Die Pseudo-Exegeten logen,
Die einen Vorhang um die Thür
Zu deiner lichten Weisheit zogen,
Und, himmelweit entfernt von ihr,
Die Menschen um das Glück betrogen,
Das rein und wahr, wie Gott, und mild,
Wie kein Geschwätz der Theologen,
Aus ihrem Lebensborne quillt.

Ach, solltest Du aus deinem Grabe,
Du großer Dulder, auferstehn,
Und lehrend noch einmal am Stabe
Der Pilgerschaft durch's Leben gehn;
Und solltest Du den Unfug sehn,

Wie sie die Wahrheit, diese Gabe
Der Weisheit, die so einfach schön
Aus deinem Herzen kam, verdrehn;
Wie sie den Liebessinn verschmähn,
Verfolgung aus der Lehre pressen,
Die Liebe lehrt und Segen giebt;
Wie sie die Duldung ganz vergessen,
Die Mängel trägt und Gutes liebt,
Und die du, selbst durch Hohn betrübt,
Bis zu den blutigsten Zypressen,
An deinen Mördern hast geübt;
Und wie sie nur, anstatt zu werden,
Was Du warst, Mann voll Kraft und Geist,
Voll Wahrheit, die zur Wahrheit reißt,
Sich streiten: Was Du denn auf Erden
Wohl eigentlich gewesen seyst?
Und wie sie, an Verstand und Willen
So ungleich dir, das Blutgesetz,
Um seinen Blutdurst recht zu stillen,
Womit es dräut, durch ihr Geschwätz
An deinem Schatten noch erfüllen:
Ach, solltest Du das alles sehn,
Weg würdest Du dein Antlitz drehn,
Und würdest eine Thräne weinen,
Voll Wehmuth, wie sie in den Hainen
Des Oehlbergs deinem Aug' entschlich:
Und solltest Du dann deine Lehren
Uns selbst enthüllen; würden Dich
Die Pseudo-Exegeten hören,
Die niemand hören, außer sich?

Ja, solltest Du dir's gar erlauben,
Nicht, wie's ihr stolzer Wahn befahl,
Nicht so wie sie, an Dich zu glauben:
Sie kreuzigten Dich noch einmal!

208.

Ode auf Luther.

Brich aus! brich aus, du lang gehemmtes Feuer,
Ströhm unaufhaltsam hin!
Ertöne laut, du frühbegriffne Leier,
Ich fühl' es mir im Herzen glühn,
Erhebe mich auf deinen lichten Schwingen,
Begeistrung Himmel an!
Ich halts nicht mehr, und will und muß ihn singen,
Den großen, kühnen, deutschen Mann!

Vernimm das Lied, in deinen weiten Kreisen,
Mein freies Vaterland!
Ich singe dir den Helden und den Weisen,
Der deiner Ketten dich entband.
Denn deine Fürsten waren Knechte
Vom Stuhl zu Rom, und, ach
Der Patriote seufzt' umsonst dem Knechte
Der Freiheit und der Menschheit nach.

Religion, wie tief warst du gesunken
Herab zu Menschentand!
Von Raserey und Fanatismus trunken
Rief, mit dem Mordstahl in der Hand,

Der Pfaffen Schwarm: „Ihr Brüder auf, zerstöret
„Was uns nicht angehört!
„Tod dem, der uns nicht blind verehret,
„Verderben dem, der anders lehrt!“

Und alles Volk, von Dummheit eingewieget,
Schwieg furchtsam still und wich;
Ja, selbst der Mächtige der Erde schmieget
In ihre Fessel ruhig sich.
Was großes Rom und Griechenland erfunden,
Das lag im Schlamm versteckt;
Des Denkens Freyheit war dahin geschwunden,
Die Musen waren weggeschreckt.

Du, Deutschland, sahst entflammte Scheiterhaufen,
Und Stricke, Rad und Schwerd,
Des Himmels Gnade sey um Geld zu kaufen,
Das warst du laut und frech gelehrt.
Du sahst Provinzen leer und öde stehen,
Dich deine Fürsten fliehn;
Sahst hoch empor die Kreuzesfahne wehen,
Und tausende dem Tod entgegen ziehn.

Mit Beben hörtest du die Donnerstimme,
Und wardst gestärkt im Wahn,
Wenn jener Mann im feuervollen Grimme
Den Bannstrahl aus dem Vatikan,
Hervorgeschleudert — Edle niederdrückte
Mit seinem Hirtenstab,
Und um sich her in stolzer Hoheit blickte,
Die ihm ein Kaisermörder gab.

Da kam der Mann, mit Muth von Gott gestählet,
Und warf den Gözen um!
Er kam, von deutschem Biedersinn beseelet,
Mit Trost und Evangelium.
Wie Feuerströhme floß von seinem Munde
Der Wahrheit Kraft und Wort;
Und mancher Edle trat zum hohen Bunde,
Trieb mit ihm Wahn und Dummheit fort.

Ihn schreckten nicht die hohen Erdengötter,
Wer war voll Muths, wie er?
So, wie die Eich' im grausen Donnerwetter,
Wenn wilde Stürme rings umher
Die schwächern Bäume hin zur Erde beugen,
Stark, unerschüttert steht,
Stund Er; — so hat die Wahrheit ihren Zeugen
Vor allem Volk erhöht.

Dich, heil'ge Freyheit! bracht' uns Luther wieder,
Du kamst im Strahlenkleid
Von jenen wonnevollen Höhen nieder,
Mit süßer, holder Freundlichkeit.
Triumph! Triumph! zerbrochen sind die Ketten,
Die Pfaffen schmiedeten;
Du sandtest ihn, von Sclaverey zu retten,
Erweicht durch deiner Kinder Flehn.

Er trieb mit deutscher Kraft des Irrthums Heere
Hinweg und zagte nicht.
„Und wenn die ganze Welt voll Teufel wäre,
„So fürchtet er sich dennoch nicht!"

Nicht Bann, nicht Acht erschütterten den Kühnen,
Entschlossen sprach sein Mund;
So stund auf seines Vaterlands Ruinen
Der Patriot, und stürzt in offnen Schlund.

Du zogst der Alten Weisheit aus dem Staube,
Erhabner, großer Mann!
Durch dich kam uns zurück der Väter Glaube,
Und tödtete den Pöbelwahn.
Wer wagt es jetzt, uns fürder einzuschränken
Wer will entgegen stehn,
Wenn wir es wagen, selbst zu denken,
Mit unsern Augen selbst zu sehn?

Dank dir, Unsterblicher! und jeder danke,
Den du so hoch beglückt!
Dein Nam' sey unser süßester Gedanke,
Wenn Andre Wahn und Fessel drückt.
O wehe! wehe dem, der dich verkennet,
Dich, der so viel gethan! —
Wer deinen Namen nicht mit Ehrfurcht nennet,
Der ist ein Sklav, kein freyer deutscher Mann!

Glaubensbekenntniß eines nach Wahrheit Ringenden.

(Blumauers Gedichte, 1. Th. S. 3.)

Zwo Kräfte sind es, die den Menschen lenken,
Sie leiten ihn bald süd- bald nordenwärts;
Natur gab ihm Verstand, um recht zu denken;
Um recht zu handeln, gab sie ihm das Herz.

Und zwey so schwachen Kräften unterthänig,
Wie schwer wird oft dem Sterblichen das Ziel!
O der Verstand hienieden weiß so wenig,
Und ach, das Herz wünscht, ahndet, glaubt so viel

Im Wahn, der Wahrheit selber nachzufliegen,
Jagt oft der Geist nach einer Wolke blos:
Im Wahn, der Tugend selbst im Arm zu liegen,
Liegt oft das Herz dem Laster in dem Schooß:

Und sind nicht diese Führer auf den Wegen
Des Glücks oft mit sich selbst im Widerspruch?
Ist nicht oft das, was die Vernunft als Seegen
Erkennt und billigt, der Empfindung Fluch?

Glaubt nicht das Herz oft Tugend da zu finden,
Wo der Verstand nur Irrthum, Täuschung sieht?
Beweist nicht die Vernunft mit ihren Gründen
Oft Rechte, die das Herz als Laster flieht?

Kann uns ein Licht, das jedes Wölkchen trübet,
Wohl zeigen, wo die helle Wahrheit sey?
Bleibt ein Gefühl, das auch den Irrthum liebet
Wohl stäts der reinen wahren Tugend treu?

Drum meynen viele, die's bequemer finden,
Sich einer fremden Hülfe zu vertraun,
Man müsse, wo die Wahrheit zu ergründen
So schwer ist, nur auf fremden Glauben baun.

Allein ist glauben sicherer als wissen?
Gehorsam besser, als das Selbstgefühl?
Und bringt ein Licht, das wir entlehnen müssen,
Uns leichter, als das Eigene zum Ziel?

Ist nicht der Funke, der im Menschen flimmert,
Ein Licht, so gleich vertheilt, als allgemein?
Und wird die Sonne, die hier Lands uns schimmert,
In andern Zonen ohne Flecken seyn?

Ist sichrer, sich die Augen zu verbinden,
Um an des andern Stab' einherzugehn?
Gab die Natur uns Augen zum Erblinden
Und Füße, um nicht selbst darauf zu stehn?

Und dennoch ist in manchen Prüfungsstunden
Das Herz so gern dem Glauben unterthan,
Und oft schlägt ihm die strenge Wahrheit Wunden,
Die nur allein der Glaube heilen kann.

Ja, auch dem Glauben ist sein Reich beschieden,
So gut wie der Vernunft; allein wer kennt
Die Linie, die sein Gebiet hienieden
Von dem Gebiete des Verstandes trennt?

Nur da, wo die Vernunft mit ihren Blössen
Nicht hinreicht, fängt das Reich des Glaubens an:
Doch, wer hat des Verstandes Arm gemessen,
Und wer bestimmt, wie weit er reichen kann?

Muß nicht der Glaube blos zum Mantel dienen,
Den stäts der Geist um seine Blößen warf?
Und darf der Sterbliche sich auch erkühnen,
Noch mehr zu denken, als er wissen darf? —

O du, der mir den Geist voll Durst nach Wahrheit
Und ein so weiches Herz zum Glauben gab,
Dir leg' ich hier am Throne deiner Klarheit
Ein frey Bekenntniß meines Glaubens ab.

Nur dir, Unendlicher! weil meine Seele
Vor deinem Blick' allein sich nicht verschließt,
Nur dir, weil du allein nur, wenn ich fehle,
Und nicht der Mensch in Rom, mein Richter bist.

Nur dir, weil du nicht so wie Menschen strafen,
Nicht unduldsam wie Menschen zürnen kannst,
Und einen Geist, den du selbst frey geschaffen,
Nicht so, wie sie, ans Joch des Glaubens spannst.

Und leuchtet nicht mein Geist mit deinem Lichte?
Hast du nicht jeden Strahl ihm zugezählt?
Geht mit dem Mond die Sonne zu Gerichte,
Wenn er nicht so, wie sie, die Nacht erhellt?

So höre denn, und zünde, wenn ich fehle,
Nur einen Strahl von deinem Licht mir an:
Ein Strahl aus deiner Hand ist meiner Seele
Ein Strahl des Heils, kein Strahl vom Vatikan. —

Ich glaube, daß du manchen Lebensmüden
Mit Glauben an die beßre Zukunft labst;
Allein ich weiß auch, daß du mir hienieden
Den regen Geist nicht blos zum Glauben gabst.

Ich glaube, daß der Glaub' in allen Zeiten
Den schwachen Geist des Menschen aufrecht hielt,
Daß er ihn stärkt in Widerwärtigkeiten,
Und ihn mit süßen Hoffnungen erfüllt;

Allein ich weiß — die Welt hat es erfahren —
Daß selbst der Glaub' in deiner Priester Hand
Mehr Böses that in siebzehnhundert Jahren,
Als in sechstausend Jahren der Verstand.

Ich glaube, daß der Mensch in einer Zone
Dem Licht sich mehr, als in der andern naht;
Allein ich weiß, er hat kein Recht zum Lohne,
Weil Rom, nicht Japan ihn erzeuget hat.

Ich weiß, daß ich den Himmel nicht verdiene,
Und daß du wenig Dank mir schuldig bist,
Weil ich dir, Herr! in einem Tempel diene,
Der meines Vaters Haus am nächsten ist.

Ich glaube, daß dir eine Art zu dienen,
Mehr, als die andere, gefallen kann;
Allein ich weiß, du hörest den Braminen
So gut, als wie den frommen Christen an!

Ich glaube, daß du das Gesetz der Liebe
Auf hartem Stein einst für die Menschen schriebst;
Allein ich fühl' es, daß es kraftlos bliebe,
Wenn du's nicht auch in's weiche Herz uns grübst.

Ich glaube, daß du uns ein Buch gegeben,
Das manche Spur von deiner Hand verräth,
Daß du darinn für unser Erdenleben
Manch Samenkorn des Guten ausgesä't;

Allein ich kenn' ein Buch, von dir geschrieben,
Und leserlich für jede Kreatur,
Ein Buch, das einzig unverfälscht geblieben,
Das große Buch der heiligen Natur.

Ich glaube, daß du Menschen ohn' Erbarmen
Mit eignem Mund ein gleiches Maas gedroht;
Allein mein Herz hört aus dem Mund des Armen
Viel dringender und lauter dein Gebot.

Ich glaube, daß Geheimnisse dich ehren,
Die nur ein Geist von deiner Größe faßt;
Allein ich weiß, daß du für diese Lehren
Uns keine Geisteskraft gegeben hast.

Ich glaube, daß du auf geweihte Tempel
Und auf Altäre gnädig niedersiehst;
Allein ich weiß, daß nur die Welt dein Tempel,
Und unser Herz dein liebster Altar ist.

Ich glaube, daß du uns zu allen Zeiten
Durch Wunder kund gethan, wie stark du bist:
Allein ich seh's, daß dieser Bau der weiten
Und schönen Welt dein größtes Wunder ist.

Ich glaube, daß die schon verklärten Seelen
Dir werth sind, die der Mensch sonst heilig nennt,
Und daß wir gern auf ihren Beystand zählen,
Weil sie von uns kein solcher Abstand trennt;

Allein ich weiß; daß um des Menschen Bitte
Zu prüfen, deine Weisheit keinen Rath,
Und, um sie zu gewähren, deine Güte
Nie einen fremden Antrieb nöthig hat.

Ich glaube, Herr! daß meiner Seele Schwächen
Mich manchmal ab von deinen Wegen ziehn,
Und daß ich durch beständige Verbrechen
Werth deines Zorns und deiner Rache bin;

Allein ich weiß, daß meine Bosheit alle
So wenig je dein Herz erbittern kann,
So wenig, als ein kleiner Tropfen Galle
Den unermeßnen weiten Ozean.

Ich glaube, daß uns Menschen zu erlösen,
Ein Werk von drey und dreyßig Jahren war;
Doch weiß ich, daß es nur ein Wort gewesen,
Das Millionen Welten uns gebar.

Ich glaube, Herr! daß meines Geistes Kräften
Ein ew'ger Wirkungskreis dort oben winkt;
Allein ich weiß, daß er von den Geschäften
Nur eines Tags, schon matt in Schlummer sinkt.

Ich glaube, daß du nur auf einer Bahne
Den Geist des Menschen zur Erkenntniß rufst:
Allein ich weiß, daß du im Ozeane
Des Sternenlichts auch manchen Irrstern schufst.

Ich glaube, daß du Sinne mir gegeben,
Auf die allein mein Geist sein Wissen baut,
Ja, daß du diesen Führern selbst mein Leben,
Und alle meine Kenntniß anvertraut;

Allein ich weiß, daß meine beyden Augen,
Durch die geführt, mein Geist so willig geht,
Mir nicht einmal zu unterscheiden taugen,
Ob deine Sonne gehet oder steht.

Ich glaube, daß mein Herz, trotz seinen Schwächen,
Der Tugend nur zum Sitz bestimmet ist;
Allein ich weiß, daß Tugend und Verbrechen
Unmerklich oft in Eins zusammenfließt.

Ich glaub', es kann mein Leiden hier auf Erden
In deinen Augen mir verdienstlich seyn;
Allein ich weiß, der Kinder Leiden werden
Nie eines guten Vaters Herz erfreun.

Und so, o Herr! dem Widerspruch zum Raube,
Giebt sich mein Geist der Ungewißheit preis:
So stürzt Vernunft das nieder, was ich glaube,
Und so verdammt der Glaube, was ich weiß.

Und ach! in diesen dichten Finsternissen,
Worinn mein Geist stäts mit sich selber ringt,
Wer sagt mir, ob mein Glauben oder Wissen
Hienieden mich der Wahrheit näher bringt?

Soll ich, o Herr! dem Glauben ganz entsagen,
Weil er den freyen Geist tyrannisirt?
Sag', oder soll ich den Verstand verklagen,
Daß er zum Mörder meines Glaubens wird?

Ists Sünde, nicht auf einen Führer bauen,
Den die Vernunft als einen Irrwisch haßt?
Ist es Verdienst, dem Lichte nicht zu trauen,
Das du mir selber angezündet hast?

Kann ich dein Wort nur in der Bibel lesen,
Steht dein Gebot auf zweien Tafeln nur?
Sprachst du nur dort, und ist's ein ander Wesen
Als du, das mit mir spricht durch die Natur?

Ist das nur Tugend, was ich darum übe,
Weil mich der Glaub' allein es üben lehrt?
Und ist all' das, was der Natur zu Liebe
Geschieht, von dir nicht eines Blickes werth?

Hast du allein an jenem Guten Freude,
Was einem deiner Gläubigen entsprießt,
Und ist dir's völlig Eines, ob der Heide
Ein Titus oder ein Thersites ist? —

O du, der mir den regen Trieb nach Wahrheit,
Und dieses Herz voll Treu' und Glauben gab,
O sende von dem Sitze deiner Klarheit
Nur einen Strahl auf meinen Geist herab!

Sieh diesen schweren Kampf, den mein Gewissen
Mit dem Verstande kämpft, mitleidig an,
Und lehre mich ein Mittel, wie mein Wissen
Mit meinem Glauben sich vereinen kann. —

Und hast du dann von dieser meiner Bitte
Dein gütig Ohr auf immer weggewandt,
So nimm — ich fleh's, o Herr! zu deiner Güte —
Nimm mir den Glauben — oder den Verstand!

210.

Carl der Fünfte.

(Pfeffels Vers. 2. Th. S. 167.)

Des Kriegs mit Schwerdt und Worten müde
Floh Carl, der Fünfte, von dem Thron
In eine Zelle, suchte Friede,
Und fand ihn hier. Dem Göttersohn
Gab nun sein Gärtchen mehr Vergnügen,
Als einst Paviens Lorberfeld.
Nicht Cäsar mehr, war er noch Held,
Doch blos um über sich zu siegen.
Sein Zeitvertreib war Gottes Welt
Mit ihrem großen Bilderbuche,
Und die mechanischen Versuche.
Auf Turrianos Geist gestüzt
Schuf er oft wandelnde Figuren
Mit Dädals Kunst aus Holz geschnitzt;
Sein liebstes Spiel trieb er mit Uhren.
Er drehte sie, wie sonst den Staat,
Zerlegte, prüfte jedes Rad,
Und zeigte jedem seine Sphäre.

Einst sann er wochenlang darauf,
Ob es denn wohl nicht möglich wäre,
Zwey Pendeluhren gleichen Lauf
Und einen gleichen Ton zu geben?
Allein umsonst war eine Müh,
Umsonst auch seines Freunds Bestreben.

Ey, rief er endlich lachend: Sieh,
Es will uns nicht einmal gelingen,
Zwey Seiger in Ein Joch zu zwingen;
Und mir, und meiner Priesterzunft
Kam es zu Sinne, die Vernunft
Von Tausenden, und ihr Gewissen
In Eine gleiche Form zu gießen?

211.

Die Toleranz.

(Pfeffels Vers. 2. Th. S. 192.)

Der Adler hielt auf der bereifsten Spitze
Des himmelhohen Kaukasus
Sein Parlament. Er legte seine Blitze
Voll Huld zu seines Thrones Fuß,
Und wog den Großen und dem Volke
Das Recht in ebnen Schalen aus.
Da fuhr, gleich einem Strahl aus einer Donnerwolke
Ein Habicht in das Oberhaus.
Er hielt ein fremdes Thier in seinen Krallen;
Es war ein alter Kakadu,
Der Indostan verließ, um durch die Welt zu wallen.
Sir! rief dem Schach der Schnappbahn zu,
Hier ist ein arger Wicht, der dir dein Erzamt raubet,
Ein Philosoph, der den Olymp zerstöhrt,
Der keinen Zevs und keinen Pluto glaubet,
Und nur bey seinem Brama schwört;
Ja, was noch ärger ist, er macht sich ein Gewissen,

Die Kost, die meinen König nährt,
Das Fleisch der Thiere zu geniessen;
Drum halt ich ihn des Todes werth. —
„Da Zevs ihn leben läßt, so laß auch ich ihn leben,"
Versezt der gute Schach, und winkt ihn los zu geben.

Der Inquisitor barst vor Wuth;
Allein das Hofgesind, zumal die Papageyen,
Der Virtuos aus Calekut,
Und die beredte Gänsebrut
Vergötterten in wilden Melodeyen
Des Königs Toleranz und Edelmuth.
„Schwelgt, rief der Potentat so derb zur bunten Heerde,
Daß ihr der kalte Schweiß entrann:
„Ein Fürst, der nicht verfolgt, ist noch kein Gott der Erde,
„Ist weiter nichts, als kein Tyrann!"

212.

Der Guckkasten, in Knittelversen.

(Geheime Briefe an die gesunde Vernunft. S. 19.)

Vor langer Zeit gab es ein Land,
Das lag so ziemlich tief im Sand;
Doch der, der es regierte, war
Ein großer Mann mit Haut und Haar.
Er brachte, troz dem Sand, empor
Sein Land zu einem großen Flor.
Er that des Guten vielerley,
Und war auch selber gut dabey:

Er führte, was mag selten seyn,
Des Staates Ruder ganz allein.
Zwar schätzt' er treue Diener auch;
Doch hatte er den eignen Brauch,
Nicht mit Maitressen und Mignon
Zu theilen seinen Fürstenthron.
Er stellte ganz allein die Uhr
Des Staats — —
Mit einem Wort, er war Regent,
Wie's wenig giebt am Firmament.
Von Bortehude bis nach Wien,
Sahn aller Augen nur auf ihn.
Und was er sagte, was er that,
Das war für Andre weiser Rath.
Er macht' es, wie der liebe Gott,
Und liebte jede Menschenrott,
Und schützte jede Glaubensschaar,
Wenn sie nur gut und ehrlich war.
Aus allen Köpfen, sagte er,
Nur einen machen, das ist schwer;
Und wollte Gott dies, der es kann,
So hätt' er es gewiß gethan.
Mein Reich ist nur ein Körperreich,
Lebt jeder den Gesetzen gleich,
So mag sein Glaubensfähnlein schön
Nach Westen oder Osten stehn.
Ja, hätte einer selbst den Wahn,
Er sey der reiche Tartar-Chan,
So gilt mir dieses einerley,
Bringt er nur, was er soll, herbey.

Da ich nicht Meynungs-Richter bin,
So laß ich jedem seinen Sinn.
Die Wahrheit ist, wie guter Wein,
Sie schmeichelt sich von selbsten ein —
Sie wird durch Gründe — nicht durch Macht
Den Menschen in das Herz gebracht.
Ich bin zwar Herr von meinem Land;
Doch nicht vom Glauben und Verstand.

Dies war sein Grundsatz und dabey
Ließ er Gedanken steuerfrey.
Drob war ihm Land und Leute gut,
Und alle fühlten frohen Muth.
Ein jeder glaubte, was er wollt'; —
Doch that er alles, was er sollt'. —

Nun kam Freund Hein wohl aus der Fern,
Und hohlte diesen guten Herrn.
Der hochberühmte Fürstenthron
Kam drauf an seinen würd'gen Sohn.
Auch diesen liebte Groß und Klein;
Doch fand sich bald ein Kleeblatt ein,
Das operirte frisch drauf los,
Und gab dem Ruhm 'n derben Stoß. —
Der Eine gründete sein Glück —
Durch eine Art von Meisterstück —
Durch eine Wachtel die nicht schlug,
Doch sich als Wachtel gut betrug. —
Der Andre trieb Alfanzerey
Und Hokus, Pokus mancherley —

Schön Schattenspiel wohl an der Wand,
Laterna magica genannt.
Die Camera obscura war
Sein Steckenpferd schon manches Jahr.
Ihm war es leicht, das Davidlein,
Den Goliath noch obendrein,
Ja, wohl das ganze Todtenreich
Zu zeigen auf der Stelle gleich.
Doch that er dies nur dann und wann,
Und freilich nicht vor jedermann.
Der Dritte — ach, das Gott erbarm!
Der machte Land und Leuten warm.
Was? — sagte er — die Sonne stünd'?
Die alte Welt war auch nicht blind:
Die Sonne läuft! — wer widerspricht,
Verliert die Nase vom Gesicht.
Es bleibt das Glaubens-Symbolum:
Die Sonn' läuft um die Erd' herum,
Wer dies nicht glaubt, der ist sehr dumm!
Drum muß der Wahrheit heller Schein
Mit Macht hinein gefoltert seyn.
Wie Roß und Mäuler sind sie ja! —
War sonst Gebiß und Zaum nicht da;
So soll dies künftig anders gehn:
Wie wollte sonst die Welt bestehn!

Nun ging das Kanoniren los
Wohl an die Köpfe klein und groß:
Das alte Glaubenssymbolum
Wollt' nicht in jedes Cranium.

Da wurde geschimpft — verboten — befohlen —
Verfolgt bald öffentlich, bald verstohlen —
Und rescribiret nach dem Takt,
Die Rotte der Denker angepackt —
Die Festung, Aufklärung, mit Männern und Rossen,
Die wurde belagert und stark beschossen,
Edicte, Rescripte — wie Kugeln geschwind —
Die saußten ganz schauerlich, wie der Herr Wind.

Das Leibregiment von Grenadieren
Sah man die Festung defendiren —
Ihr General hieß — Herr Vernunft.

Die ganze Orthodoxen-Zunft
Stand da, wie einst die Herren Philister;
Den Goliath machte ein gläubiger Küster.
Er sprach im stolzen, altgläubigen Ton
Dem Feind auf sich Hildebrandisch Hohn.
Sein Weberbaum war — die symbolischen Bücher;
Als Fahnen wehten Altarstücher:
Da wurde gestürmt mit klingendem Spiel,
Daß mancher im Laufen aufs Cranium fiel.

Nun kam aus seinem Standquartier
Als Flügelmann ein Riese schier,
Der schrecklich anzuschauen.
Man rief ihn auf den Kampfplatz hin,
Um in die Pfanne bald durch ihn
Die Feinde all' zu hauen. . . .

Man ließ ihn nicht ohn' Adjutanten,
Die das Terrain wohl besser noch kannten:
Sie streiften und stürmten von Zeit zu Zeit;
Doch machten sie immer sehr wenige Beut.
Nur neckten sie die arme Feste
Gar weidlich — doch, was noch das Beste —
So wurd' der Grenadier Verstand
Dadurch nur noch weit mehr bekannt. —

Ein Tambour in der Nähe wollt
Den Wirbel nicht so, wie er sollt,
Auf seiner Trommel schlagen,
Da schickte man Kundschafter aus,
Die sollten heimlich diese Maus
In eine Falle jagen. — —

Doch die Belagerer,
Die wurden endlich Herr.
Sie suchten alles anzuwenden,
Und kriegten ganz allein das Magazin in Händen.
Aus Furcht vor Hungersnoth — gab die Besatzung nach,
Ertrug voll Großmuth etwas Schmach
Ums lieben Brodes willen,
Und glaubte doch im Stillen
Nicht an das Symbolum. —

Gebet um Dummheit.

(Die jüngsten Kinder meiner Laune von Kotzebue. 3. B. S. 337.)

Ach lieber Gott, vor dessen Thron
Die Narren täglich treten,
Dich hat der König Salomon
Um Weisheit einst gebeten,
Und das beweißt wohl sonnenklar,
Daß er ein dummer Teufel war.

Ach lieber Gott, ich habe fast
Der Plackerey zu viel erlitten,
Und komm erdrückt von meiner Last,
Um Dummheit dich zu bitten.
Gemächlich kutschet durch die Welt,
Wer diesen Reisepaß erhält.

O seelig, der der Narrenzunft
Getreu, nur Grütze sammelt!
Und jedem Lichtstrahl der Vernunft
Den Zugang fest verrammelt:
Ein sichres Obdach schützet ihn,
Und sein Geschlecht wird ewig blühn.

Er, der sich über nichts betrübt,
Und Alles gehn läßt, wie es gehet,
Er wird von Jederman geliebt,
Weil keinem er im Wege stehet;

Hat man als Dummkopf ihn erprobt,
So wird sein gutes Herz gelobt.

„Ein guter Mensch!“ spricht Jederman,
Das heißt: er ist ein Schöps gebohren.
Zieht eine Löwenhaut ihm an,
Doch seht ihr wackeln lange Ohren.
Ein guter Mensch, ein ehrlich Blut,
Der Nichtes Hängens würdig thut!

Weh aber jenem armen Mann,
Der nicht zu jeder Thorheit schweiget,
Vor Mogul und vor Tartar=Chan
Nicht unbedingt den Nacken beuget;
Entschlüpfet ihm ein loser Scherz,
So hat er, traun! ein böses Herz.

Der Dumme füttert ungestöhrt
Die Schwester Gänse und die Hüner:
In ihm, der jeden Bonzen ehrt,
Sucht Niemand einen Jacobiner;
Doch spricht der Kluge nur ein Wort,
Er ist gefährlich! Schafft ihn fort!

Des Dummen Privilegium
Ist, dumm zu schwatzen und zu handeln:
Kein Mensch bekümmert sich darum,
Man läßt ihn seine Straße wandeln;
Doch weh dir, wenn du klüger bist,
Und auch nur einmal dich vergißt.

Da kommen sie sanftmüthiglich,
Dir deine Augen auszukratzen,
Sie grinsen und zerfleischen dich
Mit ihren brüderlichen Tatzen,
Sie backen, kneten hämisch froh
Flugs Elephanten aus dem Floh.

O seht nur, wie sie emsiglich
Nach eines Klugen Fehlern schnappen,
Ha, welche Freude! wenn sie dich
Auf einen dummen Streich ertappen!
Das wird von Ohr zu Ohr geraunt,
Das wird verbrämt, das wird posaunt!

Zerrissen wird dein guter Ruf
Von jedem Schuft in tausend Fetzen,
Und jeder Esel hebt den Huf,
Noch einen Schlag dir zu versetzen.
Mit Dornen wird dein Haupt gekrönt,
Von jedem Vulpius verhöhnt.

Verläumdung trifft den Dummen nie:
Die Frucht, die Würmer lockt, ist reifer;
Denn nur Genie, Verdienst bespie
Verläumdung stäts mit ihrem Geifer;
Die Geißel der Verläumdung schlägt
Den, der der Klugheit Bürde trägt.

Verdacht und Argwohn, morden sie
Den Dummen je mit ihren Pfeilen?

Verfolgter ist der Dumme nie,
Verfolger ist er wohl zuweilen:
Ihn necket keine Polizey
Mit Jakobiner-Riecherey.

Gleich Fröschen wird er aufgebläht
Von großer Herren günst'gen Blicken,
Weil er Despoten-Räder dreht
Wie blinde Pferde in Fabriken.
Die Einfalt erbt das Himmelreich:
Denn, Pfaffenbrut, sie huldigt euch!

Der Neid, dies böse Höllenkind,
Dies gelbe Recensentenfieber,
Ist dem Verdienst Siraco-Wind,
Und geht am Dummkopf nur vorüber,
Weil er ihn Freund und Bruder nennt,
Und ihm allein das Gute gönnt.

Vom Dichter wird für schnödes Gold
Verstand dem Dummkopf angelogen,
Und auch die Liebe ist ihm hold,
Weil er, gegängelt und betrogen,
Vor seiner Thüre niemals fegt,
Und seinen Schmuck mit Freuden trägt.

Ist er ein Prinz, ist er ein Graf,
Seht, wie ihm jeder Lorber grünet!
Die Musen haben dieses Schaf
Als Amm' und Wärterinn bedienet:

Als er das Licht der Welt erblickt,
Hat jeder Stern ihm zugenickt.

Er stirbt: Ha! wie am Firmament
Sein unbefleckter Nachruhm funkelt!
Weil keinem er den Weg verrennt,
Die kleinen Geister nie verdunkelt:
An seiner Urne schallt es dann:
Er war ein guter, lieber Mann!

O dreymal seel'ger Dummkopf, sprich!
Was bleibt dir übrig zu begehren?
Du lieber Gott, erhöre mich!
Du wollest Dummheit mir bescheeren!
Ich bitte dich mit Ach und O,
Mach mich so dumm, wie ein Bund Stroh!

214.

Das orthodoxe Schwein.

(Pfeffels Vers. 2. Th. S. 133.)

Ein Affe kam ins Reich der Thiere
Aus Josephs Reich zurück. Was neues, Freund, aus Wien?
So frug, im Klub der Esel und der Stiere,
Ein feistes Schwein den Paladin.
Mein Tagebuch, sprach er, liegt fertig für die Presse;

Indessen hört, was ich gesehn!
Ich sah, wie Hand in Hand die Wälschen in die Messe,
Die Sachsen in die Predigt gehn,
Und wie bey einem Glas mit Ofner Weine
Ein Jud' in frommer Harmonie
Mit Christen Schinken aß. Ha, riefen Groß und Kleine,
Es ist ein herrlich Ding um die Philosophie!

Mag seyn, versetzt die Sau, der Herz und Knie
Beym Worte Schinken bebt, nur nicht für — fette Schweine.

215.

Der Hecht.

(Pfeffel.)

Ein Kläusner, der am Tiberstrand
Einst fischte, zog in seinem Netze
Den schönsten Hecht erfreut ans Land.
„Verwegner! rief der Fisch, verletze
„Nicht meine heilige Person!
„Du weißt, die ganze Passion,
„Den Kelch, den Schwamm, das Kreuz, die Lanze,
„Die Nägel, sammt dem Dornenkranze,
„Hab ich im Kopfe.“ — Wunderlich!
Versetzt der Greis; doch, darf ich fragen,
Was hast du hier im vollen Magen?
Sprich, oder ich zergliedre dich! —
„Ach, nichts; ein Nest mit jungen Aalen,
„Hochwürdiger Herr Eremit,
„Ein kleines Frühstück!“ — Ha, Bandit!

Ich dacht es wohl: ihr Kannibalen
Tragt die Religion im Kopf,
Und in dem Busen das Verderben. —
Hier warf er ihn in seinen Topf,
Und ließ ihn, wie Sanct Vitus sterben.

216.

Der Derwisch.

(Pfeffels Vers. 2. Th. S. 16.)

Ein Derwisch fand in einem Wald
Ein Kind von reizender Gestalt.
Er hob es auf. Ach Gott, ein Junge!
Rief er mit halberstarrter Zunge,
Doch wohl dir, wohl dir armes Kind!
Denn deine Rabeneltern sind
Vermuthlich Heiden. Welch Vergnügen
Für mich, daß ich dich retten kann!
So sprach der fromme Muselmann,
Beschnitt das Kind und ließ es — liegen.

217.

Abdul.

(Pfeffels Vers. 2. Th. S. 134.)

Der mächtige Schach Abdul saß
Auf Cores Thron, als in dem Reiche
Das Feuer einer faulen Seuche

Das Volk bey Myriaden fraß.
Der Heilkunst emsigstes Bestreben
Erhielt nicht eines Kranken Leben:
Sie welkten alle, wie das Gras.
Um dieses Ungemach zu heben,
Lud einst der Schach den Divan vor.
Allein man schwieg zu seinen Fragen.
Der Mufti krazte sich das Ohr.
Der Kanzler glaubte viel zu sagen
Und sagte nichts. Zuletzt ward auch
Der Arzt gefragt. Wir wissens alle,
Sprach er mit vorgestrecktem Bauch,
Der Sitz des Uebels ist die Galle:
Die zeugt die Krankheit und den Tod;
Doch wer kann die Natur beschwören! —

Freund, damit hat er keine Noth,
Rief der Monarch, du sollst es hören.
Sogleich erscheinet ein Mandat,
Das jedem Herrn und jedem Sclaven
Bey martervollen Lebensstrafen
Ein Kind, das eine Galle hat,
Zu zeugen förmlich untersagte. —

Ihr Abdul war ein wildes Thier,
Ein Satan, den die Mordlust plagte! . . .
So fiel mir unser Pfarrer hier
Ergrimmt ins Wort. Ich mußte lachen:

Dem guten Mann kam nicht in Sinn,
Daß er und sein Sanct Augustin
Den lieben Gott zum Abdul machen. *)

278.

Die moralischen Banditen.

Der Neid und Menschenhaß, mit einem Heiligen-Glanz,
Und schlau verkappt im Priesterkleide,
Verscheuchen mörderisch Geselligkeit und Freude
Mit Bibel und mit Concordanz.

279.

Die Bäre.

(Lessing.)

Den Bären glückt es nun schon seit geraumer Zeit,
Mit Brummen, plumpem Ernst und stolzer Frömmigkeit
Das Sittenrichter-Amt bey allen schwächern Thieren
Aus angemaßter Macht, gleich Wütrichen zu führen.
Ein jedes fürchte sich, und keines war so kühn,
Sich um die saure Pflicht nebst ihnen zu bemühn,
Bis endlich noch im Fuchs der Patriot erwachte,
Und hier und da ein Fuchs auf Sittensprüche dachte.

*) Durch ihre Lehre über die Erbsünde, und das — nach ihrer Dogmatik — dadurch bestimmte Erlösungswerk. Man lese den Artikel darüber in dem Schema examinis. —

Nun sah man beyde stäts auf gleiche Zwecke sehn,
Und beyde sah man doch verschiedne Wege gehn.
Die Bäre wollen nur durch Strenge heilig machen;
Die Füchse strafen auch, doch strafen sie mit Lachen.
Dort brauchet man nur Fluch; hier brauchet man nur Scherz:
Dort bessert man den Schein; hier bessert man das Herz:
Dort sieht man Düsterheit; hier sieht man Licht und Leben:
Dort nach der Heucheley; hier nach der Tugend streben.
Du, der du weiter denkst, fragst du mich nicht geschwind:
Ob beyde Theile wohl auch gute Freunde sind?
O wären sies, welch Glück für Tugend, Witz und Sitten!
Doch nein, der arme Fuchs wird von dem Bär bestritten,
Und, troz des guten Zwecks, von ihm in Bann gethan.
Warum? Der Fuchs greift selbst die Bäre tadelnd an.

* *
*

Ich kann mich diesmal nicht bey der Moral verweilen:
Die fünfte Stunde schlägt; ich muß zum Schauplaz eilen:
Freund, leg die Predigt weg! Willst du nicht mit mir gehn?
„Was spielt man?“ — Den Tartuff! — „Dies Schandstück
sollt' ich sehn?“

Der Inquisit.

(Pfeffels Vers. 2. Th. S. 41.)

Es stritten sich im Todesthal
Ithuriel und Belial
Um einen angekommnen Schatten.
Es war ein armer Inquisit,
Den wilde Priester in Madrid
Zu Gottes Preis gebraten hatten.
Der Dämon sprach: Er starb im Bann:
Die Kirche selbst gab ihn der Hölle.
Der Seraph: Redlich war der Mann;
Im Paradies ist seine Stelle. —
Sie kämpften lang, wie Michael
Und Lucifer. Doch wirklich neigte
Der Sieg sich zum Ithuriel,
Als sich der Inquisitor zeigte.
Er hob den Hals wie ein Kameel
Und schwung ein Kreuz. Der Schatten bebet
Und schmiegt sich an den Seraph an,
Wie im zertrümmernden Orkan
Der Scheiterer am Felsen klebet.
„Was! rief der Mönch mit stolzem Trutz,
Dem Frevler, den mein Arm geschlachtet,
Weil er den Rosenkranz verachtet,
Gewährt ein Engel seinen Schutz?
Ein Engel? Nein! mich zu verführen,
Hüllt Satan sich in falsches Licht."

Izt fing er an, den Bösewicht
Nach Würden zu exorcisiren;
Allein des Seraphs Flammenblick
Lähmt ihm die ausgestreckte Rechte.
Hilf heilger Vater Dominik!
Rief er, hilf deinem treuen Knechte!

Der Vater Dominik erschien;
Allein nicht mit dem Fluch im Munde,
Nicht mit den Augen, die dem Schlunde
Der Hölle gleich Verderben sprühn.
An ihren Wimpern glänzten Thränen,
Geweint, um eine schwere Schuld
Beym Allerbarmer auszusöhnen.
„Mein Sohn, sprach er mit sanfter Huld:
Nicht um den falschen Wahn zu nähren,
Den du von mir geerbet hast,
Nein, um die Täuschung zu zerstöhren,
Um Scham und Reue dich zu lehren,
Erschein ich dir." — Der Mönch erblaßt
Und sinkt dem Vater vor die Füße.
„O Sohn, wie viele Finsternisse
Fuhr dieser seufzend fort, zerstreut
Der große Tag der Ewigkeit!
Vernimm, daß Gott die Sektenstifter,
Die Kirchenräuber, die Vergifter,
Selbst die Erobrer minder straft,
Als — die Tyrannen der Gewissen.
Um meine blinde Wuth zu büssen,
Die Myriaden hingerafft,

Muß ich schon seit fünfhundert Jahren
Die bleichen Schatten der Barbaren
Von meiner Zunft dem ernsten Ort
Der Reinigung entgegenführen;
Und eher schließt das Allmachtswort
Der Gnade mir des Himmels Thüren
Nicht auf, als bis zum Heil der Welt
Dein Richterstuhl in Staub zerfällt."

Er schweigt, und öffnet ihm die Höhle
Der Buße. Stumme Traurigkeit
Begleitet ihn. Zu gleicher Zeit
Trägt der Olympier die Seele
Des Märtyrers ins Paradies.
Ha, rief der Dämon, der die Zähne
Mit stillem Grimm zusammenbiß:
Ein Glück ists, daß die Erdensöhne
Des Muckers Rede nicht gehört!
Denn wüßten erstlich die Hierarchen,
Inquisitoren und Monarchen,
Was den Verfolgten widerfährt,
Sie steckten bald, des Würgens müde,
Das orthodoxe Rachschwerdt ein:
Und macht einmal die Kirche Friede,
Wer möchte da noch Teufel seyn!

221.

Wie die Zeiten sich ändern!

(Niedersächs. Merkur 2. B. S. 48.)

Sonst schickte man die Invaliden,
Zwar krank an Fuß und Hand,
Jedoch gesund an Nase und Verstand,
Zu schnüffeln durch das ganze Land,
Wo selbstgebrannter Kaffee wäre;
Denn Selbstgebrannt war damals Kontreband.

Jezt schickt man andre Invaliden,
Gesund an Fuß und Hand,
Doch krank an Herzen und Verstand,
Zu schnüffeln durch das ganze Land
Nach selbstgedachter neuer Lehre;
Denn Selbstgedacht ist jezo Kontreband.

222.

Hinz und Kunz.

Hinz.

Hör' immer viel von einer reinen Lehre:
Möcht doch auch wissen, was sie wäre!

Kunz.

Die reine Lehre, Freund, und ihre ganze Zunft
Ist rein von aller menschlichen Vernunft.

223.

Der gegründete Haß.

Star hasset die Vernunft! wie leicht ist es geschehn!
Wer liebt die Schöne wohl, die man noch nie gesehn!

224.

An Tigellin.

(Gleim.)

Er haßt, was Autor heißt, und Redner und Poet:
Warum? Er fürchtet sich vor der Publicität.

225.

Supplik
im Namen der Anhänger der reinen Lehre.

(Bahrdts Gedichte.)

Laß guter König, uns doch Kaffee, Tabak, Wein,
Nicht fernerhin mehr Kontrebande seyn!

Resolution.

Ihr Narren macht euch selbst zur Schande
Ja die Vernunft zur Kontrebande:
Mag Tabak, Kaffee, Wein
Wohl wichtiger als die Vernunft euch seyn?

226.

An Schulz in Gielsdorf.

(Von einem Officier.)

Die Blindheit an dem Gängelbande
Der Bosheit, rechnet selbst Vernunft
Und Augenklarheit sich zur Schande:
Wann glückt es jemals dem Verstande,
Den Staar zu stechen dieser Zunft?

Doch Wahrheit steht in Majestät,
Steht ewig wie der Gottheit Thron,
Wankt nicht auf priesterlich Gebet,
Nicht auf der Glaubensritter Drohn.
Drum laß die Gottheit ferner walten:
Sie wird dich Adler schon erhalten,
Wenn Maulwurf gleich und Hammel streben,
Sich gleißend über Dich zu heben.

227.

Mein Trost bey den neuen Religions-Anordnungen in meinem Vaterlande.

Ich der Vernunft in der Religion entsagen? —
So wills die Glaubens-Komitee!
Und, Freund, darüber sollt' ich klagen?
Behüte Gott! — Man nimmt den Glauben aus dem Magen;

Und nun — das bischen Heucheln — sieh,
Betrachtet man als eine Sünde,
Für die man büßt auf einer fetten Pfründe!

228.

Der Köhlerglaube.

(Logau S. 169.)

Was die Kirche glauben heißt,
Soll man glauben ohne Wanken?
Ey, so braucht man keinen Geist,
Braucht nicht Sinne, nicht Gedanken.

229.

Religion.

(Logau S. 317.)

Was geht es Menschen an, was mein Gewissen glaubet?
Hab' ich mir sonst nur nichts als christlich Ding erlaubet.
Gott glaub ich, was ich glaub; ich glaub es Menschen nicht:
Wie ziehn sie denn, was Gott nur richtet, vor Gericht?

230.

Glauben.

(Logau, E. 326.)

Luthrisch, Päpstisch und Calvinisch: diese Glauben sind entstanden;
Nur ein Zweifel bleibt noch übrig: wo das Christenthum vorhanden?

231.

Der Abfall.

(Nach Logau von einem Offizier.)

Welch Wunderding ist das? wer zehn, wer zwanzig Jahr
Und länger nicht gewußt, was rechter Glaube war,
Fällt von dem ersten ab, und nimmt den andern an,
Und weiß gleich alles so, daß er es lehren kann. —
Durch Gunst, Gemächlichkeit, Macht, Ehre, gute Bissen
Ward ihm das Hirn gestärkt; — nicht aber das Gewissen.
So bricht die Gnade durch, so Hilmert *) Mancher gern
Mit Kragen und mit Helm, auch gar mit Ordensstern!

*) Analogisch nach Beplümicken oder gute Schauspiele, wie Plümike durch Abänderungen verhunzen; und Beschirachen oder wie Schirach durch politische Fackeln die Begebenheiten verstellen — träumen — durch Vorversagen sich prostituiren u. d. gl.

232.

Die Heuchler.

(Logau, S. 440.)

Kirchengehen, Predigthören,
Singen, beten, Andre lehren,
Seufzen und gen Himmel schauen,
Allezeit vom Gottvertrauen
Reden und vom Gutesüben,
Und vom Glauben und von Lieben:
Großer Gott! ich sollte meynen,
Hieran kennte man die Deinen.

O, noch lange nicht! Im Rücken
Uns beschimpfen; vorn uns schmücken,
Freundlich lächeln, feindlich neiden,
Andern wohlzuthun vermeiden,
Ihren Schaden nie verwehren,
Bittres Gift im Herzen nähren
Honig von der Zunge geben:
Heißt dies gottgefällig leben?

Gott, der neben sich gesetzet
Auch den Nächsten, wird verletzet
Durch den Dienst, der ihm geschiehet
Und den Nächsten übersiehet.
Gotteslängner sind zu nennen,
Welche Gott und Nächsten trennen.

233.

Auf einen Heuchler.

Du betest, aber nur zum Schein:
O frommer Mann, wir bitten dich recht sehr,
Eh du ein Heiliger willst seyn,
Sey erst kein Schurke mehr!

234.

Eifernde Geistliche.

(Logau. S. 183.)

Wie der Ottomannen Kaiser, wollen Geistliche regieren:
Er, um seinen Thron zu sichern, läßt die Brüder stranguliren;
Sie — sogar in Glaubenssachen — fesselten sogern die Brüder,
Hülfen ihnen gern vom Brodte, wenn sie ihrem Wahn zuwider.

235.

Religionsheuchler.

(Logau, S. 493.)

Nehmt euren neuen Gläubigen Sold, Hofgunst, gutes Leben:
Dann seht, ob den Aposteln auch noch Treu und Glaub' ankleben?

236.

Gewissenszwang.

(Logau, S. 575.)

Wer kann doch durch Gewalt den Sinn zum Glauben zwingen?
Zwang kann Verläugnen wohl, nicht aber Glauben bringen.

237.

Folgen der kirchlichen Dragonade.

(Logau, S. 426.)

Bekehren zum Glauben uns statt der Apostel Pistolen;
So glauben wir öffentlich anders, und anders verholen.

238.

Der Hahn und der Kapaun.

(Pfeffels Vers. 2. Th. S. 15.)

Ein alter Hahn, der Schmuck vom Ritterhof,
Fing vor Auroren an, den Morgen zu verkünden.
„Hör auf, rief ein Kapaun, die Ohren mir zu schinden!
„Auch ohne deinen Ruf, Herr Philosoph,
„Wird sich das Licht der Sonne zeigen."

Mit Macht beginnt das Blut dem edlen Hahn
In den gezackten Kamm zu steigen:
Wohl dem, sprach er, der krähen kann!
Denn, merk es dir, dazu gehört ein Mann!
Eunuchen müssen freylich schweigen.

Ueber Pastor Schulz in Gielsdorf.

(Von einem Offizier.)

Man straft ihn hart: was er wohl machte?
Das, was Josephs Sohn ans Kreuz brachte.
Willst du das nicht, so laß die Heuchler seyn,
Und hülle dich in Panglos Mantel ein.
Zwar Moses, Christus, Luther auch
Verschmähten diesen Hofgebrauch;
Allein die Welt ist einmal so:
Wer ehrlich denkt, wird selten froh.
Wem Lug und Druck, und Trug und Nachtwerk nicht gefällt,
Der sage Christus nach: Mein Reich ist nicht von dieser Welt.

240.

Epilog zur Scene: Tod des Sokrates, gesprochen vom Kerkermeister.

(Mniochs vermischte Schriften, 1. B. S. 170.)

Der arme Sokrates, nun ist er richtig todt! —
Sie hätten ihn wohl leben lassen können!
Er hat denn doch nichts Böses sonst verübt,
Als daß er oft in lauter guten Dingen
Die jungen Leute unterrichtete,
Bisweilen auch, — ein wenig allzugut
Die Wahrheit sagte! — Freylich hört man wohl,

Er sey ein Thor gewesen, habe nicht
Nach Art und Weise unsrer Herrn Sophisten
Die liebe Jugend informirt; er habe
Ganz heimlich einen kontrebanden Gott
Ins Vaterland gebracht; im Disputiren
Sey er aus Hinterlist so unausstehlich kalt
Geblieben, als ob ihm die Wahrheit nur
Am Herzen läge, nicht die eigne Meinung:
Dann hätten oft die hart-erboßten Gegner,
Behext von ihm — sobald er recht gehabt,
In ihrer eignen Antwort, wider Willen,
Ihr Unrecht sich bedeutet — — Kurz der Todte sey
Für seine Weisheit viel zu arm gewesen!

Allein, ihr wißt wohl, wie es in Athen
Zu gehen pflegte, — o man spricht da vieles,
Was, mit Respekt zu sagen, gar nicht wahr ist;
Erzählt oft wahr und falsch so durch einander,
Daß unser eins mit seinem Bischen Klugheit
Das Rechte nicht herauszufinden weiß.
Ob einem braven Mann dabey das Herz
Gebrochen wird, ob einer daran stirbt,
Das geht in Griechenland die großen Herrn und Damen
Sehr wenig an: denn, glaubt mir, auch bey uns
Hier in Athen, ist großer Ton zu Hause.

Freund Sokrates ist todt! — Ob einer an der Pest,
Ob an Verläumdung stirbt, ist freylich einerley,
Sobald er todt ist! — Doch die Götter werden richten!
Sie haben ja vielleicht ein Herz, so gut

Als eines Kerkermeisters; sind vielleicht
Noch etwas weiser, als die stolzen Richter
Des Areopagus! — und was das Beste ist,
Sie sind gerecht! — —
So lebt denn wohl, Ihr Herrn,
Lebt herrlich wohl und denkt in müß'gen Stunden,
Denkt doch zuweilen an den Kerkermeister! — —

241.

Der Geyer und der Rabe.

(Pfeffels Vers. 1. Th. S. 131.)

Der Hain des Gotts zu Delphi war
Die Wohnung eines alten Raben,
Dem Elster, Kauz und selbst der Staar
Das stolze Lob der Weisheit gaben.
Einst frug ihn seiner Enkel Schaar,
Was doch der Vogel Phönix wäre?
Ein Unding, Kinder, eine Mähre,
Vom Aberglauben ausgeheckt,
War der Bescheid. — Gerechte Götter!
Kein Phönix? Ha, verruchter Spötter,
Rief hier ein Geyer, der versteckt
Dem Patriarchen aufgepasset,
Mich nimmt nur Wunder, daß Apoll,
Der doch gewiß die Ketzer hasset,
In seinem Hain sie dulden soll.
Doch, ich will seine Schande rächen,
Und dieser Brut die Hälse brechen.

Er thuts und ist der erste nicht,
Der, eigne Leidenschaft zu stillen,
Dem Redlichen — um Gottes willen —
Den Mordstahl in den Busen stübt.

242.

Warum Friedrich der Große, auf Dankelmanns Rath, den geistlichen Consistorialräthen weltliche zuordnete.

(Von einem Offizier.)

Als Moses nicht bey Aaron war,
Da ward ein Kalb gemacht;
Drum ist das Recht ganz sonnenklar,
Daß man den Papst bewacht;
Den Papst in Rom und wo es ist:
Denn welcher Papst ist wohl ein Christ,
Ein Christ nach Christus Sinn?
Sie jüdeln all von Anbeginn
In Rom und Genf und uberall
Nach Woll' und Nacht in ihrem Stall.
Drum weg mit Friedrich, weg mit Licht!
Sie taugen für ihr Schachern nicht.

* *

* *

Indeß, wer selbst mitschachern will,
Sezt durch, wie Pitt, nach Lust die Bill,
Und geht aufs Kapern rustig aus,

Verschont kein Land, kein Recht, kein Haus
So recht nach Majestäten=Recht
Für Hildebrandes Raubgeschlecht.
Und dann schleicht Aaron nur vorauf,
Erleichtert Moses seinen Lauf
Und führt das Volk am Narrenband
Durch Hoffnung aufs Gelobte=Land,
Verwandelt gaukelnd Tag in Nacht:
Und was das alles eingebracht,
Das theilen beyde unter sich
In Gottes Namen brüderlich
Pro rata. —

So gehts, so giengs vor Alters her,
Und darum trifft der Ausruf sehr:
„Unselig Mittelding von Engel und von Vieh,
„Du hast Vernunft, o Mensch, und brauchst sie
dennoch nie!"

243.

Sehr inkonsequent!

(Von demselben.)

Man preißt den Luther hoch und theu'r,
Daß er den Papst beschränkte:
Wer schenkt uns einen Luther heur,
Der manchen Sultan lenkte!
Denn Fesseln drücken immerdar,
Es lege sie ein Gregor an,

Ein Calvin, Sultan oder Zaar,
Migazzi oder Kerim-Chan:
Sie drücken hart und schänden drein
Den Kärkermeister auf dem Thron.
Und doch will keiner Henker seyn,
Und jeder bebt vor Ludwigs Lohn.
O tempora, o, mores!

244.

Der künftige Pfarrer.

(Erzählungen und Gedichte von Benkowitz. S. 316.)

Valer läßt seinen Sohn studieren:
Er soll dereinst die Kanzel zieren.
Der gute Vater weiß es nicht,
Daß es ihm an Gehirn gebricht.
Noch soll er einst Vergebung ihrer Sünden,
Vermöge seines Amts, den Beichtigern verkünden;
Doch sagt, wie kann er dies als orthodoxer Christ,
Der selbst der größte Sünder ist?

245.

Der würdige Theologe.

(Benkowitz — S. 318.)

Philander ist zum Predigtamt bestimmt:
Seht, wie vortrefflich er sich schon anjetzo nimmt!
Des Nachmittags sieht man ihn in den Schenken liegen.
Des Abends sucht er sich ein anderes Vergnügen,
Und geht zum Zeitvertreib in ein gewisses Haus —
Des Nachts besäuft er sich, des Morgens schläft er aus.

246.

Die gewaltige Stimme.

Welch eine Stimme, die ich habe!
O wunderseltne Kanzelgabe! —
Wie stolz der Kandidat nicht thut:
Narr! leere Fässer klingen gut.

247.

Der Großsprecher.

Thrax ist der Trommel gleich; er foltert das Gehör,
Von außen macht er Lärm, von innen ist er leer.

248.

Diakonus Trill.

Mir ist mein Kopf erschrecklich schwer!
Klagt Trill. — Ey, das bewundr' ich sehr:
Was leer ist, ist ja sonst nicht schwer.

249.

Auf einen Prediger.

Vortrefflich predigte Kleanth im ersten Jahr,
Schon fiels die folgenden, und jetzo spricht er gar,
Als wär' er halb im Schlafe. —
Weil er der Hirte heißen soll,
So denkt der gute Pfarrer wohl,
Wir seyen seine — Schafe!

250.

Auf einen Pfarrer.

Du lebst nicht, wie du lehrst; doch wer es übel nimmt,
Daß Lehr und Leben nicht bey dir zusammenstimmt,
Thut unrecht: denn du zeigst mit beyden,
Mit Lehren, was zu thun; mit Thun, was zu vermeiden.

251.

Das Geständniß.

„Im Traume," spricht Herr Blunt, „das muß ich selber sagen,
Denk ich zuweilen göttlich schön." —
— O möcht' er doch einmal im Traume predigen,
Sein Bette wollt' ich gern selbst auf die Kanzel tragen.

252.

Tartüffe.

Tartüff ist lasterhaft und orthodox zugleich,
An wahrer Tugend arm, an weisen Lehren reich.

O wär sein Wandel doch, wie seine Lehre, rein!
Seht, wie sein frommes Angesicht
Nur von Religion und wahrer Tugend spricht!
Tartüff ist wie ein Meilenstein:
Er zeigt den rechten Weg und geht ihn selber nicht.

253.

Cleanth.

Enthusiastisch preißt Cleanth
Der Welt die Tugend an, die nie sein Herz gekannt,
Und weiß mit hellem Licht den Vortrag auszuschmücken;
Nur in sein eigen Herz fällt nie ein Strahl des Lichts:
Großmüthig hängt er die Laterne auf den Rücken:
Er leuchtet Andern vor, doch selber sieht er nichts.

254.

Misverstandene Orthodoxie und Toleranz des schlichten Menschenverstandes.

Pastor.

— — Daß ich ihm noch ein ehrlich Grab erlaubte,
Dem Kerl, der keine Auferstehung glaubte? —

Bauer.

Nehm er, Herr Pfarr, doch nur die Opfergaben,
Und laß er uns den todten Mann begraben!
Die Grille wird er ihm doch nun nicht mehr vertreiben.

Will er — wenn wir aus unsern Gräbern gehn —
Am jüngsten Tage denn nicht auferstehn,
I nun, so mag er liegen bleiben.

255.

Eine Frage.

Verzeih mir Gott die Sünde —
Was macht der Teufel izt,
Seit er nicht mehr den Aberglauben schüzt,
Mit dem er sonst die Welt betrog? —

Er machts wie mancher Theolog:
Er hängt den Mantel nach dem Winde.

256.

Noch eine Frage.

(Gedichte eines Naturalisten. Bahrdts.)

Welche Schule lehrt am besten
Sich bequem vom Wahne mästen?

Es thuts die Philosophie
Berlinischer Akad mie,
Die zwar des Volkes Dummheit lacht;
Doch wähnt, daß man durch Täuscherey

Und tolerirte Barbarey
Die Nationen glücklich macht.

257.

Abermals eine Frage.

(Von einem Officier.)

Was Hermes und Hilmer jetzt treiben?
Je nun, Commerz mit dummen Teufeln! *)

258.

Widerlegung des Papstthums.

(Lessing.)

Bey meiner Treu, ich glaub' es nicht,
Was Petri Reichsverweser spricht,
Und halte mich an Luthers Lehren,
Die wir von unsern Priestern hören,
Daß nicht von Gott es selber ist,
Was man von Maccabäern liest.

Der Schluß von diesen Büchern sagt,
Was weisen Trinkern nie behagt:
„Den Durst sich stäts mit Wein zu stillen,
Erreget ekeln Widerwillen;
Bald Wasser aber und bald Wein,
Müßt' eine wahre Wollust seyn."

Ist das nicht grader Widerspruch,
Den ein von Gott gegebnes Buch

*) Man sehe die Lehre vom Teufel in dem Schema examinis.

Nicht haben darf? denn unser Leben
Muß stäts zum Bessern sich erheben
Und nie des Bessern untreu seyn.
Ist Wasser besser wohl als Wein?

259.

Wein und Bier.

Gott macht Gutes, Böses wir:
Er braut Wein, wir brauen Bier.

260.

Grabschrift auf Voltairen.

(Lessing.)

Hier liegt – wenn man euch glauben wollte,
Ihr frommen Herrn! — der längst hier liegen sollte.
Der liebe Gott verzeih aus Gnade
Ihm seine Henriade
Und seine Trauerspiele
Und seiner Verschen viele:
Denn was er sonst ans Licht gebracht,
Das hat er ziemlich gut gemacht!

261.

Krippenreiter.

(Logau. S. 558.)

Es giebt ein Volk, das seine Pferd' an fremde Krippen bindet,
Das sich bey fremdem Feuer wärmt, zu fremden Tellern findet.
Verhöhn' es nicht! Es ist das Volk, das uns im Werke weiset,
Daß hier der Mensch noch nicht daheim, und nur vorüber reiset.

262.

Systeme, Gesalbte, Propheten, und Papst Bonifaz und Hildebrand: wie sie entstehen.

(Reise in die mittägl. Provinzen von Frankreich. 5. B. S. 95.)

Denkt ihr, daß Gott mit Einem Ruf
Dem Chaos Ordnung anerschuf,
So denkt ihr falsch — so macht ihr euch,
Wohlweise Herrn, dem Pöbel gleich.
Noch immer braußt es. Gift und Schaum
Durchströhmt die Zeit, verschlämmt den Raum;
Soviel es dessen sich entlud,
Steht es noch immerfort im Sud;
Unförmlich, wie es anfangs war,
Schäumt es nicht aus und wird nicht klar.
Denn, wie auf einem Feuerherd
Ein Topf voll Spühlig kocht und gährt,
Daß alles wild und unbestimmt

Bald abwärts fährt, bald oben schwimmt,
So treibt das heut'ge Seculum
Das morgende mit sich herum;
Die Wasserblase, die gebläht
Sich jetzt am Rand des Topfes dreht,
Und Farben strahlt, zerplatzt und sinkt
Von ihrer Höh' herab und — stinkt.
Nachdem sich hier ein Element
Der Fäulniß von dem Ganzen trennt,
Und sich, wie es dem Zufall gnügt,
An einen andern Unrath fügt,
Entstehn Systeme und entstehn
Beweise, die in Rauch vergehn;
Der alte Irrthum sinkt und schnellt
Bald einen neuen in die Welt,
Daß alles durcheinander irrt,
Der Maulwurf ein Gesalbter wird,
Und oft der Wirbel einer Nacht,
Den Narren zum Propheten macht.
Mischt Faulheit sich und Heucheley
Mit Unvernunft in Einen Brey,
So stößt die Gährung mit Gebraus
Convente von Geweihten aus.
Wie die Chymisten Tinte ziehn
Aus Salz, Galläpfeln und Urin;
Aus ähnlicher Mixtur entstand
Papst Bonifaz und Hildebrand. —

263.

Wie diese wieder vergehen.

(Reise — 5. Th. S. 189.)

Bedenk ich, meine Herrn, die Unbeständigkeit
Der Menschen und der Welt, des Raumes und der Zeit,
Seh' ich in dem Bezirk vergänglicher Gestalten
Oft einen Irrwisch sich für einen Fixstern halten,
Seh', daß sich Licht und Recht um eigne Axen dreht,
Was früh im Anfang war, des Abends untergeht,
Daß mit erborgtem Glanz, wenn sich die Sonne wendet,
Ihr prahlender Trabant noch unsre Augen blendet;
Seh' ich die Vorzeit durch, und seh' am Tiberstrand
Dort einen Zwerg sich bläh'n, wo sonst ein Riese stand,
Seh' ich, wie hoch ein Probst sein Hirtenämtchen achtet
Und seine Schafe schiert und ihre Milch verpachtet,
Wie selbst so mancher Fürst den Probst und Papst gern macht,
Und jeder die Geduld der Schafe still belacht —
So hör' ich auch zugleich des Schiksals Ruf erschallen:
„Wo selbst der Riese fiel, wird auch der Zwerg einst fallen,
„Des Bonzen Fischerring wird ein gemeiner Stein,
„Als Splitter nur berühmt verlohrner Künste seyn.“ —

264.

Der Esel.

(Pfeffels Vers. 1. Th. S. 112.)

Der Esel trat als Supplikant
Zum Löwen. Sir, darf ich es wagen,

Sprach er, ein Wort dir vorzutragen?
Die Polizey in jedem Land
Hat Männer von Talent ernannt,
Des Nachts die Stunden anzusagen.
Nun wissen Berge, Thal und Wald,
Wie mächtig meine Töne schallen;
Drum bitt' ich, Sir, laß dir gefallen,
Mit einem mäßigen Gehalt
Von Rocken, Haber oder Kleyen
Das Wächteramt mir zu verleihen.
Er senkt das Ohr und schweigt. Alsbald
Wird seine Bitte placitiret:
Der Esel wird durch Stab und Horn
Zum Stundenrufer investiret,
Und ein Gehalt von Heidekorn
Wird ihm in Gnaden assigniret.

Die Nacht bricht ein. Wie Boreas
Ruft er: Ihr Herren laßt euch sagen...
Dem Hof gefiel der neue Spaß;
Doch als der Seiger Eins geschlagen
Und er noch rief, da fing der Chan
Den Schreyer zu verwünschen an;
Und Luna gieng noch nicht zur Neige,
So both er durch ein Windspiel ihn
Auf seine Burg. Das Thier erschien.
Geh, friß dein Korn daheim und schweige.

So sprach der Fürst und ließ ihn ziehn;
Und so entstunden in dem Staate

Die fetten Hofkanonikate
Für Esel, die auf Polstern ruhn,
Und Sold beziehn, um Nichts zu thun.

265.

Der Domprobst und Nachbar Hein.

Wie heißt der Vogel, Nachbar Hein?
Es ist ein Dompfaff; wollt Ihr ihn kaufen
Herr Probst? —
Kann er auch singen?
Nein!
Er kann sonst nichts, als fressen und saufen.

266.

Klage eines Katholischen Priesters über den Verfall der Religion.

Ja, ja, da war die goldne Zeit,
Als Ferdinand regieret,
Da blieb doch noch die Geistlichkeit
Von Layen unvexieret!
Manch Weibchen stund des Morgens da,
Um uns die Hand zu küssen,
Und wenn ihr frommer Mann es sah,
Ließ er sichs nicht verdrießen.

Der fromme Kayser selber war
Uns hold und unterthänig,

Blut achtet' er und Todsgefahr,
Wenn wir befahlen, wenig:
Bereit, den Kaiserlichen Schatz
Und sich uns zu vertrauen,
Ließ er auf jedem großen Platz
Ein schönes Kloster bauen.

Drum ward auch dieser Ehrenmann
Versorget allerwegen,
So viel ein Mensch nur brauchen kann,
Mit Ablaß und mit Seegen.
Dies war die Contribution,
Die wir zu heben hatten;
Ihm kam die Absolution
Und uns das Gold zu statten.

Auch war das Monopolium.
Vom Lesen und vom Schreiben
In unsern Händen noch; und dumm
Mußt' uns der Laye bleiben.
Denn Fast — Gott lohn' ihm diese Müh! —
Giebt itzt noch zu verstehen,
Daß wir und die Philosophie
Nicht gut zusammen sehen.

Denn wenn er mit Pochlin im Bund
Die Wolfesklinge wezte,
War sie's, die ihren Kettenhund
Vernunft auf beyde hezte;
Die aber — Freygeist sieh nur scheel,

Denn hier giebts nichts zu scherzen! —
Verlobten sich sogleich auf Zell,
Und fühlten keine Schmerzen.

Doch, nicht nur Wien allein spricht Hohn
Den heil'gen Amuletten:
Es fallen derley Aktien schon
Auch in den kleinen Städten.
Vom Landvolk selbst sind wir geneckt,
Leer läßts die Opfertische,
Daß Gott erbarm! auch angesteckt
Durch die Zehnkreuzerwische.

Man dringt in jedes Heiligthum
Mit räuberischen Schritten,
Das Kirchen-Patrimonium
Wird ärgerlich beschnitten;
Und Kätzer, die doch eigentlich
Von Gott zum Schinderkarren
Bestimmet worden, brüsten sich
Und stechen uns den Narren.

Drum laßt uns diese Gegenden
Canonice verfluchen,
Und dann in Lusitanien
Ein bessers Schicksal suchen:
Dort auf das heilige Geheiß
Andächtiger Prälaten
Wir bald das kätzrische Geschmeiß,
Gleich den Kapaunen, braten.

Dort, ha! noch ungestöhrt und frey
Laßt Gold zusamm uns raffen,
Und unbezahlte Hurerey
Durch Kirchenbußen strafen!
Auch, Gott zu Ehren, durch das Land
A la Domingo wandern,
Das Kruzifix in einer Hand,
Den Mordstahl in der andern!

267.

Der Sturm.

Es braußte fürchterlich das weißbeschäumte Meer
Und mastlos schwankte schon das Schiff bald hin und her,
Von Sturm durchbrüllt. Der Rudernden Geschrey,
Des Steuermannes Angst schien sichtbar anzudeuten,
Daß, sich zur Abfahrt zu bereiten,
Schon höchste Zeit vorhanden sey.
Nun fingen, wie man sich wohl leichtlich denken kann,
Auch die Ruchlosesten aus Ernst zu beten an,
Sie machten ein Gelübd, am nächsten Gnadenort
Zu ihrer Rettung Angedenken
Ex voto Tafeln aufzuhenken.
Allein umsonst: der Sturmwind brüllte fort.
Doch, da zum Glück sich Pater Sakripant
Ein Kapuzinermönch, mit auf dem Schiff befand,
So liefen sie zum guten Pater hin,
Und baten ihn demüthig auf den Knien

Mit Todesangst und reuevollen Zähren,
Noch ihre lezte Beicht zu hören.
Er sprach sie los; allein je reuiger
Sie schrien und beteten, je ärger ward das Meer.
Ey, rief ein Bootsknecht nun, was hilft, ihr Einfaltspinseln,
Euch all' das Beten und das Winseln?
Solang das Schiff noch unsre Sünden trägt,
Ist keine Hoffnung da, daß sich der Sturmwind legt.
Der Pater hat sie jezt beysammen: Drum kommt her,
Und werft den Sündenbock ins Meer!
Er riefs. Sie packten nun den Kapuziner an,
Und stürzten ihn hinaus. Kaum hatten sie's gethan,
So fing der Sturm an sich zu legen,
Bald spürte man kein Lüftchen mehr sich regen.

Nun sagt mir: ob troz aller Spötterey
Ein Mönch zuweilen nicht recht gut zu brauchen sey?

268.

Auf einen Brand zu **.

(Lessing.)

Ein Hurenhaus gerieth um Mitternacht in Brand.
Schnell sprang, zum löschen oder retten
Ein Dutzend Pfaffen von den Betten.
Wo waren die? Sie waren — bey der Hand:
Ein Hurenhaus gerieth in Brand.

269.

Der Prälat und die Haushälterinn.

Prälat.

Sie sind mir viel zu theu'r, mein Engel, zur Haushälterinn:
Zehn Thaler wöchentlich! Ich laß mich nicht bethören.

Haushälterin.

Hochwürd'ger, wissen Sie, daß ich unfruchtbar bin?

Prälat.

Ha, dieser Umstand läßt sich hören!

270.

Die Erkennung.

(Pfeffels Vers. 2. Th. S. 68.)

Ein wilder Junge fiel und brach den Hals.
Vom Anlaß dieses bösen Falls
Mag einst mein Scholiast Bericht ertheilen:
Man bricht bald so, bald so den Hals,
Und niemals ist der Bruch zu heilen.
Der alten Weiber Amtsgeschrey
Zog einen Haufen Volks herbey.
Dem Hyazinth (er war der Probst im Flecken)
Vergaß sein Glas und seinen schweren Bauch;
Gesprengt vom allgemeinen Schrecken
Lief er und seine Köchin auch.

Kaum hört der Pater, was geschehen,
So fängt er an, gemächlicher zu gehen
Und spricht in einem ernsten Ton:
Vielleicht war dieser kleine Limmel
Ein Bösewicht und trägt nun den gerechten Lohn
Der frühen Sünden früh davon:
Vielleicht (behüt uns Gott im Himmel!)
War er, hier spuckt er aus, gar eines Ketzers Sohn.
Der Marthe Vorwitz drang zuerst durch das Gewimmel,
Doch plötzlich stürzte sie dem frommen Hyazinth
Blaß wie der Leichnam in die Arme
Und schrie verzweiflungsvoll: Ach, daß es Gott erbarme!
Herr Pater, es ist unser Kind!

271.

Herr Sanktulus.

Dem Alter nah und schwach an Kräften
Entschlägt sich Sanktulus der Welt
Und allen weltlichen Geschäften,
Von denen keins ihm mehr gefällt.
Die kleine trübe Neige Leben
Ist er in seinem Gott gemeynt
Der geistlichen Beschauung zu ergeben. —
Zwar sagt man, daß sein trauter Knecht
Des Abends durch die Hinterthüre
Manch hübsches Mädchen zu ihm führe;
Doch, böse Welt, wie ungerecht!
Auch das geschieht blos der Beschauung wegen.

272.

Auf den scheinheiligen Phar.

Wenn ich den Phar von ungefähr
Bey einer schönen Thais finde,
Spricht er: Mein Ammt bringt mich hieher,
Um sie von ihrer schnöden Sünde
Durch meinen treuen Unterricht
Und ernste Warnung abzuschrecken. —
Phar wärmt sich an der Sonn' und spricht,
Er, schaue nur nach ihren Flecken.

273.

Pater Weichling.

Hört, Sterbliche, des Paters Weichling Ruf:
„Dies Bildniß ist der Geilheit gift'ge Quelle:
„Der Maler Titian, der es so reizend schuf,
„Brennt lichterloh im tiefsten Schlund der Hölle."

Der keusche Pater ist um rein're Gluth bemüht:
Die heil'ge Jungfrau nur ist seiner Inbrunst Quelle:
Voll Andacht schleicht er oft zu Käthchen in die Zelle,
Blos, weil das schöne Kind Marien ähnlich sieht.

274.

Der böse Priester.

(Ged. v. Eul. Schneider, S. 25.)

Der Priester, der ein Esel ist,
Und täglich fürs Brevier
An seiner Kirche Krippe frißt,
Ist ein verworfnes Thier.

Der Schelm, der mit dem Chorrock prangt,
Das Volk in Dummheit läßt,
Wenns nur den Opferpfennig langt,
Ist seines Landes Pest.

Der Pfaff, der Menschen lächelnd kränkt,
Am rauchenden Altar
Auf Brudermord mit Wollust denkt,
Ist — Satan im Talar.

275.

Der gute Priester.

(Ein Gegenstück zu dem vorigen.)

(Ged. v. E. Schneider, S. 26.)

Den Priester, der ein Weiser ist,
Und lieber sein Brevier
Als seines Bruders Noth vergißt,
Den, Freund, den lob' ich mir.

Der Mann, der mit Verdiensten prangt,
Der Völkerwohl und Licht,
Auch, wenn die Kasse schrumpft, verlangt,
Der thut des Priesters Pflicht.

Er opfert, was er immer thut:
Die Welt ist sein Altar.
Ein guter Mensch ist doppelt gut,
Ist — Engel im Talar!

276.

Auf den Prälaten Hinz.

Wie nachsichtsvoll ist nicht die Welt!
Hinz raubt den Bauren Korn und Geld,
Er drückt das arme Volk durch centnerschwere Bürden,
Und doch nennt ihn die Welt — Hochwürden.

277.

Die Zeiten, Brüder, sind nicht mehr!

(Karls vaterländische Reisen.)

In jenen goldnen Pfaffenzeiten,
Als man für Himmelsseeligkeiten
Vom Papst gesetzte Taxen fand,
Wo durch ein jährig Meßgeschreye
Getilgt ward manche Sündenreihe,
Da sammelte des Bischoffs Hand
Sich manchen Schatz im Dome.

Als Ablaßkrämereyen galten,
Und wo der Priester Händefalten
Den besten Judenwucher trieb,
Als Igel in Kapuzen sogen,
Als Diener Christi Gott belogen,
Da sammelte der Kirch' zu Lieb
Sich mancher Schatz im Dome.

Als Roms Monarch die Welt regierte,
Den Königen die Feder führte,
Und niedre Buben heilig sprach,
Als zum Pantoffel Fürsten rannten,
Ihn frömmelnd zu belecken brannten,
Da sammelte sich allgemach
So mancher Schatz im Dome.

*

Die Zeiten, Pfaffen, sind nicht mehr,
Wo eure Kniffe galten,
Durch die ihr über Land und Meer
Wie Herren konntet schalten.
Sonst leugnetet ihr Fleisch und Bein,
Und wolltet euch der Kirche weihn:
Wie könnt ihr geistig sein!

Daß man das Cölibat erfand,
Wird kaum die Nachwelt glauben:
Jezt nascht die hochgeweihte Hand,
Und keltert fremde Trauben.

Ihr könnt euch keiner Kinder freun
Und keiner Vaterfreude weihn:
Wie könnt ihr Väter seyn!

Das Kloster war die beste Welt
Zur Lust war es geschaffen;
Held Joseph hat euch aufgehellt,
Nichts half euch das Anklaffen.
Er hörte euch um Rache schreyn
Und sich von euch vermaledeyn:
Wie könnt ihr Priester seyn!

Held Joseph hat euch lang gelebt
Und manchen Leckerbissen
So fest er auch im Zahn geklebt,
Mit Macht herausgerissen:
Verschlimmert ist sein Strahlenschein,
Er mußte in die Gruft hinein:
Wie könnt ihr Christen seyn!

Die Pflicht befiehlt, das Wohlergehn
Des Nächsten nicht zu meiden;
Ihr seht den Nächsten hülflos stehn,
Und Frost und Hitze leiden;
Doch lindert ihr nicht seine Pein:
„Mag er zu Gott um Hülfe schreyn!"
Wie könnt ihr Menschen seyn!

*

Die Zeiten, Pfaffen, sind nicht mehr,
Wo eure Kniffe galten,

Macht Kirch' und Dom und Kloster leer,
Laßt Menschen damit schalten!
Ihr mögt mit Stricken euch kasteyn,
Schließt euch in eure Zellen ein:
Wir wollen Menschen seyn!

278.

Epistel an Faust.

(Von K. J. Friedrich.)

Von all den schönen Phänomenen, Lieber,
Womit dies Leben oft den Sterblichen entzückt,
Ihn bis zum Mond hinauf, dem Alltagskreis entrückt
Und dann, im Schwindel, sanft ihm zu die Augen drückt,
Um nicht zu sehn, wie drunter hier, da drüber
Sich Wogen brüsten, Wolken thürmen,
Sein buntes Feenschloß im Monde zu bestürmen;
Wenn alle diese Phänomenen,
Wovon, bey wachem Sinn, uns kaum ein Schatten bleibt,
Und wovon, wunderschön, der weise Plato schreibt,
Daß sie, durch seltne Feerey,
Und durch die Allgewalt der regen Phantasey,
Das liebe Leben so verschönen,
Oft in ein weites, unbekanntes Land
Das Herz mit seinen Genien verschlagen; —
Von allen deucht mir, Freund! (laß mich nur vor der Hand,
Einmal die Hypothese wagen,
Die Selbsterfahrung bald bestätigen dir soll)

Wohl keins so wesentlich, so schön, so wonnevoll,
Als wenn der Liebesgott, in unsrer Einsamkeit
Uns traurig grüßt, schlau unters Auge blicket,
Bedeutend seine Hand an unsern Busen drücket
Und gravitätisch dann, mit viel Wohlredenheit,
Wie sichs in solchem Fall gebühret,
Uns von der Macht und Herrlichkeit
Der Liebe, wie von' Noten peroriret.

Auch find ich's, ganz im Ernst, nicht sonderlich gescheid,
Des Lebens schönen Lenz, so innerhalb vier Mauern,
Einsiedlerisch und absichtlos,
Als moderten wir schon im kalten Grabesschoos,
Gleich dummen Fakirn hinzutrauern.

Der Strohm des Lebens eilt so unaufhaltsam hin,
Daß wir, die noch am Blumenufer stehn,
Noch rasches Herzensschlags, und mit romant'schem Sinn,
Sein leichtes Wellenspiel vorübergleiten sehn,
Nicht eben lange zaudern dürfen,
Die Urne voll, die uns, so himmlisch mild,
Der Liebe Hand aus seinem Schooße füllt,
Mit weisem Geiz rein auszuschlürfen.
Denn, ach! weißt du, wie bald die schöne Urne bricht?
Und dann ist's nicht mehr Zeit, an den Genuß zu denken:
Die Liebe wird umsonst dir ihren Nektar schenken:
Der Strom des Lebens fließt dir ferner nicht!

Der Freude Blumen, die sanft seine Wellen küssen,
Haushältrisch sie zu pflücken, weil sie blühn,

Und froh die Spanne Zeit, die Gott ihm hier verliehn,
Im Antlitz der Natur, bey Frühlingsmelodien,
Am Arm der Liebe zu genießen:
Dies ist dem weisen Mann Bestimmung, ist ihm Pflicht.
Sich in ein Kloster einzuschließen,
Und da zum Heiligen zu büßen,
Ist jetzt, da, grundgelehrt, von Aufklärung und Licht,
Schon jeder Knab' in Prima schreibt und spricht,
Fürwahr! nicht mehr Verdienst, das in die Augen sticht:
Zumal da Peters Stul, nebst andern Grillen, auch
Den übrigen ganz wohlbewährten Brauch,
Die frommen Schaafe zu kanonisiren
Schon abolirt; indem, an Taxen und Gebühren,
Die Datarie nichts mehr bey diesem Brauch gewinnt,
Da sich die Schafe nun von Fürsten lassen führen,
Und freylich minder fromm, doch etwas klüger sind.
Auch wär' es, wie du siehst, itzt gänzlich aus der Zeit,
Die Tempel, die der fromme Wahnsinn einst geweiht,
Und Mußiggang bewohnt, fanatisch aufzubauen:
Da Pius selber sie, geführt von Josephs Geist,
(So wenig mag der Mann, der weiland nie
Den kleinsten Zweifel in ihm selbst verzieh,
Nun seiner eignen Einsicht trauen!)
Mit gleichem Muth und Recht, wie Joseph niederreißt.

Heraus denn aus der öden Klause!
Hin' an den Busen der Natur, o Freund!
Wo schöner, heller, als im goldnen Marmorhause
Dem Kayser, uns die Sonne Gottes scheint!
Wo früh im Morgenstrahl, und spät in Phöbus Schatten

Durch Lenz und Sympathie vereint,
Zu süßer Liebeslust sich Millionen gatten;
Wo, wir des Himmels Odem, sanft und warm
Muth, Freiheitstrieb, und jugendliches Leben
Durch alle Schöpfungsadern weben;
Wo Scherz, und Unschuld, Arm in Arm,
Mit Grazien auf jungen Blumen schweben,
Und rings auf Berg und Au, am Bach, im Thal und Hain,
Die weisesten der Menschenkinder
Sich bald zum Tanz in malerischen Reihn
Gruppiren, bald, im frohen Rundgesange
Bey Libers hellem Becherklange,
Die Sorgen, die ihr Loos nothwendig trift, zerstreun,
Und dann, durch solche Kur an Seel' und Leib gesunder,
Und fähiger für ihr Geschäfte seyn.

Und armer Klausner, du, in deiner düstern Zelle
Bliebst solcher Lockung taub — um Luft=Idee?
(Denn was ist Nachruhm sonst?) und kreuzigtest dich baß
Als einst nicht Quixote um seine Dulzinee,
Ja selbst nicht Sankt Anton, wenn er, aus Lebenshaß
Zum grimmen Zweikampf ging mit Teufeln aus der Hölle?

O fühl's, wie Dämon Spleen, der Weisheit Spiesgeselle,
Oft ihrem Jünger selbst die reinste Wonne trübt!
Und wisse, daß der Mann, der nie geliebt,
Das Schauspiel dieser Welt, der Menschen Thun und Lassen,
Meist durch ein falsch geschliffnes Glas,
Und stäts mit kranken Augen sieht,

Sich, aus Verdrossenheit, der Menschenpflicht entzieht,
Und damit endiget, die Welt und — sich zu hassen.

Entscheide selbst, mein Lieber! Warum flieht
Ein edler Mann, wie du, der Brüder muntre Kreise?
Vielleicht, weil oft ihr Thun ihm nicht gefällt?
Weil, hier und dort, ein Geck sich auf den Wirbel stellt,
Und Räder schlägt, anstatt, wie er auf ebnem Gleise,
Still hinzuwandern durch die Welt?
Weil ihn ein Weiblein zart, ihn, nach moderner Weise
Empfindelnd, nur mit Unsinn unterhält?
Und eine Phryne dort, als Frau von Stand und Ton,
Die Tugend selbst maussade findet?
Weil mancher reiche Kaufmannssohn,
Der, dummstolz, Menschenwerth auf Tonnen Goldes gründet,
Ihn mit den Augen wieget, und vielleicht
Um sechs bis sieben Aß zu leicht,
Und nur im Kurs mit zu passiren findet?
Weil oft ein Taugenichts, nunmehr ein Fürst für Geld —
Ihn aus dem Wege drängt mit Hohn,
Wenn er, sich brüstend hoch im goldnen Phaeton,
Mit Sechsen fähret durch die Welt,
Und jeder Muskelzug sein fürstlich Nichts verkündet?
Weil endlich, gilt es Band und Stern,
Manch glatter Bube sich, geschmeidig, zu der Herrn
Und zu der Damen Füßen windet,
Und dann, wenn er im diamantnen Stern,
Den Lohn der tiefen Schmach erkrochen,
Dem Manne von Verdienst brutal den Rücken weist
Ja, freche Miene macht, den edlen großen Geist
Und Freyheit selbst zu unterjochen?

Freund! Alles das ist kaum des Weisen Ahndung werth,
Hat er nur Muth und Raum, den Schurken auszuweichen:
Die Narren, die er einmal nicht bekehrt,
Läßt er sehr gern mit vollem Segel streichen.
Gesetzt auch, daß der Stolz in ihre Wirbel fährt,
Sich mit den Weisen zu vergleichen;
Was kümmert's ihn, wenn's ihnen Trost gewährt?
Er findet freylich nicht sich hoch dadurch geehrt;
Doch tröstet ihn die goldne Wahrheit dann,
Die uns Freund Ferguson gelehrt:
Daß Narren nur die Narrheit glücklich machet,
Und nimmermehr ein Geck so stehn und gehen kann,
Wie der gesetzte kluge Mann,
Der über diese Welt so wenig weint als lachet.

Dies nun beseitiget, giebt's noch der Klugen viel
Auf diesem großen Erdenrunde,
Mit welchen sich ein Mann von Geist und von Gefühl
Verloben kann im heilgen Bruderbunde,
Die kurze Lebensbahn hinab,
Bis an sein schreckenleeres Grab,
Mit leichtem frohen Sinn zu wallen,
Und nach Belieben still zu stehn,
Wo ihm die Gegenden gefallen. —
Ja, über dieses ist, bey hellem Licht zu sehn,
Wohl weniger für Bonzen, Kröten, Affen,
Die Erde hier so gut und wunderschön,
Als für den Menschen nur, geschaffen,
Und folglich, was die Herr'n in Prosa und in Reimen
Dagegen sonst auch predigen und träumen,

Doch, wahrlich! werth, daß sie der Mensch genießt,
Zumal wenn noch das jugendliche Leben
In seinen Adern überfließt.

Gesellschaft nur, kann ihm die sanfte Stimmung geben,
Die hier zum Glücklichseyn so unentbehrlich ist,
Als das Gewicht an einer Pendeluhr,
Und fröhliche Diät und ordentliches Leben
Zum Fortgang einer Brunnenkur.
Im Menschenkreis durchschlingt, in hunderttausend Aermen
Sich mitgetheiltes Glück und Lebensthätigkeit.
Doch kann sanft sich sein Herz im Mitgefühl erwärmen,
Zu wirken Gutes, weit und breit:
Nur da bricht sich sein milder Freudenblick,
Gleich einem Lichtstrahl, auf der offnen Stirn der Brüder,
Und kehrt, vervielfacht, dann in seine Brust zurück,
So schmettert, in dem stillen Thal,
Das Abendlied der Nachtigall
Vom Kranz der Berge zehnfach wieder.
Ja stürmet auch, (denn sprich, wo lieget
Das Sevarambenländchen, wo
Des Erndter's Fleiß nie drischet leeres Stroh,
Wo nie der Born der Seeligkeit versieget,
Und jeder Wunsch, wär er auch noch so toll und blind,
Sogleich erfüllt, uns an die Nase flieget?)
Stürmt, sag' ich, auch noch, bey konträrem Wind,
Manch schwarzes Heer von Sorgen auf ihn zu,
Das selbst die Weisheit nie besieget;
Getrost! an ihrem Busen wieget
Die Liebe dann sein stürmend Herz in Ruh.

Nun, trauter Eremit, verschloß
Die Einsamkeit, in unfruchtbaren Schoos
Wohl je solch Lebensglück? und gießet,
Die Weisheit, die, im ernsten Trauerkleide,
Nur immer sinnt und späht, statt handelt und genießet,
Aufs Leben solchen Reiz, wie die gesellge Freude
Und innre rege Wirksamkeit
Für Tausender Zufriedenheit?
Ach, fürcht' ich, nur höchstkümmerlich
Entschädiget die saubre, prude Dame dich
Für alle Wonne, so am Pfad der Liebe sprießet!

Doch, wer, auf diesem Pfad, sein Liebchen traut umschlingt,
Und so hübsch tolerant, mit federleichtem Sinne,
Durchs Leben hin, sein Pilgerliedlein singt,
Am liebsten sein Glas Wein mit den Gefährten trinkt,
Und überall, wo ihm die Freude winkt,
Ihr willig folgt, ja, wirklich jeden Kuß
Von ihr addirt, wie olim Herr Horazius,
Zu seines Lebens richtigem Gewinne;
O, dieser kennt, was Lebensweisheit ist,
Traun! besser, als der Grämling in der Zelle,
Der, Krämern gleich, nach Loth und Elle,
Die Menschenfreuden wiegt und mißt,
Von dem, was er verkauft, nie selbst genießt,
Und endlich, wann ihm des Genusses Quelle
Durch seine Schuld versieget, nicht mehr rinnt,
Sich, ach zu spät! nach einem Tropfen sehnet,
Mit Schmachten noch den Todespfad beginnt,
Und ihn umsonst mit bittrer Thräne bethränet.

Auf, Freund! so laß uns denn, weil Jugendkraft und Gluth
Sich noch so voll in unsern Adern dehnet,
Gewapnet wohl mit hohem Rittermuth
Die ungewisse Fahrt auf Minneglück beginnen!
„Auch ungewiß!“ — Sey's! Achtet das der Held?
Er fährt auf gutes Glück; versteht sich, mit fünf Sinnen! —
Und denkt, falls die nur richtig sind,
Was meist in dieser besten Welt
Nur Dumme trügt: Wer waget, der gewinnt!

Wenns nun, spät oder früh, dem lieben Gott gefällt,
Daß wir auf unsrer Minnefahrt,
Der deutschen Jungfraun eine grüßen,
Die Geist und keuschen Sinn mit Herzensfülle paart,
Und uns, mit sanftgesenktem Blick,
Erröthend giebt den trauten Gruß zurück,
So laß uns züchtiglich ihr nahn,
Und feyerlich den Staub des heilgen Landes küssen,
Wo wir zuerst die Holde wandeln sahn. —

Neigt sie dann, traulich, sich zu unsers Herzens Bitte;
So bieten wir ihr, frank und frey
Nach alter deutscher Rittersitte,
Die Rechte dar zu ehelicher Treu
Und jubiliren sein mit ihr in unsre Hütte,
Wo sie, mit uns auf Freud und Leid gesellt
Wills Gott! die Wallfahrt durch die Welt
Gelobet treulich zu beschließen.

Und Freund, um früher noch an diesem Ziel zu seyn;
So kehren wir indeß in keinen Gasthof ein,
Wo wir die Herberg — zahlen müßen.

279.

An Luther.

(Gedichte von Voß 1. B. S. 296.)

Entschwebe wie ein goldner Duft,
Mann Gottes deiner stillen Gruft,
Und schaudre Graun durch ihr Gebein,
Die deine stille Gruft entweihn!

Matt kamst du, Sieger, aus der Schlacht
Mit Priestern aus des Wahnes Nacht;
Da labt' an Katharinens Brust
Dich junge Kraft und Heldenlust.

Sie tränkte dich mit Rebentrank;
Und freudig tönte dein Gesang:
Dem Papst und allen Teufeln Spott!
Ein' feste Burg ist unser Gott!

Da zischelt nun die Afterbrut!
Weh, Brüder, weh! wir sind sein Blut!
Schleicht rücklings hin zu seiner Ruh,
Und deckt des Vaters Blöße zu!

Ihr Männer Deutschlands, kühn und frey
Durch ihn von Pfaffentyranney,
Ihr laßt mit lästerndem Gestöhn
Die Heuchler Luthers Asche schmähn!

Wer ist, der nicht bey Kraftgesang
Des Weisen auf zu Thaten sprang,
Dem nicht die Seele sonnenhoch
Ein Adler mit dem Adler flog?

Wem schafft nicht Gottes edler Wein
Aus düsterm Nebel Sonnenschein,
Durchglüht mit Lebensgeist das Blut,
Und giebt zur Arbeit Kraft und Muth?

Was labt den Frommen in der Zeit
Mit Vorschmack höhrer Seeligkeit,
Als Mädchenblick und Mädchenkuß,
Des Weibes heiliger Genuß?

Schweig Gleißner, dich befrag' ich nicht!
Dir bleibt dies ewig ein Gedicht,
Wie dem, der Lastern Lieder zollt,
Dem Hurer und dem Trunkenbold!

Doch jeder Christ und gute Mann
Stimmt laut mit dir, o Vater, an:
Wer nicht liebt Weib, Wein und Gesang,
Der bleibt ein Narr sein Lebelang.

280.

Der verdorrte Feigenbaum.

Ein schreckenvoller Fluch
Traf jenen Baum, der statt der Früchte
Nur leere Blätter trug.

Ihr Nonnen, die Geschichte
Dien' euch zum Unterrichte:
Nehmt Männer, bringet Früchte!

281.

Elegie.

In den Ruinen einer Abtey geschrieben.

(N. T. Merkur 1791. August. S. 410.)

Wo dort im alten Thurm um Mitternacht
Die Winde durch die Mauerspalten heulen,
Lud einst ein hoher Dom in ernster Pracht
Den Pilger ein, voll Ehrfurcht hier zu weilen.

Geweihte Glocken riefen einst, wo sich
Ruinen dort im Abendschimmer röthen,
Von der bestrahlten Kuppel feyerlich
Die Gauen rings zu Messen und Gebeten.

Aus heilger Nacht sprach eine Gottheit hier
Orakel, die der blinde Pöbel ehrte:
Die Großen selber bückten sich vor ihr,
Und glaubten, was ihr schlauer Priester lehrte.

Der Aberglaube, sitzend auf dem Thron,
Den ihm die Dummheit baute, sprach den Weisen
Des Landes, sprach der hellen Wahrheit Hohn,
Ließ Fackel ihr und Diadem entreißen.

Wie Wolken, die von allen Seiten her
Sich über Wüstenein zusammendrängen,
Und, rings die braune Wildniß immer mehr
Verdunkelnd, kalt und schwer vom Himmel hängen:

So strömten Scharen seinem Tempel zu;
Der finstern Schwermuth finstere Verehrer
Verträumten hier das Jahr in träger Ruh,
Und nannten stolz sie ächte Christuslehrer.

Doch nun nicht mehr! die Wahrheit kam, zerbrach
Den alten Thron mit ihrer starken Rechte;
Die Thäler hallten seinen Umsturz nach,
Sein Fall erscholl bis in des Orkus Nächte.

Dumpfbrütend sitzt nun der gestürzte Gott
Auf seines Tempels grausenvoller Trümmer,
Des Volks Verachtung und der Geister Spott;
Um sein gesunknes Haupt erlosch der Schimmer.

Zu seinem Füßen liegt der schwarze Schild,
Der vor der Wahrheit Pfeil ihm Schuz gewährte;
Geworfen in den Staub ist jedes Bild,
Das einst des Laien Andacht fromm verehrte.

Der Chorpsalm schweigt, die Priester sind entflohn,
Verloschen alle Lampen; rings um Mauern
Und Thürme, welche schnellen Einsturz drohn,
In deren Klüften Eul und Uhu lauern.

Das goldne Crucifix, vom Staub entweiht,
Umwindet dort im Schutt die blaue Schlange,
Und achtet nicht des Sinnbilds Heiligkeit;
Der Weißdorn blüht im öden Säulengange.

Verwildertes Gesträuch und Schilf verschließt
Den Weg zur weiland stiftungsreichen Halle.
Der hohe Dom ist einsam, leer und wüst,
Durchschmettert einst von der Posaunen Schalle.

Die Elster hüpfet auf den Hochaltar,
Vor dem sich einst mit Ehrfurcht Fürsten bükten,
Und Priester, stolz im purpurnen Talar,
Ein mystisches Gebet zum Himmel schikten.

Noch roth die Mörderfaust von warmem Blut,
Fand einst hier eine Freystatt der Verbrecher;
Des fluchbeladnen Meuchlers Uebermuth
Bestrafte mit dem Schwerte nun kein Rächer.

Triumph! aus langem Schlummer ist erwacht
Der Sonnenadler, Wahrheit, hebt die Flügel,
Zertheilt des grauen Irrthums alte Nacht,
Und reines Licht bestrahlet Thal und Hügel.

Die blonde Zeres siehet weit und breit
Das reiche Feld von goldnen Erndten wallen,
Bewundert froher Schnitter Emsigkeit,
Und hört entzückt gewetzte Sicheln schallen.

Des Jünglings kühner Busen schlägt nicht mehr
In Meßgewändern, die sein Feuer dämpfen;
Er faßt das Schwerdt, folgt einem tapfern Heer,
Für Freyheit und für Vaterland zu kämpfen.

In kalter, dumpfer Klostereinsamkeit
Vertrauern keine Jungfraun mehr ihr Leben,
(Den Blumen gleich um einen Sarg gestreut,)
Dem Gram und der Verzweiflung hingegeben.

Von Hymens Altar steigt der Opferduft
Des Weihrauchs, welchen Liebesgötter streuten;
Triumphgesang erfullet rings die Luft
Von Jünglingen und frischbekränzten Bräuten.

Der Ueberfluß beseligt Dorf und Stadt,
Umblühet rings von milden Segensfrüchten:
Der Landmann ißt am eignen Heerd sich satt,
Und letzt sich froher nach des Tages Pflichten.

'Denn keine Pfaffenhabsucht plündert mehr
Den Goldpallast, um ihren Bauch zu mästen,
Und kein bethörter Laie spendet mehr
Sein Gut zu roher Mönche Schwelgerfesten. —

282.

Auf die Gegend von Avignon.

(Reise in die mittägl. Prov. v. Fr. 5. Th. S. 456.)

Unter einem noch schönen Himmel — wie erschlafft fand ich hier, in dem Müßiggange eines frömmelnden verdorbenen Volkes jede Federkraft der Natur! Welch eine bängliche Ansicht! So weit meine Augen mich trugen, sah ich Standbilder der Heiligen auf rebenlosen nackten Bergen — entdeckte nur verfallene Stege — durchgebrochene Dämme, morschen Götzen mit ruhmlosen Namen zum Schutze überlassen — hörte das Läuten der Abendmetten in den umliegenden einzelnen Dörfern — ohne daß ein Schäfer vor seiner gesättigten Heerde, oder ein müder Ackersmann hinter seinem umgelegten Pfluge, dem Aufrufe zur Ruhe nachschlich — ohne daß ein Winzer, von fröhlichen Kindern begleitet, aus seinem Weingarten hervorbrach. — Großer Gott! rief ich wehmüthig aus, und faltete die Hände, wie lange wird dieser Mißverstand deiner wohlthätigen Absichten, diese Beschimpfung deiner Natur noch dauern! Wie lange wird noch der Bürger seine kostbare Zeit, der Landmann seine nützlichen Kräfte, der Tagelöhner den kleinen Erwerb seiner wenigen übrig gelassenen Arbeitsstunden, an den Putz einer Wachspuppe und das Wohlleben ihrer Götzendiener verschwenden — in seinem Hause das Licht — auf seinem Heerde das Feuer ersparen — um durch eine verdienstliche Finsterniß der ewigen

Lampe Oehl zu verschaffen! Wie lange werden die Sclaven der Andacht das Mark ihrer Söhne gegen ein geweihtes Todtenbein vertauschen, und mit dem Geruche seiner Heiligkeit ihre Schlafkammern verpesten! Wie lange noch, großer, barmherziger Gott! werden die Unsinnigen für die baldige Entwickelung ihrer Töchter alle Heiligen anrufen, um ihre ersten Bluthen dem ehelosen Mönche zu opfern, der jedem frühen Gefühl eines erwachten Herzens noch früher entgegen kommt, jede aufkeimende Frucht wie ein Raubthier bewacht, und alle Erstlinge der Natur und des Fleißes als sein Eigenthum ansieht! Durch, ach! wie viele Menschenalter — rief ich mit gepreßter Brust — wird dieser schwere Uebergang zur Wahrheit und Freyheit noch zögern! — Und wie ich so sprach und meine Augen zu Gott erhob, vergüldete die ewige Sonne, zum letztenmal heute die steinigen Hugel. Ich schrieb noch im Glanze des Abendroths folgende Gedanken in meine Schreibtafel:

Als hätte die Natur im Bilden
Mit Liebe langer hier verweilt,
So ganz hat diesen Lustgefilden
Sich ihre Schönheit mitgetheilt:
Doch Mönche kamen und zertraten
Den Plan der fröhlichen Natur,
Und auf dem Umkreis ihrer Saaten
Herrscht Gleißnerey und Armuth nur.

Trajan entlockte Fleiß und Leben
Aus diesem Felsen — diesem Hain,
Und Berge luden ihn voll Reben
Zum Jubel guter Fürsten ein.
Ihr Fluren, die ihr freundlich blühtet,

Als Jupiter noch auf euch sah,
Wie traurig liegt ihr abgehütet
Von päpstlichem Gesindel da!

O Land, das nur den faulen Bäuchen
Der Mönche zu Gebote steht,
Und, mit abgöttischen Gebräuchen
Belastet, — schwankt und untergeht!
Ach, warum hat, ruft meine Stimme,
Gott seinen Blick von dir gewandt?
O du, der Hirnwuth und dem Grimme
Der Heiligen verrathnes Land!

Wenn Priesterstolz und Aberglaube
Mit Mehlthau eine Gegend trift,
Verdorrt die Saat, — verwelkt die Traube,
Und aus dem Oehlbaum rieselt Gift.
Besangen wohl des Landmanns Lieder
Sein Glück an einem Erntetag
In Argos Thälern, eh' die Hyder
Dem Arm des Rächers unterlag?

Hier heißt die Tugend eine Bürde?
Der Weisheit selbst wird hier geflucht,
Die nicht in Klöstern — Menschenwürde
Nicht Trost am Tisch des Gauklers sucht;
Bey ihm — der Felsen abzuründen
Verspricht, der Berg' und Thäler gleicht,
Und deinem Mund Erlaß der Sünden,
Und deinem Gaum Vergebung reicht.

Wie stürzt nicht der bethörte Hause
Ihm zu! begafft und überschlägt
Die Waare, die zu gutem Kaufe
Er ihren Sinnen vorgelegt!
Der Mörder packt dann, wie der Zecher
Ein Sortiment zum andern auf,
Und jener Schutzgott der Verbrecher
Spricht Seegen über ihren Kauf.

Und dieser Troß von Himmelserben
Durchwallfahrt dieses arme Land —
Spielt seinen Ueberrest von Scherben
Dem Hohenpriester in die Hand,
Vertauscht für unbegriffne Worte
Das Bettelbrodt, das er erwirbt,
Und mit dem Schlüssel zu der Pforte
Des Himmels — gähnt er hin und stirbt.

Ihr Räuber dieses Landes! höret
Der Wahrheit Ruf, die aus mir spricht:
Euch droht, die ihr das Volk bethöret,
Des Volkes blutiges Gericht;
Ich seh' im Kreis von euren Bürgern
Des Aufruhrs schwarze Fahnen wehn,
Und eure Schafe — zu den Würgern
Furcht — zur Verzweiflung übergehn;

Und seh' erstaunt, wie jede Puppe
Der Andacht in ihr Nichts versinkt;
Wie nicht mehr die geweihte Schnuppe

Der ewigen Lampe sie umstinkt —
Kein Kuttenträger mehr die Zofe
Der heiligen Marie macht.
Und kein, an eines Priesters Hofe
Gebildeter dieß Land bewacht;

Seh' eure Heiligen zerstükeln —
Seh' die Legenden in dem Wind
Zu edlern Stoffen sich entwickeln,
Die eines Gottes würdig sind;
Und seh' entfernt, wie aus dem Staube
Die Tugend ihre Stirn erhebt,
Und neue Hoffnung, neuer Glaube
Und neues Glück dieß Land belebt.

Und dann erst, möge Gott es wollen!
Wird Ordnung und Natur gedeihn;
Die Wüsten werden Früchte zollen,
Die öden Berge — guten Wein;
Gesundes Volk wird, ungesegnet,
Im Schatten seiner Laube ruhn,
Und, ohne daß ihm Gott begegnet,
Doch redlich seine Arbeit thun.

Dann erst entsteigt den Finsternissen
Des Glaubens die versteckte Flur;
Man wird von keinem Wunder wissen,
Als von den Wundern der Natur;
Der Pilger wird sie nur im Reitze

Der Unschuld seines Mädchens sehn,
Und manch Kapellchen ohne Creuze
Wird seiner Andacht offen stehn.

283.

Ueber die Mönche.

(Fliegende Blätter, S. 5. u. ff.)

Hart und fürchterlich war mit Aberglauben und Dummheit
Durch Jahrhunderte schon der Kampf. Sie trotzten mit Hohne
Dem gebietenden Fürsten und unterrichtenden Weisen,
Achteten weder Wahrheit, noch Macht, noch heilige Würde,
Schonten weder Freyheit, noch Glück der Menschen, und raubten,
Ihre Herrschaft ewig zu machen, bald Qualen des Abgrunds,
Bald erfanden sie List, und schmiedeten feinere Fesseln
Für die Geister der Erdenbewohner. Und ihrer Gesandten
Waren tausendmaltausend von hundert Gestalten und Farben.
Die durcheilten, geschäftige Diener, die Lande, durchschlichen
Alles bis in die Winkel des innersten Hauses, erforschten
Jedes Geheimniß, und hielten die Seelen in ewiger Kindheit,
Leiteten sie umher an Gängelbanden, und lockten
Bald sie mit Schmeicheln, und schreckten sie bald mit Drohungen: Alles
Hing an ihrem Willen; und sie, die Götzen des Volkes,
Aßen des Landes Mark. — Heil euch, ihr Fürsten von Deutschland,
Wenn ihr eure Kinder befreyt, und fremder Tyrannen
Ausgesandte Knechte verjagt! Und dreymal und viermal
Heil, wenn ihr die, die sonst euch eure Kinder verführten,

Umzuschaffen vermögt, daß sie zu Menschenbeglückern
Werden aus Verführern des Volks, und, ihre mit eurer
Sorge verbindend, von nun an, der Sterblichen Freude vermehren!
Dreymal und viermal seyd mir dann o Fürsten gesegnet!
Denn es ist größerer Ruhm, den Ungerechten zu bessern,
Als ihn über die Gränze zu jagen. — Ihr nennt euch ja Väter,
Seyd dann Väter auch ihnen! Sie machten elend, und waren
Selber auch elend. Darum erbarmt euch ihrer, o Fürsten!
Lehrt sie bessere Weisheit, und macht sie zu Lehrern des Volkes.
Lehrt sie frohen Genuß der Güte Gottes, damit sie
Selbst auch endlich die Rechte der heiligen Menschheit geniessen,
Und im Schooße des eigenen Hauses die süßesten aller
Erden=Namen, dich, Name des Vaters, dich, Name der Mutter
Hören, und Gott, dem Geber unendlicher Seligkeit, danken. —
— — — Ach, die tausendmal Tausend,
Die, verbannt in die Mauern des ewigverschließenden Klosters,
Einsam und ohne Hoffnung die langsamen Tage verseufzen,
Oder mit Sünden scherzen, die sollten mit trüben Gedanken
Euch nicht füllen das Herz? —

Zuchtspiegel

für

Eroberungskrieger, Advokaten

und

Aerzte.

„In Zeiten der Barbarey, wo der Krieger Räuber, oder unter zügellosen Despoten, wo er blindes Werkzeug einer willkührlichen Macht ist: da ist von der Ehre desselben ganz und gar nicht die Rede. Er kann hier nur gefürchtet und geflohen, aber unmöglich kann er geachtet werden. Die Ehre dieses Standes fällt nur auf den edeldenkenden Patrioten, nicht auf den Räuber oder Söldner.“

Fürstenspiegel von Engel. S. 5.

Paris 1799.

Ueber Eroberungskrieger und deren Kriegswesen.

284.

Der dreyfache Seufzer der Monarchie.

(Zu erlangen, zu erhalten, und zu verlieren. *)

(Terpsichore 1. Th. S. 68.)

Wenn unser Herz, mit Gottes Geschick vergnügt,
In Glück und Unglück beyde mit einem Muth
Zu tragen wüßte; wie so selig
Würden die Menschen auf Erden leben!

Dahingerissen von der Begierde Macht,
Sich nichts versagend, Alles mit Ungestum
Anstrebend, Alles wagend, Alles —
O wie zerreißen das Herz des Menschen

*) Quid est Monarchia, nisi triplex suspirium, obtinendi, retinendi, amittendi? Diese politische Sentenz stand an der Decke eines kurfürstlichen Zimmers.

Die Furien! Wo enden die Seufzer, wo?
Zu haben? Ach, wir wünschen Alles, stäts
In Furcht, es zu verlieren, immer
Druckend die Beute, sie zu behalten.

Nach Allem strebt der Sterbliche. Höchstes war
Ihm nie zu hoch, und kennet — ein arm Geschöpf —
Des Schicksals Maaß nicht, daß die Urne
Immer sich wälzet, und Nichts bestehet.

Wie Pfeile fliegen unsre Wünsche: jezt
Voran, vorüber, wieder im Rücken uns;
Der Schütze schießt, und liegt von eignen
Brennenden Pfeilen, wie tief verwundet.

Im Niederlande konnte ja Xerres still
Regieren; und der hungrige Löwe griff
Nach Mehrerem, als er verschlingen,
Als er im Glücke verdauen konnte.

Hin übern Pontus, über Thermopylä
Durchbrach den Athos Er, ein Unsinniger;
Der Thor bepflasterte die Fluthen,
Hüpfend auf ihnen, ein toller Knabe.

Der alle Ströme wollte mit Einem Zug'
Ausleeren, kehrte Flotten- und Siegberaubt
Zurück. Die Peitsche, die das Weltmeer
Geißelte, war in die Fluth gesunken.

Und Jener, den der stolze Bucephal trug —
Des Vaters Reiche waren ihm viel zu klein;
Zur Sonnengränz' hinaus, der Länder
Ufer hinüber, erjagt ein Reich Er.

Schon waren Baktra, Susa, Persepolis
Vereint dem Indus, als er die andre Welt
In Schiffen suchte. Da erseufzte
Thetis; es brüllte der Ocean auf,

Und lauter brüllt dem Wagenden seine Brust:
Denn seinen Theil der Erde; das Ganze will
Der Räuber, will hinauf zu Sternen —
Siehe, da liegt er im engen — Grabe!

Im Tode nur ermattet die Habbegier;
Jemehr sie trinkt, je schärfer entflammt der Durst,
Bis Thanatos mit seinem Tranke
Kuhlet dem Lechzenden Glut und Flamme.

Da stirbt dann Crösus — glaub' ich — dem Irus gleich,
Und Crösus möchte lieber ein Irus seyn. —
Deckt uns der Himmel und ein wenig
Erde; was halfen euch Ehrenmähler,

Pompejus, Cäsar, als ihr daniederlagt?
O bittersüßer Taumel der Ehrbegier!
Du Krone, die von Sorgen blinket,
Triefst du Aloe oder Honig?

Die Ehrbegierde.

(Terpsichore, 2. Th. S. 232.)

Nach edlen Männern strecket die Ehrbegier
Sorgfältig aus die Scheeren und hält sie fest.
Die Hände bluten; der Ergriffne
Seufzet im Innern. Dennoch läßt sie

Die Hand nicht los ihm, bis, wie ein Kind, er weint —
Und ließ sie los ihn; kehrt er bald zurück
Zur alten Pein. Mit neuer Sehnsucht
Sehnet er sich nach gewohnten Schmerzen. —

Was füllet unsre Tage mit Noth und Weh
Und Gram und Unruh? Traurige Ruhmbegier,
Um welchen Lohn, mit welcher Mühe,
Suchest du Krieg und Gefahr und Wunden

Und Tod! — Wo irgend, irgend des Reiches Zaun
Ein Ritzchen spaltet; siehe, da steht der Wolf
Und wezt den Zahn, indeß im Innern
Lämmer, unschuldige Lämmer zittern.

Er wezt den Zahn nach Beute. Die Beute macht
Ihn ruhmvoll, glücklich! — Glücklich? O glaub' es nicht!
Triumphe, Krieg und Nam' und Titel,
Ehren und goldne Beut und Wollust

Sind nicht Gemüthsgaben. Der Dichter spricht:
Wer, wenn er Alles, Alles Sich einig schenkt,
Und Nichts von außen sich versaget,
Außer Sich selbst, der versaget sich Alles.

* *
*

Ihr Freunde! Viel ists, ewig gekannt zu seyn
Im Marmorbilde; schöner und größer ists,
Verehrt zu seyn in stillen Thaten,
Ewig geliebt in der Menschen Herzen

Auch ohne Bildniß. Möge mein Antlitz einst
Zu Staub verwesen; Bilder, ich neid' euch nicht,
Ihr Kaiserlarven! Wer verborgen
Schlummert und ruht, o er ruhet glücklich!

— — — — Was halfen euch Ehrenmähler
Pompejus, Cäsar, als ihr daniederlagt? —

Wer von der spätesten Welt sich Ehre wünschet, der ehre
Selber die späteste Welt! —

286.

Der Reichsadler.

Ein aufgelößtes heraldisches Räthsel.

(Schubarts Gedichte, 2. B. S. 122.)

Ihr Forscher in der Wappenkunde
Was fragt ihr ernstlich nach dem Grunde:
Warum in jeder Schilderey
Der deutsche Adler doppelköpfig sey?
Zwey Köpfe, sprecht ihr oft im Feuer,
Sind ja ein wahres Ungeheuer,
Und Köpfe noch dazu, wie die,
Voll bissiger Antipathie. —
O laßt doch einmal nach, mit Forschen euch zu plagen!
Ein Novellist sogar kann euch die Wahrheit sagen.
Der eine Kopf, der westwärts blickt,
Sanft scheint und desto schärfer pickt,
Ist Kaiser Josephs Kopf, des toleranten Weisen!
Der andre Kopf, der nordwärts schaut,
Scharf sieht und mit dem Schnabel haut, —
Ist Friederich, der Donnergott der Preußen.
Warum sie aber uneins sind,
Begreift beynah ein kleines Kind:
Sie sind entzweyt in dem gemeinen Falle,
Was eine Kralle packt, packt auch die andre Kralle,
Drum zerren sie so jämmerlich —
O Vaterland, wie daurst du mich!!

287.

287.

Grabschrift.

Der hier begraben liegt, war redlich und getreu,
War tapfer ohne Barbarey:
Er ließ, wie Scipio, von Lüsten nie verführet,
Was er erobert, unberühret.
Er hatte hohen Muth und Stärke; doch es litt
Kein Schwächerer darunter: denn er stritt
Für eigne nur und für der Seinen Habe.
Erobrer, schämet euch: ein Hund liegt hier im Grabe.

288.

Die beyden Menschengrößen.

(Blumauer.)

Menschengrößen giebt es zwey hienieden,
Eine jede kleidet ihren Mann:
Das Verdienst webt beyde; doch verschieden
Sind die Fäden und die Farben dran.
Eine hüllet sich in eitel Licht,
Wo die andre sanfte Farben bricht.

Wie die Sonne glänzt und strahlt die eine,
Welten wärmt und brennet ihre Glut;
Und die andre gleich dem Mondenscheine,
Der nur Nachts im Stillen Gutes thut:
Jene blendet mit zu vielem Licht;
Diese leuchtet, aber blendet nicht.

Wie ein Bergstrom über Felsenstücke
  Rauschet jene laut und fürchterlich;
Diese windet unbemerkt dem Blicke,
  Wie ein Bach durch die Gesträuche sich:
Jene brauset und verheert die Flur;
Diese tränket und erquickt sie nur.

Jene baut sich Ehren-Mausoläen
  Aus den Trümmern einer halben Welt;
Diese fühlt sich reicher an Trophäen,
  Wenn sie Thränen regen Dankes zählt:
Jene hauet ihren Ruhm in Stein;
  Diese gräbt ihn in die Herzen ein.

Jene läßt mit lautem Ruhm sich lohnen,
  Und ihr Aufenthalt sind Thronen nur,
Diese sieht man auch in Hütten wohnen,
  Und ihr Lohn ist Segen der Natur:
Jene kann ein Kind des Glückes seyn;
Diese dankt ihr Daseyn sich allein.

Größe lauten Ruhmes! deiner Schwingen
  Breite gleicht dem Himmels-Firmament;
Aber deinen Standort zu erringen,
  Ist nur wenig Sterblichen vergönnt;
Stille Größe! dich, dich bet' ich an,
Dich nur, denn du bist für jedermann.

289.

Ewige Schätze, ewiger Friede.

(Gedichte von Götz.)

Als Fremdling schiffet, richtige Kenntnisse
Sich zu erwerben, der nach Iberien,
Verlernt sich selbst, und stirbt, in seinem
Eigenen Herzen der größte Fremdling.

Lebendigtodt im Schooße des Müßiggangs,
Ja, schon begraben, eh' er gestorben ist,
Verschwelgt die grünen Jahre jener,
Weder im Kriege, noch Frieden brauchbar.

Ein andrer klebt an Höfen, und fliehet doch
Sich selbst und seine Sitten an jeglichem,
Will, o der Knechtschaft höchste Stufe!
Niemanden, elend zu seyn, gestehen;

Und lügt sich glücklich unter erschrecklicher
Gewissensmarter. Aber vergebens strebt
Der Gram, auf seiner Stirn zu lächeln,
Und zu verwandeln die trübe Scene.

Denn hinter seinen Wolken verbergen sich
Der Freude Farben. Ob sich abwechselnder
Besuche Schwarm, ob von Klienten
Ewige Fluthen um ihn sich drängen,

Und der Plebejer seinen Pallast umzieht:
Erseufzet er, von sich selber verlassen, doch:
Mir mangelt Alles! und ihn foltert
Beydes, der Stadt und des Volks Vermögen.

Wer alle Macht zusammen begehrt, verliert
Auch die gemeine. Wähnst du, was köstlich ist,
Das müsse dein seyn? Armuth hat mich
Glücklicher Weise von Gold entfernet

Und so — gesichert. Was ich entbehren kann,
Ist mehr, als was ich brauche, den Cäsarn gleich
An wahrer Größ' in diesem Einen:
Daß ich ein Herrscher bin meiner selber.

Wir alle können alles mit Sicherheit
Verachten, nicht besitzen. Ein Mächtiger,
Hoch über Schwache fahrend, denkt nicht,
Daß sich im Stygischen Kahn die Schatten

Einander gleichen, ungleich auf Erden zwar,
Nicht in der Erde. Manchen erhöhete
Ein Tragestuhl; ein Siegeswagen
Manchen: Quiriten sind wir doch alle.

Die unsre Asche sammelt, die Urne, giebt
Das Maaß von jedem. Wälzet von Halse mir
Die goldnen Bürden, das Gepäck ab,
Welches mir Antiums Göttin auflegt!

Wann ich, des Krams entlastet, ein freyer Mann
Einst sterbe, hab' ich ewige Schätze mir
Erworben, weil ich nichts begehre;
Ewigen Frieden, weil ich nichts fürchte.

290.

Der Adler und der Weyh.

(Pfeffels Vers. I. Th. S. 124.)

Beym Adler ward ein Weyh verklagt,
Daß er vom Straßenraube lebe.
Beklagter wird citirt und hart befragt,
Was er hierauf zur Antwort gebe?
Herr König, ich bekenne frey,
Versetzt der Inquisit und strich die Segel,
Daß ich ein großer Freund von Wildpret sey.
Wie unverschämt! rief der Monarch der Vögel.
Das Compliment verdroß den Weyh:
Was soll, sprach er, die todte Ringeltaube
In deinem Nest? Die Curialien
Bey Seite, Sir, lebst du nicht auch vom Raube?
Ha, Bösewicht! das sind Regalien,
Versetzt der Chan, die mir allein gebühren,
Und hieß den Wilddieb stranguliren.

291.

Der Rabe,
der dem Adler nachahmen wollte.

Dem Vogel Jupiters gelangs, ein Schaaf zu rauben.
Das sah ein Rab' und mogte glauben,
Wer gierig, wie der Adler, sey,
Dem steh, wie ihm, das Nehmen frey.
Er wandte schnell den Blick zur Erde,
Ersah sich aus der Heerde
Den schönsten Hammel fett und rund,
Gesparet fur der Götter Mund,
Verschlang ihn mit den Augen.

„Ich kenne deine Amme nicht,
„Doch du verstädst das Saugen,
„Du überköstliches Gericht,
„Gemacht für meinen Magen
„Dem sollst du baß behagen!"
So sprach er, und hinab dem Hammel in die Wolle!
Doch der wog mehr als eine Butterstolle.
Und in dem Felle kraus und dick —
O Misgeschick! —
Saß unser Rab' wie eingeknetet.

Der Schäfer kam: „Was ist das hier?
Du Dieb du! Warte! — Bringet mir,
Ihr Kinder, doch das Bauer! —
Da, setzt ihn unters Schauer!" —

Hier sizt er nun und lehret fein,
Indeß die Kinder dreist ihn zerren:
„Wer rauben will, muß mächtig seyn.
„Gemerkt, ihr kleinen, großen Herren!
„Laßt euch des Raben Schicksal rühren,
„Und euch von Adlern nie verführen!"

292.

Der Lohn des Helden.

(Pfeffels Vers. 2. Th. S. 27.)

Einst fiel der Leu, der auf der Jagd
Zu tief sich in das Holz gewagt,
Zween Tiegern in die Pranken.
Gewaltig war sein Widerstand;
Allein erschöpft und übermannt
Fieng er izt an zu wanken.

Da sprang der Dogge schnell heran
Und rettete dem armen Chan
Durch seinen Tod das Leben;
Denn kaum entfloh die Mörderbrut,
So sah er ihn mit stillem Muth
Den Geist den Göttern geben.

Jezt kam der ganze Hof herbey:
„Mir eckelt hier, sprach König Leu
Zum Fuchse, seinem Sklaven:
Weg mit dem Aas, es braucht kein Grab;

Nur zieh mir ja die Haut ihm ab,
Es läßt sich gut drauf schlafen."
Ist dieses, rief mit bitterm Hohn
Der Bär zum Wolf, des Helden Lohn,
Nach dem wir alle dürsten?
Stirb für dein Weib, für deinen Freund,
Fürs Vaterland, für deinen Feind;
Nur nicht für Räuber-Fürsten!

293.

Almanzur.

(Pfeffels Vers. 2. Th. S. 194.)

In Bagdad kam einst zum Kalifen
Ein Iman mit geheimen Briefen
Von Mekkas heilgem Scherif an:
„Ich sende dir den größten Meister
In der Magie, den Menschen sahn,
Die guten und die bösen Geister
Sind seinem Machtwort unterthan."
So lauteten die goldnen Zeilen.
Der Sultan hieß den Wundermann
Entzückt an seinem Hofe weilen,
Erwies ihm täglich neue Gunst
Und bat ihn einst, von seiner Kunst
Ihm eine Probe mitzutheilen.
Der Seher willigte darein.
Almanzur schlich am Arm des Gastes,
Bey der Gestirne heiterm Schein,

Sich in den Garten des Pallastes.
Ein Anger im Granatenhain,
Geziert mit plätschernden Najaden,
Tritonen, Faunen und Dryaden,
War schon zum Schauplatz ausersehn.
Der Herrscher mußte sich bequemen,
In einem schwarzen Kreis zu stehn,
Und in den Mund den Ring zu nehmen,
Den Moses einst am Daumen trug.
So stand er, als der Wunderthäter
An eine Gruppe Nymphen schlug:
Sogleich ertönet Ach und Zeter
Wie Donner in des Fürsten Ohr.
Die Nymphen, die verschwunden waren,
Ersetzt ein abgehärmtes Chor
Von Wittwen mit zerstreuten Haren,
Die Brod von dem Despoten flehn,
Und ihre Brust in Thränen baden,
Die sich in schrecklichen Kaskaden
Zuvor nach Gottes Himmel drehn.
Nun rührt des Thaumaturgen Gerte
Den Schädel eines Drachen an,
Der einem Lamme, das sein Zahn
Mit Höllenwuth in Stücken zerrte,
Das Mark aus den Gebeinen sog.
Wie groß war des Monarchen Schrecken
Den Reichsvezier, der ihn erzog,
Im Ungeheuer zu entdecken,
Und in dem Lamm ein junges Weib,
Dem er mit Gift das Leben raubte,

Weil es ihm nicht, zum Zeitvertreib,
Den Scherz des Ehebruchs erlaubte.
Um den Califen zu zerstreun,
Der plötzlich einen Teufel glaubte,
Ergriff der Iman einen Stein
Und warf ihn in den nahen Hain.
Auf einmal drangen alle Dirnen
Des Harems auf den Sultan ein.
Verzweiflung stand auf ihren Stirnen:
Und während sie mit wildem Graus
Die goldnen Ketten, die sie trugen,
Verdammten gleich, zusammenschlugen,
Rief eines der Gespenster aus:
Gieb uns, Barbar, gieb uns die Brüder,
Die Eltern, die Geliebten wieder!
Nimm uns die Fesseln weg, Barbar! —
Barbar! scholl es durch alle Bäume
Dem Chore nach, und wie die Träume
Beim Donnerschlag verschwand die Schaar.
Der Sultan wär auch gern verschwunden;
Doch gleich dem Marmor starr und bleich,
Hielt ihn des Meisters Blick gebunden,
Der langsam einem klaren Teich,
In dem ein Heer Forellen spielte,
Sich naht, und in der blauen Fluth
Mit seinem goldnen Stabe wühlte.
Schnell wandelt sich der Teich in Blut.
Auf seinen rothen Wogen schwammen
Zehntausend Leichen voller Schrammen;
Dem fehlt ein Arm, dem fehlt ein Bein:

Dem floß das rauchende Gehirne,
Wie Milch aus der zerspaltnen Stirne:
Und dem enthüllt des Mondes Schein
Das Herz in seiner offnen Höhle.
Der Iman winkt, und jede Seele
Kehrt in ihr morsches Haus zurück.
Mit Todesangst im stieren Blick,
Mit röchelnder verschlemmter Kehle
Ruft jeder Leichnam: wehe dir! —
Weh dem Erobrer, der, wie Rehe,
Die Menschen hezte! wehe, wehe!
Gekrönter Henker, wehe dir!
Hier sank der Fürst. Drey bange Stunden
Lag er in dumpfer Todesnacht;
Und als er wieder aufgewacht,
War Iman und Gesicht verschwunden.

294.

Die Katzen.

(Pfeffels Vers. 1. Th. S. 119.)

Ein Junker spührte viele Ratzen
Auf seinem Schloß;
Er kaufte sich ein Dutzend Katzen
Und ließ sie los.
Sie packten flugs mit wildem Schnauben
Und scharfem Zahn —
Die Ratzen? ... Nein, des Junkers Tauben
Und Schinken an.

Verdammte Brut! Ich bin verrathen!
Rief Hildebrand:
Ihr dienet mir, wie viel Soldaten
Dem Vaterland.

295.

Ein Gespräch auf dem Schiffe.

(Schubarts Gedichte. 2. B. S. 128.)

Der Soldat.

Verzeihen Ihro Hochehrwürden,
Wenn ich es sagen darf,
Die lezte Predigt war zu scharf!
Sie laden viel zu schwere Bürden
Auf unsern Hals: wo ist der Mann,
Der solche Bürden tragen kann? —

Der Schiffsprediger.

's mag seyn! — Wenn doch vorüber wäre
Die Wasserfahrt! Mir schaurt die Haut!
Was denkt ihr, Freund, daß ihr dem Meere
Das junge Leben anvertraut?

Der Soldat.

Das thu' ich gern, mein Fürst hats ja befohlen:
Wir schwimmen nach Amerika!

Der Schiffsprediger.

Um dort vielleicht den Tod zu holen! —
Man sagt, es gäb' so viele Wilde da,
Die mit der Axt der Feinde Schedel splittern.

Der Soldat.

Nur feige Kerls und alte Weiber zittern
Vor der Gefahr; ein Deutscher nicht!
Zu streiten ist Soldatenpflicht.
Viel besser, daß die Axt den Schedel mir zerspalte,
Als daß ich feig auf meinem Bett erkalte.
Und kurz und gut, mein Fürst hat es gewollt,
Und dafür hab' ich meinen Sold.

Der Schiffsprediger.

Verzeiht, wie hoch mag der sich wohl belaufen?

Der Soldat.

Fünf Batzen sind genug,
So einem Kerl, wie ich, das Leben abzukaufen.

Der Schiffsprediger.

Ganz wohl, mein Freund, ihr handelt klug;
Doch Weib und Kinder! —

Der Soldat.

O der Armen
Wird Gott im Himmel sich erbarmen!
Gott weiß, wie hart ich sie verlohr! —
Jedoch der Dienst für meinen Herrn geht vor.

Und wie? ein Mann, wie ihr, der könnte sich beklagen,
Die letzte Predigt geh' zu weit? —
Könnt ihr für wenig Sold so schwere Bürden tragen,
Und für den Dienst der Eitelkeit
Selbst Weib und Kind und Leib und Leben wagen?
Nur für das Reich der Ewigkeit
Wollt ihr nicht einen kleinen Streit
Mit eurem Fleisch und Blute wagen?
Wenn ihr mit diesem Heldenmuth
Den halben Theil für Gottes Ehre thut;
So bin ich euch für eure Seele gut.

296.

Kriegslied.

(Asmus. 4. Th. S. 143.)

's ist Krieg! 's ist Krieg! O Gottes Engel wehre
Und rede du darein!
's ist leider Krieg — und ich begehre,
Nicht Schuld daran zu seyn!

Was sollt' ich machen, wenn im Schlaf mit Grämen
Und blutig, bleich und blaß,
Die Geister der Erschlagnen zu mir kämen,
Und vor mir weinten, was?

Wenn wackre Männer, die sich Ehre suchten,
Verstümmelt und halb todt,

Im Staub sich vor mir wälzten und mir fluchten
In ihrer Todesnoth?

Wenn tausend, tausend Väter, Mütter, Bräute
So glücklich vor dem Krieg,
Nun alle elend, alle arme Leute
Wehklagten über mich?

Wenn Hunger, böse Seuch' und ihre Nöthen
Freund, Freund und Feind ins Grab
Versammelten und mir zu Ehren krähten
Von einer Leich' herab?

Was hülf' mir Kron und Land und Gold und Ehre
Die könnten mich nicht freun!
's ist leider Krieg — und ich begehre
Nicht Schuld daran zu seyn.

297.

Der wahre Held.

(Trenks sämtl. Schr. 6. B. S. 80.)

Nur der ist ächter Held, der seine Bürger schützt,
Und nur zu diesem Ziel der Feinde Blut verspritzt;
Der durch die Feder kann des Krieges Ursach schlichten,
Und was gefährlich scheint, durch die Vernunft zernichten;
Der den Weltstürmer kühn von seinen Gränzen jagt,
Und für des Landes Wohl sogar sein Leben wagt;

Der wie ein Vater lebt bey Millionen Kindern,
Der keinen unterdrückt, auch keinen sucht zu plündern.
Und durch der Steuern Last den Unterthan nicht kränkt,
Weil er auf künftig schon entworfne Kriege denkt,
Die er sich vorgesetzt, der Nachbarn Macht zu schwächen,
Vielleicht gar den Verlust der Ahnen noch zu rächen. —
Dem ächten Helden wird stäts vor der Schande grauen,
Auf fremder Reiche Schutt sein Lustrevier zu bauen. —
Nur der ist wahrer Held, der wie ein Weiser lebt,
Und nicht nach Heldenruhm durch kühne Raubsucht strebt;
Der große Geister schuzt, der nicht Verläumder höret,
Den keine Leidenschaft in Fürstenwerken stöhret;
Der lieber Schuldige durch Huld zur Reue führt,
Als keinem Redlichen versagt, was ihm gebührt;
Der lieber loben hört, als neiden und verklagen,
Nicht blind, noch hitzig glaubt, was Favoriten sagen,
Und doppelt strenge straft, wenn jemand ihn berückt,
Und, um beliebt zu seyn, die Wahrheit unterdrückt!
Der Menschenfeinde nie uns zu gebieten wählet,
Und nicht gefühllos ist, wenn man Bedrängte quälet;
Kein hundisch Sklavenherz, dem Stock und Strick gebührt,
Je mit dem Titel=Prunk und Ordensbändern ziert,
Die mancher Fürst nur wählt, um Menschen recht zu plagen,
Und heimlich freudig lacht, wenn seine Sklaven sagen:
Der Herr ist gnädig, gut, barmherzig und gerecht,
Nur die Minister nicht. — Ja, ja, betrogner Knecht,
Geh in das Kabinet, da wirst du besser sehen,
Daß nur, was David will, durch Joabs Arm geschehen.
Das ist ein edler Held, der die Verstellung flieht,
Und dessen grosses Herz im Wohlthuns=Eifer glüht;

Der selbst nach Allem forscht, Gesetz und Recht beschirmet,
Und durch des Machtspruchs Wuth nicht auf die Unschuld stürmet;
Der dem Beklagten Zeit, sich zu beschützen gönnt,
Selbst die Gesetze hält, auch unsre Rechte kennt;
Der jeden Unterthan als seinen Freund betrachtet,
Und nicht aus Politik, dem Moloch Opfer schlachtet;
Die souveräne Macht, wozu er wirklich taugt,
Die er despotisch hat, nie souverain gebraucht;
Der seine Bienen nie nach Bären=Art bestiehlet,
Nur Lust in fremder Lust, die er verursacht, fühlet;
Der durch Kommerzien des Landes Reichthum mehrt,
Und was zur Wirthschaft taugt, den schwachen Pöbel lehrt;
Der Wissenschaften liebt, die Klugen unterstützet,
Sein Volk zur Arbeit reizt, und selbst nicht müssig sitzet;
Der seiner Pfafferey nicht freyen Zügel läßt,
Die oft den Unterthan mehr als der König preßt,
Ihn selbst zum Sklaven macht, das Himmelreich verpachtet,
Und hinterm Altar lacht, wenn man ihr Opfer schlachtet;
Der Schmeichler von sich peitscht, — —
Der Kleinigkeiten flieht, und das, was er befiehlet,
Auch scharf befolgen macht, und nicht mit Frevlern spielet;
Der für die Jagdlust nicht der Bauern Feld verheert,
Der Weiber Schwäche schont, und falsche Pracht zerstöhrt;
Der, wenn er lachen will, sich als Monarch ergötzet,
Und sich als Fürst gebeut, wenn er uns Schranken setzet;
Der durch die Polizey der Ordnung Frucht erzwingt,
Und seines Adels Pflicht durch eignes Beyspiel winkt.
Die Ehrsucht, Ammons Sohn, ein halber Gott zu heißen,
Kann Alexandern schon den ganzen Ruhm entreißen:
Ein Klytus ist genug, der alles, was er that,

Und wär es noch so groß, genug verdunkelt hat.
Wenn sich Machiavell auch noch so fein verstecket,
So wird durch eine That, die Larve abgedecket.
Wer heute Großmuth zeigt, und Morgen Tyranney,
Gebraucht die Eigenmacht zur Menschen=Sklaverey,
Und kann sein eigen Herz nicht in der Wuth bemeistern,
Der heißt ein schwaches Thier bey allen klugen Geistern.

Die Redlichkeit gehört auch zu der Menschen Pflicht:
Wer eigensinnig herrscht, den krönt die Tugend nicht.
Wer einmal untreu ist, dem wird kein Freund mehr trauen,
Dem stumpfet man zulezt die falschen Tigerklauen.
Ein Kato war ein Held, der ächten Ruhm erwarb,
Der für die Tugend focht, auch mit der Tugend starb.
Des Brutus Nachruf wird kein Kirchenfreund verdunkeln,
Man sieht die Großmuth noch aus seinem Dolche funkeln. —

Das ist ein wahrer Held, der Leidenschaften zwingt,
Und seine Laster nicht mit falscher Tugend schminkt,
Der nicht die Frechheit Muth, die Ehrsucht Größe nennet,
Der treuer Knechte Werth, auch eigne Fehler kennet;
Der nach der Tugend Maaß die wahre Größe mißt;
Der nicht groß scheinen will, doch groß in Werken ist.
Ein solcher Held beweißt nur ächte Heldenproben,
Den wird die kluge Welt, Soldat und Pöbel loben.
Doch wer, wie Philipps Sohn, den Heldenruf erringt,
Der hat, wenn gleich sein Ruhm bey tausend Siegen klingt,
Und seiner Lorbern Stamm in Büchern ewig grünet,
Nur wie Kartusch gelebt, und gleichen Lohn verdienet.

298.

Der Scheinheld,
oder
Cartouche und Alexander.

(Trenks s. Schr. 6. B. S. 20.)

War Alexander nicht, der Asien besiegt,
Das, was Cartusch einst war, der auf dem Rade liegt?
Ich will es dir ganz klar durch die Vernunft erweisen,
Daß man an Dieben straft, was wir an Helden preisen.
Den Pöbel macht der Wahn verlarvter Dinge blind,
Der Kluge kennet nur, was ächte Helden sind.
Es soll That gegen That in der Vergleichung zeigen,
Daß Helden, wie Kartusch, zum Ehrengipfel steigen;
Denn beider Werk ist gleich: wo steckt der Unterscheid?
Mich dünkt, in unserm Wahn, und in der Helden Neid.

Kartusch, der stehlen geht, braucht nichts als Kunst und Finger;
Und Phillipps großer Sohn, der starke Weltbezwinger,
Raubt ohne Schwerdt und Mord Darius Länder nicht,
Und dennoch heißt er Held, und jener Bösewicht.
Dies nennt man Bubenstück, das andre Heldenthaten;
Der führt ein Diebskomplot, und der ein Heer Soldaten:
Kartusch heißt ein Filou, der Griechen Fürst ein Held;
Der raubt um Ehr' und Ruhm, und jener nur um Geld;
Der Straßenhabicht stiehlt, Soldaten machen Beute;
Der Dieb heißt Galgenaas, und dies sind Kriegesleute;
Der Held heißt Mareschal, Kartusch heißt ein Bandit;

Vor jenem knieet man, wenn man vor diesem flieht;
Den lohnt ein Ordensband, und diesen Sklavenketten,
Als ob die Helden mehr, als er, verdienet hätten!
In der Benennung steckt der Irrthum nur allein:
Was man von Dingen glaubt, das scheinen sie zu seyn.

So geht es in dem Staat, so in Religionen!
Ein jedes Volk glaubt ja, Gott soll im Himmel wohnen:
Der eine nennt ihn Bel, ein andrer Astharoth,
Sichut und Jupiter, Apis und Zebaoth;
Und in sich selbst stimmt doch der Hauptbegriff zusammen,
Den man sich von ihm macht; man zankt sich nur um Namen. —

Just so betrügt man sich auch bey der Helden Ehre,
Und glaubt, daß dem Kartusch kein gleicher Ruhm gehöre.
Auch Er war Held an Muth, und hatte Helden-Recht;
War klug bey der Gefahr, verwegen im Gefecht:
Sonst ist kein Unterschied in Beyder That zu sehen:
Der siegt mit funfzig Mann, und dieser mit Armeen.

Kartusch ist tapferer, als Philipps kühner Sohn:
Denn, schlägt Ein Anschlag fehl, so ist der Strang sein Lohn;
Hingegen wenn der Held auch wirklich unterlieget,
So leidet nur sein Volk, wenn ihn der Feind besieget.
O, wär er in Gefahr des Galgens, wenn nichts glückt,
Es wäre mancher Held nicht in das Feld gerückt!
Ein Hahn, der mit dem Hahn um seine Hüner kämpfet,
Ein Hirsch, der in der Brunst des Spießers Geilheit dämpfet,

Zeigt ächtern Heldenmuth, als der von Ferne sieht,
Wie der besiegte Feind vor seinem Heere flieht.

Vor Zeiten, da man nichts von Monarchien kannte,
Da man das Oberhaupt des Hauses Vater nannte,
Fand sich ein böser Mensch, der faul zur Arbeit war,
Nahm Waffen in die Hand, und wagte die Gefahr,
Trieb seinen Nachbar fort, und raubte seine Güter.
Weil ihm der Streich gelang, so fanden sich Gemüther
Von eben solcher Art: Er ward ihr Oberhaupt;
Dann ward ein ganzes Dorf von ihnen ausgeraubt.
Der Haufen mehrte sich; sie wagten sich auch weiter;
Ein Theil ging nur zu Fuß, die andern wurden Reiter.
Dann griffen sie mit Macht der Städte Mauern an,
Und machten sich ein Land gewaltsam unterthan.
Ihr Führer wollte denn auch einen Titel führen:
Man hieß ihn Fürst und Herr. Er fing an zu regieren,
Bezwang die Nachbarn auch, und weil ihm alles glückt,
Ward bald des Siegers Haupt mit Kronen ausgeschmückt.
Dann hieß er schon Monarch; die Andern wurden Sklaven:
Da kam der Adel auf, Marquisen, Knesen, Grafen:
Da fiel die dumme Welt ins Joch der Dienstbarkeit,
Da rüstet schon der Held die Heere für den Streit;
Und der durch Räuberey den ersten Thron bestiegen,
Sah einen Menschenschwarm zu seinen Füßen liegen.
Sein eigner Werth blieb gleich, nur nicht die Scheingestalt:
Nun hieß er König, Fürst, und hatte mehr Gewalt.
So hat die Büberey sich auf den Thron geschwungen!
Ein Räuber schlug sodann des andern Räubers Macht:
Just hiedurch ward die Kunst zu kriegen aufgebracht.

Dann mußte gleich der Pfaff dem Volke glauben lehren:
Man soll den Fürsten so, wie Ihn, in Gott verehren;
Weil sie an Gottes Statt die Herrn auf Erden sind.
Hiedurch ward allgemach des Pöbels Auge blind:
Die Kinder wurden schon in diesem Wahn erzogen.
Der Klugen Zahl war schwach, die Einfalt ward betrogen;
Und der, der wie Kartusch, als Menschenfeind gelebt,
Hieß ein gesalbtes Haupt, wofür ein jeder bebt.
Da ward die Majestät gepriesen und vergöttert,
Und was der Fürst erwürgt, hat Gottes Zorn zerschmettert.
Man trug sein Geld herbey, sobald der Herr nur droht:
Der Günstling fraß das Fleisch, die Tugend suchte Brodt.
Die Fühlung seines Werths, sein Vorrecht vor den Thieren
Sah der verlarvte Mensch mit Stolz in Fesseln führen.
Durch Irrthum ward er gar aus Ehrgeiz ein Soldat,
Der für des Räubers Zweck auf Brüderleichen trat.
Beyspiel und Rednerkunst kann Dumme leicht betrügen,
Und lehrt im Bürgerblut für Held und Priester siegen.
Dem Pöbel lehrt sein Pop' das, was er selbst nicht glaubt,
Wo Aufruhr Tugend heißt, wenn er für Götter raubt. —
Was wirkt der Glaube nicht! Geht nur die Bibel lesen!
Ist David nicht ein Schelm, so wie Kartusch, gewesen?
Weit ärger! — Dennoch heißt ihn Christ und Jude fromm;
Und kein Kaligula hat das gethan in Rom,
Was dieser böse Mensch, der heil'ge Mann vollbrachte;
Und heilig heißt er noch, weil er viel Psalmen machte.

Erschrecklicher Betrug, wenn uns das edel dünkt,
Was ein geglaubter Wahn mit falscher Tugend schminkt!
Versteht man nur die Kunst, sich listig zu verstellen;

So bleibt Kartusch doch Mond, troz aller Hunde Bellen:
So wie ein Liebling auch die Peitsche für den Staat,
Der Millionen stiehlt, doch nichts zu fürchten hat.
Und wo es Richter giebt, die klein im Großen stehlen,
Da wirds dem Galgen nie an armen Schelmen fehlen.
Den Kleinen henkt man auf, dem Großen geht es wohl:
Sein Neid bestrebt sich nur, daß niemand stehlen soll.
Der Titel, Excellenz, bedeckt schon sein Verbrechen:
Von großen Herren soll man nie die Wahrheit sprechen:
Sie bleiben excellent: es sey nun in Betrug,
Verläumdung oder Witz, man ehrt sie nie genug.

So geht es, leider, auch in unsern Polizeyen!
Welch Laster ist so groß, das die Soldaten scheuen?
Der Held, derselbe Fürst, der sich in seiner Stadt
Der ächten Tugend Ruhm mit Recht verdienet hat,
Der Laster menschlich straft, der Großmuth fürstlich lohnet,
Als Vater Ordnung hält, bey Kindern liebreich wohnet.
Wird selbst der Ordnung Feind: vergießt aus Ruhmsucht Blut,
Und thut mehr als Kartusch durch seine Kriegeswuth.

Wer fröhlich lachen kann, wenn er viel Menschen schlachtet,
Und vieler Tausend Blut, die er erwürgt, nicht achtet,
Der achtet auch gewiß der Unschuld winseln nicht,
Wenn er in seinem Reich ein Bürgers-Urtheil spricht,
In seinen Augen sind die Menschen seine Bienen,
Die Gott geschaffen hat, ihm nur allein zu dienen:
Sein Wille ist ihr Recht; der tapfre Heldenmuth,
Der nichts als Waffen kennt, gewöhnt zuletzt zur Wuth.
Wer mit der Menschen Glück und ihren Köpfen spielet:

Was wunder, wenn er nichts von ihren Seufzern fühlet!
Hiedurch wird ein Tyrann im edlen Geist gewöhnt,
Daß er sich, wie Kartusch, durch Heldenthaten krönt.

Kartusch stiehlt fein und klug, dem Büttel zu entweichen:
Und was thut denn der Held, um Feinde zu beschleichen?
Er überrumpelt sie auch wehrlos in der Nacht,
Und heißt ein Partisan, der kluge Streiche macht.
Er lauscht so, wie Kartusch, im hohlen Weg und Büschen,
Und mordet, was er kann, um Beute zu erwischen.
Dann prangt er in dem Heer mit Lorbern auf dem Helm;
Und thut Kartusch just das, so heißt er doch ein Schelm.
Schlägt er sich gegen zehn, so heißt er doch Kanallie;
Und schlägt der Held den Feind, das nennet man Batallie.
Stirbt dieser in der Schlacht, so wie ein hauend Schwein,
Das selbst in Eisen rennt, um nicht besiegt zu seyn,
Dann bauet ihm die Welt von Marmor Ehrensäulen;
Und an Kartuschens Rad hängt man ein Dutzend Keilen.
Der fühlt doch jezt soviel an seinem Galgenpfahl,
Als Cäsar in der Gruft von seinem Ehrenmahl.

Kartusch ist sehr beliebt bey seinem Diebsgesinde:
Wodurch? Bald war er scharf, bald ernsthaft, bald gelinde.
Den einen machet er durch Schmeichelworte blind,
Dem andern schenkt er Geld, damit er ihn gewinnt,
Den küßt, den prügelt er, den dritten läßt er henken:
Er kennt der Menschen Herz, und weiß, wie Sklaven denken:
Hiedurch hat Herr Kartusch just seinen Zweck erlangt,
Hiedurch hat Ammons Sohn in Lorbern auch geprangt!

Dem Stolzen predigt er von nichts, als Ruhm und Ehre;
Den Dummen zwingt der Pfaff durch strenge Kirchenlehre.
„Dient — ruft der Tempelfuchs — dient eurem Herren treu!
„Thut alles, was er will; denn Gott selbst steht ihm bey:
„Er ist Vikarius der Gottheit hier auf Erden;
„Strebt ihr für seinen Ruhm, dann sollt ihr selig werden!"
So spricht der Held und Dieb mit seinem Unterthan,
Damit er, was er sucht, durch ihn erhalten kann. —

Was thut der große Held, der Städte bombardiret?
Das, was Kartusch gethan, dem Rad und Strang gebühret:
Die That in sich ist gleich: denn der verarmte Mann,
Der, was er hat, verliert, fleht doch den Himmel an
Und seufzt: Gott strafe den, der mir mein Haus verbrennet!
Ob er ihn im Gebet Schelm oder Helden nennet,
Fürwahr, das weiß ich nicht: ich habe nie gefragt,
Was blöder Pöbel denkt, nur was der Weise sagt.

Der Held sucht nichts als Ruhm, und wo will er ihn finden?
Vielleicht in seiner Kunst, die Menschen recht zu schinden?
Was ist der Ruhm? der Heldenruhm? — Ein Schattenspiel,
Das sich ein jeder mahlt, so wie er selber will.
Im Beyfall kluger Welt steckt nur die ächte Ehre:
Die weiß, wem Schimpf und Strang, wem Ruhm mit Recht gehöre.
Wenn gleich ein siegend Heer den Held mit Lorbern krönt;
In ihren Augen bleibt Held und Kartusch verhöhnt. —

Weiß nun der Held gewiß, daß ihn kein Kluger ehrt;
Wo sucht er denn den Ruhm? Im Volk, das er bethört?

Auch hier mislingt sein Zweck! Wenn Hundert ihn erheben,
So werden Tausend seyn, die ihm das Lob nicht geben.
Preißt gleich ganz Griechenland des Philipps großen Sohn;
So wünscht ihm Asien doch einen Strick zum Lohn.

Wo sucht er denn den Ruhm? — In sich und seinen Gaben?
Wahrhaftig! hier wird er ihn just so wenig haben.
Sein Herz sagt ihm gewiß: Du bist ein Menschenfeind,
Der wie ein Tiger denkt, und gleißend edel scheint!
Held! suchst du nun den Ruhm im Tode zu erringen?
Soll dich ein Federkiel zum Heldengipfel schwingen?
Was fühlst du in der Gruft von dieser Phantasey?
Ein Plato nennet doch die Herrschsucht Raserey!
Ein Autor mahlt dich groß, wenn dich drey andre tadeln:
Der schimpft den Heldengeist, ein andrer wird ihn adeln. —
Und hätte Nero den, der von ihm schrieb, bezahlt,
Er wäre, wie Trajan, der Nachwelt vorgemahlt.

Gesezt auch, daß der Ruhm ganz unpartheyisch wäre:
Was nüzt dem, der sie sucht, die hoch bestrebte Ehre?
Er opfert ihr sich selbst; und das, was er erzielt,
Erlangt er in der Gruft, da, wo er nichts mehr fühlt.

Indessen hat der Held nichts anders ausgerichtet,
Als Thränen ausgepreßt, und Zwietracht ausgesichtet,
Viel Menschen arm gemacht, wofür er nichts gewinnt,
Als daß viel Sklaven ihm gezwungen dienstbar sind,
Die ihn im Herzen doch wie Gift und Pest verfluchen,
Und nur Gelegenheit, sich loszureißen, suchen.

Kartusch, der böse Mensch, der lebend schädlich war,
Befreyt durch seinen Tod die Menschen von Gefahr,
Und schadet Keinem mehr; doch, ach, wenn Helden sterben,
Dann bricht der Rachstrohm aus auf seines Reiches Erben:
Ein jeder sucht mit Recht sein ihm entrißnes Gut;
Und dann steigt erst der Krieg zur allerhöchsten Wuth;
Selbst Alexander hat nicht so viel Blut vergossen,
Als erst aus seiner Gruft auf Asien geflossen.

Kartusch verbrennt ein Haus, wo man sein Volk verrieth:
Was thut der Partisan, der sich verrathen sieht?
Der Mann, der, um sein Gut dem Räuber zu entreißen,
Dem Schutzherrn Nachricht bringt, wird ein Spion geheißen.
Nicht gnug, wenn ihn der Held an einen Baum aufhenkt;
Es wird die ganze Stadt in Schutt und Staub versenkt,
Wo er ein Bürger war. — Wenn sich ein Bauer wehret
Und gegen Räuber schützt, dann wird das Dorf verheeret,
Wohl gar ein ganzes Land: — warum? weil der Soldat
Privilegiret ist und Recht zum Plündern hat.
Man sagt: der Bauer muß sich niemals widersetzen.
So recht! — Wo steht der Satz in den Naturgesetzen?
Ein Bär beschützet sich, dem man die Jungen raubt:
Ist Menschen weniger, als jedem Thier erlaubt?
Der Haase läuft davon, wenn ihn die Hunde jagen;
Der Bauer soll nicht fliehn, wenn ihn Soldaten plagen.
Er soll geduldig seyn; und hat er nicht Geduld,
Dann büßt, der nie gefehlt, für eines Andern Schuld.
Viel Tausend müssen dann des Helden Rachsucht stillen:
Warum? Er kennt kein Recht, als seinen starren Willen,
Und schont die Unschuld nicht. Sein Privilegium

Macht Galgenvögel kühn, und Themis blind und stumm.
Ein Laster, das er liebt, soll jeder Tugend nennen:
Man soll an Ammons Sohn nichts menschliches erkennen,
Der doch ein schwacher Sklav der Leidenschaften ist,
Und bey dem Götterstolz die Menschlichkeit vergißt.
Wir sollen schüchtern seyn, und was die Helden wollen,
In blinder Ehrfurcht thun, weil wir gehorchen sollen.
Das dumme Thier, der Storch, verläßt sein Vaterland,
Wo es im Winter friert: der menschliche Verstand
Soll ohne Fühlung seyn, und nicht wie Störche wittern,
Wo solche Grenzen sind, da keine Sklaven zittern,
Die Zwang und Unrecht kränkt. — Verdammte Heldenbru
Das thut ja kein Kartusch, was ihr aus Herrschsucht thut.

299.

Das Hermelin und der Jäger.

(Schubart.)

Ein Jäger fieng ein Hermelin,
Das Krieg und Hunger Zwang, auf deutschen Grund zu fliehn.
Verräther, willst du mir das Leben nehmen?
Ach nein, ich will dir blos die Haut vom Leibe ziehn,
Des Fürsten Mantel zu verbrämen:
Den hohen Vorzug hast nur du!
O schönen Dank, den will ich mir verbitten!
Warum nimmt er nicht deine Haut dazu
Ey die verhandelt er den Britten!

300.

Freiheitslied eines Nordamerikaners.

(1776.)

(Schubarts Gedichte. 2. B. S. 284.)

Hinaus, hinaus ins Ehrenfeld
Mit blinkendem Gewehr!
Columbus, deine ganze Welt
Tritt muthiger daher.

Die Göttin Freyheit mit der Fahn' —
Der Sklave sah' sie nie! —
Geht — Brüder, seht, sie geht voran!
O blutet nur für sie!

Ha, Vater Putnam lenkt den Sturm,
Und theilt mit uns Gefahr;
Uns leuchtet, wie ein Phárusthurm
Sein edles Silber-Haar.

Du gier'ger Britte sprichst uns Hohn? —
Da, nimm uns unser Gold!
Es kämpft kein Bürger von Boston
Um feiler Sklaven Sold.

Da seht Europens Sklaven an!
In Ketten rasseln sie! —
Sie braucht ein Treiber, ein Tyrann
Wie dummes Fleischer-Vieh.

Ihr reicht den feigen Nacken, ihr,
　Dem Tritt der Herrschsucht dar? —
Schwimmt her! hier wohnt die Freyheit, hier!
　Hier flammet ihr Altar! —

Doch winkt uns Vater Putnam nicht?
　Auf Brüder, ins Gewehr! —
Wer nicht für unsre Freyheit ficht,
　Den stürzet flugs ins Meer!

Herbey, Columbier, herbey,
　Im Antlitz sonnenroth!
Horch, Britte, unser Feldgeschrey
　Ist siegen oder Tod!

301.

Siegeslied der Amerikaner.

(Leonardo's Schwärmereyen. 1. Th. S. 147.)

Erstes Chor.

Brüder, zecht beym Siegesmahle!
　Luna trägt die Fackel vor.
Auf der Freyheit Aetherstrahle
　Steige unser Geist empor!
Freyheit hebt uns zu den Helden
　Roms und Spartas wolkenan,
Flügelt uns zu fernen Welten
　Auf des Ruhmes Sonnenbahn.

Beyde Chöre.

Tyranneyen sind gedämpfet,
Schäumend stirbt die Hyder schon:
Freyheit, Freyheit ist erkämpfet,
Ewig steh ihr Felsenthron!

Zweytes Chor.

Frey durchsegelt hoch die Lüfte
Stolzer Adler Fittigschlag,
Wiederhallend donnern Klüfte
Laut den Freyheitsjubel nach,
Den mit wildgesträubter Mähne,
Blitz im Aug', der Löwe brüllt,
Und wir rächten nicht die Thräne,
Die des Bruders Auge füllt?

Beyde Chöre.

Tyranneyen sind gedämpfet,
Schäumend stirbt die Hyder schon!
Freyheit, Freyheit ist erkämpfet,
Ewig steh' ihr Felsenthron!

Erstes Chor.

Wem der große Ruf erklungen,
Wer die Männerlosung kennt,
Wem, von Kraft und Geist durchdrungen,
Glühend Mark und Ader brennt,
Trink auf Segen und Verderben —
Segen jedem freyen Mann!

Jeder feige Sklav soll sterben!
Fluch und Schande dem Tyrann!

Beyde Chöre,

Tyranneyen sind gedämpfet,
Schäumend stirbt die Hyder schon!
Freyheit, Freyheit ist erkämpfet,
Ewig steh' ihr Felsenthron!

Zweytes Chor.

Ew'ger Geist des Weltalls höre
Unsers Bundes heil'gen Schwur!
Hört ihn aller Wesen Chöre,
Hör' ihn jauchzende Natur!
Alle Ketten sind zersprungen,
Alle Kerker sinken ein:
Freyheit, Freyheit ist errungen,
Und ihr Reich soll ewig seyn!

Beyde Chöre.

Tyranneyen sind gedämpfet,
Schäumend stirbt die Hyder schon!
Freyheit, Freyheit ist erkämpfet
Ewig steh ihr Felsenthron!

302.

Kriegslied eines Provinzialen.

(Musenalmanach von Voß und Göcking. 1780. S. 101.)

Heran, Heran! die Fahne weht
Für Freyheit, Leben, Gut!
Und weil das noch zu retten steht,
So rett' es unser Muth!

Ziehst du das Schwerd für etwas mehr
Als deinen Lumpensold?
Und willst du siegen, Sklavenheer?
Sieg kauft hier nicht das Gold!

Doch du, du braves deutsches Blut,
Sag an, was suchst du hier?
Landeigenthum und Freyheit? gut!
Wir theilen gern mit dir.

Was gehn dich unsre Händel an?
Was that dir unser Land?
Wo schon so mancher deutsche Mann
Glück, das er sucht', auch fand.

Komm, eh dies Schwerd und Hunger dich
Von selbst zu kommen zwingt,
Und ehe noch als Leichnam dich,
Der Krokodill verschlingt.

Denn eurer werden über Bord
Für sie noch tausend gehn,
Bevor der Britten Wimpel dort
Im Delaware wehn.

Sie nennen uns Barbaren, sie,
Die vielen Wittwen schon
Das Haus verbrannt! — Wir brannten nie,
Und gaben gern Pardon.

Was thaten wir, als halb im Sand
Bourgoynens Heer sein Grab
Durch jene Hungerwüste fand,
Und halb sich uns ergab,

Und es nun hieß: Streckt das Gewehr? —
Wir standen ernst und stumm,
Und dachten: Macht der Schaam nicht mehr!
Und wandten uns herum.

Nun aber schmachten Tausend hier
In nackter Dürftigkeit;
Denn frägt wohl wer darnach, ob ihr
Todt oder lebend seyd?

Kommt Deutsche! worauf wartet ihr?
Seyd, glückt es, mit uns reich;
Und glückt es nicht, so theilen wir
Das lezte Hemd mit euch.

303.

Volkslied der Deutschen.

(Brömsens Versuche — S. 3.)

Der Deutsche ist ein braver Mann,
Der siegen, fechtend sterben kann
Für Vaterlandes Glück;

Doch wenn er Brüder morden soll,
Und blos für eitler Fürsten Groll,
Dann flucht er dem Geschick.

Der Deutsche ist ein braver Mann,
Der lange schweigend dulden kann;
Doch wenn sein Zorn erwacht,

Dann ist der deutsche Mann sich gleich,
Es führt sein Arm den Rächerstreich:
Ihr Fürsten habt des Acht!

Der Deutsche ist ein braver Mann,
Der gute Fürsten ehren kann,
Auch schwache schonet er;

Doch gegen der Tyrannen Wuth
Empört sich sein gereizter Muth
Und fähret jach daher.

Der Deutsche ist ein braver Mann,
Den auch ein Fürst wohl ehren kann,
Nach Menschenwerth und Recht.

Theilt mit uns, Fürsten, Freud und Leid,
Seyd Menschen, eh ihr Fürsten seyd!
Seyd freundlich und gerecht!

Hinab mit dir Satrapenschwarm!
Es müß' erlahmen jeder Arm,
Den nur die Laune lenkt.

Es höhn hinfort kein Fürstenknecht
Des deutschen Mannes heilig Recht
Zu schreiben, was er denkt.

Herr! schau auf unser Vaterland,
Schütz es durch weiser Freyheit Band,
Lehr Herrscher ihre Pflicht:

Nur du bist groß und gut allein!
Die sich erheben, mache klein!
Sprich, Herr, es werde Licht!

304.

Der freye Mann.

(Ein Volkslied, von Pfeffel, in Vossens Musenalm. 1792. S. 78.)

Wer ist ein freyer Mann?
Der, dem nur eigner Wille,
Und keines Zwingherrn Grille
Gesetze geben kann;
Der ist ein freyer Mann!

Wer ist ein freyer Mann?
Der das Gesetz verehret,
Nichts thut, was es verwehret,
Nichts will, als was er kann;
Der ist ein freyer Mann!

Wer ist ein freyer Mann?
Wem seinen hellen Glauben
Kein frecher Spötter rauben,
Kein Priester meistern kann;
Der ist ein freyer Mann!

Wer ist ein freyer Mann?
Der selbst in einem Heiden
Den Menschen unterscheiden,
Die Tugend, schätzen kann;
Der ist ein freyer Mann!

Wer ist ein freyer Mann?
Dem nicht Geburt noch Titel,
Nicht Sammtrock oder Kittel
Den Bruder bergen kann;
Der ist ein freyer Mann!

Wer ist ein freyer Mann?
Wem kein gekrönter Würger
Mehr, als der Name Bürger
Ihm werth ist, geben kann;
Der ist ein freyer Mann!

Wer ist ein freyer Mann?
Der in sich selbst verschlossen,

Der feilen Gunst der Großen
Und Kleinen trotzen kann;
Der ist ein freyer Mann!

Wer ist ein freyer Mann?
Der, fest auf seinem Stande,
Auch selbst vom Vaterlande
Den Undank dulden kann;
Der ist ein freyer Mann!

Wer ist ein freyer Mann?
Der, muß er, Gut und Leben
Gleich für die Freyheit geben,
Doch nichts verlieren kann:
Der ist ein freyer Mann!

Wer ist ein freyer Mann?
Der bey des Todes Rufe
Keck auf des Grabes Stufe
Und rückwärts blicken kann;
Der ist ein freyer Mann!

305.

Aderlässe.

(Schubarts Gedichte, 2. B. S. 78.)

Des Lebens Purpurstrahl
Fährt schäumend aus der kleinen Ritze;
O Schöpfer, wann verfliegt einmal
Dies Blut, das ich in fauler Rast verspritze?

Soll alle meine Kraft
Im Feuer banger Qualen schmelzen?
Gebrichts nicht bald an neuem Saft,
Die Kügelchen des Blutes fortzuwälzen?

Du bist so heiß, o Blut!
Was sprudelst du in dieser irdnen Schale?
Hast du noch Gluth, noch Sonnengluth?
Zuckt Freyheit noch in deinem rothen Strahle?

O Arzt, so binde du
Nur schnell, nur schnell mit deiner Binde
Die offne Ader wieder zu;
Denn Freyheit ist des Deutschen größte Sünde!

Doch willst du nimmer heiß,
O Blut, aus deinen Röhren schießen;
Willst frostig, wie zerschmolznes Eis
Vom nackten Fels, in kalten Tropfen fließen;

So fließe, fließe nur —
Kein Fürst wird deine Kälte strafen;
Denn kalte, frostige Natur
Schickt sich allein für arme deutsche Sklaven.

306.

Die Maschinen.

(Char. Satyren von Weidmann, S. 82.)

O wie sinnreich sind doch die Menschen, Maschinen zu machen,
Womit man Menschen erwürgt und das Leben verkürzt!
Aber wie selten erfinden die Künstler auch eine Maschine,
Welche die Schmerzen verkürzt und die Tage vermehrt.

307.

Die Sängerinn.

(Weidmann, S. 77.)

Wie ist der Oberste hart bey den Thränen der jammernden Eltern!
Sie flehn ewig umsonst für den einzigen Sohn.
Er sey Soldat! — Vergebens beschutzen ihn mächtige Gönner:
Das hochgräfliche Herz bleibt stäts härter als Stein.
Doch die Sängerinn, die er sehr schätzt, wagt es, ihn zu bitten:
Ihr wird die Bitte gewährt. Seht doch, warum nur ihr?

308.

Der Rekrut.

(Weidmann S. 87.)

Hohl doch der Henker, so schrie der Rekrut, die Künste des Krieges,
Da der Korporal mich fast zum Krüppel zerschlägt!
Glücklicher seyd ihr Ochsen: euch schleppt man gerade zur Schlachtbank;
Doch uns foltert man erst, bis man zum Schlachtfeld uns führt.

309

Der Westphale im siebenjährigen Kriege.

O Freyheit und o Vaterland!
Rief Hackow, aus Westphalerland:
Was hilfts, daß ich entfernt von Frau und Kindern kriege,
In Schlesien und Böhmen siege,
Indeß der Franzmann froh in meinen Kammern ist,
Und mir die besten Schinken frißt!

310

Soldatenfreyheit.

(Logau, S. 94.)

Läßt man euch denn, ihr Soldaten,
Frey, zu üben alle Thaten? —
Sündern, die da sterben sollen,
Thut man freylich, was sie wollen!

311.

Der Heldentod.

Kolumbus starb als Held. Hört, was er überwand!
Durch Laster sein Gefühl, durch Bosheit den Verstand.

312

Die Heldenthat.

O That, die nie die Welt, so lang sie steht, gesehen!
O That, die, weil die Welt wird stehen, nie wird geschehen!

O That, die man in Erz und Cedern billig schreibt,
Und wie man immer kann, dem Alter einverleibt!
O That, vor der hinfort die allerkühnsten Helden,
Was ihre Faust gethan, sich schämen zu vermelden!
Vor der Achilles starrt, vor der auch Hektor stutzt,
Und Herkules nicht mehr auf seine Keule trutzt!
Hört, seht und steigt empor, macht alle Fenster weiter!
Dort ziehen Helden her, dort jagen dreyßig Reiter,
Die greifen kühnlich an — ein wüstes Gartenhaus,
Und werfen Ofen ein, und schlagen Fenster aus.

313.

Der gewissenhafte Held.

Von kriegerischem Muth erhitzt,
Kömmt Thraso aus der Schlacht, mit Menschenblut bespritzt;
Doch, um die Blutschuld zu vermindern,
Versorgt er großmuthsvoll die halbe Stadt mit Kindern.

314.

Recept wider den Krieg.

(Pfeffels Vers. 1. Th. S. 26.)

Die Löwen fielen mit den Bären
In einen fürchterlichen Krieg;
Wie Wasser floß in beyden Heeren
Das Blut. Der flatterhafte Sieg
Wand diesem bald, bald jenem Kronen.

Der Kern der beyden Nationen
Lag schon im trunknen Sand verscharrt.
Schach Löwe rief den Leopard
Um Beystand an. Die fernen Zonen
Der Tobolskiten und Huronen
Verstärkten des Czaar Bären Macht.
Der junge Petz, ein weißer Lappe,
Ward just beym Anfang einer Schlacht
Zum Heer der Bären eingebracht:
He! warum kriegt man, Oheim Rappe?
Sprach er zu einem Grenadier
Aus Polen. — „Weil der Fürst der Leuen
Den Unsern foppte. —" Lappereyen!
Rief Petz. Ha, Brüder, ihr seyd dumm
Wie Menschen! Laßt die Narrn sich schlagen
Und kehrt in eure Hölen um:
Was gilts, die Narren werden sich vertragen!

Die Nachbarn brummten Petzens Rath
Von Glied zu Glied. Im Hui erfuhren
Die Gegner ihn durch die Panduren
Der Vorwacht. Hauptmann und Soldat
Zog ab, bis auf die zwey Monarchen.
Sie mochten bitten, brüllen, schnarchen,
Umsonst! Man ließ sie flehn und drohn,
Und weil sie unter beyden Schaaren
Zum Glück die feigsten Memmen waren,
So schlichen sie sich auch davon.

315.

Die Gans und der Fuchs.

Gans.

Komm Fuchs, wir wollen Friede schließen:
Was nützt die Feindschaft dir und mir?
Ich muß mein Gras in stäter Furcht genießen;
Und du wirst auch die Raubbegier
Gewiß einst mit dem Tode büßen.
Drum laß uns lieber Freunde seyn!

Fuchs.

Vortrefflich, kluge Gans, ich geb den Antrag ein:
Die Feindschaft bringt uns freylich nicht Gewinn;
Wohlan, der Friede sey geschlossen!

Gans.

Er sey, ich schwörs, auf ewig festgeschloßen!

Fuchs.

Ja — bis ich wieder hungrig bin!

316.

Lied nach dem Frieden.

(1 7 7 9.)

(Asmus)

Die Kayserin und Friederich
Nach manchem Kampf und Siege
Entzweyten aber endlich sich
Und rüsteten zum Kriege;

Und zogen muthig aus ins Feld,
Und hatten stolze Heere,
Schier zu erfechten eine Welt
Und — Heldenruhm und Ehre. —

Da fühlten beyde groß und gut
Die Menschenvaterwürde,
Und wie viel Elend, wie viel Blut
Der Krieg noch kosten würde;

Und dachten, wie doch Alles gar
Vergänglich sey hienieden,
Und sahen an ihr graues Haar —
Und machten wieder Frieden.

Das freut mich recht in meinem Sinn!
Ich bin wohl nur fast wenig;
Doch rühm ich drob die Kaiserinn,
Und rühm den alten König!

Denn das ist recht und wohl gethan,
Ist gut und fürstlich bieder!
Und jeder arme Unterthan
Schöpft neuen Odem wieder.

Ach, Heldenruhm und Ehr' ist Wahn!
Schrey sich der Schmeichler heiser;
Die Güte ziemt dem großen Mann,
Nicht eitle Lorbeerreiser.

Gut seyn, gut seyn, großmüthig seyn,
Vollherzig zum Erbarmen,
Ein Vater Aller, Groß und Klein,
Der Reichen und der Armen!

Das machet selig, machet reich,
Wie die Apostel schreiben,
Ihr guten Fürsten, und wird euch
Nicht unbelohnet bleiben.

Gott wird euch Ruhm und Ehr' und Macht
Die Füll' und Fülle geben,
Ein fröhlich Herz bey Tag und Nacht
Und Fried und langes Leben.

Und kömmt die Stunde denn, wovon
Wir frey nicht kommen mögen,
Euch schlecht und recht ohn' eine Kron,
Hin in den Sarg zu legen;

So wird der Tod euch freundlich seyn,
Euch sanft und bald hinrücken,
Und es wird euer Leichenstein
Euch nicht im Grabe drücken.

Und wie die Kinder wollen wir
Die Großen mit den Kleinen,
Um euch an eures Grabes Thür
Von ganzem Herzen weinen. —

Nun segne Gott von oben an,
Die Theil am Frieden nahmen!
Gott segne jeden Ehrenmann,
Und straf' die Schmeichler! Amen!

317.

Das soldatische Te Deum, nach manchem Siege.

(Siede.)

Herr Gott, dich loben wir!
Herr Gott, wir danken dir,
Daß unsers Schwerdtes Gier und Wuth
Sich tief gesättigt hat im Blut;
Daß uns mit unserm Eisenarm
Kein stöhnend Ach, kein Gott erbarm
Die Heldenseele weich gemacht,
Und Thränen in das Aug' gebracht!
Heilig ist unser Gott! —

Darnieder schlug des Rosses Huf
Das Korn, das Gott dem Acker schuf;
Der Landmann jammert, weint und fleht —
Wir fühlen unsre Majestät! —

Wir danken Gott, wir danken dir,
Daß unsre Raub- und Kriegesgier
Trotz Recht und Unrecht uns gelingt,

Triumphvoll unser Schlachtlied klingt;
Daß unsers Fürsten Ehrgeitz siegt,
Das Recht des Schwächern niederliegt!
Dir, Ehren=König, Jesu Christ,
Der du die Liebe selber bist,
Dir danket unser Lobgesang
Bey Trommeln und Trommetenklang!
Wir stürzten in den Feind hinein,
Und hieben ihm durch Mark und Bein:
Der Jüngling sank, der Greis sank hin —
Für unsern Sieg und Kriegsgewinn!
Sie flehten von der Erd' herauf,
Wir traten mit den Rossen drauf;
Sie hatten uns nie Leid gethan,
Und sahn uns noch verzeihend an:
Des danken wir dir Zebaoth!

—

Wir wurden nicht dem Feind zum Spott,
Denn du, o Gott, warst unser Freund!
In Feurverzehrten Hütten weint
Die Armuth bey der Hungerspein,
Und Kinder mit der Mutter schreyn:
Ach, nun ist unser Vater todt;
Ach, Mutter, Mutter, gieb uns Brodt!
Daß alten grauen Eltern nun
Den Sohn, der ihnen auszuruhn
Die Stütze ihres Alters war,
Fortrissen wir, und nun ihr Haar
Verlassen in die Grube sinkt;
Daß auch, durch Macht und Ruhm gewinkt,

Der Fürst erscheint wie ein Despot,

Des danken wir dir Zebaot! *)

318.

Der Bettel-Soldat.

(Schubarts Gedichte, 2. B. S. 123.)

Mit jammervollem Blicke
Von tausend Sorgen schwer,
Hink ich an meiner Krücke
In weiter Welt umher.

Gott weiß, hab viel gelitten,
Ich hab so manchen Kampf

*) „Nach einem beendigten Kriege, beym Friedensschlusse, möchte es wohl für ein Volk nicht unschicklich seyn, daß nach dem Dankfeste ein Bußtag ausgeschrieben würde, den Himmel, im Namen des Staats, um Gnade für die große Versündigung anzurufen, die das menschliche Geschlecht sich noch immer zu Schulden kommen läßt, sich keiner gesetzlichen Verfassung, im Verhältniß auf andere Völker, fügen zu wollen, sondern, stolz auf seine Unabhängigkeit, lieber das barbarische Mittel des Krieges — wodurch doch das, was gesucht wird, nämlich das Recht eines jeden Staats, nicht ausgemacht wird — zu gebrauchen.

Die Dankfeste während dem Kriege über einen erfochtenen Sieg, die Hymnen, die — auf gut Israelitisch — dem Herrn der Heerschaaren gesungen werden, stehen mit der moralischen Idee des Vaters der Menschen in nicht minder starkem Contrast — weil sie, außer der Gleichgültigkeit wegen der Art, wie Völker ihr gegenseitiges Recht suchen — die traurig genug ist — noch eine Freude hineinbringen, recht viel Menschen, oder ihr Glück zernichtet zu haben." — So heißt es in dem philosophischen Entwurf Zum ewigen Frieden, von Immanuel Kant, S. 38 (Königsberg, bey Nicolovius, 1795.)

In mancher Schlacht gestritten,
Gehüllt in Pulverdampf!

Sah manchen Kameraden
An meiner Seite todt,
Und mußt' im Blute waden
Wenn es mein Herr gebot!

Mir drohten oft Geschütze
Den fürchterlichsten Tod,
Oft trank ich aus der Pfütze,
Oft aß ich schimmlich Brod.

Ich stand in Sturm und Regen
In grauser Mitternacht
Bey Blitz und Donnerschlägen
Oft einsam auf der Wacht.

Und nun nach mancher Schonung,
Noch fern von meinem Grab,
Empfang ich die Belohnung
Mit diesem Bettelstab!

Bedeckt mit dreizehn Wunden,
An meine Krück' gelehnt,
Hab' ich in manchen Stunden
Mich nach dem Tod gesehnt.

Ich bettle vor den Thüren,
Ich armer lahmer Mann!
Doch, ach, wen kann ich rühren?
Wer nimmt sich meiner an?

War einst ein braver Krieger,
Sang' manch Soldatenlied,
Im Reihen froher Sieger;
Nun bin ich Invalid.

Ihr Söhne, bey der Krücke,
An der mein Leib sich beugt,
Bey diesem Thränenblicke,
Der sich zum Grabe neigt;

Beschwör ich euch, ihr Söhne,
O flieht der Trommel Ton,
Und Kriegstrommeten-Töne,
Sonst kriegt ihr meinen Lohn.

319.

Ueber die politische Genügsamkeit der Schweizer.

(Gedichte über die Schweiz und über Schweizer. Bern 1793. 2. Th. S. 180.)

Zu schützen deiner Freyheit Rechte,
Die deiner Väter Muth erfocht,
Gebrauche Schweizer deine Rechte,
So stolz des Königs Sklave pocht.

Laß Monarchien sich verbreiten
Vom Meere bis zum Meere hin,

Und neue Staaten sich erbenten,
Den Pracht hoch steigen, hoch Gewinn!

Verlaß nie deiner Wohlfahrt Stützen,
Die Einfalt, die Gerechtigkeit!
Vor Feinden werden sie dich schützen
Bey Tugend und Genügsamkeit.

Geh Sklav und kämpf, erobre, siege,
Verstärke deines Herrschers Macht:
Was sind die Früchte deiner Siege?
Hast du dich damit frey gemacht?

Dich wird der Arm nur schwerer drücken,
Den das bezwungne Volk verstärkt;
Lern willig dich zum Joche schicken,
Du wirst, was es ist, unvermerkt.

Der Menschheit Recht im Menschen ehren,
Bedrückten freudig beyzustehn,
Dein eignes Glück, des Nachbars mehren,
Ist patriotisch und ist schön.

Durch Weisheit siegen über Feinde,
Die niemals an dir Schwächen sehn,
Durch Wohlthun dir erworbne Freunde,
Die müssen deinen Ruhm erhöhn!

Dir wird dann alles Glück begegnen
Von tapfern Stiftern zugedacht;
Dich müssen einst die Enkel segnen,
Die deine Weisheit glücklich macht!

320.

An das gute Volk des Cantons Appenzell.

(Gedichte über die Schweiz — 1. Th. S. 227.)

Beglücktes Volk, das von der Knechtschaft nicht entmannt,
Noch frey und tugendhaft auf frohen Hügeln wohnet,
Wo herrlicher als selbst in Rom und Griechenland
Der Freyheit Majestät im reinsten Glanze thronet.

Kein Länderstürmer reißt vom Pfluge dir den Sohn;
Den Jüngling von der Braut — führt mit gefluchtem Glücke
In ferne Welten sie — damit noch eine Kron'
Die stolze Scheitel ihm umschimmere und drücke.

Kein Nimrod ist bey dir der Wälder Schutz und Gott,
Der Pferd' und Hunde nur, und Jäger schützt und ehret,
Auf dessen gnädigsten Befehl dein Stückchen Brodt
Noch in der Saat das Wild, daheim der Hund verzehret.

Dich drückt kein Steurenheer, um Eines Sultans Pracht,
Um seinen eiteln Stolz und Lüste zu vergnügen;
Der Landmann darf bey dir um eine Sündennacht
Des Herrschers nicht der Noth und Arbeit unterliegen.

Beglückter Landmann, du bist keines Menschen Knecht,
Dein freyer starker Arm darf keinem Zwingherrn fröhnen;
Es darf kein Peiniger vom grausamen Geschlecht
Des Treibers Jehu dich mißhandeln oder höhnen.

Kein Weichling, kein Despot, kein römischer Pedant
Giebt eigensinnig dir barbarische Gesetze:
Nur das alleine, was du selbst für Recht erkannt,
An einer Landgemeind, wird dir erst zum Gesetze,

Stäts müsse das Panier der Freyheit dich umwehn,
Du Liebling Gottes! Stäts ihr Feuer dich beseelen!
So wirds in Thal und auf den heerdenreichen Höhn
Nie an Zufriedenheit und Ueberflusse fehlen.

Du aber hüte dich, dieß unschätzbare Gut,
Womit der Himmel dich vor tausend Völkern ehret,
Nie zu verscherzen! Denn durch Misbrauch, Uebermuth
Ward oft die Freyheit schon in Sklaverey verkehret.

321.

Der Aelpler.

(Daselbst 1 Th. S. 229.)

Im Hosensack kein Heller Geld,
Und doch so reich daneben!
Das ist was rares in der Welt:
Auf Alpen ist gut leben!

Da hab' ich alles, was ich will,
Hab Zieger, Brodt und Käse,
Und Milch und Butter, Hüll und Füll,
Und niemand macht mich böse.

Da zieht kein Nachbar um mich Häg'
Und baut vor's Licht mir Häuser:
Hoch jauchz' ich über Fürsten weg
Und Könige und Kaiser!

Und lache all der Hudeley —
Ja! — Wie im Wald die Vögel,
So leb' ich ledig, froh und frey,
Und niemand tauft mich Flegel!

Darf meine Kappe, wie's gefällt,
Auf meinem Kopfe drehen,
Und sonder Compliment der Welt
Eins in die Fratze krähen.

Und wehr mir hier ein Priester das!
Mir steckt es so im Blute:
Er machts wohl schlimmer oft beym Glas,
Als ich bey meiner Mute.

Nein, keiner komm, beym Element!
Und schwatz mir da von Sitte;
Hier ist mein Reich mein Regiment,
Und das ist meine Hütte!

Und da mein Plätzlein grün und kühl,
Da mach ich Purzelbäume,
Und wenns mir so nicht lieben will,
So schlummr' ich eins und träume.

Und was? und was? — Ja, seyd so gut!
Hier geht man nicht zur Beichte:
Es macht mir halt recht wohl im Blut,
Und alle Glieder leichte.

Ich springe auf mit neuem Sinn,
Und setze über Hügel
Und über Felsenklüfte hin,
So leicht, als hätt' ich Flügel.

Und kümmre mich nur nicht, wie's geht
Dort unten im Getümmel,
Wenn nur die Welt so immer steht,
Und so ob mir der Himmel!

322.

Wunsch

eines genügsamen Aelplers.

Um die Erhaltung meiner Lebensruhe flehe
Zu Gott, dem Schöpfer heitrer Tage, ich,
Und zu der Erde — daß sie sich
Fortan um ihre Axe drehe!

323.

An die Weisheit.

(Briefe zur Beförderung der Humanität, von Herder. 3. Samml. S. 118.)

Die du, höchste Vernunft, weise die Schickung lenkst!
Wie zuweilen der Ernst deiner Verfügungen
Uns ergetzet, ergetzen
So die menschlichen Spiele Dich?

Mit freudiger Hand streuest du Güter aus.
Und wir raffen sie auf, wenn sie gefallen sind,
Wie die Jugend die Nüsse
Mit kurzweiligem Zanke rafft.

Wer jetzt Kronen erhascht, bricht sie; wer Zepter kriegt,
Sieht sie wieder entführt, eh er sie tragen kann.
Welt! so schwankst du zerrissen
Von den Händen der Mächtigen.

Was das geizige Glück unter die Völker theilt,
Ist ein — Pünktchen. O laß, Weisheit, ich flehe Dir!
Mich, indeß sie so zanken,
Mit dir lachen und frölich seyn!

324.

Der beste Raub, das beste Glück, die beste Freyheit.

(Terps. 2. B. S. 431. — 1. B. S. 13 und 29. — 2. B. S. 433.)

Vom Raube leben die Sterblichen!
Mein Raub sey, was mit Heldenhand

Dem Schicksal Tugend entreißet;
Das Uebrige verwehet wie die leichte Luft.
— Stärker, als Herkules, ist,
Dem das hundertköpfige Ungeheur,
Der Pöbelwahn, gebändigt
Zu Füßen liegt. —

Innre Schätze beglücken. Dir im Innern
Lieget Edelgestein und Gold: da grabe
In den Grüften. Von Außen suchst du ewig
Ruhe vergebens.

Hab ein freyes, ein edles Herz,
Jede Städte wird dir frey und zur Königsstadt;
Wie zum Kerker der Goldpallast,
Wenn dein innres Gemüth dich zum Gefangnen macht.

Der ist ein Vielbesitzer, der nichts begehrt;
Wer keines Reichs bedarf, ein König;
Jeder ein Dürftiger, der vom Wunsche lebt!

Lied vom Grabe,

auch beym frohen und geselligen Becher zu singen.

(Mnlochs kl. verm. Schriften, 1. B. S 199.)

Gesang.

Wir werden alle Platz und Raum
In unsern Gräbern haben,
Zwe'n kleiner Schritte braucht es kaum,
Uns räumig zu begraben.
Wir liegen, wie sie uns gelegt,
Im Bettlein, uns beschieden;
Wir liegen, wie sie uns gelegt,
Und ruhen dann in Frieden!

Mit unserm Nachbar zanken wir
Nicht um die bessre Stätte,
Ob jener dort, ob dieser hier
Die weichern Späne hätte!
Wir liegen da auf Gottes Gnad,
Und harren auf Erlösung!
Und haben ja des Platzes satt
Zur ruhigen Verwesung.

Spruch.

Darum sollt ihr euch untereinander euer Plätzchen gönnen auf Erden; und euch nicht drängen und stoßen um einer Spanne Bodens willen. Die Welt ist groß genug für uns alle, wie der Kirchhof!

Gesang.

Wir werden ohne Sorg und Noth
In unsre Gräber ziehen!
Laß Morgenroth, laß Abendroth
Am blauen Himmel glühen,
Laß Feld und Wald im Segen stehn;
Es sind nicht unsre Güter!
Der Ackrer mag zum Pfluge gehn,
Zur Sichel geh der Schnitter.

Laß Feuersnoth und Wassersflut
Und Pest und böse Fürsten
Nach aller Menschen Hab und Gut
Und Ehr und Leben dürsten,
Das geht und ficht uns wenig an,
Und bängt uns nicht in Träumen,
Wir haben alles ausgethan,
Und können nichts versäumen!

Spruch.

Darum sollt ihr Geduld und Hoffnung mischen in den Kelch eures Kummers, und euch nicht alle Erdennoth zu Herzleid machen; denn es kommt bald eine Zeit, da man sprechen wird: sie haben ausgekümmert!

Gesang.

Wir werden alle groß und weich
In unsern Gräbern wohnen!
Und werden, unsern Fürsten gleich,
Auf eignem Staube thronen!

Wer ist dort Knecht und Unterthan?
Wer ist dort Herr und König?
Im Grabe schläft ein freyer Mann!
Im Grabe schläft ein König.

Sie holen nur ein wenig Sand,
Das Küssen uns zu füllen:
Und nur ein leichtes Nachtgewand,
Den Leib uns einzuhüllen!
Den Todten fällt es nicht mehr ein,
Daß Prunk und Aufwand ehret;
Der Nakte hat an sich allein
Dort mehr, als er begehret!

Spruch.

Darum sollt ihr nicht stolz thun, und eure Brüder verachten, weil sie eure Brüder sind! Auch sollt ihr nicht alles begehren, was ihr kaufen könnt: sondern sollt groß seyn in Demuth, und reich am Wohlthun! Denn sie werden auch euch auf euren Nacken niederlegen, und euch die leeren Hände über die Brust falten, den Sargdeckel über euch decken, und sprechen: Gott befohlen!

Gesang.

So helf uns denn der treue Gott,
Durch unser armes Leben!
Und woll' uns einen leichten Tod
Bey froher Seele geben!
Am frühen Morgen öffne sich
Der stillen Herberg Pforte:
Dann, guter Wandrer, schaue dich
Schon dicht am Vaterorte.

Wohl auf und schenkt die Becher voll,
Laßt euch dieß Mahl nicht reuen:
Ihr mögt am Herbergsabend wohl
Euch jenes Tags erfreuen.
Und wer von uns im Morgengraun
Zuerst erwacht, ihr Brüder,
Der zieh voran, wir finden, traun
Ihn in der Heimat wieder.

Spruch.

Fried und Freud und traute Brüderschaft allen Mitgenossen der Hoffnung eines ewigen Lebens! Darauf geben wir uns je Hände, klingen die Becher zusammen, trinken den fröhlichen Wein! —

Ueber

Advokaten- und Aerzte-Wesen.

326.

Themis.

Die Göttinn der Gerechtigkeit
Trägt auch zu dieser argen Zeit
Noch immer ihre Wage.
Die Binde fehlt ihr gleichfalls nicht;
Doch geht die allgemeine Sage:
Sie führ' ein doppeltes Gewicht,
Und rücke wohl einmal, daß sie das rechte finde,
Ein wenig mit der Binde.

327.

Unterricht eines Vaters.

Mein Sohn, du hast, wie sichs gebührt,
Mit allem Fleiß das Recht studiert;
Doch, um Prozesse gut zu führen,
Mußt du die Richter nun studieren.

328.

Das heutige Recht.

Um der Unschuld Recht zu sprechen,
Bosheit und Betrug zu rächen
Ungetäuscht durch Leidenschaft,
Die oft Recht zu Unrecht schaft,
Giengen zu Athen die Richter
Mit der Binde im Gesicht
In ihr heiliges Gericht. —
Jetzt hängt Patron und Richter sie
Den Clienten vors Gesicht.

329.

Die Prozesse.

Still doch, ihr Herren, wenn man richtet!
So rief der Präsident Suffehn:
Der Lärm ist ja nicht auszustehn!
Wir haben zehn Prozesse schon geschlichtet,
Und konnten kaum ein Wort davon verstehn!

330.

Der Rabulist.

Der Rabuliste Raps erhebt sich aus dem Staube:
Wißt, daß ihn zum Corsar sein Glück ernennet hat:
Izt thut er auf der See, was er zu Lande that;
Er lebt noch wie zuvor, vom — Raube.

331.

Der richtige Schluß.

(Logau.)

Ammtsleute und Schösser
Bauen große Häuser und Schlößer,
Und kriegen doch wenig Sold,
Sind nicht getreu, noch hold;
Die Rechnung kann nicht fehlen
Die Diebe müssen stehlen.

332.

Der verstockte Advocat.

(Voß.)

Zehn Jahre hatt' er advocirt,
Da war die Rechte lahm geschmiert;
Drauf schrieb er links, der alte Sünder,

Und advocirt seitdem nicht minder.
Bald ist nun zwar, wie sichs gebührt,
Die linke Hand auch lahm geschmiert,
Doch hoft nur nicht auf seine Buße:
Dann advocirt er mit dem Fuße.

333.

Höchste Unpartheylichkeit.

Sieh die Person nicht an,
So heißt des Richters Pflicht.
Herr Orgon thut noch mehr: er sitzet im Gericht,
Und schläft, und sieht sogar die Sache selbst nicht an.

334.

Die eiserne und goldne Zeit.

(Logau.)

Die Zeit ist eisern bey dem Volke; die Zeit ist golden bey Gerichten:
Denn was der schwere Pflug erpflüget, verzehren die Gehorsamspflichten.

335.

Zorn-Urtheil.

(Logau.)

Wo der Zorn der Richter ist, hat Gerechtigkeit verspielt:
Weil der Zorn nicht auf das Recht, sondern auf die Rache zielt.

336.

Hinz und Kunz.

(Asmus.)

K.

Hinz, wäre Recht wohl in der Welt?

H. Recht nun wohl eben nicht, Kunz, aber Geld.

K. Sind doch so viele, die des Rechtes pflegen!

H. Eben deswegen!

337.

Harpagon.

Der Richter Harpagon
Welch ein gerechter Mann!
Nie sieht er die Person,
Nein das Geschenk nur an.

338.

Als der Taschenspieler Philadelphia in einer Gerichtsstube spielte.

(Magazin des Witzes — S. 140.)

Als jüngst sein Zauberspiel Philadelphia
Auf einer Richterstube trieb,

Und Geld, das er zurück uns geben sollte,
In seinen Händen künstlich blieb,
Und ich vom Nachbar wissen wollte,
Wie dieses Kunststück ihm gefalle,
So lächelt er: — „Die Kunst verstehen ja
Die Herrn, die sonst hier sitzen, alle!"

339.

Arztwasser.

(Logau, S. 357. N. 55.)

Aerzte legen ihre Mühlen an den Menschenflüssen an;
Selten giebt es Wassermühlen, die man so benutzen kann.

340.

Beweis von hintenher.

Jüngst rühmte sich der Arzt Rhabarbarin,
Ich sey durch ihn von Gicht und Pest genesen.
Die Probe, daß er nie mein Arzt gewesen,
Ist — daß ich noch am Leben bin.

341.

Der Scheidekünstler.

Heut rühmte sich ein junger Aeskulap,
Die Scheidekunst sey seine größte Stärke.
Er sagte wahr: das zeigen seine Werke:
Er scheidet Seel und Leib bey seinen Kranken ab.

342.

Auf einen Prediger, der zugleich Arzt war.

(Gedichte von Götz, 2. Th. S. 232.)

Die Paul für Geld getödtet hat,
Bringt Paul für Geld zur Ruhestatt.
O, lernt von Paulen, Groß und Klein,
Auf mehr als eine Art allein
Dem Vaterlande nützlich seyn!

343.

Auf einen Arzt, der geistlich ward.

(Salz und Laune unter mancherley Gestalt. S. 56.)

Falsch spricht man: Paul, der Arzt, vertauschte seinen Stand,
Weil er vom Krankenbett' zum Altar sich gewand.
Ist nicht noch heut sein Amt die Menschen zu begraben?
Wie kann er es verändert haben?

344.

Auf den theuren Arzt Matt.

(Salz und Laune, — S. 65.)

Nein, einen Arzt so theur, wie Matt,
Hat es noch nie gegeben:
Wer seines Rathes nöthig hat,
Bezahlt ihm mit dem Leben.

345.

Der glückliche Arzt.

(Magazin des Witzes, S. 136.)

Ein großer Arzt bleibt doch Valer,
Dies Lob muß ihm ein jeder geben:
Wer einmal ihn gebraucht, der braucht in seinem Leben
Dann keines Arztes Hülfe mehr.

346.

Der kranke Geizhals an seine Erben.

(Magazin — S. 13:.)

Den Doktor holen? — Ey, wie fein, ihr Herren Erben!
Ihr fürchtet, wie ich merk', ich möchte sonst nicht sterben.

347.

Auf das Haus eines Arztes.

(Magazin —— S. 131.)

Der läßt ein Haus am Kirchhof baun;
Die Absicht mögt' ich bald errathen:
Der Mann will täglich seine Thaten
Mit einem Blicke überschaun.

348.

Auf den Doktor Klystill.

Klystill, der Arzt, — der Mörder, sollt' ich sagen —
Will Niemands frühern Tod mehr auf der Seele tragen,
Und giebt, aus frommer Reu, sich zum Husaren an,
Um das nie mehr zu thun, was er so oft gethan.

349.

Auf die Genesung einer Buhlerinn.

Dem Tode wurde jüngst von Pluto anbefohlen,
Die Lais unsrer Stadt nach jener Welt zu holen.
Sie war so alt noch nicht, und reizte Manchen noch
Durch Willigkeit und Scherz in ihr gemächlich Joch.
Was? sprach der schlaue Tod, der ökonomisch denket,
Und nicht, wie man wohl glaubt, den Wurfpfeil blindlings schwenket,
Die Lais brächt' ich her? Das wäre dumm genung:
Nein, Aerzt' und Huren, nein, die hol ich nicht so jung.

350.

Grabschrift auf einen glücklichen Arzt.

Groß war der Ruhm, den Markus sich erwarb,
Dem, seit er Doktor war, ein einz'ger Kranker starb.
Und dieser Einz'ge war? — Der erste, ders gewagt,
(Ihm wagt' es keiner nach!) und ihn um Rath gefragt.

351.

Der prahlerische Arzt.

Kein Patient führt über mich Beschwerde:
Prahlt Doktor Tapps und brüstet sich.
Ich finde das nicht wunderlich:
Er stopft ihm flugs das Maul mit Erde.

352.

Grabschrift auf den Purgantius.

Hier ruht Purgantius. Der Tod, sein Bundsgenoß,
Erschlug ihn bloß aus Menschenliebe,
Damit doch auch dem Rest von des Galenus Troß
Noch was zu morden übrig bliebe.

Das beste Recept, in Beziehung auf uns.

(Brömseus Versuche — S. 30.)

Gesundheit, theure Himmelsgabe,
Wenn ich dich, Götterkind nur habe,
So leb' ich froh, so wächst mein Muth,
Und rüstig wallt mein leichtes Blut.

Was ist doch Reichthum, was ist Ehre,
Ja, was der hohen Weisheit Lehre
Dem Schwächling, dem Gesundheit fehlt,
Gesundheit, die zu allem stählt!

Bey trocknem Brodt und reinem Wasser
Verlach ich jeden reichen Prasser,
Der sich umsonst nach Hunger sehnt,
Weil er des Armen Fleiß verhöhnt.

Rein sey der Leib, rein sey die Seele
Vom Vorwurf, der sie heimlich quäle:
Kein Arzt, der, wenn er kunstreich flickt,
Nach Regeln die Natur erstickt.

Arbeite fleißig, lenk im Stillen
Mit weiser Strenge deinen Willen,
So bleibst du stark, du weißt nicht, wie:
Das Alter kömmt, die Schwäche nie.

Das beste Recept in Beziehung auf Andere, oder, das sympathetische Gefühl.

(Ruhestunden — S. 7.)

Nicht um ein Ordensband, nicht um des Mogols Schätze,
Selbst für die prächt'ge Last des Herrscher-Purpurs nicht
Tauscht' ich den Ruf, der hier so laut im Busen spricht,
Den Ruf der Menschlichkeit, des Mitgefühls Gesetze.

Er ist der schönste Trieb, der nur in Seelen flammt,
Ist Unschulds Ueberrest, der noch aus Eden stammt.
Er nähert uns dem Quell der Gütigkeit und Liebe —
Gott, der uns Alle liebt — und heiligt unsre Triebe.

O Menschen, fühltet ihr wie wonnevoll es ist,
Wenn euch des Bruders Dank in Freudezähren fließt,
Wenn er euch unerkannt mit vollem Herzen segnet:
Ihr hülft dem Elend gern, das euch so oft begegnet!

355.

Zum Beschluß, über Gemeingeist.

(Aus der Zeitschrift, unter dem Titel: Gemeingeist. *)

Dämon starrer Selbstsucht flieh
In des Orkus Nächte!
Wo du weilst, gedeihen nie
Wahre Menschenrechte.
Bastard schiefer Unnatur,
Gott der Idioten!
Fleuch, verpeste nicht die Flur
Guter Patrioten!

*

Wo des stolzes Vorurtheil
Und der Kaltsinn nistet,

*) Diese Zeitschrift verlegte der Buchhändler Franke in Berlin. Die hier vorkommenden Grundsätze sind also in Berlin durch die Censur authorisirt. In den Friedenspräliminarien findet man ähnliche; und auch diese erschienen in Berlin bey Voß. Dieß sey bemerkt für alle die, welche dem Preußischen Hofe gern auch so etwas von — Despotismus andichten möchten. Zu Frankfurt am Main und anderwärts hörte ich dergleichen nicht selten. Gewisse Herren sehen doch den Wald vor lauter Bäumen nicht! Sie waren aus Süd-Deutschland. Vielleicht wollten sie sich nach dem Sprüchelchen richten:

Solamen miseris, socios habuisse doloris;

allein dieß ist in meinen Augen ein miserum solamen.

Wird des Menschen wahres Heil
Wie sein Herz verwüstet.
Brüder, auf, umarmet euch!
Sagt, wozu uns trennen?
Die Natur schuf alle gleich;
Wollt ihr sie verkennen? *)

*

*) In dem Septemberstück des Journals des Luxus und der Moden für 1795, wird S. 414. die Gleichheit, als das seltsamste Hirngespinst, das je eine ganze Nation verruckt machte, aufgestellt. — Eine ganze Nation? Also auch den Theil, der bey dieser Voraussetzung die Früchte seines Erbtheils, seiner Talente und seines Fleißes zu verlieren hatte? Also hätte dieser Theil durch ein Hirngespinst verrückt gemacht werden können, nach dessen, richtiger, Voraussetzung er selbst in sein Eingeweide gewühlt hätte? Credat Iudaeus apella! Also gewiß nicht dieser Theil; folglich auch nicht die ganze Nation.

Sonderbar, daß auch einige, sonst helle, Deutsche der wohl leicht noch hellern Nation der Neufranken ein Gleichheitssystem aufdringen, woran diese Nation gewiß nicht gedacht hat. Einzelne Wustköpfe abgerechnet, wollte sie weiter nichts, als Gleichheit vor dem Gesetze — wie dieß die öffentlichen Verhandlungsschriften, in Rousseau's Geist, ausweisen — und eben diese Gleichheit fodern ja auch unsre Philosophen nach den ersten Grundsätzen des Natur- und Staatsrechts.

Und eben diese Gleichheitslehre und wohl noch mehr, war ein Hauptgrundsatz der ersten Christen: sie nannten sich Brüder, und Alle — Kinder Eines Vaters. Secundum Iustitiae officium — sagt Lactantius L. VI. C. X. S. 2. und L. V. C. XIV. S. 15. 19. 20. — est Humanitas ... Humanitas summum inter Homines vinculum est, quod qui disrumpunt, nefarii exiitimandi. A Deo orimur omnes, sumus proinde consanguinei. . . Dicitur alias hoc officium aequitas, qua se homines ita coaequare debent,

Edel ist nur jenes Blut,
Das die Tugend fühlet;
Hochgebohren jeder Muth,
Der nach Wahrheit zielet;

ut absit quoque disparitas dignitatum; nec sequendi sunt Romani et Graeci, qui homines multis gradibus dispares habuerunt, a pauberibus ad divites, ab humilibus ad potentes, a privatis usque ad Regem: quae quippe inaequalitas excludit ipsam Iustitiam, quae pares facit omnes. — Das heißt auf Deutsch: Die zweyte Pflicht der Gerechtigkeit ist Menschlichkeit. — Menschlichkeit ist das höchste Band unter den Menschen, und die, welche es zerreissen, müssen für Nichtswürdige gehalten werden. Von Gott stammen wir Alle, sind folglich Blutsverwandte. — Man nennt diese Pflicht sonst auch Billigkeit, und nach dieser müssen sich die Menschen so ausgleichen, daß auch der Unterschied der Würden fern sey. Eben so muß man weder den Römern, noch den Griechen nachahmen, welche Menschen nach vielen Stufen ungleich hatten — von den Armen zu den Reichen, von den Niedrigen zu den Mächtigen, von Privatleuten zu den Königen: denn eben diese Ungleichheit schließt alle Gerechtigkeit aus, welche gleich macht Alle.

Daß auch Tertullian die Ungleichheit nach Würden für unerlaubt gehalten habe, zeigt Barbenrach in seinem Traité de la Morale des Peres de l' Eglise Chap. VI. §. XXVI. pag. 86. seq. — Erst seit der Zeit die Bischöffe der Hauptstädte, durch allerhand heilige Künste, zuviel Reichthum und Ansehn erworben hatten, um sich, als Muster ihrer Heerde, nach Christi und Petri Vorschrift, weiterhin zu richten, und als es ihnen behagte, den Herrn und Meister nach Hohepriester Art, über ihres Gleichen zu spielen, — machte man diese Gleichheitslehre zur Ketzerey, wie so manche andere, die mit der Zeit doch wieder als wahr anerkannt und herrschend wurde — nach dem bekannten Spruch des Cicero: Opinionum commenta delet dies, Naturae judicia confirmat. —

Nur Verdienst giebt ächten Werth,
Nicht Geburt, nicht Güter:
Sklav ist, wer die Launen ehrt
Frecher Volksgebieter.

*

Wenn um unsers Fürsten Thron
Treue Diener stehen,
Dann wird ihm sein schönster Lohn,
Volksgunst, nicht entgehen.
Ein erlesnes Werkzeug sey
Er dem Geist der Zeiten,
Daß die Menschheit kühn und frey
Vorwärts möge schreiten.

*

Fluch sey jedem Wahrheitsfeind
Und Vernunftverdreher,
Jedem Schalk, der freundlich scheint,
Jedem Pharisäer!
Mögen sie ein Scheusal seyn
Wackern Zeitgenossen,
Und die Enkel ihr Gebein
Meiden wie die Schlossen!

*

Heil sey jedem Biedermann,
Der in seinem Stande
Gutes übt, soviel er kann,
Bis an Grabes Rande!

* *

*

Nachtrag, Zusätze und Berichtigung
der
Druckfehler.

Die hier folgende Fabel von Claudius, und deren doppelter Anhang hätte vor No. 182, S. 177 eingeschaltet werden sollen, wenn der Druck nicht schon zu weit vorangerückt gewesen wäre, als ein Freund sie zum Einschalten mir zuschickte. Es war den 27ten November voriges Jahres. Er will die Fabel in der neuen Hamburger Zeitung gefunden haben, nebst jener von Voß. Um dem Stachelvers in dieser mehr Nachdruck zu verschaffen, hat er eine Gegenfabel zu jener verfertiget. Ich hoffe, sie alle werden Interesse erregen, und so rechne ich auf Nachsicht, wenn ich sie hier nachtrage.

Fabel
von
Matthias Claudius.

Vor etwa achtzig, neunzig Jahren
Vielleicht sinds hundert oder mehr,
Als alle Thiere hin und her

Noch hochgelahrt und aufgekläret waren,
Wie jezt die Menschen ohngefähr. —
Sie schrieben und lectürten sehr:
Die Widder waren die Scribenten,
Die Andern — Leser und Studenten,
Und Censor war der Brummel-Bär.

Da kam man supplicando ein
„Es sey unschicklich und sey klein,
Um seine Worte und Gedanken
Erst mit dem Brummel-Bär zu zanken:
Gedanken müßten zollfrey seyn!“

Der Löwe sperrt den Bären ein,
Und that den Spruch: die edle Schreiberey
Sey künftig völlig frank und frey!

Der schöne Spruch war kaum gesprochen,
So war auch Deich und Damm gebrochen,
Die klügern Widder schwiegen still;
Laut aber wurden Frosch und Krokodill,
Seekälber, Scorpionen, Füchse,
Creuzspinnen, Paviane, Lüchse,
Kauz, Natter, Fledermaus und Staar
Und Esel mit dem langen Ohr, ꝛc. ꝛc.

Die schrieben alle nun, und lieferten Tractate
Vom Zipperlein und von dem Staate,
Vom Luftballon und vom Altar,
Und wußtens Alles auf ein Haar,

Bewiesens Alles sonnenklar,
Und rührten durcheinander gar
Daß es ein Brey und Gräuel war.

Der Löwe gieng mit sich zu Rathe,
Und schüttelte den Kopf und sprach:
Die besseren Gedanken kommen nach!
Ich rechnete, aus angestammtem Triebe,
Auf Edelsinn und Wahrheitsliebe. —
Sie waren es nicht werth die Sudler, klein und groß:
Macht doch den Bären wieder los!

Gegenfabel von einem Officier.

Man macht' ihn los; doch losgelassen
Schlich er im Grollsinn hin und her,
Und war vor Rachsucht doppelt Bär,
So recht, als Censor, jedes Thier zu fassen,
Das nicht so brummte, wie Herr Bär.
Er nahm sogar ein ganzes Heer
Von schlauen Füchsen zu Spionen,
Durchstrich nun alle Regionen;

Wie er sein Ammt betrieben hat,
Lehrt: das schon mehr als klar und satt,
Daß alle Schwalben schüchtern schwiegen,
Wenn Kater zu den Tauben stiegen,
Und Füchse zu dem Hühner-Stall.
Sogar wär's Hunde-Bellen all,
Wenn Wölfe unscheniert und frank und frey
Auf Schaafe trieben Streiferey.
Kurz, Hain und Wald und Deich und Fluren
Verriethen nichts als Räuber-Spuren:
Was warnen sollte, war ganz stumm
Vor lauter Bären Straf-Gebrumm.

Behaglich war dieß keinem Thiere,
Nicht einmal dem gehörnten Stiere,
Dem vor der mächt'gen Tieger-Schaar
Schon lange angst und bange war,

Wie Druck und List nun Gegen-Druck und-List erzeuget
Bey Menschen, die man zu despotisch beuget,
So giengs auch hier! Nach kurzem Rath
Beliebte man, was Brutus that. *)

Der plumpe Bär fiel erst: ihm fiel der Löwe nach:
Dann ihre Dienerschaft. Drauf ward der Adler Schach.

*) Und dieß nach Catullus Bemerkung:

Non solum taurus ferit uncis cornibus hostem;
Verum etiam instanti laesa repugnat ovis.

Nicht nur der Stier durchbohrt hornhäkelnd seinen Feind;

Ein Adler — meynten sie — gieng nicht, wie sie, auf Vieren;
Zur Sonne stieg' er hin: Der sollte sie regieren!
Regenten müßten hoch und scharf und weiter sehn,
Als Bär und Löw auf ihren stolzen Vieren gehn.
Auch sey Regieren mehr, als Bärenmäßig lärmen,
Auch mehr, als, Untergebene durch Schröpfkunst abzuhärmen.
Was sonst ein Mensch in Wandsbeck lehrte,
Sey, was in pleno Jedes jezt begehrte:
Der König sey der beßre Mann;
Sonst sey der Beßre König! *)

---

*) Den schlechtern Mann schildert Daniel Georg Morhoff in der Meditatio e verbis Salvatoris, Matth. 18. 3, auf folgende Art:

Quid titulos et opes et grandia nomina jactant.
Qui primo cupiunt esse, sedentque loco? —
Nil ego Bucephalo vectos et dira crepantes,
Nil ego Alexandros (nomina Quanta!) moror. —
Perpetuo cupidis sua semper hiantipus obstant
Vota, nec expletur tam furiosa sitis. —
Iam petimus numos, petimus connubia, posthaec
Rura, domos, demum regna: sumusque Viri!
Iam veteres patriâ turbamus sede colonos,
Miscemus caedes, bella: summusque Viri!
Vivimus ex rapto; perjuria, crimina mirâ
Fingimus arte, damus verba: sumusque Viri!
Iamque gulam veneremque, novo succendimus igne:

Der Kauz und der Adler.

von

J. H. Voß.

Ein Kauz, in düstern Synagogen
Des Ober=Uhus auferzogen,
Kam früh in grauer Dämmerung
Zum König Adler hergeflogen.

„Treu — krächzt er — treu der Huldigung,
Rüg ich den gellenden Trompeter

Frey übersetzt hieße dieß im Deutschen ohngefehr, wie folgt:

Was brüsten sich mit Rang, mit Gold und großen Namen,
Die gern am Gipfel sind, auch wirklich ihn besitzen? —
Mich kümmert kein Bucephaler, nicht ihre Donnerwetter,
Selbst Alexander nicht, so groß sein Nam' auch klinget! —
Die immer Gierigen gaffen mit aufgesperrtem Schlunde,
Nach dem Begehrten: und nichts schließt ihren Schlund. —
Jetzt haschen sie nach Gold; nach Beyschlaf dann; nachher
Nach Land und Häusern; gar nach Königreichen: und sind Männer!
Nun vertreiben sie alte Einsassen vom väterlichen Sitze,
Zetteln Mord und Kriege an: und sind Männer!
Sie leben vom Raub, erdichten Meineyde, Staatsverbrechen
In erkünstelten Manifesten; schließen Bündnisse und brechen sie: und
sind Männer!

Der Unglücksschwangern Aufklärung,
Den Hahn, dir, König, als Verräther.
Wann sanft dein wohlbeherrschter Staat
Noch schläft und träumet und verdauet,
Und unser Lied, was wacht, erbauet:
Schnell kräht uns der Illuminat
Die Sonn' empor, um aufzuklären,
Und Ruh und Andacht uns zu stöhren.
Fink, Lerche, Schwalb und Mäus' empören
Gefild und Wald in freyen Chören:
Man kann sein eigen Wort nicht hören.
Die tolle Rotte singt gar Hohn
Der mystischen Religion,
Die wir in heilgem Dunkel lehren;
Und, König, strafst Du nicht, so drohn
Aufruhr und Hochverrath dem Thron!
Herr König, laß Dir doch gefallen, —
Wir Kauz und Eulen flehn gesammt —
Dem Hahn und seinen Schreyern allen
Zum Bändiger, im Censor-Ammt
Den frommen Uhu zu bestallen!

Der Adler that, als hört' er nicht,
Und sah ins junge Morgenlicht. *)

---

*) Und daran sah man, daß der Adler — Adler war. Nicht so machte es Ludwig XVI. und darum ging es, wie es ging. Er liebte zwar

Werke Friedrichs II. S. 187.) das Gute, die Gerechtigkeit, die Sparsamkeit und den Frieden; aber — die Schelme, die Hofleute und die Pfaffen thaten ihr Mögliches, um sich den Verbesserungen und Einrichtungen zu widersetzen, welche tugendhafte und aufgeklärte Minister ihm vorschlugen. Dies besorgte Friedrich II. schon 1775, indem er damals an Voltaire schrieb: „Wenn Ludwig XVI. nur ausdauert „und sich nicht durch die List seiner Hofschranzen, und durch die Ränke „des Schwarms hinreißen läßt, der die Könige umgiebt und Plane zu„sammenschmiedet, um sie zu Thorheiten zu verleiten! . . . Ein Fürst „hat mit Tausenden von Menschen zu thun, welche die Absicht haben, ihn „zu betriegen und zu verführen.“ — „Ich denke mir Ihren Ludwig als ein junges Lamm, das von alten Wölfen umgeben ist. — Er hat die besten Absichten von der Welt und ist wohlwollend; aber vor nichts muß man sich mehr fürchten, als vor jener Pest der Höfe, die sich bemühen wird, ihn zu verderben. Er kennt die mannichfaltige List und die feinen Kunstgriffe noch nicht, deren sich die Hofleute bedienen, um ihn nach ihrer Willkühr zu lenken, und dadurch ihren Eigennutz, ihren Haß und ihre Ehrsucht zu befriedigen.“ — So Friedrich II. im XI B. seiner Werke S. 198 u. 185, und im X. B. S. 153 u. 115.

In eben dem Bande S. 60 sagt er: „Wenn das Mönchsgesindel „Einfluß auf Ludwig XVI. hat, so werden die Petits-Maitres Rosen„kränze, und die Novizen im Venus-Orden Agnus Dei tragen.“ S. 61 fügt er hinzu: „Wenn die abergläubische Parthei über die philo„sophische siegt: so beklage ich die armen Welschen (er meynt die Fran„zosen); sie sind dann in Gefahr, von irgend einem Heuchler in der Mönchs„kappe oder in der Soutane regiert zu werden, der ihnen mit der einen „Hand die Disciplin geben, und mit der andern das Crucifix an den Kopf „schlagen wird. Wenn das geschieht: dann gute Nacht, ihr schönen Künste „und ihr höhern Wissenschaften! Der Rost des Aberglaubens wird ein „Volk, das sonst so liebenswürdig und für die Gesellschaft geboren ist, gänz„lich vernichten.“ —

Wer ein mehreres von der Art lesen will, und dann zusehen, ob Volder Kürze in dem Geist Friedrichs II., oder in dessen Gedanken über Gegenstände der Politik, der Philosophie, der Religion u. s. w. Berlin, bey Voß, 1794. Auch ist dieser Geist schon die stärkste Schutzwehre für diesen Zuchtspiegel: und so sey er empfohlen den Manen des Isokrates und jenen Friedrichs des Großen.

Nun den Schluß mit Voß:

Dir Wahrheit und Gerechtigkeit,
Dir schwör ich Treu auf immer!
Vergebens lockt die Welt und dräut
Mit ihrem Trug und Schimmer:
Sey noch so schlimm Gefahr und Noth,
Verachtung selbst und schnöder Tod:
Unredlich seyn, ist schlimmer!

Denn

Rede Deutsch, o du Deutscher! sey kein Künstler
In Gebehrden und Sitten. Deine Worte
Sey'n wie Thaten, wie unerschütterliche Felsen der Wahrheit!

So der Horatius der Deutschen — Herder!

Anzeige des Inhalts.

I.

Ueber Fürsten und Fürstenwesen.

II.

Ueber Hofleute und Hofwesen.

Seite

Anzeige des Inhalts zum zweiten Bande.

III.

Ueber Adliche und Adelswesen.

Seite

IV.

Ueber Kirchenlehrer und Kirchenwesen.

Seite

Seite

Seite

Anzeige des Inhalts.

Ueber Eroberungskrieger und deren Kriegswesen.

VI.

Ueber Advokaten- und Aerztewesen.

Druckfehler.

S. 369 ꝛ Z. 6 von unten lese man: strahlt die eine.
S. 371 ꝛ Z. 13: an jeglichem,.
S. 374 ꝛ Z. 14: Doch du verstehst das Saugen.
S. 384 ꝛ Z. 14: Als einen Redlichen.
S. 392 ꝛ Z. 17: Keulen.
S. 396 ꝛ letzte Zeile: Haut dazu? —
S. 422 ꝛ Z. 7: So wird's im Thal.
S. 433 ꝛ Z. 13: Sind nicht getreu.
S. 437 ꝛ Z. 6 von unten: Taschenspieler.
S. 439 ꝛ Z. 3 von unten: gewandt.
S. 442 ꝛ Z. 2 von unten: Damit doch auch dem Rest:
S. 445 ꝛ Z. 14: Wo des Stolzes Vorurtheil.